本书为"指南针计划"专项
"运用现代科学技术开展原始瓷起源及
先秦原始瓷制作技术发展综合研究"成果

本书为国家文物局
"文化遗产保护领域科学和技术研究课题"成果

本书出版得到
国家重点文物保护专项补助经费资助

东苕溪流域夏商时期原始瓷窑址

浙江省文物考古研究所
湖 州 市 博 物 馆 编著
德 清 县 博 物 馆

文物出版社

北京·2015

图书在版编目（CIP）数据

东苕溪流域夏商时期原始瓷窑址 / 浙江省文物考古研究所，湖州市博物馆，德清县博物馆编著. — 北京：文物出版社，2015.11

ISBN 978-7-5010-4373-6

Ⅰ. ①东…　Ⅱ. ①浙…　②湖…　③德…　Ⅲ. ①瓷窑遗址—发掘报告—杭州市—夏代　②瓷窑遗址—发掘报告—杭州市—商代 Ⅳ. ①K878.55

中国版本图书馆CIP数据核字（2015）第202520号

东苕溪流域夏商时期原始瓷窑址

编　　著：浙江省文物考古研究所　湖州市博物馆　德清县博物馆

责任编辑：谷艳雪　王　媛
封面设计：程星涛
责任印制：张　丽

出版发行：文物出版社出版发行
社　　址：北京东直门内北小街2号楼
邮　　编：100007
网　　址：http://www.wenwu.com
邮　　箱：E-mail: web@wenwu.com
经　　销：新华书店
印　　刷：北京鹏润伟业印刷有限公司印刷
开　　本：889×1194　1/16
印　　张：28.25
版　　次：2015年11月第1版
印　　次：2015年11月第1次印刷
书　　号：ISBN 978-7-5010-4373-6
定　　价：390.00元

The Proto-Porcelain Kiln Sites of Xia and Shang Periods in Dongtiaoxi Creek Basin

(with an Englishi abstract)

Zhejiang Provincial Institute of Cultural Relics and Archaeology

Huzhou Municipal Museum

Deqing County Museum

Cultural Relics Press

Beijing · 2015

前　言

中国是瓷器的起源地，而支撑这一结论的重要证据，是大量古代瓷窑址资料，尤其是大量先秦原始瓷及汉六朝时期的早期成熟青瓷资料。

原始瓷是瓷器的早期形态，是探索瓷器起源的重要内容。先秦时期浙江原始瓷窑址无论是窑场规模、窑业发展序列的完整性，还是产品种类、产品质量等，都是其他省份所无法比拟的。目前发现的原始瓷窑址数量已超过 160 多处，主要分布在浙江北部以德清县为中心的东苕溪流域。这一窑区无论是生产时间、窑址规模，还是产品种类、产品质量、装烧工艺等方面，在全国都是独一无二、一枝独秀，在中国陶瓷史上占有非常重要的地位，是中国制瓷史上的第一个高峰，为汉代成熟青瓷的出现打下了坚实的技术基础。东苕溪流域是研究原始瓷起源、探索 "瓷之源" 的最理想区域，也是探索成熟青瓷起源的先决条件。

"瓷之源" 课题组成立于 2009 年初，由浙江省文物考古研究所牵头，其研究内容包括两部分：原始瓷的起源与成熟青瓷的起源。前期主要探索原始瓷的起源及其发展过程，并被列入国家指南针计划 "运用现代科学技术开展原始瓷起源及先秦原始瓷制作技术发展综合研究" 项目中，目前主要由中国科学院、北京大学、复旦大学、浙江大学、浙江工业大学、德清博物馆、湖州博物馆等单位共同参与，以东苕溪流域先秦原始瓷窑址群为研究对象，考古研究结合科学测试进行原始瓷编年、物相分析、制作工艺等研究，探索原始瓷的起源及其早期发展过程，以科学复原相关工艺流程、出版研究著作和科普读物、发表论文、制作视频资料为手段对研究成果进行传播。这是首次整合国内包括考古研究所、科研院所、高校和博物馆等众多科研力量对原始瓷起源进行的综合研究，力图系统地揭示原始瓷的起源过程。

具体研究内容包括：

1. 考古资料的系统整理

在本流域内先秦原始瓷窑址最新考古发掘与调查资料基础上，进行系统梳理、文献资料汇编。根据考古类型学及考古地层学等研究方法，建立先秦原始瓷出现及其发展的相对年代编年序列；根据窑址发掘的现场遗迹现象复原窑场的布局、工艺流程、规模；根据出土器物的制作痕迹研究其成型、施釉、装饰等技法；对本课题的学术史进行整理，完成资料索引汇编。

2. 光释光测年

结合已有重要窑址的考古发掘材料，利用 ^{14}C 等技术手段，确认原始瓷出现的时间，建立先秦原始瓷发展的编年序列，同时开展运用光释光等技术对原始瓷标本测年及校正方法的研究，提高测年精度。

3. 物相成分分析

利用多种现代分析技术进行原始瓷样品的物相成分分析，制定原始瓷分析技术规范，开展相关实验分析技术的比较研究，对考古遗址出土的原始瓷样品进行科学认知。

4. 多学科综合研究

采用多学科综合研究的方法，系统地揭示该地区先秦原始瓷制胎、成型、施釉、装烧等工艺流程，揭示典型原始瓷窑址的规模及生产管理模式。

5. 科学复原相关工艺流程

科学复原原始瓷制胎、成型、施釉、装饰、装烧等各种工艺流程。

6. 出版相关研究著作或科普读物

较系统地揭示中国古代瓷器的发明及其早期发展过程，并向世人展示我国古代制瓷业的辉煌成就。

考古资料的整理和刊布是研究工作的前提，因此我们计划对东苕溪流域若干年来的考古材料进行系统的整理与出版，其中德清火烧山与亭子桥窑址考古报告已由文物出版社分别在2008年4月和2011年7月出版发行，为"瓷之源"及江南地区先秦时期考古提供了大量详尽的原始瓷窑址资料。2009年以来的调查发掘工作又积累了大量的窑址材料，并于2010年以来利用野外调查发掘的间隙陆续着手整理。鉴于东苕溪流域先秦至汉—唐时期窑址的连续性与序列的完整性，以及窑址数量的庞大性，因此计划将本流域内唐以前发掘、调查采集的标本进行系统整理和发表，而重点放在先秦时期。

夏商时期的窑址在数量上已超过30处，面貌较为复杂，包括多个类型存在，而完成发掘的湖州南山商代窑址不仅出土了大量的各种类型标本，还揭露了丰富的遗迹现象，在内容上足以支撑一本大型考古报告。而从窑业技术的发展历程来看，这一时期处于原始瓷发展的最早时期，无论是胎、釉、成型还是装烧工艺均相当原始，与西周以后的原始瓷窑业有较大区别，是探索中国瓷器起源的最重要和直接的材料。因此计划将这一部分单独结集，编写出版《东苕溪流域夏商时期原始瓷窑址》一书，作为"瓷之源"课题的第一部分成果。由于2012年新调查的资料尚未来得及整理，而本报告的出版又已列入计划中，因此包括尼姑山、自家山、青龙山、城山等窑址材料将不得不滚动到下一本报告中。

原始瓷发展到西周早期完全成熟，两周时期是其技术不断提升与完善的时期，并先后迎来了西周早中期、西周末期至春秋早期、战国早中期三个发展高峰。这一时期窑址数量惊人、窑场规模庞大、产品种类繁多、造型复杂多样。从时代上看，可分成两大时期，即西周春秋时期的越国成立之前与战国的越国时期。西周春秋时期的窑址在数量上占据了将近一半左右，保存最佳的火烧山窑址已发掘并有独立报告出版；大多数窑址属于春秋中晚期，器类单一，单独成书材料略嫌不足。战国时期是原始瓷发展的鼎盛时期，材料极其丰富多彩，形成报告完全有余。因此两周时期可考虑完成一到两本报告。

除先秦原始瓷窑址外，德清还以德清窑闻名。德清窑分布于浙江北部，以德清为中心，包括德清、余杭、湖州南部地区在内的东苕溪中下游地区，东汉时期创烧，是成熟青瓷的最早烧造地之一，发展于三国、西晋，鼎盛于东晋、南朝，停烧于中唐，青瓷与黑瓷合烧。德清窑有两项突出的成就，即黑釉的创烧与化妆土的发明，这两项成就均在东汉时期完成，也是德清窑对中国制瓷史的最伟大贡献。除此之外，这一地区先秦原始瓷与东汉成熟青瓷两者之间还有西汉—东汉早中期高温釉陶窑址的存在。东苕溪流域汉—唐窑址对于探索原始瓷向成熟青瓷的转变具有重要意义。这一时期的窑址数量很多，其中德清小马山、余杭石马坽、余杭西馒头山东晋南朝时期窑址、德清乾山隋唐时期窑址为发掘材料，以此为基础，结合各个时期的调查材料，编写德清窑址调查发掘报告。

此外，由于"瓷之源"课题的机缘，从 2007 年以来，配合基本建设在德清地区进行了多项抢救性发掘，包括 2007 年 12 月至 2008 年 1 月的德清长山砖室墓群的发掘、2008 年 11 月至 2009 年 1 月德清梁山战国墓葬的发掘、2010 年 9 月至 2011 年 1 月德清小紫山土墩墓群的发掘、2011 年 12 月至 2012 年 5 月德清郭肇土墩墓与砖室墓群的发掘。总体上可以集结成土墩墓与砖室墓报告各一本。虽然这些材料不是直接的窑址材料，但可以说明窑址产品的流向及使用情况，亦与窑址有密切的关系，因此考虑一同纳入"瓷之源"课题中。

考古报告虽然包括了发掘者的认识与研究成果，但仍当以材料的公布为主，深入的研究另行刊文。"瓷之源"课题的研究成果，主要是先秦时期原始瓷的研究，包括原始瓷的起源及其早期发展过程等内容，计划集结成一到两册出版。

这样，整个"瓷之源"课题包括三四本窑址调查发掘报告、一本土墩墓发掘报告、一本砖室墓发掘报告、一两本研究成果，共计六至八本著作。当然，这是最理想的设计，近几年课题组成员均承担着大量的工作任务，此外还受到身体和其他不可抗拒因素的影响，可能使一些不是很急迫的任务如砖室墓报告等无法于近期内完成，只能分批分步，择重要部分先行。

目　录

插图目录

彩版目录

第一章 概 述

第一节 东苕溪流域生态环境

一 东苕溪概况

东苕溪位于浙江省北部，属太湖水系，发源于杭州市境内的临安市天目山脉马尖岗（1271米）南麓的水竹坞，干流经临安、余杭、德清，在湖州市白雀塘桥与西苕溪汇合，经长兜港汇入太湖（图1-1-1；彩版一，1）。东苕溪干流全长151千米，比降5.1‰，流域面积2265平方千米，其中山区1944平方千米、中下游平原（10米高程以下）321平方千米。

从东苕溪干流的起始河段至余杭瓶窑段又称南苕溪，注入南苕溪的主要支流有中苕溪和北苕溪（彩版一，2）。从余杭瓶窑以下至德清段称为东苕溪，注入支流主要有湘溪、余英溪南支。东苕溪至德清老县城即今乾元镇一分为二，一支往北，又称北流水，另一支折东后往北，又称苎溪水，至湖州重新会合。注入东苕溪北流水的主要支流有余英溪北支、阜溪、埭溪、妙西港。余英溪、阜溪、埭溪均发源于天目山余脉莫干山区，溪水自西向东汇入东苕溪中游，是商周原始瓷窑址群德清龙山片、湖州青山片的主要分布区域（彩版二~四）。

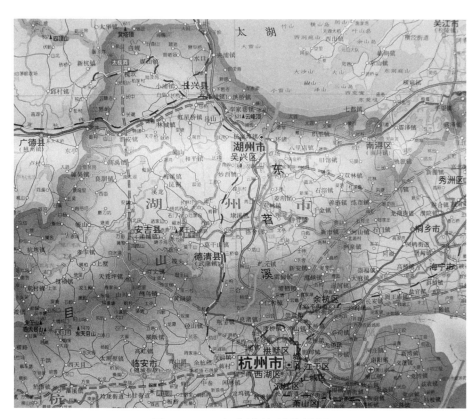

图1-1-1 东苕溪地理位置图

二　东苕溪水名略考

在浙江，今天被称为苕溪的有东、西两条苕溪，分别发源于东、西天目山。东苕溪流经临安、余杭、德清诸县至湖州，然后流入太湖。西苕溪流经安吉、长兴县，在湖州与东苕溪汇流后入太湖。然而在古代较早的文献记载中，苕溪被称作苕水，仅指今西苕溪。《山海经·南山经》："浮玉之山，北望具区（今太湖），苕水出于其阴，北流注于具区。"《山海经》各经的成书年代有早晚，《南山经》一般被认为成书于战国时期，根据"苕水出于其阴"，《南山经》记载的苕水应该就是现在的西苕溪。唐代《元和郡县图志》中《江南道·湖州吴兴上》记载："乌程县雪溪水，一名大溪水，一名苕溪水，西南自长城、安吉两县东北流，至州南与余不溪水、苧溪水合，又流入于太湖，在州北三十五里"[1]。这是苕溪水名在地理志中的最早记载，"苕溪水"即今西苕溪，"余不溪水"、"苧溪水"即从德清分流后于湖州合流再与西苕溪汇合的今东苕溪。

东苕溪古称余干溪、余不溪。余干溪较早见于《水经注》："浙江经县左，合余干大溪，江北即临安县界"。根据地望，此余干大溪即今东苕溪无误。宋代叶廷珪《海录碎事》："湖州凡四水合为一溪，余干溪出天目山之东，苕溪出天目山之西……"此余干溪亦当为东苕溪。

东苕溪又称余不溪。与《水经注》成书年代相当的南朝梁德清武康人沈约《宋书·自序》："因避地徙居会稽乌程县之余不乡，遂世家焉。"成书于南朝梁的《南齐书》记沈骥士为吴兴武康（今德清县）人，称其隐居在余不吴差山。今德清县东苕溪畔乾元镇有吴羌山。清康熙《德清县志·沈骥士》："吴羌山中有贤士，开门教授居成市。"[2]唐代《元和郡县图志》卷二六："苕溪水西南自长城、安吉两县东北流，至（湖）州南与余不溪水、苧溪水合，又流入于太湖。"南朝梁《宋书·自序》有"余不乡"，唐代《元和郡县志》始见"余不溪"之名，"余不溪"应是以乡名为水名。

"余干""余不"字形相似，孰是孰非，莫衷一是。唐宋以来绝大多数地理文献和方志均称余不溪，如今余干溪早已经鲜为人知。

余不溪称作苕溪始于宋。范成大《骖鸾录》："二十二日……午发德清，宿安溪，二十三日宿余杭县苕溪馆。"[3]馆因溪名。《咸淳临安志》卷三十六"苕溪"条："《祥符志》云：'阔七十六步，（居民填塞，今阔六十步），秋冬深五尺，春夏深九尺。'""《耆老传》云：'夹岸多苕花，每秋风飘散水上，如飞雪，然因名。'"[4]东苕溪是相对于西苕溪而言，较早的记载见于清初的《水道提纲》："余不溪即东苕水，其上源即临安县之南北二溪，至余杭、钱塘为安溪，至德清合武康前后二溪为余不溪"[5]。此说一直沿用到现代，但"余不溪"仅存穿越德清老县城乾元镇往东的一段了，而东苕溪之名未见于古代文献记载，它的出现应该是晚近的事了。

［1］（唐）李吉甫：《元和郡县图志》，中华书局，1983年。

［2］（清）侯元棐主修：《德清县志》，康熙版，成文出版社有限公司，1983年。

［3］（宋）范成大：《范成大笔记六种》，中华书局，2002年。

［4］（宋）潜说友：《咸淳临安志》，清道光十年重刊本，成文出版社有限公司，1970年。

［5］（清）齐召南：《水道提纲》，四库全书本。

三　东苕溪的历史地理环境

东苕溪源于浙江北部天目山区，它先自西向东，然后折而往北，蜿蜒穿越广袤的杭嘉湖平原西部，流经区域土地肥沃，物产丰富，兼有山川之利（参见图1-1-1；彩版五）。东苕溪左岸依崇山峻岭、丘陵山地，右岸全凭西险大塘的约束，捍卫着杭嘉湖平原水乡的万顷良田和城市、乡村。东苕溪流域的天目山区是浙江省暴雨中心，山高岭峻，坡陡流急，加之中下游河道泄水能力不足等原因，洪涝灾害频仍，是历史上洪灾严重的河流之一。可以想见，汉代以前没有得到治理的东苕溪每逢夏秋雨季必然是洪水横溢，杭嘉湖平原到处是水草丰盛的湖泊与沼泽。据史料记载，西险大塘始建于东汉，熹平年间余杭县令陈浑在沿塘一带增设陡门塘堰数十处。以后历代屡有增建，屡毁屡建。据德清地方志不完全统计，从公元222年至1948年的1700多年中，此地共发生水灾383次，险塘屡屡溃决。近百年来，就有清道光三年（1823）、道光二十九年（1849）、同治七年（1868）、光绪十六年（1890）等多次决口，禾稼淹没，哀鸿遍野。自古至今，杭嘉湖水利以治苕为急务，代不乏人，史不绝书，留下了南湖、北湖滞洪区以及西险大塘等著名的古代水利工程。

东苕溪流域古文化积淀丰厚，如著名的余杭、德清新石器时代良渚文化遗址群，湖州及德清商周时期的土墩墓群、原始瓷窑址群、下菰城遗址等，无一不是受东苕溪滋润哺育而诞生发展起来的古代文明。

东苕溪流域是史载"夏代古防风国"之地。《国语·鲁语下》："昔禹致群神于会稽之山，防风氏后至，禹杀而戮之，其骨节专车。""汪芒氏之君也，守封、嵎之山者也。"韦昭注曰："封，封山；嵎，嵎山；今在吴郡永安县（今德清）。"《史记·自序》云："少康之子，实宾南海，文身断发，鼋鳝与处，既守封禹，奉禹之祀。"

防风氏所守封禹，即越国封地南海之封禹，不在今山阴之会稽县，而在太湖流域之会稽郡，其地名为封禹，即今武康县（已并入德清县）。《史记·越王句践世家》云："越王句践，其先禹之苗裔，而夏后帝少康之庶子也。封于会稽，以奉守禹之祀。"《史记·太史公自序》云："吴之叛逆，瓯人斩濞，葆守封禹为臣。"《史记索隐》云："东瓯被越攻破之后，保封禹之山，今在武康县也。"

《史记正义》引《吴越春秋》云："启使岁时祭禹于越，立宗庙南山之上，封少康庶子无余于越，使祠禹，至句践迁都山阴，立禹庙为始祖庙，越亡遂废也。"说明绍兴所有关于禹和越的史迹皆是吴败越后，句践迁都山阴之事，显然与越国的始封及越国早期都邑无关。

第二节　东苕溪流域先秦时期原始瓷窑址考古调查与发掘工作概述

一　历年工作概况

德清古窑址的发现，主要始于20世纪50年代，在当时的德清县城所在地城关镇，即今天乾元镇的焦山、丁山、城山等地发现了六朝时期的古窑址，该窑址在烧造青瓷的同时兼烧黑瓷，黑釉匀润饱满、色黑如墨、光亮如漆，深受人们喜爱，是当时已经发现的我国较早生产黑瓷的窑场，被命名为"德清窑"。但当时认为德清窑的烧造历史并不长，1982年中国硅酸盐学会编《中国陶瓷史》认为其"从东晋开始到南朝初期结束，共一百多年"。由于越窑东汉黑釉瓷器的发现，德清窑在中国陶瓷史上的地位急剧下降，有说法甚至认为它仅仅是受六朝越窑的影响而短暂存在的一个窑场。20世纪80年代初，文物普查工作开展以后，德清县的文物工作者先后发现古代窑址50余处，表明德清境内古代瓷业生产自西周晚期烧制原始瓷器始，经战国、东汉、东晋南朝，延至唐宋，其历史跨度将近两千多年。其中原始瓷窑发现了多处，时代基本跨越了从西周晚期到战国的各个时期[1]。

随着工作的深入和材料的积累，当地的文物工作者对相关的原始瓷资料进行了整理研究。1989年，朱建明在第9期《考古》上发表了《浙江德清原始青瓷窑址调查》一文，第一次对德清原始瓷窑址采集的标本进行了系统全面的梳理与研究，将当时已经发现的原始瓷窑址分为三类。

第一类窑址主要包括火烧山与防风山两窑址，产品以原始瓷为主，印纹陶基本不见。产品胎质较粗，夹杂较大的颗粒和气孔，呈灰或灰黄色。成型采用泥条盘筑结合轮修的方法；部分碗系拉坯成型，器形规整，胎体厚薄匀称。罐类以大口筒腹的形制为主，一般都有装饰性系，外壁拍印云纹、变体云纹、大小重圈纹或锥刺纹等。器物除外底无釉外，其余部位均施釉，釉层厚而不匀，常见聚凝的釉斑。釉色较深，除青绿、青灰、青黄色外，并有一些酱褐色釉，有的已近似黑釉。采用套装叠烧法装烧碗类器物，以粗砂粒、窑渣颗粒以及经专门捏制成型的泥团型垫珠作为叠烧时器物之间的间隔物。由于火候掌握不准，器物多见过烧变形、开裂、粘连或欠烧引起的生胎、胎釉结合差等现象。年代在西周晚期到春秋早中期。

第二类窑址包括白洋坞、泉源坞、叉路岭等窑址，原始青瓷制作在工艺上较前阶段有了较明显的提高，胎质一般较细，质地坚致。器形以碗、盂等小件饮食器为主，大件容器极少见。制作均一次拉坯成型，器形规整。釉层比前期明显变薄；釉面匀润，胎釉结合好。以素面无纹为主。年代在春秋晚期到战国早期。

第三类窑址包括南山、亭子桥、冯家山、鸡笼山等窑址，这类窑址的产品，除碗、盘、豆、盂等小件饮食器和少量甬钟等乐器外，瓿、罐、洗等大件贮存器数量较多，器形丰富。碗、盂等的装饰纹样以水波纹、弦纹为主。罐、瓿的肩腹部多见压印直条纹、云纹、刻划或戳印锯齿纹、"C"形纹等。瓿多见堆贴铺首或铺首衔环。釉层厚而不匀，聚釉较多见。釉色有青绿、青黄、酱褐色。值得注意的是几处窑址普遍发现了支垫窑具。年代在战国中期以后。

这次梳理，基本构建了德清原始瓷发展的年代大框架。

以上均为调查工作，正式的考古发掘则始于2007年的火烧山窑址。

火烧山窑址位于浙江省湖州市德清县武康镇龙山村武洛公路西北500米处的掘步岭水库，是一处西周末期至春秋时期烧造原始青瓷的古窑遗址，1984年发现（彩版六）。2007

---

[1]朱建明：《隋唐德清瓷窑址初探》，《中国古陶瓷研究》第三辑，紫禁城出版社，1990年；朱建明：《浙江德清汉代窑址调查》，《福建文博》1996年第2期；任大根等：《浙江湖州古窑址调查》，《中国古陶瓷研究》第三辑，紫禁城出版社，1990年。

年 3 月下旬至 5 月下旬，为配合德清县水利建设"千库保安工程"之一的掘步岭水库加高加固工程，浙江省文物考古研究所、故宫博物院、德清县博物馆组成联合考古队，对窑址进行了抢救性发掘。参加发掘的人员有冯小琦、王光尧、蔡毅、董健丽、黄卫文、任秀侠、朱建明、周建忠、孙晓智、岳友军、郑建明（图 1-2-1、1-2-2），领队郑建明。此次发掘面积近 900 平方米，发现了窑炉、灰坑、柱洞等一大批遗迹及包括鼎、罐、卣、尊、碗、盘等器物在内的大量精美标本。龙窑窑床遗迹的揭露，填补了中国陶瓷史上的一个空白，对于探索中国早期青瓷的烧造技术具有重要的意义；火烧山窑址堆积极厚，地层叠压关系明显，器物早晚变化清晰，不仅从地层学上印证了此前学者们对原始瓷器物的早晚排序和分期断代，而且在此基础上进一步细化，基本建立了自西

图 1-2-1 火烧山窑址考古队部分发掘人员合影

图 1-2-2 火烧山窑址考古队部分发掘人员饭后座谈

周晚期至春秋晚期原始瓷器物更详细的年代序列；同时，火烧山窑址的产品极其丰富，出土了一大批包括卣、鼎、簠在内的仿青铜礼器产品（彩版七），为江南大型土墩墓中出土的此类器物找到了原产地。这对于探索当时社会的手工业生产状况、产品运销情况以及社会分工具有重要价值[1]。

越文化的考古发掘与研究，一直是浙江考古工作中的一项重要课题。20 世纪 80 年代初首次对长兴便山 30 多座土墩进行正式考古发掘，其后陆续在长兴、海宁、德清、湖州、安吉、慈溪、余姚、上虞、萧山、衢州、东阳、义乌等地发掘了一大批土墩遗存，基本建立了土墩墓的分期序列，并确认广泛分布于浙江大部分地区山顶、山脊上的土墩遗存，是商周时期一种富有民族特色的于越族墓葬。考古学者们逐渐认识到，越国及先越时期，不用青铜的礼器与乐器随葬，而代之以仿青铜的原始青瓷或硬陶的礼器与乐器随葬，是越族最重要的文化传

---

[1] 浙江省文物考古研究所等：《德清火烧山——原始瓷窑址发掘报告》，文物出版社，2008 年。

统[1]。而且，80 年代以来浙江地区先后清理的几批越国贵族墓葬，更是出土了大批精美的仿青铜原始瓷礼、乐器。礼器有鼎、豆、罐、瓿、尊、甒、钫、壶、匜、提梁盉、镂孔瓶、镇、盘、鉴、盒、盅、冰酒器、温酒器、烤炉等，乐器有甬钟、句鑃、錞于、征、镈钟、缶、鼓座等。这些仿青铜礼、乐器，大多体形硕大厚实，造型庄重大气、工整端庄，做工精巧细致，多饰有云雷纹、"S"形纹、"C"形纹或水波纹等纹饰，不论是成型工艺、烧成技术，还是产品胎釉质量、装饰技法，都堪称原始青瓷中的精品（彩版八、九）。

寻找与探索这些原始瓷礼、乐器的产地和窑口，无疑成为越文化考古研究中的一项重要内容。烧造原始青瓷产品的窑址，在浙江、福建和广东等南方地区均有发现，特别是浙江的德清、萧山等地数量相当庞大。但萧山等地已发掘的窑址，一般是原始瓷与印纹陶合烧，其原始瓷产品多为碗、盘、罐、豆、杯、盂、盅等日常生活用品，没有发现烧制仿青铜原始青瓷礼器与乐器的。而在德清地区以往的调查中，亭子桥、冯家山等窑址均发现了生产原始瓷礼、乐器的线索，因此德清地区成了最有可能生产此类产品的地区。

2007 年 9 月至 2008 年 4 月，带着探索原始瓷礼、乐器产地这一学术问题，配合当地的洛武公路拓宽工程，浙江省文物考古研究所会同德清县博物馆，对亭子桥窑址进行了发掘[2]（彩版一○，1）。参加发掘人员有陈元甫、郑建明、朱建明、周建忠、王春民、岳友军、孙晓智等，领队陈元甫。

亭子桥位于德清县经济开发区龙胜村东山自然村北，是一处缓坡状小山丘。东、南、北三边为平坦的水田，新老洛（舍）武（康）公路在亭子桥东南角交叉，其中新公路自东向西而去，老公路则折向西北，紧贴窑址的南坡绕行而过。窑址东坡，一条机耕路自南而北穿过，机耕路的东边是一高约 1.5 米左右的断面。

亭子桥一带低山起伏，河网密布。亭子桥以西约 300 米处，是浙江省级重点文物保护单位元代社桥，其横跨的河道至今面阔水深，是附近村民水运的重要通道。沿河南下，再折向东，是宽阔的水面"小三漾"，这是东苕溪上重要的天然贮水库。窑址分布于亭子桥山坡的东、南坡，面积近 1500 平方米。亭子桥窑址的发掘，至少取得了以下几方面的成果：

首先，就整个南方地区乃至全国来说，德清亭子桥窑址是首次发现的烧造高档次仿青铜原始青瓷礼器与乐器的窑场，这在全国瓷窑址考古方面是一次极其重大的发现。

其次，这次发掘的德清亭子桥窑址所见产品，几乎囊括了这些年江浙地区大型越国贵族墓中已出土的各类原始青瓷礼器与乐器器类（彩版一○，2；彩版一一）。因此，亭子桥窑址的发掘，为这些年江浙地区越国贵族墓葬中出土的一大批仿青铜原始青瓷礼器与乐器找到了明确的原产地和窑口。同时也表明，亭子桥窑址是一处专门为越国王室和上层贵族烧造高档次生活与丧葬用瓷的窑场，它在很大程度上可能已具有了早期官窑的性质。

第三，亭子桥窑址出土的原始青瓷器，许多产品烧成温度很高，胎质细腻坚致，釉面匀净明亮，釉色泛青、泛绿，胎釉结合良好，产品质量已达到了成熟青瓷的水平。德清亭子桥

［1］浙江省文物考古研究所：《浙江越墓》，科学出版社，2009 年。
［2］浙江省文物考古研究所等：《德清亭子桥——战国原始瓷窑址发掘报告》，文物出版社，2011 年。

窑址的发掘资料，对于重新认识战国原始青瓷在成熟青瓷出现过程中的重要地位与作用，对于研究中国陶瓷发展史，特别是有关中国成熟青瓷的起源，有着极其重要的学术意义。

在亭子桥、火烧山两窑址发掘取得重大学术成果的基础上，2008 年 4 月 28 日至 30 日，浙江省文物考古研究所、故宫博物院、中国古陶瓷学会、德清县人民政府，在德清共同主办了"瓷

图 1-2-3　第一届"瓷之源"学术研讨会

之源——原始瓷与德清窑学术研讨会"（图 1-2-3）。来自全国各地及日本、韩国等地的专家学者围绕火烧山、亭子桥原始瓷窑址考古成果，进行了周密的论证与研讨，一致认为，德清县具有悠久的制瓷历史，早在商周时期就是原始瓷器诞生地及中心产地，至战国时期原始瓷烧造达到了当时最高的工艺水平，在中国陶瓷史上占有重要地位。充分论证了以德清为中心、包括湖州市区南部地区在内的东苕溪流域在中国瓷器起源研究中的重要地位，誉之为"瓷之源"实至名归。

2008 年 12 月至 2009 年 1 月，浙江省文物考古研究所与德清县博物馆又对邻近的长山战国原始瓷窑址进行了抢救性发掘。长山窑址位于长山的西南坡，发掘共计揭露近 400 平方米，清理窑炉 2 处 4 条，出土大量的精美标本。原始瓷产品绝大多数器物质量上乘：胎质细腻坚致，胎釉结合极佳，施釉均匀，釉色青翠或青色，玻璃质感强，无论是胎或釉，几近晚期的成熟青瓷。器形除作为实用器的碗外，还有相当数量的礼、乐器，包括鼎、瓿、罐以及甬钟、句鑃、錞于等。

通过两次发掘及第一届"瓷之源"会议专家的研讨，浙江省文物考古研究所充分认识到"瓷之源"研究的重要性，经过所领导及学术委员会的讨论，于 2009 年成立了以省考古所为主，包括相关地县干部在内的"瓷之源——浙江早期瓷窑址考古调查、发掘与研究"课题组，重点探索中国瓷器的起源问题，包括原始瓷也即瓷器的起源与成熟青瓷的起源两大问题，其中前期重点开展浙北以德清为中心、包括湖州市区南部地区在内的东苕溪流域先秦时期原始瓷窑址的调查与研究。浙江省文物考古研究所主要由瓷窑址考古与先秦考古研究人员组成，有沈岳明、陈元甫、徐军、郑建明等人，由郑建明负责。

为配合第三次全国文物普查工作的展开，2009 年 3 月至 6 月"瓷之源"课题组对德清龙山地区窑址进行了第一次专题调查。参加人员有浙江省文物考古研究所的陈元甫、沈岳明、郑建明、孙晓智、王春民和德清县博物馆朱建明等人（图 1-2-4），领队郑建明。此次调查范围主要是德清龙山片区窑址群的核心地区，西起火烧山、东至冯家山、北自跳板山、南及鸡笼山，调查取得了丰硕成果。

图 1-2-4　2009 年调查途中

图 1-2-5　2009 年浙江省博物馆原始瓷精品展

首先，新发现大量窑址，使德清地区的窑址数量达到了 70 多处。窑址的分布十分密集，集中在面积约为 10 平方千米的范围内，其中最密集的亭子桥、下漾山、窑坞里、下南山等区域整体面积仅 5 平方千米左右。众多窑址的发现，基本建立了从商代至战国时期较为完整的年代序列，为进一步深入探索青瓷起源提供了大量的标本材料。

其次，在德清地区首次发现商代窑址数处。本流域商代窑址原先仅在湖州南郊的黄梅山等地有少量发现，此次又在德清发现，并且在数量上有较大突破，达到了近十处地点。两地窑址在产品上有较大的区别：黄梅山窑址产品以原始瓷为主，器形主要有豆、罐、钵等；德清地区的商代窑址产品以印纹硬陶为主，主要是器形巨大的坛、瓮等，另有少量的原始瓷，器形主要是豆。

第三，战国原始瓷窑址数量庞大，不同的窑址间无论是器形、器类还是装饰风格，均存在着一定的差异，此种差异更多可能由时代不同所造成，为战国原始瓷的分期研究提供了可能。

在本次调查成果的基础上，由浙江省文物局、德清县人民政府主办，浙江省文物考古研究所、浙江省博物馆、德清县文化广电新闻出版局承办，"浙江德清第二届瓷之源学术研讨会"，于 2009 年 9 月 28 日至 30 日在德清县召开。

同时，由浙江省博物馆、浙江省文物考古研究所、德清县人民政府主办的"瓷之源——德清原始瓷窑址考古成果暨原始瓷精品展"在浙江省博物馆开展，这是首次举行大规模的原

始瓷精品展览。（图 1-2-5）

会议期间，与会专家出席了在浙江博物馆举办的"瓷之源——德清原始瓷窑址考古成果暨原始瓷精品展"开展仪式并参观展览，观摩了大量窑址调查与发掘出土标本。专家们在分析评价考古调查发掘成果的基础上，重点围绕瓷器的起源、德清原始瓷窑址及其产品的历史地位、原始瓷与成熟青瓷的关系以及瓷窑址的保护与利用等问题，进行了认真热烈的研讨。

与会专家对德清地区 2009 年原始瓷窑址专题调查的成果给予了充分的肯定和高度的评价。认为现有的发掘与调查材料表明，德清地区的原始瓷生产具有以下几方面的显著特点：一是出现时间最早，持续时间最长，烧造历史悠久。从商代开始，历经西周、春秋，至战国时期，不间断生产，而且烧造规模越来越大，是目前已知出现时间最早、持续时间最长的商周原始瓷产地。二是窑址众多，分布密集，生产规模大，目前已发现窑址 70 多处，具有集群性的生产状态。三是产品种类丰富、档次高，除生产一般日用器物外，还大量烧造象征身份与地位、具有特殊意义的仿青铜礼器和乐器等贵族用品，是目前已知的烧造这类高档仿青铜礼仪用品的唯一产地。四是产品质量高，特别是战国时期的产品质量已接近成熟青瓷的水平。因此，德清商周原始瓷窑址群在中国瓷器发展史上占有极其重要的地位。已有充分的理由可以认为，德清地区一直是商周时期的制瓷中心，是中国瓷器重要的发源地。

为配合湖州市新农村建设工程的展开，2010 年 3 月至 10 月，浙江省文物考古研究所与湖州市博物馆对湖州南郊的南山窑址进行了抢救性发掘。参加发掘人员有陈元甫、沈岳明、郑建明、陈云、孙晓智、王春民、程爱兰等，领队郑建明。发掘面积 800 平方米，发掘揭露窑炉遗迹 3 条、灰坑 8 个、贮料坑 2 个、水沟 1 条、柱洞若干，出土大量的原始瓷器以及部分可能作为窑具使用的器物。发掘资料表明，南山窑址是一处几乎纯烧原始瓷的窑场，时代上限可到商代早期甚至更早。窑址地层堆积丰富，窑炉保存完整，瓷土作胎，人工施釉痕迹明显，制作装烧工艺较为成熟，是当时已发掘的年代最早的原始瓷窑址。此次发掘对于探索中国瓷器的起源、初步建立太湖地区商代原始瓷编年、深入研究江南商代考古学文化以及北方出土原始瓷产地等问题具有重要意义。

2010 年 11 月 至 2011年 7 月，"瓷之源"课题组对湖州南部、主要是南山窑址所在的青山地区及其与德清龙山地区之间的

图 1-2-6　2011 年调查时小憩

图 1-2-7 2011 年大湾片调查

东苕溪沿岸，进行了先秦时期原始瓷窑址的专题调查，这也是课题组对该流域进行的第二次专题调查。参加人员有陈元甫、沈岳明、郑建明、陈云、孙晓智、王春民、程爱兰等，领队郑建明（图 1-2-6、1-2-7）。此次的收获主要是发现了大量商代原始瓷窑址并确定了青山片区原始瓷窑址群的存在，在原先龙山原始瓷窑址群的基础上新增加了一个类型，同时，在龙山片区窑址群的东部边缘还发现了夏商时期的窑址。

2011 年 4 月 25 日至 27 日由浙江省文物考古研究所、湖州市文广新局、吴兴区人民政府主办，湖州市博物馆、德清县博物馆承办的"浙江湖州东苕溪流域商代原始瓷窑址考古成果研讨会"在湖州市召开，来自国内的近二十位专家学者参加了本次研讨会。会议期间，与会专家听取了浙江省文物考古研究所考古领队关于东苕溪中游商代原始瓷窑址群考古专题调查及湖州南山商代窑址考古发掘成果的介绍，观摩了窑址调查与发掘出土的大量标本，并考察了南山窑址考古发掘现场，对东苕溪流域商代窑址群的发现及南山窑址的发掘成果给予了充分的肯定和高度的评价。此次专题调查表明，东苕溪中游商代原始瓷窑址群窑址数量多、分布密、时代早，是国内首次发现的大规模商代原始瓷窑址群，也是目前已知唯一的一处商代原始瓷窑址群。因此，东苕溪中游商代原始瓷窑址群是一个十分重大的发现。南山商代窑址发掘，发现窑炉遗迹完整，产品堆积丰厚，地层叠压关系清晰，产品种类丰富，原始瓷器胎釉既有原始性亦有一定的成熟性。本次考古调查与发掘成果，在探索瓷器起源、北方出土原始瓷产地问题、建立太湖地区商代原始瓷详细编年等方面，均具有重要意义。这是有关原始瓷的第三次学术会议。

2011 年 10 月，由故宫博物院、浙江省文物考古研究所、德清县人民政府主办，德清县博物馆、绍兴县博物馆承办的"浙江原始青瓷及德清火烧山等窑址考古成果汇报展"在故宫博物院举办。此次展览汇集了德清地区先秦窑址、土墩墓中出土的原始瓷精品及绍兴地区战国原始瓷精品，是浙江地区原始瓷的集中代表。展览期间还举行了一次小型学术研讨会，会议期间，2011 年初在龙山片区窑址群东部边缘新发现的夏及夏商之际的瓢山等窑址材料引起了学者们的高度关注，认为其性状的时代表现较南山窑址的商代早期更为原始，对于探索瓷器起源具有相当重要的意义。这是第四次原始瓷学术会议。

2012 年 3 月至 6 月，"瓷之源"课题组对德清境内龙山片区窑址群外围地区进行了调查。

参与此次调查工作的有陈元甫、沈岳明、郑建明、朱建明、陶渊旻、王春民等，领队郑建明（图1-2-8）。新发现窑址20多处，使整个窑址群的数量达到了132处。由于许多地点有不同时期的窑址堆积，因此窑址的实际数量尚不止这个数字。此次调查基本弄清楚了龙山片区窑址群的分布情况，其西起于武康镇东北的后山窑址，东止于洛舍镇的砂村青龙山一带，

图1-2-8　2012年调查期间在"长桥"休息

基本沿东苕溪狭长分布，以与湖州的界山龙山南坡为主，北坡有少量分布，主要集中在龙胜、龙山、砂村三个行政村之内。此次调查还有两个重要的发现：一是在武康城西的城山东麓发现了以烧造原始瓷为主的南山类型商代窑址，证明该类型的窑址不仅限于湖州的南部地区，在德清地区亦有分布，只是由于该地区的系统调查工作尚未展开，因此具体的数量尚不清楚；二是在尼姑山发现了一种新类型的商代窑址，称为尼姑山类型，使商代窑址类型达到了三个。尼姑山类型窑址产品包括印纹硬陶与硬陶（？原始瓷？），印纹硬陶纹饰以云雷纹为主，较为粗大但较规整，另有少量曲折纹，器形主要是长颈侈口罐；硬陶（？原始瓷？）素面，胎呈土黄色或砖红色，质较松，表面光洁，局部可见有极薄的青灰色点状凝釉。从纹饰等分析，这一类型的窑址时代可能较水洞坞类型更早。

2012年5月至6月、7月至8月分别对湖州瓢山窑址和德清尼姑山窑址进行了抢救性发掘（彩版一二，1），揭露了窑炉等遗迹现象，出土了丰富的产品标本，还在调查成果的基础上全面系统地揭示了窑址的内涵。参加这两次发掘的有沈岳明、陈元甫、郑建明、孙晓智、陶渊旻等人，复旦大学研究生付蓉参加了实习发掘，领队郑建明。

2013年9月至11月以及2014年3月至4月，对德清乾元镇一带东苕溪沿岸进行调查，新发现窑址12处，整个窑址群的窑址数量达到了144处。此次调查领队为陈元甫，参与的有周建忠、费胜成、沈岳明、郑建明等。至此，东苕溪流域先秦时期原始瓷窑址的分布范围及其面貌基本清晰。其主要分布于东苕溪的中下游地区，沿东苕溪西岸主要以两个集群分布，其中德清龙山片区窑址群为主体（彩版一二，2），湖州青山片区窑址群亦有一定的数量与密度（彩版一三），外围亦有少量零星分布的窑址。整个窑址群具有出现时间早、持续时间长、窑址密集、生产规模大，产品种类丰富、质量高，龙窑成熟，窑具形态各异，装烧工艺成熟，窑区独立等特征。

从2010年起，德清博物馆就对原城关镇的老馆进行了全面的修整，以作为"瓷之源"研

图 1-2-9　浙江原始瓷考古研究中心外景

图 1-2-10　浙江原始瓷考古研究中心成立仪式

图 1-2-11　指南针计划"瓷之源"项目启动仪式

究的工作场所。2012 年 6 月 6 日，由省文物局批准，浙江省文物考古研究所与德清县博物馆共建的"浙江原始瓷考古研究中心"与"浙江省文物考古研究所德清工作站"正式在老馆挂牌。原始瓷考古研究中心不仅是"瓷之源"课题组研究场所和原始瓷窑址标本展示中心，也为国内外学者研究提供了一个开放的平台。（图 1-2-9、1-2-10）

2012 年另外一件大事是"瓷之源"项目正式列入国家指南针计划"运用现代科学技术开展原始瓷起源及先秦原始瓷制作技术发展综合研究"项目下，由浙江省文物考古研究所主持，中国科学院高能物理研究所、北京大学考古文博学院、复旦大学现代物理研究所、浙江大学文物与博物馆学系、浙江工业大学之江学院、德清县博物馆、湖州市博物馆共同参与，进行瓷器起源的多学科综合研究。（图 1-2-11）

"瓷之源"课题从成立到推进，得到了故宫博物院、浙江省文物局、德清县人民政府、湖州市吴兴区人民政府、湖州市文广新局、德清县文广新局、吴兴区文广新局、武康镇人民政府、洛舍镇人民政府、东林镇人民政府等各级政府机构的高度重视与大力支持（图 1-2-12~1-2-31）。文化部副部长、故宫博物院院长郑欣淼先生与浙江省文物局局长鲍贤伦先生等还到工地考察，体验野外工作的艰苦生活，对考古人员进行了亲切慰问。张忠培、李伯谦、徐天进、赵辉、吴小红、张敏、宋建等考古学家，耿宝昌、王莉英、李辉柄、陈克伦、李刚等古陶瓷专家以及浙江省博物馆陶瓷部和南宋官窑博物馆、杭州市博物馆、杭州市文物考古研究所诸位同仁先后到发掘、调查现场指导相关工作。德清县博物馆、湖州市博物馆为调查发掘工作做了大量的协调工作，付出了艰辛的努力。尤其是以俞友良馆长为首

图1-2-12　原文化部郑欣淼副部长指导工作

图1-2-13　原文化部郑欣淼副部长在德清火烧山工地

图1-2-14　张忠培先生在窑址发掘现场

图1-2-15　张忠培先生指导工作

图1-2-16　李伯谦先生在窑址发掘现场

图1-2-17　李伯谦先生指导工作

图1-2-18　徐天进先生等在浙江原始瓷考古研究中心

图1-2-19　张敏先生考察工地

图1-2-20　宋建先生等考察工地

图1-2-21　耿宝昌先生等在德清火烧山工地现场

图1-2-22　王莉英等指导工作

图1-2-23　李辉柄、陈华莎等在工地现场

图 1-2-24　陈克伦先生等考察工地

图 1-2-25　李刚先生在工地现场

图 1-2-26　任世龙与陈元甫先生指导工作

图 1-2-27　浙江省博物馆陶瓷部同仁现场观摩

图 1-2-28　湖州有关领导在发掘现场

图 1-2-29　德清余文明副县长考察工地

图 1-2-30　李小宁所长等所领导专家指导工作

图 1-2-31　沈岳明书记指导工作

图 1-2-32　湖州南山窑址现场取样

图 1-2-33　浮选测年所需炭样

的德清县博物馆诸同仁们，有求必应，有事必到，不仅出工出力，还贴钱贴物：改造新馆展厅专门开辟新的"瓷之源"展厅；多次操办"瓷之源"会议与展览；出资维修原老馆建筑作为原始瓷考古研究中心；购买数量庞大的塑料筐将所有标本在研究中心集中安置和展示；对野外工作给予大量的支持。浙江省文物考古研究所的大力支持是"瓷之源"课题得以设立和大步推进的根本，所领导对"瓷之源"课题的进展时刻关注，所里的老一代瓷窑址考古专家朱伯谦、任世龙先生多次到现场指导发掘工作，任世龙先生还对课题的规划与设置提出了许多建议与意见。

在此对所有关心支持本课题实施的专家、学者、领导和朋友们表示衷心的感谢。

二　调查发掘中的多学科合作

本课题在实施过程中积极与其他学科，特别是与自然科学学科进行密切合作，以推动课题的更深入研究。

窑址的年代确立，是本课题面临的重大难点问题之一。窑址地层中炭样的获取相当困难，北京大学考古实验室吴小红主任和崔剑峰先生在 2010 年冬冒着鹅毛大雪，亲自到冰天雪地的现场取样和浮选（图 1-2-32、1-2-33）。其工作精神感动了在场的所有人，而此次取样的测试结果也是目前确定窑址年代的最可靠依据。中国科学院高能物理研究所冯松林先生多次专程到现场取样，他的研究成果是本课题推进不可或缺的部分。南京师范大学

图 1-2-34 南京师范大学师生进行环境取样

师生对湖州南山窑址周边环境进行了采样分析（图 1-2-34）。此外，相关测试研究还得到了复旦大学、上海博物馆等单位的支持。

三 东苕溪流域先秦时期原始瓷窑址分布

通过多年的考古调查与发掘工作，以德清为中心、包括湖州市区南部地区在内的东苕溪流域先秦时期原始瓷窑址分布与特征已初步揭示。

目前已初步完成东苕溪流域中下游的考古调查工作，确定窑址数量共计 144 处，从分布上来看，可以分成两个主体片区：德清龙山片区窑址群与湖州青山片区窑址群，在这两个片区窑址群的外围还零星分布有部分窑址（图 1-2-35）。以德清龙山片区窑址群为主体，窑址数量多、规模大、持续时期长，产品质量高。

德清龙山片区窑址群位于德清县东北部，以原龙山乡为中心，因此名之。其区域主体位于今天德清县武康镇的东北部地区，同时包括洛舍镇西部边缘和湖州市埭溪镇的南部边缘。窑址核心主要分布在武康镇龙胜村境内，北到泉源坞、南到火烧山、西到塘坞、东到安全山。龙山片区窑址群目前发现 111 处窑址（其核心地点很多窑址有早晚不同时期堆积叠压，一个地点仅算一处窑址，如将不同时期窑址堆积分开计算，则该片区窑址数量更多；以上统计数据截至 2012 年底）。这里地处东苕溪西岸，是西部高大的天目山脉向东部广阔的杭嘉湖河网平原过渡的丘陵地带，区域内低山起伏，河湖纵横，几乎每一个窑址均有古河道与之相通，交通运输相当便利（彩版一四；彩版一五，1）。龙胜村有前埠与上市两个地名（彩版一五，2、3），均位于窑址群中心位置，亦反映了当时水运对于本地经济的重要性。据当地老人介绍，20 世纪 80 年代以前，船仍旧是本区域基本交通工具，现在多数已淤积的窑址前河道，那时是沟通外界的最重要通道。

德清龙山片区窑址群时代从夏代开始，历经商、西周、春秋、战国各个时期，基本不曾间断。这是目前已知出现时间最早、持续时间最长、序列最完整的窑址群。（图 1-2-36；表 1-2-1）

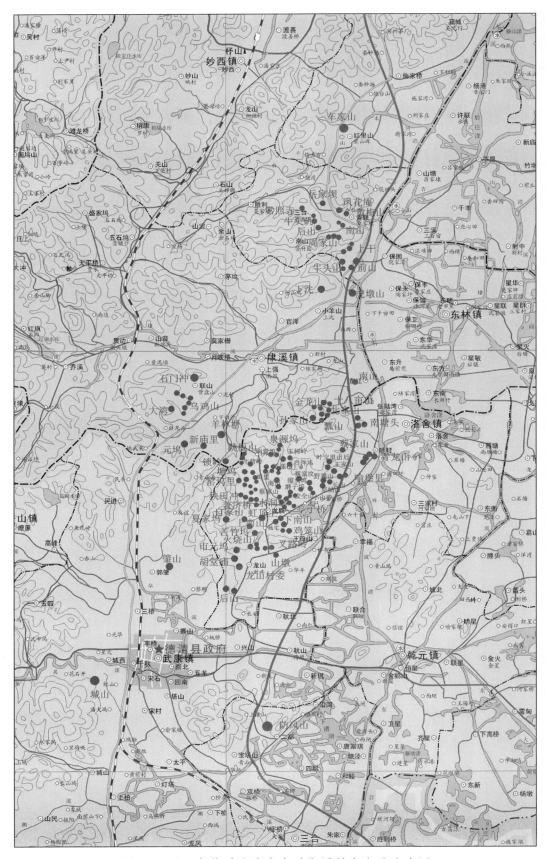

图 1-2-35　东苕溪流域先秦时期原始瓷窑址分布图

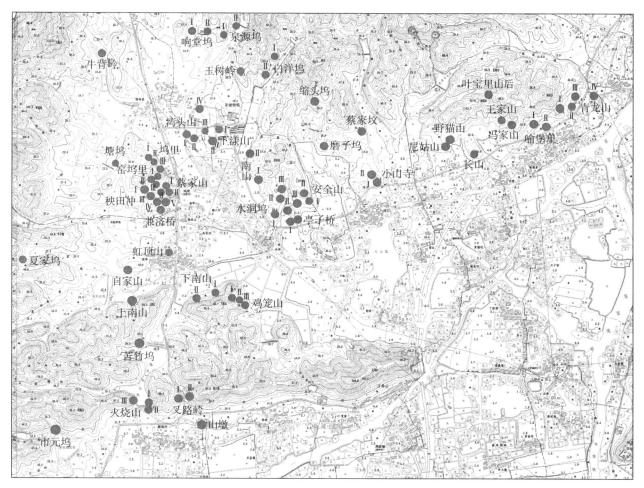

图 1-2-36 德清龙山片区窑址群核心区分布图

夏或夏商之际的窑址均位于德清龙山片区窑址群东部边缘，包括湖州瓢山Ⅰ区、瓢山Ⅱ区下层堆积、北家山Ⅱ区、金龙山Ⅰ区。这里地处湖州与德清交界处，而目前的调查工作主要集中在湖州一侧，因此相邻的德清一侧同一时期窑址分布尚不清楚。其中以瓢山Ⅱ区保存较佳。产品面貌较为一致，以生产硬陶为主，另有少量的原始瓷器。硬陶胎色普遍较深，多呈灰黑色、深褐色或紫红色，胎质较松，常夹杂有较多的黑色斑点。器表流行拍印粗大的曲折纹。部分器物的肩、上腹部等部分有极薄的光亮釉层。器形以长颈侈口罐为主，圆肩鼓腹凹圜底，有少量的束颈翻折沿罐等。原始瓷与硬陶质地十分接近，釉层极薄，釉色较深，多呈黑褐色或青褐色，施釉部位一般位于三足盘类器物的内腹或罐类器物的肩部。器类极少，器形单一。

德清龙山片区窑址群内商代窑址目前共发现 17 处，其中在水洞坞东Ⅰ区下层、水洞坞东Ⅱ区下层、安全山Ⅰ区、南山Ⅰ区、青龙山Ⅳ区、秧田冲Ⅰ区、瓢山Ⅱ区上层、南塘头Ⅰ区、南塘头Ⅱ区、尼姑山等 10 处地点均明确有地层堆积的存在；下漾山Ⅱ区、蔡家山Ⅱ区、窑坞里、湾头山Ⅱ区、青龙山Ⅲ区、南塘头Ⅲ区、自家山等 7 处地点调查采集到一定数量的标本，但由于窑址所处植被茂密，且未进行试掘，因此未确定是否有地层堆积。其中尼姑山

表 1-2-1　德清龙山片区窑址群窑址统计表

时代	窑址名称	总数
夏或夏商之际	湖州瓢山Ⅰ区、瓢山Ⅱ区下层堆积、北家山Ⅱ区、金龙山Ⅰ区	4
商代	德清水洞坞东Ⅰ区、水洞坞东Ⅱ区、安全山Ⅰ区、南山Ⅰ区、下漾山Ⅱ区、蔡家山Ⅱ区、窑坞里、湾头山Ⅱ区、秧田冲Ⅰ区、南塘头Ⅰ区、南塘头Ⅱ区、南塘头Ⅲ区、青龙山Ⅲ区、青龙山Ⅳ区、自家山、尼姑山；湖州瓢山Ⅱ区上层堆积	17
西周早中期	德清南塘头Ⅰ区、南塘头Ⅱ区、南塘头Ⅲ区	3
西周晚期至春秋早期	德清南塘头Ⅰ区、南塘头Ⅱ区、南塘头Ⅲ区、青龙山Ⅰ区、青龙山Ⅱ区、青龙山Ⅲ区、火烧山Ⅰ区、火烧山Ⅱ区、下南山、龙山村委后、后山Ⅰ区	11
春秋中晚期	德清火烧山Ⅰ区、火烧山Ⅱ区、火烧山Ⅲ区、跳板山Ⅰ区、跳板山Ⅱ区、跳板山Ⅲ区、下南山、白洋坞Ⅰ区、白洋坞Ⅱ区、蔡家山Ⅱ区、后山Ⅰ区、后山Ⅱ区、泉源坞Ⅰ区、泉源坞Ⅱ区、响堂坞、秧田冲Ⅱ区、秧田冲Ⅳ区、秧田冲Ⅴ区、窑坞里Ⅰ区TG2、玉树岭、叉路岭Ⅰ区、叉路岭Ⅱ区、苦竹坞、山墩、喻堡里Ⅳ区（冯家山）、王家山、叶宝里山后、野猫山、蔡家坟、缩头坞、磨子坞、牛背岭、上南山、夏家坞、龙山村委后、市元坞、防风山、烟霞坞、乌龟山、马回山、沙缸坞；湖州羊林塘、大湾、石门冲、乌鸡山Ⅰ区、乌鸡山Ⅱ区、乌鸡山Ⅲ区、乌鸡山Ⅳ区、乌鸡山Ⅴ区、乌鸡山Ⅵ区、孙家山、瓢山Ⅲ区、锁岭	53
战国一期	德清亭子桥、水洞坞东Ⅰ区、水洞坞东Ⅱ区、湾头山Ⅰ区TG1③、湾头山Ⅰ区TG2、湾头山Ⅱ区、坞里Ⅰ区、坞里Ⅱ区、坞里Ⅲ区、下南山、下漾山Ⅰ区TG1、安全山Ⅰ区TG1、安全山Ⅱ区、安全山Ⅲ区、蔡家山Ⅰ区、蔡家山Ⅱ区、鸡笼山Ⅰ区、鸡笼山Ⅱ区、鸡笼山Ⅲ区、南山Ⅰ区、唐坞、秧田冲Ⅰ区、秧田冲Ⅱ区、窑坞里Ⅰ区TG1、窑坞里Ⅱ区、窑坞里Ⅲ区、窑坞里Ⅳ区	27
战国二期	德清水洞坞西Ⅱ区、水洞坞西Ⅲ区、湾头山Ⅰ区TG1②、下漾山Ⅰ区TG4与TG5、下漾山Ⅱ区、秧田冲Ⅲ区	6
战国三期	德清水洞坞西Ⅰ区、下漾山Ⅰ区TG2与TG3、下漾山Ⅲ区、下漾山Ⅳ区、喻堡里Ⅰ区、冯家山、鸡笼山Ⅰ区、兼济桥、南山Ⅱ区、秧田冲Ⅴ区	10
战国四期	德清喻堡里Ⅱ区	1
未分期的	湖州元坞、新庙里、金龙山Ⅱ区、十八亩山Ⅰ区、十八亩山Ⅱ区、南村等战国窑址时代不清；德清小山寺Ⅰ区、小山寺Ⅱ区、山墩、虹顶上、新庙里、龙山村委后、肇山2012年新发现未区分	13

于 2012 年夏天进行了发掘，因资料未及整理，相关内容将另行发表。

　　湖州青山片区窑址群位于德清龙山片区窑址群的下游，两地直线距离不足 10 千米。这里地处湖州市南郊原青山乡范围内，因此名之，今隶属于湖州市吴兴区东林镇。窑址的主体位于现在的青山、南山、青莲诸村之内。（图 1-2-37；表 1-2-2）

　　青山片区窑址群共有窑址 21 处，均为商代窑址，其中在湖州南山Ⅰ区、南山Ⅱ区、黄梅山、凤花庵、岳家坝、牛头矶Ⅰ区、牛头矶Ⅱ区、周家山Ⅱ区、上干Ⅰ区等 9 个地点的断面上能确定地层堆积，其余 12 个地点均能在地面上采集到较多的产品标本与烧结块、红烧土块等窑址遗物（以上统计数据截至 2012 年底）。其中南山窑址Ⅰ区进行过较大规模的发掘，Ⅱ区进行过小范围的试掘，其余地点均为调查采集。

　　窑址按产品差异分为两种类型：一类以印纹硬陶为主，器形主要是大型罐类器物，但胎质多呈橘红色，云雷纹方正规则、排列整齐。此类型窑址数量比较少，主要是湖州虎墩山与下沈 2 处堆积，均位于窑址群的南端，更接近于龙山片区窑址群。另一类几乎纯烧原始瓷，产品主要有豆、罐及盖、尊等，豆既有宽沿深腹、足端带三个半圆形缺口的早期形态，也有敛口高圈足的中间形态与直口高圈足的晚期形态，胎色灰白或青灰色，胎质细腻坚致，火候高，釉层明显。代表窑址有南山、周家山窑址等，时代初步判定均为商代：最早从商代早期、甚至夏商之际开始，一直延续到商代晚期。此外在南山窑址Ⅱ区采集到少量的标本，但其与青山片区其他商代窑址的关系至今仍未找到地层上的证据。

除德清龙山与湖州青山两个片区窑址群外，在邻近的外围地区亦有少量的窑址分布。（表 1-2-3）

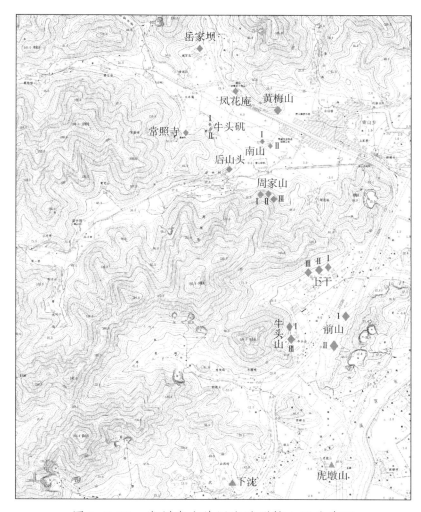

图 1-2-37　湖州青山片区窑址群核心区分布图

表 1-2-2　湖州青山片区商代窑址群窑址统计表

类型	窑址名称	数量
南山类型	湖州南山Ⅰ区、南山Ⅱ区、黄梅山、凤花庵、岳家坝、常照寺、牛头矶Ⅰ区、牛头矶Ⅱ区、后山、周家山Ⅰ区、周家山Ⅱ区、周家山Ⅲ区、上干Ⅰ区、上干Ⅱ区、上干Ⅲ区、牛头山Ⅰ区、牛头山Ⅱ区、前山Ⅰ区、前山Ⅱ区（其中南山Ⅱ区、周家山Ⅰ区同时烧造少量的水洞坞类型印纹硬陶）	19
水洞坞类型	湖州下沈、虎墩山	2

表 1-2-3　东苕溪流域两窑址群外围窑址统计表

时代	窑址名称	数量
商代	德清城山（南山类型）	1
春秋	德清王家山、淡竹坞	2
春秋中晚期	德清防风山、烟霞坞、陈戴寺、清水浜、开封寺、平阳里Ⅰ区、平阳里Ⅱ区、南坞里、湖州车家山（其中开封寺、平阳里Ⅰ区、平阳里Ⅱ区与印纹硬陶合烧，南坞里以印纹硬陶为主）	9

在龙山片区窑址群东部、乾元镇的北边，有一个相对集中的小窑址群，这里地处东苕溪的东岸，是一处相对独立的小区域低山岗地，目前共发现窑址 8 处，时代均为春秋中晚期至战国时期，多个窑址原始瓷与印纹硬陶合烧。

在龙山片区窑址群的南部共发现 3 处窑址：防风山、烟霞坞与城山。

防风山与烟霞坞窑址时代均属于春秋晚期。这里地处东苕溪西畔，也是一处小范围的独立低山丘陵，东边是与东苕溪相连的下渚湖沼泽湿地，西边是低矮的山丘，地理环境与龙胜一带相似，烧窑条件极其理想。同时这一地区也是德清窑东汉至三国时期窑址的分布区，散布着青山坞、黄角山等重要瓷窑址。防风山与烟霞山窑址作为一个线索，不排除这一带是先秦时期另外一个窑址群分布区的可能性。这是今后野外调查工作的一个重要方向。

城山窑址位于武康县城的西部，再往西是高峻的莫干山脉，窑址存在的可能性不大；而沿山脉的东部边缘往南，经上柏往东折向三合，即到达下渚湖一带的东苕溪沿岸，这里是山脉与平原的过渡地区，不排除有窑址存在的可能性。城山窑址的产品面貌与南山商代类型接近，是德清地区目前已知的唯一一处该类型的窑址。

青山片区窑址群除核心区域内的商代窑址外，还在北边的车家山发现 1 处春秋时期窑址，该窑址不仅与窑址群相距较远，且时代差别较大。目前在湖州境内的调查工作，北边基本到车家山一线，这以北是否还有更多同一时期窑址的分布，还需要更多野外工作来发现。

从夏代原始瓷出现开始，礼器即已成为原始瓷产品的主要门类，商代各种类型的豆占了绝大多数（彩版一六，1）。经历了西周早中期与西周末至春秋早期两个大的发展时期以后（彩版一六，3），原始瓷在战国早中期迎来了其发展的顶峰，器物种类极其丰富，除一般的碗、盘、杯、盅、盂、钵、盒、碟等日用器外，还大量生产仿青铜礼器和乐器，以及少量的兵器与工具（彩版一六，2、4）。礼器器形有鼎、豆、尊、簋、盆、盘、瓿、提梁壶、提梁盉、镂孔长颈瓶、罍、罐、壶、钫、鉴、冰酒器、温酒器、烤炉、镇、匜等；乐器有甬钟、钮钟、镈、句鑃、錞于、缶、悬鼓座、钲、磬等；兵器有戈、矛、斧、钺等；工具有锛、凿等。并且同一种器类往往有多种器形，造型丰富多彩，极富变化。这一时期的器物多体形硕大厚重，造型工整端庄，做工精巧细致，无论是成型工艺、烧成技术，还是产品质量，都堪称原始青瓷中的精品。

四　东苕溪流域先秦时期原始瓷窑址的基本特征及其学术意义

东苕溪流域先秦时期原始瓷窑址群具有以下几个方面的特征：

首先是出现时间早、持续时间长。本窑区从夏商时期开始出现窑址，历经西周、春秋，至战国时期，基本不曾间断，是目前国内已知出现时间最早、持续时间最长的商周时期窑区。其中目前发现的时代最早的夏商时期原始瓷窑址均集中在这一流域。在浙江周边福建、江西、广东等省也有商周时期窑址的发现，但数量少、规模小、出现时间迟、年代序列不完整。

其次是窑址密集、生产规模大。从目前已掌握的材料来看，至 2014 年，这一地区的窑址不仅发现数量多（已达 144 处），而且规模相当庞大，这是其他任何一个地区所无法比拟的。如亭子桥窑址，分布面积超过 1500 平方米，堆积层厚，出现了晚期窑址中常见的纯瓷片层堆积，产量已达到了相当的规模。

第三是产品种类丰富。除生产日用的碗、盘、碟类器物外，还大量烧造象征身份地位、具有特殊意义的仿青铜礼器和乐器，这些礼乐器包括作为礼器的鼎、卣、簋、豆、壶、罍、罐、瓿、盘、盆、鉴、三足盘、镂孔瓶、提梁壶、提梁盉、匜、钵、镇，以及作为乐器的甬钟、句鑃、錞于、悬鼓座。而这些大型礼乐器的生产，目前仅见于东苕溪流域。

第四是产品质量高。原始瓷的发展，有几个里程碑式的跃进：第一个跃进发生在夏商时期，原始瓷在几千年陶器发展基础上终于发明成功，并且一出现即表现出了强大的生命力，但这一时期的原始瓷无论是胎还是釉均不是十分稳定；处于发展初期的第二个跃进是西周时期，这一时期不仅胎釉完全成熟，胎质较细，施釉均匀，玻璃质感强，而且迎来了发展的第一个高峰，出现了大量各种形态的礼器与日用器，包括盉、尊、罐、盂、瓶、盘、碟等；第三个跃进是战国早中期，这一时期许多产品体形硕大、制作规整、胎质坚致细腻、釉色青翠匀润、施釉均匀、玻璃质感强，几乎可与东汉以来的青瓷相媲美，不仅标志着原始瓷已完全成熟，也是原始瓷发展的最高峰。

第五是烧造瓷器龙窑的起源与成熟。东苕溪流域是烧造瓷器的龙窑起源与成熟的地区。在夏商时期，瓢山、南山窑址出现了最早烧造瓷器的龙窑，但尚具有相当的原始性，处于龙窑发展的起源阶段：窑炉整体较短，仅7米左右，坡度达到20多度，底部不铺砂且较为不平，火膛几乎占据了窑炉的三分之一左右。但其形状呈长条形，并且位于山坡上，有一定的坡度，具备了龙窑的基本特征。经过西周春秋时期的发展，到了战国时期的亭子桥窑址，龙窑已完全成熟：长近10米，坡度为10多度，并且为了更好地利用窑温，前后坡度有一定的差异，窑底使用很厚的细砂层，火膛作横长方形，宽不足1米，与窑床的比例相当合理。

第六是窑具形态各异，装烧工艺成熟。春秋时期大量出现作为间隔具的托珠，形体小、制作精细，可有效地保护釉面。战国时期则大量涌现各种支烧具，有直筒形、喇叭形、托盘形和浅盘形等等。窑具的胎泥和制作有精粗之分，精者由瓷土制成，胎质细腻，制作规整，表面平整光洁。粗者一般由黏土制成，胎泥中夹有粗砂，器形不甚规整，表面显得粗糙。不同的器物使用不同的窑具，成功解决了甬钟、句鑃类器物的装烧方法，工艺相当成熟。

第七是独立窑区的出现。自夏代开始，本地区即形成独立的窑区而不再依托于生活区，并且已有相当的规模，说明制瓷业已完全作为一个独立的手工业门类存在。进入西周晚期，各窑址基本纯烧原始瓷，这也是目前其他同时期的窑区所无法比拟的。

因此，以德清为中心、包括湖州市区南郊在内的东苕溪流域先秦时期窑址群，无论是从生产时间、窑址规模，还是窑址产品种类、产品质量、装烧工艺等方面，在全国都是独一无二、一枝独秀，在中国陶瓷史上占有非常重要的地位，是中国制瓷史上的第一个高峰，为汉代成熟青瓷的出现打下了坚实的技术基础，是研究原始瓷起源、探索"瓷之源"的最理想区域，也是探索成熟青瓷起源的最重要区域。因此其至少在以下几个方面具有重要意义：

1. 瓷器的起源及其制瓷技术的演进

东苕溪流域先秦时期原始瓷窑址群最早可到夏商时期。这一时期的窑址无论是产品的胎、釉、成型技术，还是窑炉的装烧工艺，既有原始性，又有成熟性，具有瓷器早期形态的特征，是真正意义上的"原始"瓷，为探索瓷器起源和中国瓷器发展史提供了重要实物资料。从夏代开始，经过商、西周与春秋时期的发展，东苕溪流域原始瓷窑址在战国时期迎来了发展的高峰，其制瓷技术虽然有短暂的反复，但总的趋势是不断地提高发展。原始瓷制瓷技术的发展与成熟过程，也是中国早期瓷器发展与成熟的过程，是探索中国瓷器早期发展历史的重要一环。

2. 原始瓷详细的编年体系

原始瓷是越文化最具特征的文化因素之一，而江南地区原始瓷主要出土于土墩墓中。由于土墩墓位于山脊或山顶上，单独成墩，很少有叠压打破关系，更多是孤立的器物单独成组，其年代的确定主要依靠类型学的排比，较少地层学上的证据。东苕溪流域先秦时期窑址群中不少窑址，如湖州南山商代窑址、德清火烧山西周春秋时期窑址等，可以根据地层学分别建立各自详细的编年体系。此外战国等时期的窑址虽然年代跨度较小，但数量众多，是江南地区最丰富、集中、全面的原始瓷材料，对于分期具有重要的意义。

3. 原始瓷的衰落、成熟青瓷的出现以及窑场在东汉时期的转移

先秦时期的原始瓷制瓷技术发展到战国时期，达到了一个顶峰：胎质细腻坚致，反映其瓷土的淘洗技术达到了新的高度；施釉均匀，胎釉结合好，基本不见生烧与完全剥釉现象，釉色青翠，玻璃质感强；器物种类丰富多样，大量的器形一直延续至汉代；装烧技术成熟，窑具大量出现，在支烧具方面，汉代所有的器类此时已基本出现。所有这些，均为汉代制瓷业的跃进打下了坚实的基础。然而鼎盛时期的原始瓷并没有直接演变成成熟青瓷，而是在战国中晚期随着越国的式微而迅速走向衰落。从原始瓷的衰落到东汉晚期成熟青瓷的出现之间有一个漫长的"空白期"，而探索这一段"空白期"的窑业发展状况，对于探索原始瓷与成熟青瓷的转承，具有承前启后的意义。本区域内除大量战国中晚期窑址存在外，还有一定数量西汉至东汉早期的窑址，对于探索两者的演变具有重要意义。过去许多学者将本地区西汉至东汉早中期的瓷器称为"高温釉陶"，认为与先秦时期的原始瓷窑业在技术上关系不大，属于另外一种技术传统。然而根据最近几年本区域内的调查发掘材料来看，高温釉陶独具特色的施釉技术在战国中晚期的原始瓷上即已出现，两者具有明显的承袭关系，从而否定了两者分属不同技术体系的说法。

先秦时期，中国制瓷业的中心地区，无疑是以德清为中心、包括湖州市区南郊在内的东苕溪流域。东汉晚期开始的成熟青瓷，虽仍然在本区域内继续生产，但其中心产区无疑已转移至以上虞为中心的曹娥江流域，这种瓷业中心产区大规模转移背后的深层原因，值得深入地探讨。

4. 越文化研究的切入口

使用原始瓷礼器而非青铜器随葬是越文化墓葬的最重要特征之一，因此原始瓷在越文化中具有极其重要的地位。原始瓷器作为瓷器的早期形态，与陶器有着重大的区别，它的发明和利用，不仅是一种技术上的重大突破，同时可能也反映了社会结构的变化。原始瓷自其出现伊始，除一部分日用器外，即有礼器的存在。这种礼器类器物的生产，意义类似于本地区良渚文化的玉器、中原地区夏商周时期的青铜器，是一种象征身份与地位的显赫

物品，也是社会复杂化进程的重要物化形态。这种显赫物品的生产，需要大量的劳动投入和特别精细的技艺，只有贵族才能支撑生产这些东西所需的专职匠人和生产设施，因此它们的出现是社会分化的重要象征。东南地区原始瓷的发展，明显经历了西周早中期、西周末期至春秋早期、战国早中期三个大的时期。大量体形硕大、造型复杂、纹饰繁缛、工艺精美的礼、乐器的存在，不仅说明越文化有自身独特的礼仪制度，同时可能分别代表了东南地区先秦时期文化发展的几个高峰，社会的复杂化进程不断提高，直至在战国时期进入了高度发达的国家阶段。

5. 南北文化交流的重要载体

原始瓷器虽然是越文化最具特征的文化因素，然而无论是器形还是纹饰，均与中原地区有着千丝万缕的关系，并且越到后来这种联系越明显——战国时期的许多器物不仅是造型和纹饰，且其组合上也直接仿自中原的青铜器。

以河南为中心，包括陕西、山东、河北、山西等省在内的北方地区，是先秦时期除以浙江为中心的江南地区以外原始瓷的重要分布区。北方地区从商代即开始出现原始瓷，一般持续到西周早期，西周中期以后很少见或基本不见。总体上看，北方地区出土原始瓷的数量并不是很多，且主要出土于高等级的墓葬和殷墟、周原等都城遗址中。北方地区至今未发现原始瓷窑址，关于其产地，历来就有北方生产说与南方生产说两种说法，以往所作的测试分析，亦未能形成统一的认识。从器形上看，许多器物与南方原始瓷极其相似，如商代殷墟地区出土的罐、豆等器物，无论是器形还是胎、釉等特征，均与湖州南山窑址产品十分相近，可能是该窑址或东苕溪流域内其他窑址的产品。而西周时期的原始瓷，几乎均可在江南土墩墓中找到相同的器物。因此从现有材料来看，北方地区多数原始瓷当从南方地区输入。原始瓷是先秦时期南北文化交流的重要载体。

五 资料的整理与编写

《东苕溪流域夏商时期原始瓷窑址》第一章第一节由朱建明先生执笔，第一章第二节由俞友良先生、陈云先生、沈岳明先生、陈元甫先生与郑建明先生共同执笔，其余章节均由郑建明先生执笔。除部分野外照片由陈元甫先生拍摄外，其余照片包括野外照片和器物照片均由郑建明先生拍摄。线图均由程爱兰绘制。

第二章　夏代原始瓷窑址调查

目前调查发现的夏代窑址均位于德清龙山片区窑址群东部边缘，主要包括 2011 年 5 月至 6 月调查中发现的湖州瓢山 I 区、瓢山 II 区下文化层、北家山、金龙山 I 区 4 处窑址，分布密集（图 2-0-1；彩版一七）。这里地处湖州与德清交界，调查工作主要集中在湖州一侧，因此德清境内夏代窑址的分布暂时不明。由于东红村的梯田改造工程，几处窑址多已遭到严重破坏，仅瓢山 II 区保存略佳。我们调查发现的时候工程仍在进行，窑址大部已被破坏，因此在上报国家文物局后对其尚保存的部分堆积进行了抢救性的试掘。

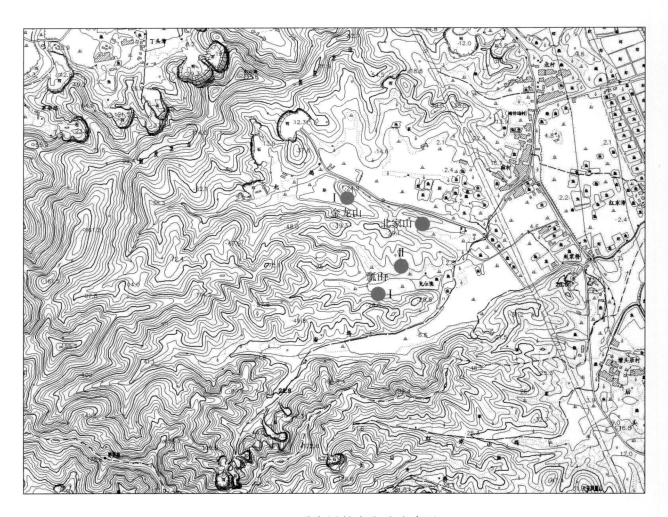

图 2-0-1　夏代原始瓷窑址分布图

第一节　湖州瓢山窑址

瓢山位于湖州市吴兴区埭溪镇东红村西南约 800 米左右，东距东苕溪约 2 千米，这里是湖州与德清的界山龙山向东延伸的余脉，山势较低，最高海拔仅 29.1 米，山丘坡度低缓。瓢山共有窑址 3 处，其中夏商时期窑址 2 处、春秋中晚期 1 处，分别位于龙山漾的南北两侧，自南而北依次编号为 Ⅰ～Ⅲ区。

壹　湖州瓢山窑址 Ⅰ 区

一　窑址概况

位于龙山漾的南边，瓢山的北侧山坡，坐南朝北（彩版一八，1）。窑址所依托南边山丘最高处为海拔 28.8 米，窑址所在位置海拔约为 20 米。窑址因新开垦梯田而遭严重破坏，在试掘的小范围内均未发现文化层，可能已被破坏。地面散落大量硬陶片、烧结块和少量原始瓷标本。无论是原始瓷还是硬陶，胎基本一致：胎色较深，多呈灰黑色、青灰色、紫红色、土黄色等，多不纯净，大多数胎呈夹心饼干状，内灰黑外土黄、内土黄外青灰等；胎质较疏松，夹有大量的大小不一的气孔，吸水率较高。硬陶包括素面与印纹两种，基本为长颈侈口罐与束颈翻折沿罐类器物，纹饰均为曲折纹。原始瓷包括钵、三足盘、长颈侈口罐、束颈翻折沿罐、豆等，施釉部位多位于三足盘的内侧、罐类器物的肩部一侧局部、豆柄的一侧，施釉线不清晰，有釉与无釉处逐渐变薄过渡。多数器物釉层极薄，仅在局部釉的小范围内釉层较厚，向四周逐渐变薄呈极薄的点状，厚釉处施釉不均匀，呈点状凝釉，玻化程度较高，玻璃质感强，但胎釉结合差，剥釉严重。釉色呈较深的黑褐色或青褐色，而无釉的部分，包括硬陶，外表呈黑褐色或棕褐色衣或膜。

二　产品标本

1. 原始瓷

长颈侈口罐　侈口，长颈，颈上部外敞，圆肩。长颈内侧有较粗的凹弦纹，不规则。

湖·瓢Ⅰ：6，口沿残片。青灰色胎，胎质较细。外颈、肩部有极薄的棕褐色点状凝釉。外表略光洁，内表不平，当为手制成型。（图 2-1-1，1）

湖·瓢Ⅰ：7，口沿残片。青灰色胎，胎质疏松。外颈局部有极薄的棕褐色点状凝釉。外表略光洁，内表不平，当为手制成型。（图 2-1-1，2）

湖·瓢Ⅰ：8，口沿残片。夹心胎，土黄色胎心，内外侧为较薄的青灰色层，胎质疏松，有较多的气孔。内颈边缘及肩部局部有较厚的棕褐色点状凝釉，胎釉结合好，玻璃质感强。外表略光洁，内表不平，当为手制成型。（图 2-1-1，3）

束颈翻折沿罐　圆唇，大翻折沿，沿面弧形，束颈，深弧腹。

湖·瓢Ⅰ：4，残片。沿面有多道较粗的凹弦纹。胎呈土黄色。沿面及上腹部有极薄的

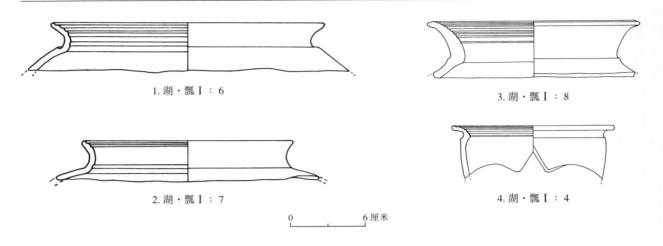

1. 湖·瓢 I：6　　　　　　3. 湖·瓢 I：8

2. 湖·瓢 I：7　　　　　　4. 湖·瓢 I：4

0　　　　　　6 厘米

图 2-1-1　　湖州瓢山窑址 I 区原始瓷器物图（一）

1~3. 长颈侈口罐　4. 束颈翻折沿罐

棕褐色点状凝釉。内外均不甚光洁，当为手制成型。（图 2-1-1，4）

　　三足盘　湖·瓢 I：9，腹残片。尖唇，浅坦腹，底近平，下有扁方足，足端残。沿面上有细凹弦纹。胎呈夹心饼干状，棕褐色胎心，内外有较薄的青灰色层。盘内腹有黑褐色釉，釉层厚，施釉均匀，胎釉结合好，玻璃质感强。盘内腹有明显的粗疏轮旋痕，当为轮制成型；足手制，与盘腹拼接。（图 2-1-2，1）

　　湖·瓢 I：18，腹残片。口沿略残，浅弧腹，底近平，足残，盘腹残存的三足端几乎黏结在一起。沿面上有细凹弦纹。棕褐色胎，胎质极疏松，有大量的气孔。盘内底有黑褐色釉，釉层厚，施釉不均匀，胎釉结合较好，玻璃质感强。无釉处有黑色薄衣。内腹有明显的粗疏轮旋痕，当为轮制成型；足手制，盘腹拼接。（图 2-1-2，2）

　　湖·瓢 I：20，腹残片。尖唇，敞口，浅弧腹，底部残。浅灰色胎，胎质较疏松，夹杂有少量的黑色斑点。内腹有釉，青釉层较厚，点状凝釉，有一定的玻璃质感。外腹为棕褐色薄衣。（图 2-1-2，3）

　　湖·瓢 I：2，足残件。截面近圆角三角形，外侧大，内侧小，足体上大下小，弧形外撇。足面素面，两侧面刻划纵向细凹弦纹。胎呈夹心饼干状，内为土黄色，外为较浅的青灰色，胎质较细且致密，夹杂有较多的黑色斑点。一侧面与足面之间自上而下有一道极薄的浅黑褐色釉，釉层极薄，中部剥釉严重，釉和无釉处无施釉线，呈极薄的点状逐渐过渡。（图 2-1-2，4）

　　湖·瓢 I：3，足残件。截面近圆角三角形，外侧大，内侧小，足体上大下小，弧形外撇。素面。胎色呈土黄色，胎质较细且致密，夹杂有较多的黑色斑点。一侧面与足面及残存的盘内腹有极薄的浅棕褐色釉，釉层极薄，呈点状，釉和无釉处无施釉线。（图 2-1-2，5）

　　湖·瓢 I：16，足残件。截面近圆角梯形，外侧大，内侧小，足体瘦长，上大下小，弧形外撇，足端外凸。两侧面上端有极细的纵向凹弦纹数道。胎呈夹心饼干状，内为土黄色，外为较浅的青灰色，器表有黑褐色薄衣。胎质疏松，有较多的气孔。足面下端有少量极薄的

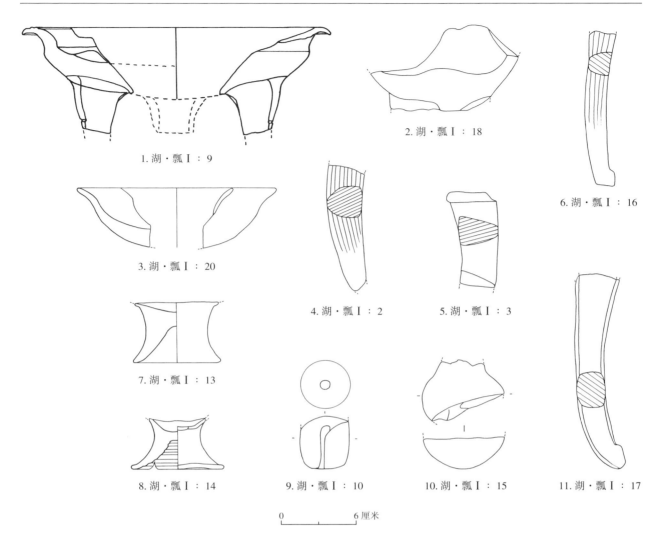

图 2-1-2　湖州瓢山窑址Ⅰ区原始瓷器物图（二）

1~6、11.三足盘　7、8.豆　9.网坠形器　10.垫

棕褐色点状凝釉。（图 2-1-2，6）

　　湖·瓢Ⅰ：17，足残件。截面近圆角长方形，足体瘦长，上大下小，弧形外撇，足端外凸。素面。胎色呈极深的灰黑色，器表有黑褐色薄衣。胎质疏松，有大量的气孔。釉不明显。（图 2-1-2，11）

　　豆　湖·瓢Ⅰ：13，豆柄生烧残片。低矮喇叭形圈足。生烧呈土黄色。（图 2-1-2，7）

　　湖·瓢Ⅰ：14，豆柄残片。低矮喇叭形圈足，足端有三个小缺口。浅灰色胎，胎质较细，足一侧有较薄的棕褐色点状凝釉。足外侧光洁，内侧有轮旋痕。（图 2-1-2，8）

　　网坠形器　湖·瓢Ⅰ：10，网坠形器。近似于圆柱形，中心有一穿孔。素面。胎呈灰黑色。表面有黑褐色的光洁衣层，一顶端有青褐色点状凝釉。（图 2-1-2，9）

　　垫　湖·瓢Ⅰ：15，垫残件。蘑菇形。（图 2-1-2，10）

2. 印纹硬陶

长颈侈口罐 侈口，长颈，颈上部外敞，圆肩，肩以下残。长颈内侧有较粗的凹弦纹，肩部粗疏的曲折纹略细密，肩腹内侧有陶垫支垫形成的密集凹窝。

湖·瓢Ⅰ：1，残片。生烧，胎呈橘黄色，火候较低。（图2-1-3，1）

湖·瓢Ⅰ：12，口沿残片。夹心胎，胎心呈棕褐色，内外表呈灰黑色，胎质极疏松，有大量的气孔。（图2-1-3，2）

束颈翻折沿罐 圆唇，大翻折沿，沿面弧形，束颈，深弧腹，下腹残。沿面有多道较粗的凹弦纹，肩腹内侧有陶垫支垫形成的密集凹窝。

湖·瓢Ⅰ：5，残片。硬陶。胎呈夹心状，胎心呈棕褐色，内外侧呈青灰色，器外表呈黑色而较光洁。外腹拍印粗大的曲折纹，内腹密布垫窝。（图2-1-3，3）

罐类器物 湖·瓢Ⅰ：11，残片。外表拍印粗大的曲折纹，内侧有垫窝。胎呈夹心状，胎心棕褐色，内外表青灰色。（图2-1-3，4）

湖·瓢Ⅰ：19，底部残片。圜底内凹，拍印粗大的曲折纹，内有密集的垫窝。胎呈夹心状，棕褐色胎心，内外侧为青灰色薄层，外表为黑褐色薄衣。（图2-1-3，5）

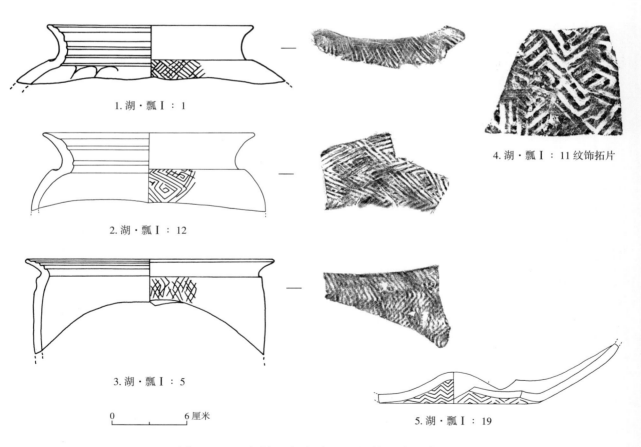

1. 湖·瓢Ⅰ：1

2. 湖·瓢Ⅰ：12

3. 湖·瓢Ⅰ：5

4. 湖·瓢Ⅰ：11 纹饰拓片

5. 湖·瓢Ⅰ：19

0   6厘米

图 2-1-3 湖州瓢山窑址Ⅰ区印纹硬陶器物图

1、2. 长颈侈口罐   3. 束颈翻折沿罐   4、5. 罐类器物

贰　湖州瓢山窑址Ⅱ区下文化层

一　窑址概况

位于湖州瓢山窑址Ⅰ区对面略偏东北，隔龙山漾相望。窑址位于山坡的南面，其北面所依靠的山丘最高海拔为29.1米，窑址海拔在10米左右（彩版一八，2）。此处正在开垦梯田，窑址已遭到严重破坏，特别是上坡处。下坡处未形成坎的部位还保存有小范围的堆积。地面散落大量硬陶片、烧结块、原始瓷片以及少量的陶拍、陶垫等窑具。窑址不仅已遭到大面积破坏，且可能在接下来的梯田改造中与Ⅰ区一样，最终荡然无存。鉴于此，在与东红村村委会协调后，进行了小范围试掘，2012年5月至6月又进行了抢救性的试掘，发掘面积近100平方米（彩版一九）。窑址分成上、下两大文化层，上文化层为商代水洞坞类型产品，下文化层为夏代产品。瓢山夏代原始瓷特指下文化层。

二　地层与遗迹

试掘共布探沟6条。所有探沟独自编号，最后统一地层（图2-1-4）。其地层对应关系见表2-1-1。

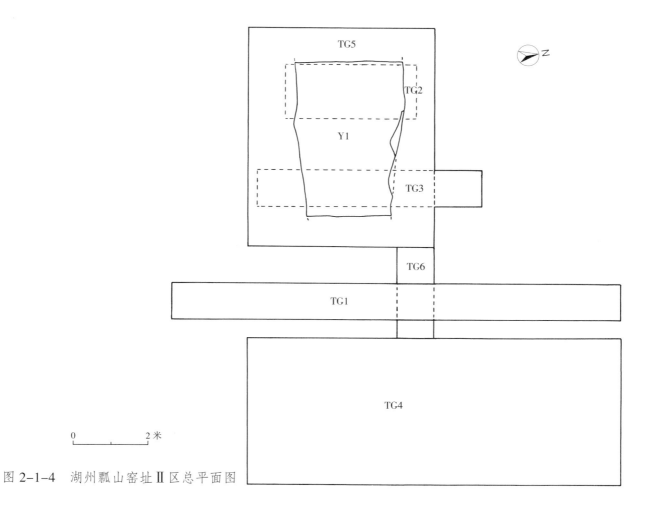

图 2-1-4　湖州瓢山窑址Ⅱ区总平面图

表 2-1-1　湖州瓢山窑址 Ⅱ 区探沟地层对应表 *

	TG1	TG2	TG3	TG4	TG5	TG6
上层	①	①	①	①	①	①
				②		
				③		②
	②					
				④		
下层		②	②		②	③
	③				③	④
	④				④	⑤
	⑤			⑤		⑥
	⑥			⑥		⑦
	⑦					
				⑦		
	⑧					

注：为方便起见，上下层地层堆积情况在此一起介绍。

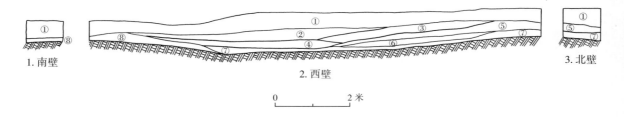

图 2-1-5　湖州瓢山窑址 Ⅱ 区 TG1 地层剖面图

1. TG1

位于所有探沟的中下部，东面与 TG4 相距 0.5、西面与 TG3 相距 2.1 米，长 12、宽 1 米，方向 15°。按土质土色分成 8 层。（图 2-1-5；彩版二〇）

TG1 ①：厚 0~50 厘米。耕作层，土质疏松，黄色土，较杂乱，夹杂有大量的砾石及植物根茎，土质松软。包含物有硬陶片、原始瓷片及晚期的青白瓷片、砖瓦等，为晚期耕作的扰乱层。

TG1 ②：深 25~50、厚 0~30 厘米。分布于探沟的中部，红褐色土，夹杂有大量的烧结块、红烧块等，颗粒粗，土质硬。包含物以硬陶为主，另有少量的原始瓷片。硬陶约占 60%、原始瓷约占 20%、生烧片约占 20%。硬陶中灰黑胎占绝大多数，约为 66.7%，紫红色胎约占 33.3%，胎色多不纯，以夹心胎为主，尤以灰黑胎为甚。器形以罐为主，包括长颈侈口与束颈翻折沿两种。多拍印有纹饰，少量为素面；纹饰多为曲折纹，少量为细云雷纹。曲折纹以拍印杂乱粗犷的占优，极少数略细密并较为整齐；云雷纹细密，线条有极规整的也有较杂乱的，转角方正或呈尖状，一般排列较为整齐。原始瓷以灰黑胎为主，少量为紫红色胎，胎色不纯，多呈夹心状，尤以灰黑胎为甚，胎质多较疏松，火候不高。器形主要为长颈侈口罐与三足盘。釉色多较深，呈灰黑色或灰褐色，釉层多数极薄，呈斑点状，玻璃质感不强，部分器物仅见于局部。均为素面。

TG1③：深25~70、厚0~25厘米。分布于探沟的中部略偏北，深黑褐色土，夹杂有大量的窑渣、红烧土块等，土质较硬。包含物以硬陶为主，少量为原始瓷片。硬陶约占72%、原始瓷约占13%、生烧片约占13%、夹砂陶约占2%。硬陶中灰黑胎占绝大多数，约为75.8%，紫红色胎约占24.2%，胎色多不纯，以夹心胎为主，尤以灰黑胎为甚。器形以长颈侈口罐为主，少量为束颈翻折沿罐。多拍印有纹饰，少量为素面；纹饰均为曲折纹，拍印杂乱粗犷的占优，极少量略细密并较为整齐。原始瓷以灰黑胎为主，少量为紫红色胎，胎色不纯，多呈夹心状。器形均为长颈侈口罐。釉色多较深，呈灰黑色或灰褐色，釉层多数极薄，呈斑点状，玻璃质感不强，部分器物仅见于局部。基本为素面，偶见在曲折纹上带釉的现象。

TG1④：深30~75、厚0~22.5厘米。分布于探沟的中部略偏南，红褐色土，土色较②层略深，颗粒更大。夹杂有大量的窑渣、红烧土颗粒等，土质较硬而紧密。包含物以硬陶为主，另有少量的原始瓷片。硬陶约占59%、原始瓷约占20.5%、生烧片约占20.5%。硬陶中灰黑胎占69.6%、紫红色胎约占30.4%，胎色多不纯，以夹心胎为主，尤以灰黑胎为甚。器形以长颈侈口罐为主，偶见束颈翻折沿罐、小罐等。多拍印有纹饰，少量为素面；纹饰基本为曲折纹，拍印杂乱粗犷，偶见较粗大、转角较圆转的云雷纹。原始瓷中灰黑胎与紫红色胎数量基本相等，胎色不纯，多呈夹心状，尤以灰黑胎为甚。器形包括长颈侈口罐、豆、碗、盆等。釉色多较深，呈灰黑色或灰褐色，釉层多数极薄，呈斑点状，玻璃质感不强，部分器物仅见于局部。均为素面。

TG1⑤：深30~95、厚0~30厘米。分布于探沟的北部，浅黑褐色土，因夹杂有大量的窑渣、红烧土块等而泛红。包含物均为硬陶，其中生烧片约占8.3%。硬陶均为灰黑胎，胎色多不纯，以夹心胎为主。器形有长颈侈口罐和束颈翻折沿罐两种。多拍印有纹饰，少量为素面。纹饰基本为曲折纹，拍印杂乱粗犷。

TG1⑥：深60~95、厚0~15厘米。分布于探沟的北部，黑褐色土，土色介于③层和⑤层之间，较③层浅，比⑤层深，夹杂有大量的窑渣、红烧土块等，土质较硬。包含物以硬陶为主，另有少量的原始瓷片。硬陶约占75.5%、原始瓷约占7.5%、生烧片约占17%。硬陶中灰黑胎占60%、紫红色胎约占40%，胎色多不纯，以夹心胎为主，尤以灰黑胎为甚。器形包括长颈侈口罐、束颈翻折沿罐、钵等。多拍印有纹饰，少量为素面；纹饰以本拍印杂乱粗犷的曲折纹为主，偶见较粗大、转角较圆转的云雷纹。原始瓷均为灰黑胎，胎色不纯，多呈夹心状，胎质疏松，尤以灰黑胎为甚。器形包括长颈侈口罐、束颈翻折沿罐等。釉色多较深，呈灰黑色或灰褐色，釉层多数极薄，呈斑点状，玻璃质感不强，部分器物仅见于局部。基本为素面，亦见在曲折纹上带釉的现象。

TG1⑦：深60~105、厚0~20厘米。北边大半条探沟均有分布，红褐色土，夹杂有大量的红烧土块，因接近黄色生土而泛黄色。包含物以硬陶为主，少量为原始瓷片。硬陶约占66.3%、原始瓷约占22.5%、生烧片约占11.2%。硬陶中灰黑胎占62.3%、紫红色胎约占37.7%，胎色多不纯，以夹心胎为主，尤以灰黑胎为甚。器形有长颈侈口罐、束颈翻折沿罐、碗、钵、盆等。多拍印有纹饰，少量为素面；纹饰基本为曲折纹，拍印杂乱粗犷，偶见较粗大、转角较圆转的云雷纹。原始瓷基本为灰黑胎，胎色不纯，多呈夹心状，胎质疏松。器形包括长颈侈口罐、三足盘、豆、碗、盆、小罐、印拍等。釉色多较深，呈灰黑色或灰褐色，釉层多数极薄，呈斑点状，玻璃质感不强，部分器物仅见于局部。主要为素面，偶见方格、曲折、粗大云雷纹等。

TG1⑧：深35~100、厚0~25厘米。分布于探沟南边小范围内，浅红褐色土，夹杂有少量的红烧土块与窑渣，土质较纯而软。包含物较少，基本为灰黑胎、粗大曲折纹的罐类残片，胎质不纯而疏松。

2. TG2、TG3

TG2位于TG3的西边，两者相距1.5米，TG3东距TG1约2.1米，方向均为15°。TG2长3.5、宽1.5米，仅一个文化层。TG3长6、宽1米，也仅有一个文化层。TG2与TG3文化层下发现了窑炉遗迹（Y1），为了了解窑炉的结构，在两探沟的基础上扩大成TG5，将两条探沟覆盖在内，因此详细地层在TG5中介绍。

3. TG4

位于TG1的东边，相距约0.5米。长10.2、宽4米，方向15°。按土质土色可分成7层。（图2-1-6；彩版二一，1）

TG4①：厚0~55厘米。耕作层，土质疏松，黄色土较杂乱，夹杂有大量的砾石及植物根茎，土质松软。包含物有硬陶片、原始瓷片及晚期的青白瓷片、砖瓦等，为晚期耕作的扰乱层。

TG4②：深20~55，厚0~80厘米。分布于探方的北半边，较为纯净的黄土层，按土质土色的细小差异又可分成三个亚层，其中②a层，厚0~35厘米，浅黄色土，土质较纯净而松软，夹杂有少量的红烧土粒；②b层，厚0~45厘米，浅黄色土，土质较纯净而松软，红烧土粒较②a层有所增加；②c层，厚0~40厘米，浅黄色土，土质纯净，红烧土粒较②b层有所增加。三亚层包含物基本一致，以硬陶为主，另有少量的原始瓷片。硬陶约占73.6%、原始

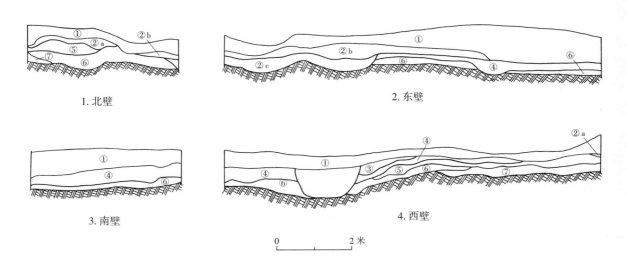

1. 北壁

2. 东壁

3. 南壁

4. 西壁

0 2米

图2-1-6 湖州瓢山窑址Ⅱ区TG4地层剖面图

瓷约占 10.6%、生烧片约占 15.5%、夹砂红陶 1 片约占 0.3%。硬陶中灰黑胎占绝大多数，约为 88.8%，紫红色胎约占 11.2%，胎色多不纯，以夹心胎为主，尤以灰黑胎为甚，胎质疏松。器形以长颈侈口罐为主，偶见钵。多拍印有纹饰，少量为素面；纹饰以细云雷纹占绝大多数，少量为曲折纹。云雷纹细密，线条有极规整的、也有较杂乱的，转角方正或呈尖状，形态较为复杂多样，一般排列较为整齐；曲折纹极少，不排除是早期地层中扰动上来，杂乱粗犷，极少量略细密并较为整齐。原始瓷以灰黑胎为主，少量为紫红色胎，胎色不纯，多呈夹心状，尤以灰黑胎为甚，胎质多较疏松，火候不高。器形主要有长颈侈口罐、束颈翻折沿罐、三足盘、豆、盆、钵等。釉色多较深，呈灰黑色或灰褐色，釉层多数极薄，呈斑点状，玻璃质感不强，部分器物仅见于局部。素面为主，亦有见在细云雷纹上带釉的现象。

TG4 ③：深 20~30、厚 0~30 厘米。分布于探方的中部偏西，仅西壁到边，灰褐色土，夹杂有大量的烧结块、红烧土块等。因分布范围很小而标本极少，残片中以灰黑胎硬陶为主，胎色不纯，胎质疏松，纹饰主要是细云雷纹。

TG4 ④：深 35~100、厚 0~40 厘米。分布于探方的南半边大半个探方内，深黑色土，夹杂有大量的烧结块、红烧块等，颗粒粗，土质硬。包含物以硬陶为主，另有少量的原始瓷片。硬陶约占 68.9%、原始瓷约占 18.1%、生烧片约占 12.6%、夹砂软陶片共 6 片约占 0.4%。硬陶中灰黑胎约占 78%、紫红色胎约占 22%，胎色多不纯，以夹心胎为主，尤以灰黑胎为甚。器形以长颈侈口罐为主，少量钵，偶见束颈翻折沿罐、三足盘、盆、碗等。多拍印有纹饰，少量为素面；纹饰以细云雷纹占绝大多数，少量为曲折纹。云雷纹细密，线条有极规整的也有较杂乱的，转角方正或呈尖状，形态较为复杂多样，一般排列较为整齐；曲折纹较少，不排除是早期地层中扰动上来，杂乱粗犷，极少量略细密并较为整齐。原始瓷以灰黑胎为主，少量为紫红色胎，胎色不纯，多呈夹心状，尤以灰黑胎为甚，胎质多较疏松，火候不高。器形以长颈侈口罐为主，少量三足盘，偶见束颈翻折沿罐、碗、豆、盆、钵等。釉色多较深，呈灰黑色或灰褐色，釉层多数极薄，呈斑点状，玻璃质感不强，部分器物仅见于局部。素面为主，亦有见在细云雷纹、粗大曲折纹上带釉的现象。

TG4 ⑤：深 20~70、厚 0~20 厘米。分布于探方的西北角小范围内，浅黑褐色土，因夹杂有大量的窑渣、红烧土块等而泛红，土色较 TG1 ⑤层更泛红。包含物以硬陶为主，另有少量的原始瓷片。硬陶约占 43.4%、原始瓷约占 39.4%、生烧片约占 17.2%。硬陶中灰黑胎占 69.8%、紫红色胎约占 30.2%，胎色多不纯，以夹心胎为主，尤以灰黑胎为甚。器形以长颈侈口罐占绝大多数，另有少量的束颈翻折沿罐、三足盘、钵等。多拍印有纹饰，少量为素面；纹饰均为杂乱粗犷的曲折纹。原始瓷以灰黑胎为主，少量为紫红色胎，胎色不纯，多呈夹心状，胎质疏松，尤以灰黑胎为甚。器形基本为长颈侈口罐，偶见束颈翻折沿罐、三足盘、盆、钵、拍等。釉色多较深，呈灰黑色或灰褐色，釉层多数极薄，呈斑点状，玻璃质感不强，部分器物仅见于局部。基本为素面，亦见在曲折纹上带釉的现象。

TG4 ⑥：深 20~90、厚 0~50 厘米。分布于南半边大半个探方内，红褐色土，夹杂有大量的烧结块、红烧块等而泛红，土色较 TG1 ⑥更红，红烧土块更多。

TG4 ⑦：深 30~75、厚 0~30 厘米。分布于探方西北角小范围内，灰黑色土，夹杂有大量极细的灰烬颗粒，土质较软，红烧土块、烧结块极少。包含物以硬陶为主，另有少量的原始瓷片。硬陶约占 50.8%、原始瓷约占 37.4%、生烧片约占 11.8%。硬陶中灰黑胎约占 68.7%、紫红色胎约占 31.3%，胎色多不纯，以夹心胎为主，尤以灰黑胎为甚。器形以长颈侈口罐占绝大多数，偶见束颈翻折沿罐、碗、盆、钵、拍等。多拍印有纹饰，少量为素面；纹饰基本为杂乱粗犷的曲折纹，偶见方格纹。原始瓷灰黑胎为主，少量为紫红色胎，胎色不纯，多呈夹心状，胎质疏松，尤以灰黑胎为甚。器形基本为长颈侈口罐，偶见束颈翻折沿罐、三足盘、豆、碗、钵等。釉色多较深，呈灰黑色或灰褐色，釉层多数极薄，呈斑点状，玻璃质感不强，部分器物仅见于局部。基本为素面，亦见在曲折纹上带釉的现象。

4. TG5

位于所有探沟的最上坡，东距 TG1 为 1 米，长 6.3、宽 5 米，方向 105°。按土质土色可分成 4 层。（图 2-1-7；彩版二一，2）

TG5 ①：厚 10~70 厘米。土质疏松，黄色土较杂乱，夹杂有大量的砾石及植物根茎，土质松软。包含物有硬陶片、原始瓷片及晚期的砖瓦等，为晚期耕作的扰乱层。

TG5 ②：深 25~50、厚 0~40 厘米。分布于东半边小半个探方内，红褐色土，夹杂有大量的红烧块、烧结块，颗粒粗，土质硬。包含物以原始瓷为主，其次是硬陶片。原始瓷约占 51.5%、硬陶约占 33.3%、生烧片约占 15.2%。硬陶中灰黑胎约占 86.4%、紫红色胎约占 13.6%，胎色多不纯，以夹心胎为主，尤以灰黑胎为甚。器形以罐为主，其中长颈侈口罐占绝大多数，偶见三足盘、钵、拍等。多拍印有曲折纹。原始瓷以灰黑胎为主，少量为紫红色胎，胎色不纯，多呈夹心状，尤以灰黑胎为甚，胎质多较疏松，火候不高。器形以长颈侈口罐为主，偶见束颈翻折沿罐、三足盘、碗、豆等。釉色多较深，呈灰黑色或灰褐色，釉层多数极薄，呈斑点状，玻璃质感不强，部分器物仅见于局部。基本素面。

TG5 ③：深 25~90、厚 0~25 厘米。分布于探方东北角小范围内，深红褐色土，土色较 TG5 ②层深，并夹杂有更多的红烧块、烧结块，土质颗粒更粗，质地更硬。包含物以硬陶为主，

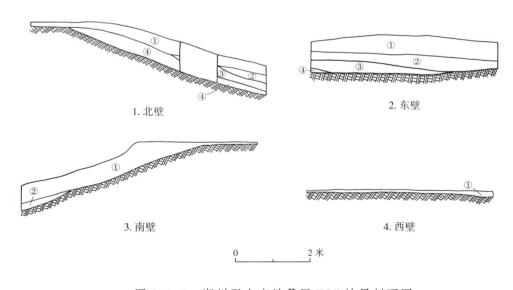

1. 北壁　　　　　　　　　　　　　　　2. 东壁

3. 南壁　　　　　　　　　　　　　　　4. 西壁

0　　　　　　　2 米

图 2-1-7　湖州瓢山窑址 Ⅱ 区 TG5 地层剖面图

另有少量的原始瓷片。硬陶约占57.8%、原始瓷约占25.9%、生烧片约占16.3%。硬陶中灰黑胎约占68.2%、紫红色胎约占31.8%，胎色多不纯，以夹心胎为主，尤以灰黑胎为甚。器形以长颈侈口罐占绝大多数，偶见束颈翻折沿罐、豆、碗、钵等。多拍印有纹饰，少量为素面；纹饰基本为杂乱粗犷的曲折纹，偶见较粗大、转角圆转的云雷纹。原始瓷以灰黑胎为主，少量为紫红色胎，胎色不纯，多呈夹心状，胎质疏松，尤以灰黑胎为甚。器形基本为长颈侈口罐，偶见束颈翻折沿罐、三足盘、豆、碗、钵等。釉色多较深，呈灰黑色或灰褐色，釉层多数极薄，呈斑点状，玻璃质感不强，部分器物仅见于局部。基本为素面，亦见在曲折纹上带釉的现象。

TG5④：深15~120、厚0~40厘米。分布于探方的东北角小范围内，红褐色土，土质土色与TG5②层接近。包含物以硬陶为主，另有少量的原始瓷片。硬陶约占64.8%、原始瓷约占25.4%、生烧片约占9.8%。硬陶中灰黑胎约占69.6%、紫红色胎约占30.4%，胎色多不纯，以夹心胎为主，尤以灰黑胎为甚。器形以长颈侈口罐占绝大多数，偶见束颈翻折沿罐、钵、拍等。多拍印有纹饰，少量为素面；纹饰均为杂乱粗犷的曲折纹。原始瓷以灰黑胎为主，少量为紫红色胎，胎色不纯，多呈夹心状，胎质疏松，尤以灰黑胎为甚。器形基本为长颈侈口罐，偶见豆、钵等。釉色多较深，呈灰黑色或灰褐色，釉层多数极薄，呈斑点状，玻璃质感不强，部分器物仅见于局部。基本为素面，亦见在曲折纹上带釉的现象。

5. TG6

TG6位于TG4与TG5之间。长2.5、宽1米，方向105°。为了解地层的东西向分布而布设，沿TG5的北壁向东延伸，穿过TG1，与TG4连通。按土质土色分成7层，因土质土色及包含物多与相邻探沟相近，故地层情况此处不再赘述。（图2-1-8）

6. Y1

发现窑炉一条，位于TG5的中部，叠压于③层下，打破生土。已遭严重破坏，窑尾不存，保留部分火膛，两侧壁亦保存不佳，几乎完全破坏（图2-1-9；彩版二二）。残长4.2、西头上坡处宽2.9、东头下坡处宽2.2米，方向105°，坡度22°。东头下坡处坡度较缓，表面烧结严重，当为火膛所在。火膛口已被破坏，残长0.9、东头宽2.2、西头近窑室处宽2.4米。火膛与窑室之间低缓坡过渡，不见垂直的断坎。残存的窑室南部虽然窑壁不存，但边线平直且窑炉底部下凹于生土层中，当为其南壁所在；北部在残存的中段保存有一小断窑壁，长约1、

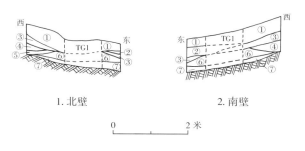

1. 北壁　　　　　2. 南壁

0 ——— 2 米

图2-1-8　湖州瓢山窑址Ⅱ区TG6地层剖面图

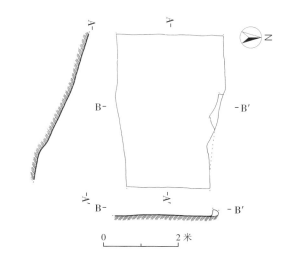

0 ——— 2 米

图2-1-9　湖州瓢山窑址Ⅱ区Y1平剖面图

残高 0.2、厚 0.2 米左右，内侧烧结严重，壁体为草拌泥，因长期烧烤而呈红色。窑室底部呈红褐色，不甚平整，未见窑底铺砂现象。窑炉底部土层中夹杂有少量的原始瓷与硬陶片，显示该窑炉经过多次修整再利用。

窑炉上为大量的红烧土块与烧结块，为窑炉坍塌形成。红烧土块与烧结块均较破碎，土层中包含有较多的陶片与原始瓷片，显示该窑炉坍塌后亦经过后期的扰动。其中东头与西头在土色上略有差别，东头土色更深，可能与火膛和窑室因烧烤程度不同而有异。包含物基本一致，主要为硬陶和原始瓷，其中硬陶约占 41.3%、原始瓷约占 42.7%、生烧片约占 16%。硬陶中灰黑胎约占 81.8%、紫红色胎约占 18.2%，胎色多不纯，以夹心胎为主，尤以灰黑胎为甚。器形以长颈侈口罐占绝大多数，偶见碗、盆、钵等。多拍印有纹饰，少量为素面；纹饰均为杂乱粗犷的曲折纹。原始瓷以灰黑胎为主，少量为紫红色胎，胎色不纯，多呈夹心状，胎质疏松，尤以灰黑胎为甚。器形基本为长颈侈口罐，偶见豆、三足盘、盆等。釉色多较深，呈灰黑色或灰褐色，釉层多数极薄，呈斑点状，玻璃质感不强，部分器物仅见于局部。基本为素面，亦见在曲折纹上带釉的现象。

三　产品标本

（这里只介绍下文化层的产品标本）无论是原始瓷还是硬陶，胎基本一致：胎色较深，多呈灰黑色、青灰色、紫红色、土黄色等，且多不纯净，大多数胎呈夹心饼干状，内灰黑外土黄、内土黄外青灰等；胎质较疏松，夹有大量大小不一的气孔，吸水率较高。火候较高，胎质较硬，除一部分生烧的外，几乎不见软陶。原始瓷包括长颈侈口罐、束颈翻折沿罐、钵、三足盘、豆、网坠形器、垫、拍等。施釉部位多位于器物朝上的部分，如三足盘的内侧、罐类器物的肩部及口沿等。釉层较厚，往往集中于器物的一侧局部，如罐的肩、颈和豆柄的一侧，施釉线不清晰，有釉与无釉处逐渐变薄过渡。多数器物釉层极薄，仅在局部小范围内较厚，向四周逐渐变薄而呈极薄的点状；厚釉处施釉不均匀，呈点状凝釉，玻化程度较高，玻璃质感强，但胎釉结合差，剥釉严重。釉色呈较深的黑褐色、棕褐色或青色。而无釉的部分，包括硬陶，外表为较深的黑褐色或棕褐色衣或膜。硬陶包括素面与印纹硬陶两种，基本为长颈侈口罐与束颈翻折沿罐类器物，纹饰基本为曲折纹。无论是原始瓷还是印纹硬陶，罐等大型小口类器物内腹不平，均有较多的凹窝，印纹硬陶凹窝更密集、更深。原始瓷外腹光洁，许多器物可看到外腹极细密的横向涂抹痕迹，口沿部分旋纹多数较为规则，判定此类器物应为手制泥条盘筑成型；小件器物内外腹均光洁，当以轮制成型为主。

1. 原始瓷

长颈侈口罐　侈口，长颈，颈上部外敞，圆肩。肩部有三个宽扁泥条耳，长颈内侧有较粗的不规则凹弦纹，内腹有较浅的凹窝。

湖·瓢Ⅱ TG1 ⑥：1，口肩残片。灰黑色胎。外腹、长颈内外侧呈绛红色，内腹呈浅绛红色，无玻璃光泽，类似涂层。（图 2-1-10，1；彩版二三，1）

湖·瓢Ⅱ TG1 ⑦：11，口肩残片。长颈上部略内束。黑色胎，内外表呈土黄色。口沿及肩部朝上一侧有密集的土灰色点状凝釉。（图 2-1-10，2；彩版二三，2）

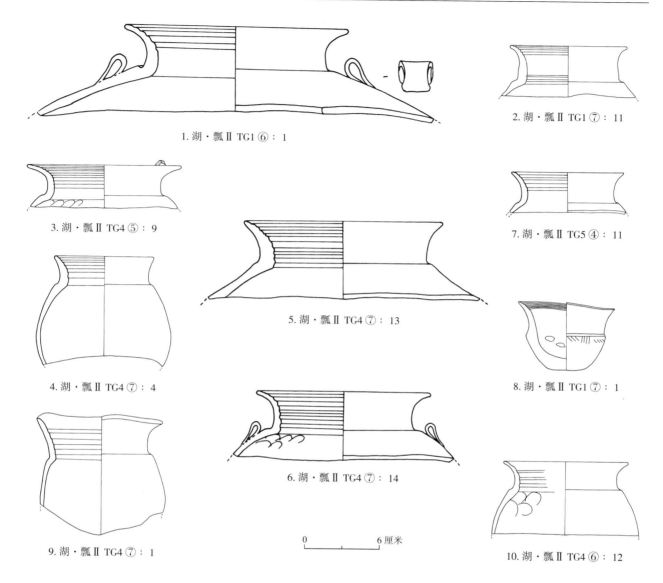

1. 湖·瓢Ⅱ TG1⑥：1
2. 湖·瓢Ⅱ TG1⑦：11
3. 湖·瓢Ⅱ TG4⑤：9
7. 湖·瓢Ⅱ TG5④：11
4. 湖·瓢Ⅱ TG4⑦：4
5. 湖·瓢Ⅱ TG4⑦：13
8. 湖·瓢Ⅱ TG1⑦：1
9. 湖·瓢Ⅱ TG4⑦：1
6. 湖·瓢Ⅱ TG4⑦：14
10. 湖·瓢Ⅱ TG4⑥：12

0　　　　　6厘米

图 2-1-10　湖州瓢山窑址Ⅱ区下文化层原始瓷器物图（一）

1~7. 长颈侈口罐　8~10. 小罐

　　湖·瓢Ⅱ TG4⑤：9，口肩残片。灰胎。器表有黑褐色涂层，外肩颈一侧及内腹相对一侧有釉，酱青色釉层厚，玻璃质感强。（图 2-1-10，3；彩版二三，3）

　　湖·瓢Ⅱ TG4⑦：4，口肩及上腹残片。黑胎，向外表逐渐过渡成灰色。器外表有绛色涂层，内腹不见涂层，较为少见。（图 2-1-10，4；彩版二三，4）

　　湖·瓢Ⅱ TG4⑦：13，口肩残片。颈近肩部刻划有三道短弧纹。黑胎。外腹有黑色涂层，并有密集土灰色点状凝釉。（图 2-1-10，5；彩版二四，1）

　　湖·瓢Ⅱ TG4⑦：14，口肩残片。深灰胎，内外腹有绛色涂层，内腹略浅，外腹一侧及与之相对的颈内侧呈酱黑色，中心有釉，釉层厚、玻璃质感强。（图 2-1-10，6；彩版二四，2）

湖·瓢Ⅱ TG5 ④：11，口肩残片。深灰胎。外腹有黑色涂层，不均匀，一侧较深，并有土灰色点状凝釉。（图2-1-10，7；彩版二五，1）

湖·瓢Ⅱ TG5 ④：23，口肩残片。深黑色胎。外腹有黑色涂层，一侧局部有釉。（彩版二五，2）

小罐 长颈，侈口，深弧腹。

湖·瓢Ⅱ TG1 ⑦：1，可复原。尖唇，折肩，深弧腹斜收，凹圜底。长颈内侧有粗疏的弦纹。内底有不平的制作痕迹。外上腹一侧及与之相对的颈内侧有密集的土灰色点状凝釉。（图2-1-10，8；彩版二六，1）

湖·瓢Ⅱ TG4 ⑥：12，口肩残片。侈口，溜肩。深黑胎，外腹有黑色涂层，局部有少量的土灰色点状凝釉。（图2-1-10，10；彩版二六，2）

湖·瓢Ⅱ TG4 ⑦：1，底残。尖唇，折肩，深鼓腹。长颈内侧有粗疏的弦纹。生烧呈灰色。（图2-1-10，9）

钵 器形较小，内外腹较光洁，从部分器物留有不平整的痕迹来看，轮制后再修抹光洁的可能性比较大。

敞口斜直腹钵 敞口，斜直腹，小平底。

湖·瓢Ⅱ TG1 ⑦：5，可复原。深黑胎。内腹有土灰色点状凝釉。（图2-1-11，1；彩版二七，1）

湖·瓢Ⅱ采：2，可复原。内底不光洁，留有手制的痕迹。紫红色胎。外腹一侧有极薄

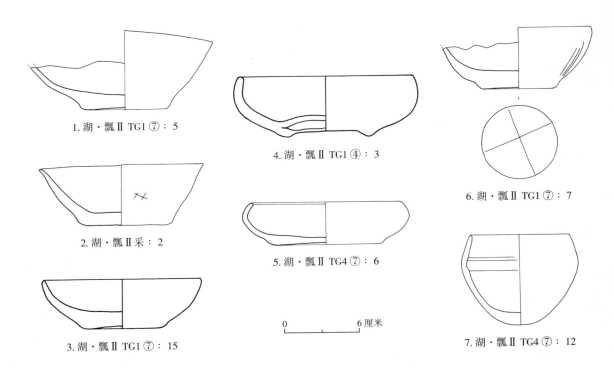

1. 湖·瓢Ⅱ TG1 ⑦：5
2. 湖·瓢Ⅱ采：2
3. 湖·瓢Ⅱ TG1 ⑦：15
4. 湖·瓢Ⅱ TG1 ④：3
5. 湖·瓢Ⅱ TG4 ⑦：6
6. 湖·瓢Ⅱ TG1 ⑦：7
7. 湖·瓢Ⅱ TG4 ⑦：12

0   6 厘米

图2-1-11 湖州瓢山窑址Ⅱ区下文化层原始瓷器物图（二）

1、2.敞口斜直腹钵 3.敞口弧腹钵 4~7.弧敛口弧腹钵

的土灰色点状凝釉。（图 2-1-11，2；彩版二七，2）

敞口弧腹钵　敞口，浅弧腹，平底。

湖·瓢Ⅱ TG1 ⑦：15，底残片。深黑胎，腹部有土灰色点状凝釉。残存的足呈内小外大的梯形。（图 2-1-11，3）

弧敛口弧腹钵　弧敛口，浅弧腹钵，平底。

湖·瓢Ⅱ TG1 ④：3，可复原。夹心胎，胎心呈灰黑色，内外表浅灰。外腹一侧近口沿处有土灰色点状凝釉。（图 2-1-11，4）

湖·瓢Ⅱ TG4 ⑦：6，可复原。灰黑色胎，底部生烧呈橘红色。内腹有极薄的土灰色点状凝釉。（图 2-1-11，5）

湖·瓢Ⅱ TG1 ⑦：7，可复原。生烧呈灰色。（图 2-1-11，6）

湖·瓢Ⅱ TG4 ⑦：12，可复原。腹较深。灰黑胎，上腹一侧及内底有极薄的土灰色点状凝釉。（图 2-1-11，7）

侈口弧腹钵　圆唇，侈口，浅弧腹。

湖·瓢Ⅱ TG4 ⑤：13，可复原。圜底近平。胎呈夹心状，胎心灰黑，内外表浅灰色。内腹底部有极薄的土灰色点状凝釉。内底中心有制作形成的不平整痕迹。（图 2-1-12，1；彩版二七，3）

湖·瓢Ⅱ TG4 ⑥：1，可复原。圜底近平。黑胎。内腹有极薄的土灰色点状凝釉。（图 2-1-12，2；彩版二八，1）

湖·瓢Ⅱ TG4 ⑦：2，可复原。假圈足。黑胎。外腹有刻划符号。（图 2-1-12，3；彩版二八，2）

湖·瓢Ⅱ TG5 ③：4，可复原。平底，修整不规则。紫红胎。内腹有极薄的土灰色点状凝釉。（图 2-1-12，4）

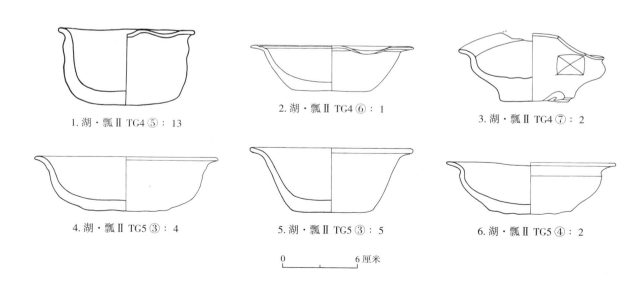

1. 湖·瓢Ⅱ TG4 ⑤：13
2. 湖·瓢Ⅱ TG4 ⑥：1
3. 湖·瓢Ⅱ TG4 ⑦：2
4. 湖·瓢Ⅱ TG5 ③：4
5. 湖·瓢Ⅱ TG5 ③：5
6. 湖·瓢Ⅱ TG5 ④：2

0　　　　　6 厘米

图 2-1-12　湖州瓢山窑址Ⅱ区下文化层原始瓷器物图（三）

1~6. 侈口弧腹钵

　　湖·瓢Ⅱ TG5③：5，平底。胎呈夹心状，胎心浅灰色，内外表更浅。口沿上有极薄的土灰色点状凝釉。（图2-1-12，5）

　　湖·瓢Ⅱ TG5④：2，可复原。近平底，修整不规则。深黑色胎。内腹有土灰色点状凝釉，底部凝釉较厚而泛青色，并有一定的玻璃质感。（图2-1-12，6；彩版二八，3）

　　豆　喇叭形圈足。

　　粗高喇叭形圈足豆　湖·瓢Ⅱ TG4⑦：19，修复。侈口，直腹略弧，大平底，粗大喇叭形圈足。内外腹均较光洁。深灰色胎。外腹及圈足一侧有极薄的土灰色点状凝釉。（图2-1-13，1；彩版二九，1）

　　细高喇叭形圈足豆　湖·瓢Ⅱ TG1⑦：8，仅存豆柄。细高，足端台形外撇。灰黑胎。一侧有极薄的土灰色点状凝釉。内腹不光洁，当为手制成型。（图2-1-13，2；彩版二九，2）

　　湖·瓢Ⅱ TG5③：16，仅存豆柄。略矮。足端外撇。灰黑胎。外足端有土灰色点状凝釉，残存的豆盘内腹有釉，酱青色较厚，有一定的玻璃质感。（图2-1-13，3；彩版二九，3）

　　湖·瓢Ⅱ TG5④：4，仅存豆柄足端。大喇叭形外撇。黑胎。足端有酱褐色釉，不均匀，有一定的玻璃质感。（图2-1-13，4；彩版二九，4）

　　粗矮喇叭形圈足豆　湖·瓢Ⅱ TG5③：15，仅存豆柄。胎呈夹心状，胎心灰黑，内外表浅灰。外腹及残存的豆盘内腹有极薄的土灰色点状凝釉。（图2-1-13，5）

　　细矮喇叭形圈足豆　湖·瓢Ⅱ TG5③：17，仅存豆柄部分。灰胎。足端及残存的豆盘内腹有极薄的土灰色点状凝釉。（图2-1-13，6）

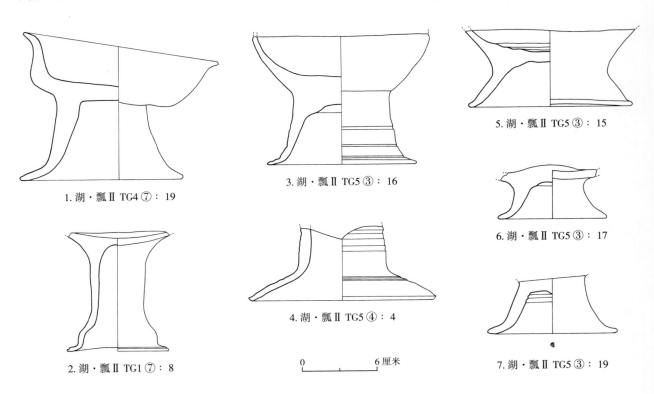

1. 湖·瓢Ⅱ TG4⑦：19

2. 湖·瓢Ⅱ TG1⑦：8

3. 湖·瓢Ⅱ TG5③：16

4. 湖·瓢Ⅱ TG5④：4

0　　　　　6 厘米

5. 湖·瓢Ⅱ TG5③：15

6. 湖·瓢Ⅱ TG5③：17

7. 湖·瓢Ⅱ TG5③：19

图2-1-13　湖州瓢山窑址Ⅱ区下文化层原始瓷器物图（四）

1. 粗高喇叭形圈足豆　2~4. 细高喇叭形圈足豆　5. 粗矮喇叭形圈足豆　6、7. 细矮喇叭形圈足豆

湖·瓢 II TG5③：19，残存豆柄。生烧呈灰色。（图2-1-13，7）

三足盘　侈口外撇，浅弧腹，平底较大，三足。

湖·瓢 II TG1②：3，盘腹残片。深黑胎，内腹有极薄的土灰色点状凝釉。（图2-1-14，1；彩版三〇，1）

湖·瓢 II TG1④：1，盘腹残片及半截足。残存半截足截面呈内小外大的梯形。深黑胎。内腹及足一侧有极薄的土灰色点状凝釉。（图2-1-14，2）

湖·瓢 II TG1⑦：16，底残片。深黑胎，腹有土灰色点状凝釉。残存的足截面呈内小外大的梯形。（图2-1-14，3；彩版三〇，2）

湖·瓢 II TG4⑥：3，足残片。足尖外撇，截面呈内小外大的梯形。深黑胎。（图2-1-14，4）

湖·瓢 II TG4⑥：4，足残片。足尖外撇，外侧形成一台面，截面呈内小外大的梯形。胎呈夹心状，胎心紫红色，外表深黑色。（图2-1-14，5）

湖·瓢 II TG4⑥：5，足残片。足尖外撇。外侧近盘腹处刻划横向细直线。截面呈内小

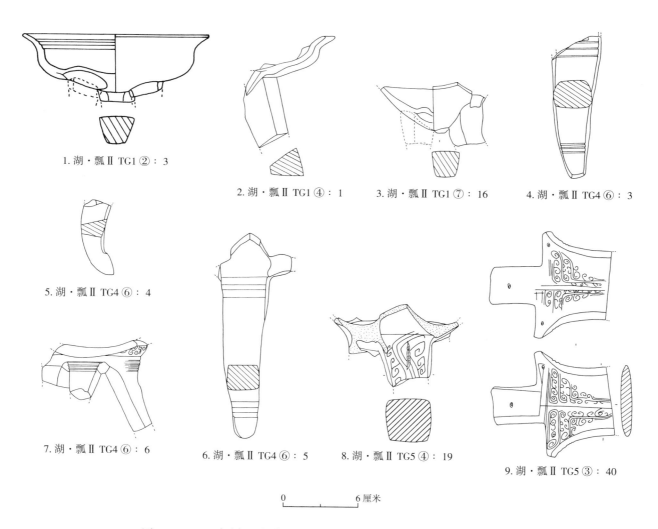

1. 湖·瓢 II TG1②：3

2. 湖·瓢 II TG1④：1　　3. 湖·瓢 II TG1⑦：16　　4. 湖·瓢 II TG4⑥：3

5. 湖·瓢 II TG4⑥：4

7. 湖·瓢 II TG4⑥：6

6. 湖·瓢 II TG4⑥：5　　8. 湖·瓢 II TG5④：19

9. 湖·瓢 II TG5③：40

0　　　　　6厘米

图2-1-14　湖州瓢山窑址 II 区下文化层原始瓷器物图（五）

1~8.三足盘　9.戈

外大的梯形。黑胎。（图2-1-14，6）

　　湖·瓢Ⅱ TG4⑥：6，足残片。足端残。外侧面刻划两组横向细直线，残存的盘腹刻划云雷纹。深黑胎。一足一侧及腹内底有极薄的土灰色点状凝釉。（图2-1-14，7）

　　湖·瓢Ⅱ TG5④：19，底残片。残存的足朝外侧面及腹近足处刻划细云雷纹。黑胎。有光亮的涂层，内底有酱褐色釉，釉层较厚，有一定的玻璃质感。（图2-1-14，8；彩版三〇，3）

　　戈　湖·瓢Ⅱ TG5③：40，长内、凸阑，三角形援，锋残。正反均有细圆角云雷纹，双阑、内上各有一小穿。土黄色胎。一面有黄褐色釉，较厚。（图2-1-14，9；彩版二九，5）

　　球形器　椭圆球形。

　　湖·瓢Ⅱ TG1⑦：2，一侧端残留有两处残断的痕迹。生烧呈橘红色。（图2-1-15，1；彩版三一，1）

　　湖·瓢Ⅱ TG5④：3，一侧端钻有一小孔，较浅。深黑色胎，另一侧端及一侧面有极薄的土灰色点状凝釉。（图2-1-15，2；彩版三一，2）

　　拍　蘑菇形，细长柄。弧形面上刻划用于拍印的纹饰。

　　湖·瓢Ⅱ TG1⑦：6，刻划方格纹。黑胎，一侧有极薄的土灰色点状凝釉。（图2-1-15，3；彩版三一，3）

　　湖·瓢Ⅱ采：1，刻划曲折纹。生烧呈土黄色。（图2-1-15，4；彩版三一，4）

　　垫　蘑菇形，细长柄。与拍的区别在于弧形面上不刻划用于拍印的纹饰。

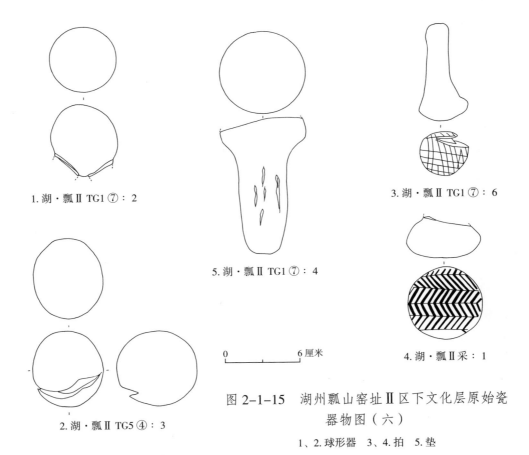

1. 湖·瓢Ⅱ TG1⑦：2

2. 湖·瓢Ⅱ TG5④：3

5. 湖·瓢Ⅱ TG1⑦：4

3. 湖·瓢Ⅱ TG1⑦：6

4. 湖·瓢Ⅱ采：1

0　　　　　　　6厘米

图2-1-15　湖州瓢山窑址Ⅱ区下文化层原始瓷
器物图（六）

1、2.球形器　3、4.拍　5.垫

湖·瓢Ⅱ TG1 ⑦：4，黑胎。（图2-1-15，5；彩版三一，5）

湖·瓢Ⅱ TG3 ②：4，生烧呈土黄色。（彩版三一，6）

刻划符号　湖·瓢Ⅱ TG4 ⑤：22，底部残片。刻划"×"形纹。

2. 印纹硬陶

内腹有密集的凹窝，部分是制作时留下，部分是拍印纹饰时承垫留下。外腹一般拍印粗大的曲折纹。

长颈侈口罐　与原始瓷长颈侈口罐基本一致，侈口，长颈，颈上部外敞，圆肩。长颈内侧有较粗的不规则凹弦纹。

湖·瓢Ⅱ TG5 ③：29，土灰色胎，拍印曲折纹。外颈及肩一侧有极薄的土灰色点状凝釉。（图2-1-16，1；彩版三二，1）

短颈侈口罐　圆唇，侈口，短颈，圆肩。

湖·瓢Ⅱ TG5 ③：27，拍印曲折纹。橘红色胎。（图2-1-16，2）

湖·瓢Ⅱ TG5 ③：28，拍印曲折纹。灰色胎。（图2-1-16，3；彩版三二，2）

束颈翻折沿罐　圆唇，翻折沿，深腹略鼓，凹圜底。

湖·瓢Ⅱ TG1 ⑥：4，底残。黑胎，胎质疏松。底部有土灰色点状凝釉。（彩版三二，3）

湖·瓢Ⅱ TG4 ⑤：5，可复原。灰黑胎。（图2-1-16，4；彩版三二，4）

湖·瓢Ⅱ TG5 ②：1，可复原。土灰胎。底部有釉，酱褐色釉层较厚，有一定的玻璃质感。（图2-1-16，5；彩版三二，5）

湖·瓢Ⅱ TG5 ③：1，可复原。深灰色胎。底部有土灰色点状凝釉。（图2-1-16，6）

湖·瓢Ⅱ TG5 ③：10，可复原。灰黑色胎。底部有酱褐色釉，釉层较厚，有一定的玻璃质感。（图2-1-16，7；彩版三三，1）

湖·瓢Ⅱ TG5 ④：7，底残。胎呈夹心状，内心灰黑，内外表浅灰色。（图2-1-16，8）

钵　湖·瓢Ⅱ 采：5，可复原。圆唇，侈口，浅弧腹，圜底近平。胎呈夹心状，胎心灰黑，内外表浅灰色。外下腹及底拍印曲折纹。内腹有泥条盘筑痕迹。（图2-1-16，9；彩版三三，2）

3. 纹饰

除拍印的曲折纹外，还有极少量的纹饰装饰，有拍印也有刻划，主要是各种云雷纹，个体较大。

湖·瓢Ⅱ TG4 ⑦：18，罐类残片。拍印菱形的云雷纹，较粗大。灰黑胎。外腹有极薄的土灰色点状凝釉。（彩版三四，1）

湖·瓢Ⅱ TG5 ②：6，罐类残片。刻划粗大云雷纹。黑胎。外腹有黑色涂层。（图2-1-17，1；彩版三四，2）

湖·瓢Ⅱ TG5 ②：7，罐类残片。拍印菱形的云雷纹。灰胎。（彩版三四，3）

湖·瓢Ⅱ TG5 ③：31，罐类残片。拍印近圆形云雷纹。黑胎。外表有极薄的土灰色点状凝釉。（彩版三四，4）

湖·瓢Ⅱ TG5 ③：32，罐类残片。拍印云雷纹，较杂乱。紫红胎。（彩版三四，5）

湖·瓢Ⅱ TG5 ④：13，罐类残片。拍印云雷纹，近方角菱形。灰胎。（彩版三五，1）

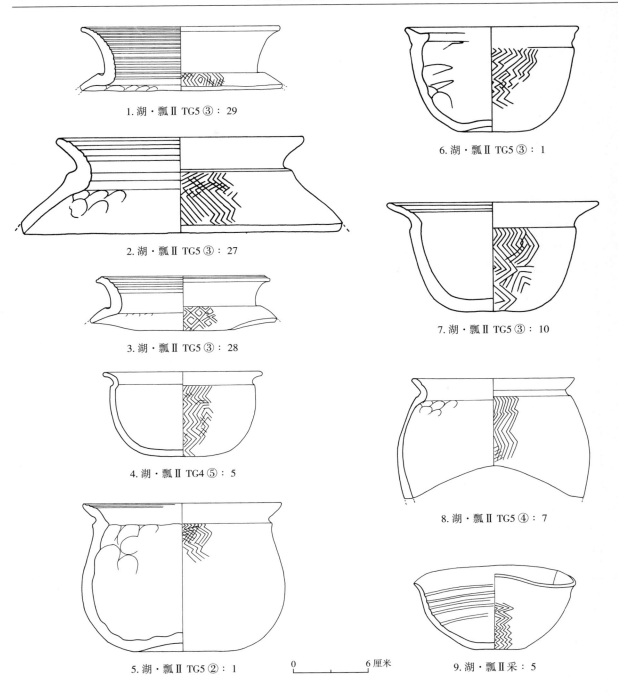

1. 湖·瓢Ⅱ TG5③：29

2. 湖·瓢Ⅱ TG5③：27

3. 湖·瓢Ⅱ TG5③：28

4. 湖·瓢Ⅱ TG4⑤：5

5. 湖·瓢Ⅱ TG5②：1

6. 湖·瓢Ⅱ TG5③：1

7. 湖·瓢Ⅱ TG5③：10

8. 湖·瓢Ⅱ TG5④：7

9. 湖·瓢Ⅱ采：5

0　　　　　　6厘米

图 2-1-16　湖州瓢山窑址Ⅱ区下文化层印纹硬陶器物图

1. 长颈侈口罐　2、3. 短颈侈口罐　4~8. 束颈翻折沿罐　9. 钵

湖·瓢Ⅱ TG4⑦：17，三足盘腹残片。刻划直条纹与近似云雷纹。黑胎。外腹有黑色涂层。（彩版三五，2）

湖·瓢Ⅱ TG5②：4，三足盘足残片。刻划云雷纹。黑胎。（图 2-1-17，2；彩版三五，3）

湖·瓢Ⅱ TG5②：5，三足盘足残片。刻划云雷纹。黑胎。外腹有绛红色涂层。（图 2-1-17，3；彩版三五，4）

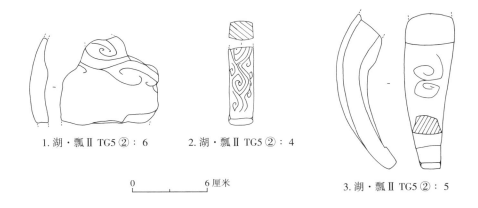

1. 湖·瓢Ⅱ TG5②：6　　2. 湖·瓢Ⅱ TG5②：4

0　　　　　6厘米

3. 湖·瓢Ⅱ TG5②：5

图 2-1-17　湖州瓢山窑址Ⅱ区下文化层器物纹饰

第二节　湖州金龙山窑址Ⅰ区

一　窑址概况

位于瓢山窑址Ⅱ区西北约 500 米处。金龙山基本是一列与北家山相连的东南—西北向小山丘，位于北家山的西北。海拔 24.9 米，坡度低缓。东北有一条小渠沿山脚向东南流，过东红村注入东苕溪，西边有一小的鱼塘。窑址有两处：Ⅰ区位于主峰的西南坡、鱼塘的东岸，海拔约 10 米左右，属于夏商类型。Ⅱ区位于Ⅰ区东南约 150 米，在金龙山的东北坡，面向小渠，海拔也在 10 米左右，时代为战国时期。（彩版三六，1）

湖州金龙山窑址Ⅰ区所在区域由于开垦砌石坎而形成一层层台面，山之北面为较大范围的开石挖沙场所。在翻耕平整过的石坎台地上，散布有较多印纹陶片和少量原始瓷片，印纹陶片饰曲折纹，原始瓷器形主要有长颈侈口罐。另外采集到数块窑炉烧结块，虽然在开垦过的断面上没有找到窑址堆积层，但因有窑炉烧结块的存在，判定窑址的依据还是明确的。

二　产品标本

1. 原始瓷

长颈侈口罐　侈口，长颈，颈上部外敞，圆肩。长颈内侧有较粗的凹弦纹，不规则。内腹有较浅的凹窝。

湖·金Ⅰ：3，口沿残片。生烧呈紫红色。（图 2-2-1，1）

湖·金Ⅰ：4，口沿残片。生烧呈橘红色。（图 2-2-1，2）

湖·金Ⅰ：5，口沿残片。浅灰色胎，釉不明显。（图 2-2-1，3；彩版三六，2）

2. 印纹硬陶

罐类器物　湖·金Ⅰ：7，罐类器物残片。夹心胎，胎心灰黑，内外表呈浅灰色。通体拍印曲折纹。（彩版三六，3）

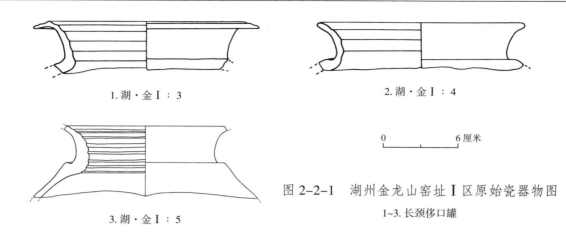

1. 湖·金Ⅰ∶3　　　　　　　　　　　　　2. 湖·金Ⅰ∶4

0　　　　　6厘米

图 2-2-1　湖州金龙山窑址Ⅰ区原始瓷器物图

1~3. 长颈侈口罐

3. 湖·金Ⅰ∶5

湖·金Ⅰ∶8，罐类器物残片。夹心胎，胎心灰黑，内外表呈浅灰色。通体拍印曲折纹。

第三节　湖州北家山窑址

一　窑址概况

位于瓢山窑址Ⅱ区东北约 30 米处。北家山与瓢山一样，也是龙山的东部余脉，再往东即为平原区。山丘东西向，略偏南，海拔约为 15 米，坡度极缓。窑址位于山丘的西南坡，海拔不到 10 米，此处亦因开垦梯田而被大面积破坏，地面散落大量硬陶片、烧结块、原始瓷等。窑址的东面是一处大面积的遗址，时代从史前一直延续到春秋战国时期。布探沟两条，进行小范围试掘。（彩版三七，1）

二　窑址地层

1. TG1

长 2.5、宽 7 米，方向 10°。按土质土色可以分成 3 层。（图 2-3-1；彩版三七，2）

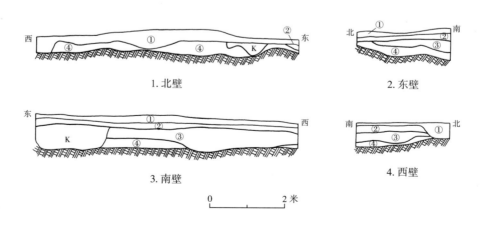

1. 北壁　　　　　　　　　　　　　　　　2. 东壁

3. 南壁　　　　　　　　　　　　　　　　4. 西壁

0　　　　　2米

图 2-3-1　湖州北家山窑址 TG1 地层剖面图

TG1 ①：厚 0~50 厘米。耕作层，土质疏松，黄色土，较杂乱，夹杂有大量的砾石及植物根茎，土质松软。包含物有硬陶片、原始瓷片及晚期的青白瓷片、砖瓦等，为晚期耕作的扰乱层。

TG1 ②：深 5~15、厚 0~15 厘米。分布于南边大半个探沟内，浅黄色土，夹杂较多的砂砾、小石块，土质较硬。包含物以印纹硬陶为主，其次是原始瓷和少量的夹砂软陶。印纹硬陶纹饰有方格纹、米筛纹、曲折纹、回字纹等。原始瓷有盅式碗等。从原始瓷与印纹硬陶来看，该层年代比较晚，应已进入了两周时期。由于不见窑址常见的窑渣、变形器物，因此推测当为遗址堆积。

TG1 ③：深 20~35、厚 0~70 厘米。分布于南边大半个探沟内，浅红褐色土，夹杂有少量的红烧土粒与烧结块，土质较硬。包含物以原始瓷为主，另有少量的硬陶片。原始瓷约占 66.1%、硬陶约占 12.2%、生烧片约占 20%、夹砂软红陶 3 片约占 1.7%。原始瓷器形以豆为主，偶见长颈侈口罐，胎色普遍较浅，以青灰色胎为主，约占 83.2%，灰黑胎占 16.8%。无论是青灰色胎还是灰黑胎，胎色均较纯，几乎不见瓢山窑址夹心胎的现象，火候高，胎质细密而硬，但较南山早期地层中出土的原始瓷豆胎色略深，胎质略疏松。釉常见于豆盘的内腹：青灰色胎施青釉，釉层厚，玻璃质感强；灰黑胎釉色较深，呈黑褐色，釉层薄，玻璃质感不强。豆柄通常在一侧有釉，不见施釉痕迹。豆柄多较高大，手制，外壁有明显的纵向刀刮痕迹，内壁旋挖而成，足端不见三个小缺口，素面，部分豆柄上有方形镂孔。硬陶中灰黑胎与紫红胎比例基本一致，与原始瓷一样，胎色均较纯，无论是灰黑胎还是紫红胎，亦几乎不见夹心现象。器形有长颈侈口罐。素面为主，少量拍印细方格纹和刻划弦纹。

TG1 ④，深 35~80、厚 0~25 厘米。几乎整个探沟均有分布，浅黄色土，土质较纯净而软。包含物以泥质灰陶占绝大多数，器物有圈足器、鱼鳍形鼎足等。当属于东边遗址中史前地层。

2. TG2

紧邻 TG1 垂直分布，长 5.5、宽 1.5 米。方向 100°。其地层与包含物和 TG1 基本一致，此不赘述（图 2-3-2）。其中第③层为窑址堆积。

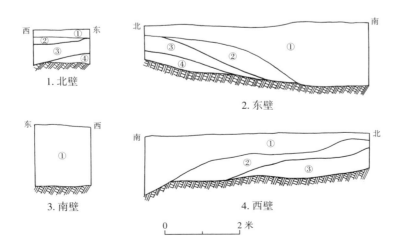

图 2-3-2 湖州北家山窑址 TG2 地层剖面图

三 产品标本

1. 原始瓷

豆 以宽沿敞口豆为主，偶见无沿的敞口豆。宽沿豆深斜直腹，豆柄较高，足端不见缺口。豆盘轮制，内腹轮旋痕粗疏，外上腹光洁，下腹有修刮痕。豆柄手制，外腹有修刮痕，但较细平，内腹旋挖而成。釉一般集中于豆盘内腹与豆柄上：豆盘内腹多满釉，釉层厚，玻璃质感强；豆柄一般仅于一侧及足端朝上的一面局部釉层厚，玻璃质感强。

湖・北 TG1 ③：1，豆盘及豆柄残片。浅灰色胎。豆盘内腹有釉，残存的豆柄一侧有釉。（图 2-3-3，1）

湖・北 TG1 ③：2，豆盘及豆柄残片。浅灰色胎。豆盘内腹有釉，残存的豆柄一侧有釉。

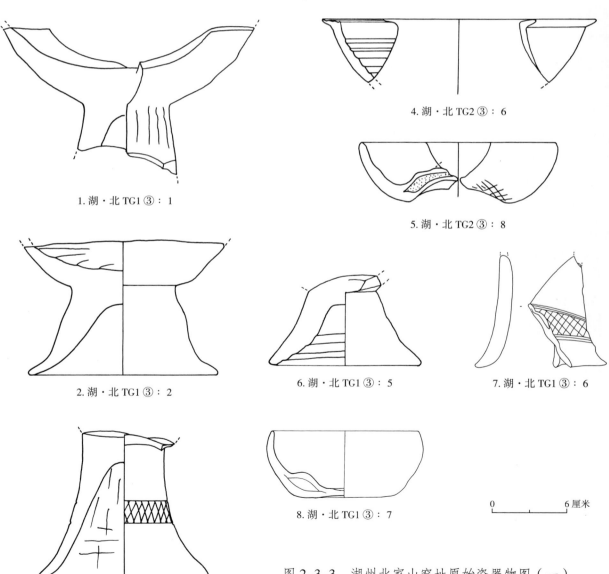

1. 湖・北 TG1 ③：1

4. 湖・北 TG2 ③：6

5. 湖・北 TG2 ③：8

2. 湖・北 TG1 ③：2

6. 湖・北 TG1 ③：5

7. 湖・北 TG1 ③：6

3. 湖・北 TG1 ③：3

8. 湖・北 TG1 ③：7

0　　　　　　6厘米

图 2-3-3　湖州北家山窑址原始瓷器物图（一）

1~7. 豆　8. 钵

（图2-3-3，2；彩版三八，1）

湖·北TG1③：3，豆柄。中部刻划一圈网格纹。浅灰色胎。残存豆盘内腹有釉，豆柄一侧有较厚的釉，其余部位有极薄的光亮层。（图2-3-3，3；彩版三八，2）

湖·北TG1③：22，豆盘口沿残片。浅灰色胎。青釉略深。（彩版三九，1）

湖·北TG1③：23，豆盘口沿残片。浅灰色胎。青釉略泛绛色。

湖·北TG1③：24，豆盘口沿残片。浅灰色胎。青釉较佳。

湖·北TG2③：6，豆盘口沿残片。浅灰色胎。青釉较佳。（图2-3-3，4；彩版三九，2）

湖·北TG2③：16，豆盘口沿残片。浅灰色胎。青釉较佳。（彩版三九，3）

湖·北TG1③：21，豆盘口沿残片。深褐色胎。深褐色釉。

湖·北TG2③：8，豆盘口沿残片。圆唇，无沿，敞口，浅弧腹。近深色胎。黑色釉。（图2-3-3，5；彩版三九，4）

湖·北TG1③：5，豆柄。较矮。深褐色胎，夹杂有少量的黑色颗粒，外腹呈黑褐色。（图2-3-3，6）

湖·北TG1③：6，豆柄残片。细长，上下刻划一圈网格纹。黑色胎，外表略呈浅灰色。器表有绛色涂层。（图2-3-3，7）

湖·北TG1③：16，豆柄残片。细长，残存的近豆盘处刻划人字形纹，并有小的圆形镂孔。黑色胎，器表有绛色涂层。残存的豆盘内腹有黑色釉层。

钵　弧敛口，弧腹，平底。轮制与手工修刮相结合，内腹轮旋痕粗疏，外上腹光洁，下腹及底有修刮痕。

湖·北TG1③：7，可复原。浅灰色胎。内腹青釉层厚，玻璃质感强。（图2-3-3，8；彩版四〇，1）

湖·北TG1③：18，可复原。生烧呈橘红色。（彩版四〇，2）

三足盘　湖·北TG1③：9，三足盘足。弧形外撇，截面近圆角三角形。足面刻划直条纹。深褐色胎。深褐色釉。（图2-3-4，1）

湖·北TG1③：11，三足盘足。弧形外撇，截面近圆角三角形。足面刻划直条纹。浅灰色胎，外腹有深褐色涂层。（彩版四〇，3）

湖·北TG2③：11，三足盘足。弧形外撇，截面近圆角三角形。足面刻划直条纹。深褐色胎，残存的盘内腹有深褐色釉，足有绛色涂层。（图2-3-4，2）

湖·北TG2③：12，三足盘足。较直。截面近圆角三角形。足面刻划直条纹，足端刻划云雷纹。紫红色胎。（图2-3-4，3）

湖·北TG2③：13，三足盘足。较直。截面近圆角三角形。足面刻划多组网格纹。胎呈夹心状，胎心灰黑，外表浅灰，并有较多的黑色颗粒。可能略生烧。（图2-3-4，4）

湖·北TG2③：14，三足盘足。较直。截面近圆角三角形。足面刻划网格纹与直条纹。胎呈夹心状，胎心灰黑，外表浅灰，并有较多的黑色颗粒。可能略生烧。（图2-3-4，5）

长颈侈口罐　数量极少。侈口，长颈，颈上部外敞，圆肩。长颈内侧有较粗的不规则凹弦纹，内腹有密集的凹窝。

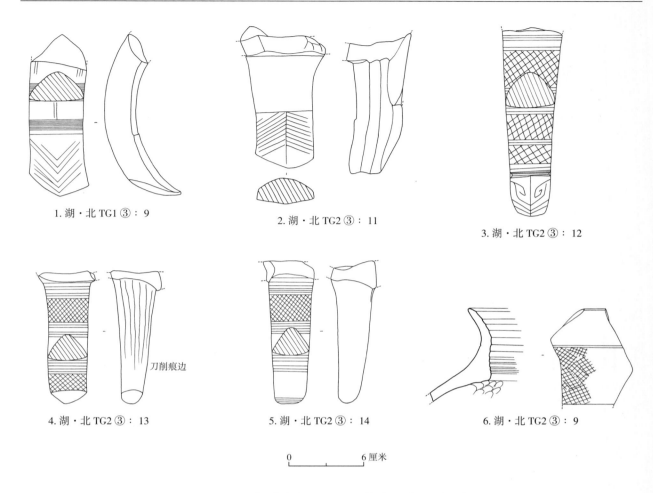

1. 湖·北 TG1 ③：9

2. 湖·北 TG2 ③：11

3. 湖·北 TG2 ③：12

刀削痕边

4. 湖·北 TG2 ③：13

5. 湖·北 TG2 ③：14

6. 湖·北 TG2 ③：9

0   6 厘米

图 2-3-4　湖州北家山窑址原始瓷器物图（二）

1~5.三足盘　6.长颈侈口罐

湖·北 TG2 ③：9，口沿残片。腹部拍印暗方格纹。深灰色胎。残存的肩部有极薄的土灰色点状凝釉。（图 2-3-4，6；彩版四〇，4）

2. 印纹硬陶

长颈侈口罐　数量极少。侈口，长颈，颈上部外敞，圆肩。长颈内侧有较粗的不规则凹弦纹，内腹有密集的凹窝。

湖·北 TG1 ③：20，口沿残片。浅灰色胎。通体拍印纹饰。（彩版四〇，5）

第三章 商代原始瓷窑址和器物的类型

第一节 窑址类型

根据各个窑址产品面貌的差异，我们将商代窑址划分成三个类型。

第一个类型为水洞坞类型，以印纹硬陶占绝大多数，有少量原始瓷器。印纹硬陶器类较单一，多为器形巨大的罐类器物，长颈、圆肩、深腹、凹圜底或低矮大圈足，通体拍印云雷纹，纹饰细密、排列杂乱；内壁密布拍印纹饰撑垫形成的凹窝。器物胎色较深，多数呈深灰或紫红色，胎质细腻，火候较高，部分器物肩部见有极薄而不均匀的光亮层。原始瓷可见器形均为豆，豆柄呈高喇叭形，胎色灰白，胎质细腻坚致，火候极高，豆盘内壁有釉，釉层较薄，有一定的玻璃质感。

该类型窑址主要分布于德清龙山片区窑址群中，在湖州青山片区窑址群的南部也有少量的发现，许多窑址直接叠压在战国等晚期窑址的地层之下。明确有地层堆积的窑址有 9 处（均采集到相应的标本），没有确定地层堆积的有 7 处，共计 16 处，其中德清 12 处，湖州 4 处。

第二个类型为湖州南山类型，产品以原始瓷为主，偶见印纹硬陶。原始瓷主要是豆与罐，另有少量的尊、簋、盆、盂等器物，豆的器形相当丰富；胎色灰白或青灰色，胎质细腻坚致，火候高；釉层普遍较薄，仅少量器物釉层较厚而明显；装饰较少，以素面为主，少量器物刻划有人字形纹、叶脉纹等纹饰。印纹硬陶主要是长颈侈口罐类器物，胎质与原始瓷接近，外腹通体拍印有云雷纹、重回字纹、席纹等纹饰。该类型窑址主要分布于湖州青山片区窑址群中，德清地区仅在县城武康镇的西部城山的东坡发现一处，称为城山窑址。

第三个类型为尼姑山类型，产品以印纹硬陶与硬陶（或原始瓷）为主，器形主要是长颈罐。印纹硬陶纹饰主要是粗大的云雷纹，也有少量的曲折纹。少量硬陶（或原始瓷）器物表面有极薄的土灰色点状凝釉。两类器物的胎多呈砖红色，胎质较差。目前该类型的窑址仅发现尼姑山窑址一处，位于龙山片区窑址群的东部。

第二节 器物类型

由于商代的原始瓷窑址主要分布于东苕溪流域湖州青山片区，因此本章主要介绍青山片区商代原始瓷窑址出土各类器物型式划分的原则和标准。由于青山片区商代原始瓷窑址中仅湖州南山窑址进行过较大面积的发掘，该窑址堆积丰厚、产品种类丰富、器形演变关系清晰，因此分型与分式以南山窑址的材料为主体，适用于整个南山类型窑址出土的器物。水洞坞与尼姑山两类型的产品不在此分型分式范围内。

一　原始瓷

（一）豆

A 型　敞口豆。敞口，宽沿，深直腹，喇叭形圈足高矮不一，足端等距分布有三个三角形或半圆形小缺口。轮制与手工修坯相结合：豆盘拉坯成型，内腹有明显的顺时针的轮旋痕，旋纹较粗，外下腹部用刀片纵向削刮而成，刀刮痕迹明显；圈足手制，圈足外有明显的纵向刀削痕迹，圈足内用片状工具多次掏挖或一次性旋挖而成。按口沿、腹部、圈足变化分成3式。

A Ⅰ 式　宽沿略向上斜，沿腹间折棱不明显，沿面素面或有细浅的弦纹。斜直腹较深，底较尖而小。圈足低矮，足缘较直。

A Ⅱ 式　宽沿较平，沿腹间折棱明显，沿面有数道细凹弦纹。斜直腹仍较深，但部分已变浅，底较Ⅰ式略大而平。除低矮圈足外，部分圈足增高，足端外撇。

A Ⅲ 式　宽沿平坦或下坦，沿腹间折棱明显，沿面有数道细凹弦纹，斜直腹较浅，底较大而平。豆柄高矮不一，高柄足端外撇，足端缺口除三角形外，还出现半圆形状。

B 型　敛口豆。敛口，浅弧腹，内腹有明显的顺时针轮旋痕，旋纹粗疏。圈足一般较高大，少量圈足粗矮。轮制拉坯成型与手工修坯相结合，也有均轮制拉坯成型的，内外表均较光洁。

B Ⅰ 式　宽沿，外唇尖而外突，内唇略凸起而内勾，形成略敛口状，浅坦腹较平。粗大喇叭形圈足，除少量较细高的圈足足缘带缺口外，绝大多数无缺。豆盘轮制，内腹有明显的顺时针轮旋痕，外腹较光洁。圈足手制，外腹光洁，不见刀刮痕迹，圈足内圈则掏挖而成，其掏挖方法有两种：一种是刀片分块挖出，一种是刀片旋转整块挖出。

B Ⅱ 式　宽沿变窄，沿面内弧或有细凹弧纹，内唇更凸而内勾，已接近敛口状，浅坦腹较平。粗大喇叭形圈足，部分圈足略细高，足缘带缺口，缺口有两个对称或三个等距分布。豆盘轮制，外腹光洁，不见刀刮痕迹，内腹有粗深的轮旋痕。圈足手制，内圈掏挖而成，其掏挖方法有两种：一种是刀片分块挖出，一种是刀片旋转整块挖出。

B Ⅲ 式　折敛口，折棱外凸，浅弧腹。豆盘与圈足均为轮制成型，豆盘内腹有明显的顺时针轮旋痕，圈足内壁旋纹粗疏，豆盘与圈足外壁光洁。多为青灰色胎。

C 型　折肩豆。折肩，弧腹略深，喇叭形圈足较粗，高矮不一。按口沿可分成3式。

C Ⅰ 式　宽沿，折敛口，圆唇略凸起，沿腹间折棱外凸，弧腹较深。轮制，豆盘内腹旋纹粗疏，外腹光洁。

C Ⅱ 式　直口，短颈，弧腹较深，折肩明显，圈足粗大。轮制成型，豆盘内腹旋纹粗疏，豆盘外腹及圈足内外壁均较为光洁。

C Ⅲ 式　方唇，直口，短颈，弧腹更深，折肩较圆弧，豆柄变细而高。轮制成型，豆盘内腹旋纹粗疏，豆盘外腹及圈足内外壁均较为光洁。

C Ⅰ 式见于第一期，C Ⅱ 式见于第二期，C Ⅲ 式主要见于湖·南Ⅰ T202 第②层。

A、B、C 三型豆有早晚的演变关系，以 A Ⅰ 式最早，先后演变为 A Ⅱ 式、A Ⅲ 式：宽沿逐渐变平甚至下坦，沿面弦纹从不清晰到清晰细深，沿腹间从无折棱到折棱明显，直腹变浅，喇叭形圈足由早期的较直演变为高大而外撇。A 型豆宽沿从外凸逐渐与外腹平齐，沿面由弦纹变成内凹后，即演变成 B 型豆。从 BⅠ式到 BⅢ式沿面逐渐变窄，内唇逐渐凸起并内勾，腹加深，最后演变成 C 型豆，直口、短颈、深腹。

D 型　浅坦腹豆。沿面较宽但不外翻，腹极浅、平坦，内腹有较细密清晰的旋纹，高大喇叭形圈足。轮制拉坯与手工修坯相结合：豆盘轮制，内腹有粗深的轮旋痕；圈足外壁光洁，内壁用片状工具掏挖而成。部分器物表面有细弦纹。第一至三期均有少量发现。

E 型　直口折腹豆。直口折腹，上腹较直，下腹浅弧，腹中部有一道明显的折棱。按折棱的高低可分 2 个亚型。喇叭形圈足均不甚高，但较 BⅢ式豆为高。轮制成型，豆盘内腹有粗疏旋纹，外腹及圈足内外壁光洁，不见用片状工具掏挖的现象。以 Ea 型豆为主。

Ea 型　折棱在腹中部，腹较深。

Eb 型　折棱在腹中上部，腹极浅。

F 型　凸棱豆。敞口浅弧腹或弧敛口浅弧腹，细高喇叭形圈足，外壁近豆盘处有凸棱一圈。豆盘、豆柄均轮制成型，豆盘、圈足外壁光洁，豆盘内壁有粗深的旋痕，豆柄内壁或旋纹粗疏，或上部有旋挖痕迹。此类型的豆无论是豆盘还是豆柄，均较薄，显得十分细巧。

G 型　盂形豆。按口沿分成 2 式。

GⅠ式　尖圆唇，弧敛口，弧腹较深，底较小，圈足较高外撇，足端有三个半圆形小缺口。豆盘轮制，内腹有清晰的轮旋痕，下腹用片状工具纵向修刮。圈足手制，内腹用片状工具掏挖而成，外腹用片状工具纵向修刮。

GⅡ式　直口，深弧腹，底较小，圈足较高外撇。轮制成型，豆盘内腹旋纹粗疏，外腹及圈足表面光洁。

盆形豆　宽沿，沿面较平，直口，浅直腹，底大而平。轮制成型，内腹、底有粗疏的旋纹。

浅弧腹豆　敞口，浅弧腹，喇叭形圈足较高。豆盘与圈足均为轮制成型，豆盘内腹有明显的顺时针轮旋痕，圈足内壁旋纹粗疏，豆盘与圈足外壁光洁。豆盘与豆柄拼接而成。

子母口浅坦腹豆　尖唇，子母口，浅坦腹近平。喇叭形圈足较高，足端外撇。豆盘、豆柄均为轮制成型，内腹、底有粗疏的顺时针旋纹。圈足外壁有较细的纵向修刮痕迹，内壁有粗疏的旋痕。

方唇豆　数量极少，未见有复原器。方唇较厚，斜直腹，唇面有多道细凹弦纹。豆盘轮制，内腹有较细密清晰的旋纹，外腹光洁。

钵形豆　数量极少，未见有复原器。尖圆唇，窄沿，弧敛口，浅弧腹斜收，圈足残。豆盘轮制与手工修坯相结合，内腹轮旋痕粗疏，外下腹有纵向片状修刮痕迹。

（二）钵

按口沿差别可分成 5 型。

A 型　宽沿弧敛口钵。圆唇，宽沿，弧敛口，浅弧腹斜收，平底，底腹间折棱不明显。沿面上有多道较粗的凹弦纹，沿、腹间堆贴有扁泥条小耳，一般三个等距分布。轮制与手工修坯相结合，内腹有较粗疏的旋纹，外上腹光洁，下腹及底有明显的片状工具修理痕迹。

B 型　宽沿折敛口钵。圆唇，宽沿，折敛口，浅弧腹斜收，平底，底腹间折棱明显。沿面上有多道较粗的凹弦纹，沿、腹间堆贴有扁泥条小耳，一般三个等距分布。轮制与手工修坯相结合，内腹有较粗疏的顺时针旋纹，外上腹光洁，下腹及底有明显的刀削修理痕迹。按口沿与腹部可分成 3 式。

　　B I 式　　圆唇敛口。

　　B II 式　　圆唇略凸起。

　　B III 式　　圆唇略凸起，器形较瘦高。

　　C 型　　宽沿凸棱折敛口钵。圆唇，宽沿，折敛口，浅弧腹斜收，平底，底腹间折棱明显。沿面上有多道较粗的凹弦纹，部分器物沿、腹间堆贴有肩泥条小耳，一般三个等距分布。轮制与手工修坯相结合，内腹有较粗疏的旋纹，外上腹光洁，下腹及底有明显的刀削修理痕迹。按沿腹间的折棱可分成两式。

　　C I 式　　折棱略凸起。

　　C II 式　　折棱凸起较甚。

　　D 型　　窄沿弧敛口钵。尖圆唇，窄沿，弧敛口，弧腹较浅，小平底，底腹间折棱明显。轮制，内腹有较粗疏的旋纹，外上腹光洁，下腹及底有明显的刀削修理痕迹。

　　E 型　　窄沿折敛口钵。尖圆唇，窄沿，折敛口，弧腹较深，小平底，底腹间折棱明显。沿面有多道细凹弦纹。轮制，内腹有较粗疏的旋纹，外上腹光洁，下腹及底有明显的刀削修理痕迹。

　　（三）盆

　　数量极少。宽沿，敛口，弧腹斜收，平底。轮制与手工修坯相结合。内腹轮旋痕粗疏，外下腹及底有纵向片状修刮痕。

　　（四）盂

　　尖圆唇，弧敛口，弧腹较深，平底，底大小不一，底腹间折棱不明显。轮制与手工修坯相结合，内腹有较粗疏的旋纹，外上腹光洁，下腹及底有明显的刀削修理痕迹。按腹部的高扁可分成 2 型。

　　A 型　　腹较高。

　　B 型　　腹较扁矮。

　　（五）罐

　　按口沿分成 3 型。

　　A 型　　直口罐。折肩或圆肩，深弧腹，小平底。按口沿可分成 2 式。

　　A I 式　　圆唇略凸起，直口不明显，轮制与手工修坯相结合，内腹旋纹粗疏，外下腹及底有片状工具多次纵向修刮的痕迹。

　　A II 式　　方唇，直口，短颈。既有轮制与手工修坯相结合的，也有纯轮制成型的，外腹上下均光洁，底部经一次性切割而成。

　　B 型　　敛口罐，敛口，宽斜折肩，腹自肩开始斜直收，平底略内凹，底径小于口径，最大腹径在肩部，器形扁矮。肩部有密集的凹弦纹，肩部折棱处设三个似泥点状的扁泥条假耳，基本呈等距分布。轮制成型，器形规整，内壁底可见粗疏轮旋痕，外底有直条状割底痕迹。

C 型　撇口罐，尖唇，撇口，折肩，深弧腹斜收，小平底。轮制与手工修坯相结合，内腹旋纹粗疏，外腹光洁。

（六）小罐

按肩与腹部可分成 3 型。

A 型　折肩深腹小罐。折肩，深弧腹，小平底。按口沿可分成 2 式。

A I 式　圆唇略凸起。轮制成型，内底、腹有粗疏的旋纹，外下腹及底部有修刮痕迹。

A II 式　圆唇或方唇，直口，短颈。轮制成型，部分器物内底、腹有粗疏的旋纹，外下腹及底部有修刮痕迹；另外一部分器物外腹光洁，底有切割痕。

B 型　溜肩深腹小罐。方唇，直口，口较大，溜肩较小，深弧腹，小平底。轮制与手工修坯相结合，内底、腹有粗疏的旋纹，外下腹及底部有修刮痕迹。

C 型　折肩扁腹小罐。方唇直口，折肩，扁腹较浅。轮制与手工修坯相结合，内底、腹有粗疏的旋纹，外下腹及底部有修刮痕迹。

（七）尊

按腹深浅分成 2 型。

A 型　方唇，直口，短颈，圆肩或折肩，弧腹较深，腹较扁，大圈足。轮制成型，外腹光洁，内腹轮旋痕粗疏。

B 型　方唇，直口，短颈，折肩，深弧腹，矮圈足较小而外撇，整个造型较瘦高。轮制成型，外腹光洁，内腹轮旋痕粗疏。

（八）簋

按口沿可分成 3 型。

A 型　尖唇外撇，直口，短颈，折肩较宽，深腹较扁，平底，大圈足外撇，足端方正。肩部有扁泥耳，三个等距设置。轮制成型，内腹轮旋痕粗疏，外腹光洁。

B 型　圆唇，弧敛口，扁鼓腹，宽圆肩，大圈足。口沿下有宽凹弧一道。轮制成型，内腹轮旋痕粗疏，外腹光洁。

C 型　侈口，卷沿，短颈，折肩，深弧腹，矮圈足。肩部有三个扁泥耳。轮制成型，内腹轮旋痕粗疏，外腹光洁。

（九）盘

近似于 Ea 型豆的豆盘。方唇，直口，上腹直腹，下腹浅弧，底平。轮制成型，内腹旋纹粗疏，外腹光洁。生烧呈土黄色。

（十）大器盖

浅弧型较矮，矮喇叭形捉手。轮制成型，盖内面有细密的旋纹，盖面光洁。

（十一）器盖

按捉手的高矮可分成 2 型。

A 型　矮喇叭形捉手。按盖弧形状可分成 4 个亚型。

Aa 型　拱背浅弧型。拱背较高。轮制成型，盖内面有细密的旋纹，盖面光洁。

Ab 型　拱背略高弧型。盖外圈向下垂，形成较高拱背形。轮制成型，盖内面有细密的旋纹，盖面光洁。

Ac 型　拱背略高折沿型。盖外圈向下折，形成较高拱背形。轮制成型，盖内面有细密的旋纹，盖面光洁。

Ad 型　拱背子母口型。轮制成型，盖内面有细密的旋纹，盖面光洁。

B 型　高喇叭形捉手。浅弧型较矮。轮制成型，盖内面有细密的旋纹，盖面光洁。

（十二）纺轮

扁鼓形，中间孔细小。

（十三）大圈足

圈足较矮而粗大，外撇较甚，足沿呈方形，上有细凹弦纹。轮制，外壁光洁，内壁有粗疏的旋纹。

二　印纹硬陶

胎质与原始瓷类器物完全一致，呈浅灰或灰色，胎质细腻坚致，部分器物施有釉层。外腹通体拍印几何形纹饰。

（一）罐

长颈侈口罐　侈口，尖圆唇外撇，直颈较高，圆肩，鼓腹，底部残，推测为凹圜底，或外加粗大的圈足。肩部有宽扁耳或鸡冠状耳，通体拍印云雷纹等纹饰。口沿与长颈内侧密布粗旋纹，当为轮制成型。内腹有密集的凹窝，为拍印纹饰时托垫所留下，不能确定是手制抑或轮制成型。

短颈侈口罐　方唇，短颈，侈口，圆肩，鼓腹。通体拍印纹饰。口沿与颈内侧密布粗旋纹，当为轮制成型。内腹有密集的凹窝，为拍印纹饰时托垫所留下，不能确定是手制抑或轮制成型。

束颈翻折沿罐　大翻折沿，束颈，深腹略弧。沿面上有多道细凹弦纹。通体拍印纹饰。内腹有密集的凹窝，为拍印纹饰时托垫所留下，不能确定是手制抑或轮制成型。

长颈敞口罐　圆唇，敞口，长颈，深弧腹。数量极少，仅有残片，底部情况不清。

长颈直口罐　方唇，直口，长颈，圆肩，鼓腹，凹圜底。通体饰较大的云雷纹。口沿与长颈内侧密布粗旋纹，当为轮制成型。内腹有密集的凹窝，为拍印纹饰时托垫所留下，不能确定是手制抑或轮制成型。

短颈直口鼓腹罐　方唇，直口，短颈，圆肩，鼓腹，圜底或凹圜底。方唇上有凹弦纹一道，短颈内侧及上肩部有细密旋纹，通体拍印纹饰。内腹有密集的凹窝，为拍印纹饰时托垫所留下，不能确定是手制抑或轮制成型。

短颈直口圆腹罐　方唇，直口，短颈，圆肩，鼓腹，底残。肩部有横向桥形系，通体饰席纹，近直角相交，略粗而乱。生烧。内腹有密集的凹窝，为拍印纹饰时托垫所留下，不能确定是手制抑或轮制成型。

敛口罐　弧敛口，圆肩或折肩，鼓腹。口沿上有粗凹弦纹数道。通体拍印纹饰。内腹有密集的凹窝，为拍印纹饰时托垫所留下，不能确定是手制抑或轮制成型。

圈足罐　圆鼓腹，口沿及圈足均残。通体拍纹饰。内腹有密集的凹窝，为拍印纹饰时托垫所留下，不能确定是手制抑或轮制成型。

（二）研钵

方唇，敞口为主，短直颈，深直腹略鼓，口沿带流。内腹刻划细线，外腹拍印纹饰。第二期开始出现，流行于第三、四期。纹饰以席纹为主，第二期席纹较粗，第三期开始则较细密，另外第二期偶见拍印较大云雷纹者。

三　其他

圆饼形器

扁薄圆饼形，圆形规整，边缘平整光滑，体形硕大，复原整器直径达 24 厘米。未见轮制痕迹，可能系手工制作。陶胎，胎体厚重。

第四章 商代原始瓷窑址调查

东苕溪流域商代原始瓷窑址共可分成水洞坞、南山与尼姑山三个类型，集中分布于德清龙山与湖州青山两大片区窑址群中，位于龙山片区窑址群南边的城山窑址可划入南山类型。

第一节 德清龙山片区窑址群

德清龙山片区窑址群目前共发现商代窑址17处，其中明确有地堆积的窑址10处，没有确定地层堆积的7处，部分窑址直接叠压在战国等晚期窑址的地层之下（图4-4-1）。共可分为两个类型：水洞坞类型与尼姑山类型。其中以水洞坞类型为主，尼姑山类型仅发现尼姑山窑址一处。

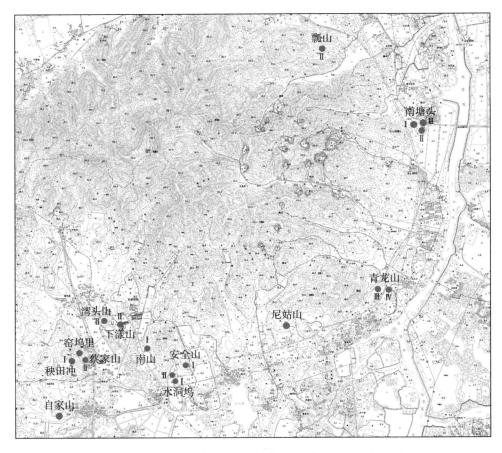

图4-1-1 德清龙山片区商代原始瓷窑址群分布图

一　德清水洞坞窑址

水洞坞是亭子桥与南北狭长的山坡之间的山岙，岙的尽头为定庵冲，有一口小池塘。水洞坞面积不大，岙口宽近 150 米，岙深近 500 米，窑址主要分布于两边的山坡近岙口及中部，岙底也即定庵冲不见堆积（彩版四一）。东西两边共发现窑址 5 处，其中东边朝西的山坡 2 处，时代为商代与战国时期，自南向北依次编号为东Ⅰ区、Ⅱ区；西边朝东的山坡 3 处，时代均为战国时期。

（一）东Ⅰ区下层

位于亭子桥窑址西北 80 米处，其东边北靠的亭子桥海拔高度仅 11.3 米，窑址海拔在 10 米以下。沿山坡脚有一条深近 1 米的灌溉水渠，打破窑址堆积，依沟作一剖面，编号为 TG1；在此探沟东边即上坡处约 20 米左右，布南北长 5、东西宽 2 米的试掘沟一条，编号 TG2。两试掘沟堆积基本一致，上层为战国时期的窑址堆积，下层为商代的堆积。商代地层出土的产品以印纹硬陶占绝大多数，偶见原始瓷、硬陶与泥质陶，后三类器物均为豆柄残件。原始瓷胎色灰白，有的胎质较细，有的存在大量的细小气孔。釉色较深，呈褐色。印纹硬陶一般为器形巨大的罐类器物，侈口，长颈，圆肩，深弧腹，凹圜底为主，少量为矮圈足，圈足粗大。通体拍印纹饰，主要是云雷纹，线条细密，云雷纹方正；偶见席纹，较粗大而杂乱。胎色较深，多呈青灰色、黑灰色或紫红色、橘红色等。泥条盘筑成型，肩口部轮修，内腹有密集的拍印衬垫形成的凹窝。

TG1　依水沟东壁作剖面并划分地层，共可分成 4 层。（彩版四二，1）

TG1①：表土层。黄色土，有大量植物根茎，土质较松。夹杂有一定数量的原始瓷片与印纹硬陶片，较杂乱，当为扰乱层。

TG1②：红褐色土，土质较硬，夹杂有大量的原始瓷片、烧结块等窑业废品堆积。主要器形有弧敛口碗，有素面、竖条纹、细弦纹三种，以及浅弧腹碗、大杯、小盅、带 S 形堆贴的罐、直条纹罐及窑具等，时代为战国时期，将在战国窑址报告中详述。

TG1③：浅灰色土，土质粗而硬，夹杂有大块烧结块及红烧土等。此层是比较纯净的窑业堆积，产品均为印纹硬陶，器形主要是罐类器物。

TG1④：近灰白色土，土色较③层更浅，土质及包含物与③层较为接近。产品以印纹硬陶占绝大多数，偶见原始瓷、硬陶与泥质灰陶。印纹硬陶以大型的罐类器物为主，通体拍印纹饰，以云雷纹占绝大多数，其折角方正、线条细密，另外偶见粗大而乱的席纹。原始瓷、硬陶、泥质灰陶均为豆的残件。

TG2　打在窑业废品堆积处，文化层较厚，共可分成 3 层。

TG2①：表土层。黄色土，有大量植物根茎，土质松软。夹杂有一定数量的原始瓷片与印纹硬陶片，较杂乱，当为扰乱层。

TG2②：红褐色土，土质较硬，夹杂有大量的原始瓷片、烧结块等窑业堆积。主要器形有弧敛口碗、浅弧腹碗、大杯、小盅、罐及支烧具等，时代为战国时期，将在战国窑址报告中详述。

TG2③：浅灰色土，土质粗而硬，夹杂有大块烧结块及红烧土等。地层包含物以印纹硬陶占绝大多数，偶见原始瓷。印纹硬陶器形主要是罐类器物，通体拍印较为规矩的云雷纹。原始瓷为豆柄残件。

③层下发现窑炉遗迹。依山坡修建。两侧窑壁保存较好，最高达20厘米，厚约20厘米左右，烧结面十分坚硬明显，呈青黑色，烧结面外依次呈紫褐色和红色。窑壁不见用砖形土坯叠砌修建迹象，整体联结。窑炉在生土中挖浅坑，底部铺细砂。

1. 原始瓷

豆　仅发现2件。

德·水东Ⅰ TG1④：1，豆柄残件。细长喇叭形，足端残。青灰色胎，胎质细腻坚致，残留的豆盘内腹有釉，釉色较深，呈黑褐色，施釉不匀，有一定的玻璃质感。手制，外壁有手捏痕迹，内壁用片状工具掏挖而成。（彩版四三，1）

德·水东Ⅰ TG2③：1，豆盘及豆柄残件。土灰色胎，夹杂有大量的细小气孔。残存的豆盘内腹有叠烧的痕迹，釉不明显。豆柄手制，外壁有手捏痕迹，内壁用片状工具掏挖而成。（彩版四三，2）

2. 硬陶

豆　仅发现1件。

德·水东Ⅰ TG1④：2，豆柄残件。极细长喇叭形，足端残。近豆盘的上端有凸棱一道，与豆盘相接处内凹，但上下通透。青灰色胎，胎质较细。轮制成型，内壁轮旋痕粗疏。（图4-1-2，1）

3. 泥质陶

豆　仅发现1件。

德·水东Ⅰ TG1④：3，豆柄残件。粗大喇叭形。泥质灰陶。轮制成型，内壁轮旋痕粗疏。（图4-1-2，2）

角形器　德·水东Ⅰ TG2③：8，圆锥形，略向一侧弧斜，喇叭形足，胎壁较薄。一侧生烧呈土黄色，另一侧呈灰黑色。

4. 印纹硬陶

最主要的产品类型，器类较为单一，以罐类器物占绝大多数。

长颈侈口罐类器物　口较大，尖唇外撇，侈口，长颈，圆肩。口沿上有细凹弦纹数道，肩部有粗弦纹数道，内腹有密集垫窝。通体拍印细密云雷纹，纹饰较方正。

德·水东Ⅰ TG1④：5，紫红胎。（图4-1-2，3）

德·水东Ⅰ TG1④：6，土灰色胎。（图4-1-2，4）

德·水东Ⅰ TG1④：7，深灰色胎。（彩版四九，3）

凹圜底　德·水东Ⅰ TG1④：12，圜底略内凹，内腹有密集凹窝。浅紫色胎。通体拍印席纹，纹饰较粗大。内底褐色釉，有一定的厚度与玻璃质感，当为自然形成。（图4-1-3，1）

圈足　矮大圈足外撇，足内侧有两道凹弦纹。与器物分段制作，器身包括圈足内侧拍印细密云雷纹。

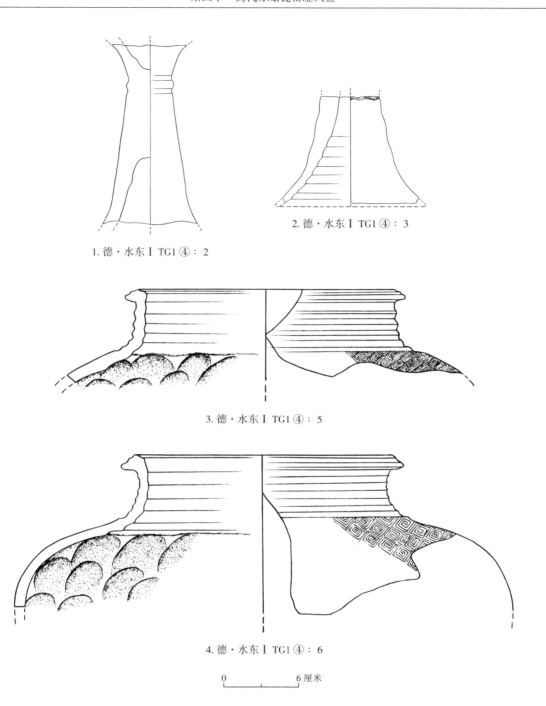

1. 德·水东Ⅰ TG1④：2

2. 德·水东Ⅰ TG1④：3

3. 德·水东Ⅰ TG1④：5

4. 德·水东Ⅰ TG1④：6

0 ————— 6厘米

图 4-1-2　德清水洞坞窑址东Ⅰ区下层器物图（一）
1.硬陶豆　2.泥质陶豆　3、4.印纹硬陶长颈大口罐类器物

德·水东Ⅰ TG1④：10，夹心胎，胎心夹呈灰色，内外表呈橘黄色。（图 4-1-3，2）

德·水东Ⅰ TG1④：11，青灰色胎，圈足一侧生烧，呈橘黄色。（图 4-1-3，3）

5. 其他

火孔塞　德·水东Ⅰ TG2③：7，圆锥形，制作较粗糙，烧结严重。

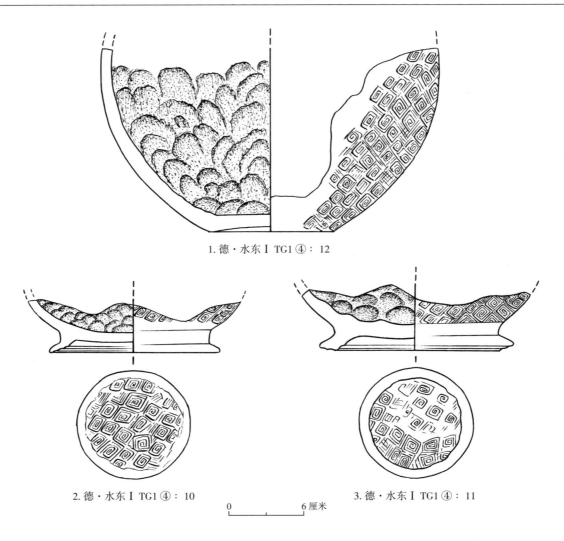

1.德·水东Ⅰ TG1④：12

2.德·水东Ⅰ TG1④：10　　　　　　　3.德·水东Ⅰ TG1④：11

0　　　　　　6 厘米

图 4-1-3　德清水洞坞窑址东Ⅰ区下层器物图（二）

1.印纹硬陶凹圜底　　2、3.印纹硬陶圈足

带釉陶片　德·水东Ⅰ TG2③：6，印纹硬陶罐类器物肩部残片。灰胎，通体拍印云雷纹。肩隆起部分带釉，上下均无釉，釉层薄，上下不见施釉线，但有一定的玻璃质感。

（二）东Ⅱ区下层

位于水洞坞东Ⅰ区以北约 60 米处。与水洞坞东Ⅰ区 TG1 做法相同，也依水渠作一剖面，编号为水洞坞东Ⅱ区 TG1。其地层堆积与产品同Ⅰ区相似，也可分成两个文化层，上层为战国时期的窑址堆积，下层为商代的堆积（彩版四二，2）。由于未进行试掘，采集到的标本不多，商代地层出土的少量产品均为印纹硬陶。印纹硬陶一般为器形巨大的长颈侈口罐类器物，侈口，长颈，圆肩，深弧腹，凹圜底，偶见短颈侈口罐与束颈翻折沿罐。通体拍印云雷纹，线条细密，云雷纹方正。胎色较深，多呈青灰色、黑灰色或紫红色、橘红色等。泥条盘筑成型，肩口部轮修，内腹有密集的拍印衬垫形成的凹窝。

TG1①：表土层。黄色土，有大量植物根茎，土质较松。夹杂有一定数量的原始瓷片与印纹硬陶片，较杂乱，当为扰乱层。

TG1②：黄褐色土，土质较硬，夹杂有大量的原始瓷片、烧结块等窑业废品堆积。主要器形有弧敛口碗、浅弧腹碗、大杯、小盅、罐及窑具等，时代为战国时期，将在战国窑址报告中详述。

TG1③：深灰黑色土，土质较松，夹杂有少量红烧土块等。此层是比较纯净的窑业堆积，产品均为印纹硬陶，器形主要是罐类器物。

印纹硬陶

长颈侈口罐类器物　口较大，尖唇外撇，侈口，长颈，圆肩。口沿上有细凹弦纹数道，肩部有粗弦纹数道，内腹有密集垫窝。通体拍印细密云雷纹，纹饰较方正。

德·水东Ⅱ TG1③：1，胎色不匀，腹部呈灰色，口沿部分呈深黑色。在长颈的一侧及肩部有青褐色点状凝釉，釉层有一定的厚度与玻璃质感，但釉层不均匀，不见施釉线。（图4-1-4，1）

德·水东Ⅱ TG1③：2，颈略短。夹心胎，胎心呈紫红色，内外表呈灰色。（图4-1-4，2）

德·水东Ⅱ TG1③：5，灰胎。器表有青褐色釉，有一定的厚度与玻璃质感。（图4-1-4，3）

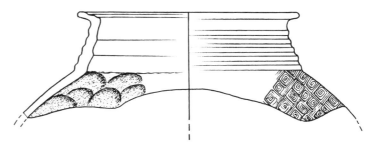

1.德·水东Ⅱ TG1③：1

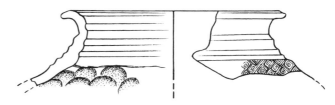

2.德·水东Ⅱ TG1③：2

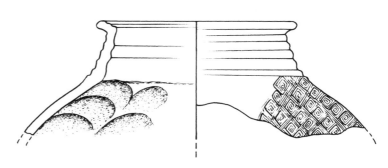

3.德·水东Ⅱ TG1③：5

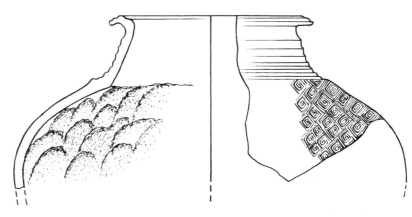

4.德·水东Ⅱ TG1③：7

0　　　　　　6厘米

图4-1-4　德清水洞坞窑址东Ⅱ区下层印纹硬陶器物图（一）

1~4.长颈侈口罐类器物

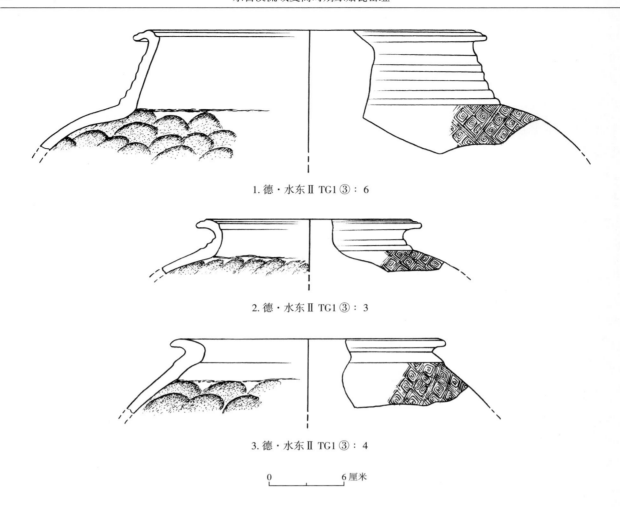

1. 德·水东 Ⅱ TG1 ③：6

2. 德·水东 Ⅱ TG1 ③：3

3. 德·水东 Ⅱ TG1 ③：4

0 ———————— 6厘米

图 4-1-5　德清水洞坞窑址东 Ⅱ 区下层印纹硬陶器物图（二）

1. 长颈侈口罐类器物　　2. 短颈侈口罐类器物　　3. 束颈翻折沿罐类器物

德·水东 Ⅱ TG1 ③：6，深灰色胎。（图 4-1-5，1）。

德·水东 Ⅱ TG1 ③：7，深灰色胎。器表青褐色釉，有一定的厚度与玻璃质感。（图 4-1-4，4）

短颈侈口罐类器物　　器形与长颈侈口罐基本相同，仅颈较短。通体拍印较细密方正的云雷纹。

德·水东 Ⅱ TG1 ③：3，深黑胎，口沿及肩部有青褐色点状凝釉。（图 4-1-5，2）

束颈翻折沿罐类器物　　尖圆唇，侈口，翻折沿，束颈，圆肩。通体拍印较细密方正的云雷纹，内腹有密集凹窝。

德·水东 Ⅱ TG1 ③：4，灰胎。（图 4-1-5，3）

二　德清安全山窑址 Ⅰ 区

安全山位于亭子桥的东北，是南北狭长的山梁，山梁最高海拔为 25.8 米，坡度低缓。

它与亭子桥一起构成了定庵冲这个南北向山凹的东侧山梁的北段部分。安全山有窑址多处，与亭子桥相连接的东南、南、西南等三面山坡瓷片俯拾皆是。窑址分别编为Ⅰ区、Ⅱ区、Ⅲ区，其中Ⅰ区为商代窑址，其余两区均为战国时期窑址。（彩版四四，1、2）

　　Ⅰ区商代窑址位于安全山的东南坡，海拔在10~15米左右，在一断坎上发现了地层堆积，地层中有大量的陶片与烧结块，部分烧结块一侧有玻璃质窑汗。产品以印纹硬陶占绝大多数，偶见原始瓷。印纹硬陶又以长颈侈口罐类器物占绝大多数，另有少量短颈罐。胎多呈青灰色或深紫红色，胎色较纯，少见夹心状，胎质较细密。均拍印有云雷纹，纹饰细密，云雷纹转角方正，排列较为整齐。原始瓷有钵残片。

　　1. 原始瓷

　　钵　德·安Ⅰ：1，敛口，折腹，下腹弧收，底残。生烧，橘红色胎。（图4-1-6，1）

　　2. 印纹硬陶

　　长颈侈口罐类器物　口较大，尖唇外撇，侈口，长颈，圆肩。口沿上有细凹弦纹数道，肩部有粗弦纹数道，内腹有密集垫窝。通体拍印细密云雷纹，纹饰较方正。

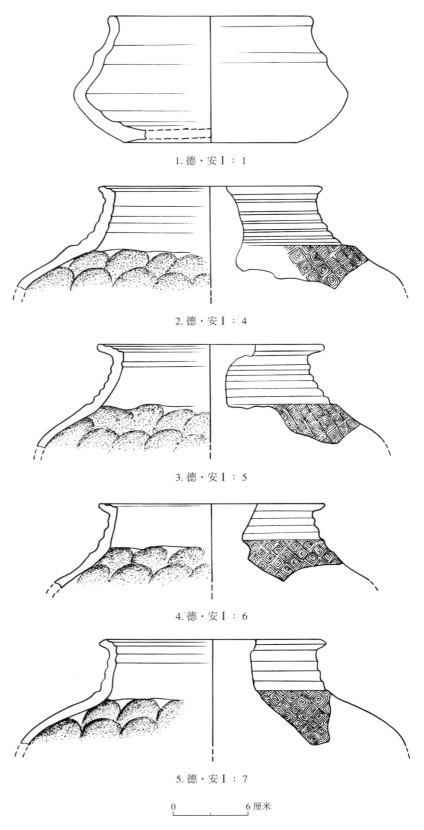

1. 德·安Ⅰ：1

2. 德·安Ⅰ：4

3. 德·安Ⅰ：5

4. 德·安Ⅰ：6

5. 德·安Ⅰ：7

0　　　　　　　6厘米

图4-1-6　德清安全山窑址Ⅰ区器物图

1. 原始瓷钵　2~6. 印纹硬陶长颈侈口罐类器物

德·安 I : 4，生烧，呈橘黄色。（图 4-1-6，2）

德·安 I : 5，青灰色胎。器表青褐色釉有一定的厚度与玻璃质感。（图 4-1-6，3）

德·安 I : 6，颈略短。灰黑胎。（图 4-1-6，4）

德·安 I : 7，灰黑胎。（图 4-1-6，5）

三 德清南山窑址 I 区

南山是一列南北狭长的低矮山梁，海拔 26 米，南头东边是水洞坞，北头西边与白洋坞相连，窑址位于山梁的中部，海拔在 10 米左右。窑址共有 2 处，分别编号为 I 区与 II 区。 I 区位于山梁中部略偏南，地面上散落大量的战国时期原始瓷标本，几乎采集不到商代的标本。（彩版四四，3）

在山坡的机耕路上布探沟一条，编号为德清南山窑址 I 区 TG1。窑址分成两个文化层，上文化层为战国时期堆积，下文化层为商代堆积。商代地层出土的产品标本均为印纹硬陶，面貌与水洞坞下文化层近似：一般为器形巨大的罐类器物；侈口，长颈，圆肩，深弧腹，凹圜底；通体拍印细密方正的云雷纹；胎色较深，多呈青灰色、黑灰色或紫红色、橘红色等；泥条盘筑成型，肩口部轮修，内腹有密集的拍印衬垫形成的凹窝。

TG1 ①：黄色耕土层，土层较松软，夹杂有较多的原始瓷标本，均为战国时期的产品。

TG1 ②：较纯净的窑业堆积，产品为原始瓷浅弧腹碗、弧敛口碗、盅式碗、杯、罐等，部分产品属于下文化层的商代堆积。

TG1 ③：较纯净的窑业堆积，产品均为印纹硬陶罐类器物，通体拍印较细密方正的云雷纹，胎色较深。

印纹硬陶

长颈侈口罐类器物 尖唇外撇，侈口，长颈，圆肩。口沿上有细凹弦纹数道，肩部有粗弦纹数道，内腹有密集垫窝。通体拍印细密云雷纹，纹饰较方正。

德·南 I TG1 ③：1，灰黑胎。（图 4-1-7，1）

德·南 I TG1 ③：3，夹心胎，胎心深灰，内外表浅灰色。（图 4-1-7，2）

德·南 I TG1 ③：9，紫红胎。云雷纹较大。

德·南 I TG1 ③：10，灰黑胎。颈与肩部有青褐色釉。

束颈翻折沿罐 大口，翻折沿，短束颈，圆肩。

德·南 I TG1 ③：2，深灰胎。通体拍印云雷纹。（图 4-1-7，3）

四 德清秧田冲窑址 I 区

秧田冲是一处东南—西北向的小山岙，东南岙口宽 100 米，岙深约 250 米，岙底是一处小池塘，东边与蔡家山窑址相邻（彩版四五，1）。西边山丘海拔 24.7、北边及东边山丘海拔 36.7 米，岙内山坡低缓。窑址在山岙的坡脚均有分布，共分成 5 区，其中在岙底的 I 区发现了商代的地层堆积，其余为春秋战国时期。

I 区位于秧田冲山岙底部的西北角，窑址海拔在 15 米左右，坡度较陡（彩版四五，2）。

Ⅰ区的窑址堆积较为复杂，整个山坡均散落有大量的战国时期原始瓷片。

在近山顶较陡处发现了瓷片堆积层，器形以碗为主，包括罐、盅、杯等。碗均为浅弧腹，包括素面与外腹饰数圈粗凹弦纹两种。罐饰粗瓦楞纹。盅均为口大底小。杯为弧敛口，浅弧腹，小平底，外腹饰粗条纹。产品质量较差，特别是碗类器物，釉极差。另外发现少量的细方格纹长颈罐类器物。时代在战国早期。

在近山坡中部发现子母口盅式碗的残片，时代当为春秋晚期。

山坡的中部与中上部春秋战国窑址堆积处坡度均较陡，近山脚则较低缓。在此处发现商代地层，有大量的印纹硬陶片，采集的标本器形均为长颈侈口罐类器物。

印纹硬陶

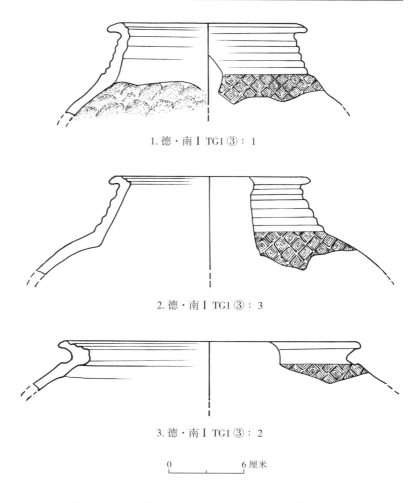

1. 德·南Ⅰ TG1③：1

2. 德·南Ⅰ TG1③：3

3. 德·南Ⅰ TG1③：2

0　　　　　　6厘米

图4-1-7　德清南山窑址Ⅰ区印纹硬陶器物图

1、2. 长颈侈口罐类器物　3. 束颈翻折沿罐

长颈侈口罐类器物　颈外部有细凸弦纹、颈内部有细凹弦纹，通体拍印细密的云雷纹或重菱形纹或重回字中心加点纹。

德·秧Ⅰ：1，颈以下残。紫红胎。（图4-1-8，1）

德·秧Ⅰ：2，口残，长颈。橘黄色胎。通体拍印菱形纹。（图4-1-8，2）

德·秧Ⅰ：3，尖唇外撇，长颈，圆肩。紫红色胎，内外表呈灰色。通体拍印重回字中心加点纹。（图4-1-8，3）

五　德清蔡家山窑址Ⅱ区

秧田冲的东侧山丘，在东坡与南坡均有窑址分布，分别编号为Ⅰ区、Ⅱ区。窑址海拔在10米左右（彩版四五，3）。其中Ⅰ区保存较好，地面采集到的标本均为战国时期。南坡Ⅱ区主体堆积已被村民造房所破坏，在近东西向的巨大剖面上尚零星保留少量战国时期的堆积。屋后散落大量的标本，年代跨度较大，包括商、春秋、战国等几个时期。

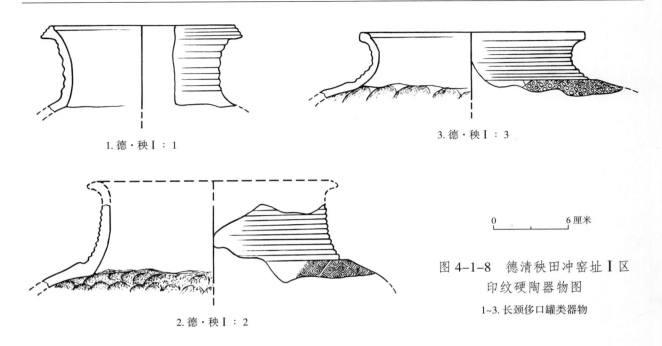

1. 德·秧Ⅰ：1

3. 德·秧Ⅰ：3

2. 德·秧Ⅰ：2

0 ————————— 6 厘米

图 4-1-8　德清秧田冲窑址Ⅰ区
印纹硬陶器物图
1~3. 长颈侈口罐类器物

采集到的商代标本均为印纹硬陶长颈侈口罐类器物。

印纹硬陶

长颈侈口罐类器物　德·蔡Ⅱ：1，紫红色胎。通体拍印云雷纹。

六　德清窑坞里窑址

窑坞里是秧田冲东北边与之近平行的东南—西北向山岙，岙口宽100、岙深160米（彩版四六，1）。西南与秧田冲共用蔡家山等山丘，西距秧田冲Ⅰ区120、东南距蔡家山窑址Ⅱ区110米左右。东北最高处的山丘海拔为29米，窑址海拔在15米左右。采集到的商代标本均为印纹硬陶长颈侈口罐类器物，紫红色胎，拍印云雷纹。

七　德清湾头山窑址Ⅱ区

湾头山位于老洛武公路的南边，下漾山的正南，是一处南北向的低缓坡地，西边与下漾山相距约200多米，两山基本平行，北边过洛武公路与下漾山相接，海拔在5米左右（彩版四六，2）。在整座山坡上均可采集到原始瓷片，但大量的瓷片主要发现于西坡近中南部、南坡及东坡南边。沿山势逆时针方向依次编号：Ⅰ区，西坡近中南部；Ⅱ区，南坡与东南坡。山坡顶部较为开阔，四周为缓坡。整座山坡已完全被开垦成竹林地。山丘的南边与西边是开阔的水田，山坡基本平缓延伸至水田高度，绕山坡有一条水渠，自北而南穿越而过，山坡竹林地里有大量的红烧土与烧结块。标本以战国时期的原始瓷片为主，仅在Ⅱ区的东部边缘采集到零星的商代原始瓷残片。未试掘。

原始瓷

豆　德·湾Ⅱ：1，豆盘残片，直口，浅弧腹，豆柄残。深灰色胎，胎质细腻。釉保存不佳。

内底中心有叠烧痕迹。

八 德清下漾山窑址Ⅱ区

下漾山，位于湾头山的东边，两者相距约200多米，是一处海拔在5米左右的极低缓坡地（彩版四六，3）。下漾山被老洛武公路分割成南北两部分，窑址在整个公路南北的山坡上均有分布，以南边为主体。窑址可分为4处，按顺时针方向依次编号为Ⅰ～Ⅳ区，地面上散落大量的原始瓷、窑具及少量的印纹硬陶标本，战国时期标本占绝大多数，仅在Ⅱ区采集到少量的商代印纹硬陶标本。

Ⅱ区位于Ⅰ区南边约100米处，在东坡牧场养殖场大门内西侧的山坡上。山坡大部分已被夷为平地，在门口处形成近2米高的断面，东、南断面均有明确的地层存在，但地层包含物以战国为主，仅有少量商代标本。地面上散落大量的原始瓷片及少量的印纹硬陶，以战国时期产品为主，少量为商代产品。商代产品包括原始瓷与印纹硬陶两类：原始瓷均为豆，灰胎较细，釉不佳；印纹硬陶则为拍印细密而杂乱云雷纹的长颈侈口罐类器物，器形有两种，一种是尖唇外撇，另外一类是圆唇侈口，胎色较深。

1. 原始瓷

豆 德·下Ⅱ：5，豆盘底部残片。土黄色胎。釉不佳，中心有叠烧痕迹。

德·下Ⅱ：6，豆柄圈足底部残片。灰胎。釉不佳。

2. 印纹硬陶

长颈侈口罐类器物 长颈，外部有粗凸弦纹数道，内部有细凹弦纹。肩部拍印细密方正云雷纹。

德·下Ⅱ：1，尖唇外撇。灰胎。长颈与肩部有青褐色釉。

德·下Ⅱ：3，尖唇外撇。紫红胎。

德·下Ⅱ：4，尖唇外撇。深紫红胎。

德·下Ⅱ：2，圆唇。肩腹部拍印的云雷纹略粗大。灰胎。

九 德清自家山窑址

自家山是一处南北向的低矮山梁。在山梁朝南的山坡上可采集到零星的印纹硬陶片，分布面积相当大。纹饰基本为云雷纹，偶见细密的回字纹。时代为商代晚期到西周初期。地层不能确定。从陶片时代、产品较为单一的情况来看，此区域应该是一处分布面积较大的窑址。

十 德清青龙山窑址

青龙山位于洛舍镇砂村村东南庄自然村的西边，杭宁高速公路的东边，洛武公路将其分成东西两部分，其中西边较大，东边较小。窑址共发现4处，其中Ⅰ～Ⅲ区分布于公路西边的山坡上，Ⅳ区位于公路东边的山坡上。

（一）Ⅲ区

Ⅲ区所在地势较陡，地面上仅能采集到零星的印纹硬陶片，胎呈紫红色，纹饰拍印清晰，均为细乱的云雷纹，转角方正。另采集到一小片原始瓷片，是高柄豆的豆柄残片，器形与湖州南山窑址中晚期豆相似。时代当为商代。

（二）Ⅳ区

窑址位于山坡的北坡中部，已基本被破坏，仅在山坡上保存有少量的地层堆积，在相应的山坡范围内亦可采集到少量的标本。采集到的标本均为印纹硬陶，器形单一，均为长颈侈口罐类器物，拍印细乱的云雷纹，胎色较深。

十一　德清南塘头窑址

塘头山是一处南北向狭长的低矮山丘，山势不高，坡度很缓，西边紧邻杭宁高速公路，东边 100 米左右为东苕溪。窑址位于洛舍镇砂村塘头自然村范围内，共发现 3 处，均位于高速岔路东侧的塘头山西坡和南坡。三处窑址分别编号为Ⅰ区、Ⅱ区与Ⅲ区。

（一）Ⅰ区

Ⅰ区位于塘头山北边朝西的山坡上，为早园竹林与松树林。在已开垦的早园竹林里可见到大量的陶片标本与烧土块、烧结块，并有原生地层。目前窑址几乎没有被破坏，保存情况不错，面积大约有几百平方米。地面采集到的标本均为印纹硬陶，纹饰有细密的云雷纹、回字纹、曲折纹等，时代为商代晚期至西周晚期。其中商代标本基本为饰有细密云雷纹的凹圜底罐类器物，紫红胎。

（二）Ⅱ区

在Ⅰ区南边约 300~400 米处，位于塘头山的中南部。窑址位于西坡，地理环境与Ⅰ区相近，目前主要是毛竹林，窑址保存较好，没有什么破坏，面积约有几百平方米。在地面上有大量的标本与烧结块，采集到的标本以印纹硬陶为主，时代从商代到春秋时期。其中商代标本基本为云雷纹罐类残片，纹饰细密，时代当为商代晚期。在山坡较高处采集到原始瓷一片，可能是弧敛口的盂形器，但由于不是在原生地层中采集到的，因此不排除是山顶土墩墓被破坏后滚落的遗物。

（三）Ⅲ区

位于Ⅱ区窑址东边。窑址已被破坏，地面竹林地里散落着大量的印纹硬陶片和少量的烧结块，从陶片的纹饰看，时代从商代一直延续到战国时期。商代纹饰为细密方正的云雷纹，与水洞坞的产品接近，器形应该为罐类器物。

十二　湖州瓢山窑址Ⅱ区上文化层

瓢山Ⅱ区上文化层主要包括 TG1 ②、TG4 ② ~ ④、TG6 ②层等，其中以 TG4 地层最厚，产品较为丰富。其产品基本为印纹硬陶。硬陶中以灰黑胎为主，其次是紫红色胎，胎色多不纯。器形以长颈侈口罐占绝大多数，有少量钵，偶见翻折沿罐、三足盘、盆、碗等。多拍印有细密云雷纹，线条有较规整的、也有较杂乱的，一般排列较为整齐（图 4-1-9）。该地层亦出土少量的曲折纹硬陶器与灰黑胎原始瓷，这些器物无论是胎质、釉色、装饰等均与早期地层中的产品基本一致，应当是从早期地层中扰入，包括上文化层活动时期的扰动与发掘

图 4-1-9　湖州瓢山窑址Ⅱ区上文化层器物纹饰图

1. 细密杂乱纹　2、3. 云雷纹

过程中的扰动。

十三　德清尼姑山窑址

尼姑山位于洛舍镇开发区内，是一座比较低矮的馒首形小山，满山茶树。山东南面为正在施工的开发区。窑址发现在尼姑山东山脚的便道上，东北方向距野猫山春秋时期窑址约100 米。在挖掘便道形成的堆积土内，发现大量陶片和一些烧结块，在便道侧断面上可见零星红烧土，但还没有暴露窑址堆积。

采集到的标本有印纹硬陶和素面硬陶两种，不见原始瓷，可能此窑纯烧陶器，不烧原始瓷。印纹硬陶标本拍印纹饰多为粗大的菱形状云雷纹、菱形纹或折线纹（人字形纹），也有小而浅细的菱形状云雷纹。从采集标本看，窑址年代为商代，是一处较早的窑址。

2012 年夏天对该窑址进行了抢救性发掘，详细报告将另行发表。

第二节　湖州青山片区窑址群

青山片区窑址群共有窑址 21 处，均为商代，其中明确有地堆积的窑址 9 处，没有确定地层堆积的 12 处（见图 1-2-37）。共可分为两个类型：南山类型与水洞坞类型。其中以南山类型为主，水洞坞类型仅下沈与虎墩山 2 处窑址。此外南山窑址Ⅱ区、周家山窑址以烧造南山类型原始瓷产品为主，亦有少量的水洞坞类型的印纹硬陶。

一　湖州南山窑址

分成两个区，其中第Ⅱ区既有南山类型的产品，也有水洞坞类型的产品。水洞坞类型的产品主要是长颈侈口罐类器物，通体拍印转角较方正的细密云雷纹。胎体多呈紫红色。详细情况在发掘部分介绍。

二 湖州黄梅山窑址

黄梅山位于湖州市东林镇青山村西 200 米左右，南边紧邻 104 国道，与南山窑址隔国道相望，两者相距约 350 米。窑址位于黄梅山的东坡（彩版四七，1、2）。山丘海拔 56 米，窑址海拔约 15 米。窑址所在的区域已开垦成毛竹林梯田，因开垦而形成巨大的断面。在断面上可看到地层堆积，明显有南北两处，而地面散落的标本亦与断面堆积相对应作两处分布，梯田地面散落大量的标本与红烧土块，主要是原始瓷高柄豆与直口短颈罐，也有一定数量的印纹硬陶。（彩版四七，3、4）

原始瓷与印纹硬陶的面貌与南山窑址 I 区基本相同。原始瓷主要是豆与罐两类。残存的豆盘包括子母口豆、直口豆、弧敛口豆等，豆柄有带缺口豆柄、普通喇叭形豆柄、带凸棱的喇叭形豆柄等。胎色灰白，胎质较细。多数器物釉不明显，呈极薄的土黄色点状凝釉，且多位于朝向火膛或朝上无遮挡的部位；少量釉较佳的器物一般施于罐的肩部、豆盘的内腹、器盖的盖面，釉色青绿，釉层较厚，有一定的玻璃质感。轮制成型，结合片状工具修刮，带缺口豆柄手制结合外腹片状工具修刮。普遍使用叠烧。印纹硬陶主要是罐类器物，通体拍印云雷纹或席纹，胎与原始瓷相同。

1. 原始瓷

带缺口豆柄 相当于商代早期 A 型豆的豆柄。较高大，足端带三个小缺口。

湖·黄：7，灰白色胎，胎质细。釉不明显。手制，内腹有旋刮痕迹，外腹有纵向片状工具修刮痕迹。内腹有叠烧器物的痕迹。（图 4-2-1，1）

湖·黄：13，豆柄底端残片。灰白色胎，夹杂有少量的黑色小斑点。一侧有极薄的点状凝釉。手制，内腹有轮刮痕，外腹有纵向片状工具修刮痕迹。（图 4-2-1，2）

不带缺口喇叭形豆柄 主要是 B、E 型豆的豆柄。较高大，轮制成型，外腹光洁，内腹轮旋痕粗疏。

湖·黄：1，灰白色胎。釉不明显。器形较高大，底部一侧生烧。轮制。（图 4-2-1，3）

湖·黄：5，顶端与豆盘拼接处下凹很深，且上下贯通。胎色较深，有较多的气泡。釉不明显，一侧有极薄的棕褐色点状凝釉。（图 4-2-1，4）

湖·黄：6，青灰色胎。釉不明显。内腹有叠烧器物的痕迹，底部黏结有窑床上的粗砂粒。（图 4-2-1，5）

湖·黄：8，青灰色胎。釉不明显。内腹有叠烧痕迹，足端一侧生烧。（图 4-2-1，6）

带凸棱喇叭形豆柄 相当于 F 型豆的豆柄。器形细高。近豆盘端有一道凸棱。轮制成型，轮旋痕粗疏。

湖·黄：2，深灰色胎。釉不明显。（图 4-2-1，7）

湖·黄：3，青灰色胎。釉不明显。（图 4-2-1，8）

湖·黄：4，青灰色胎。釉不明显。（图 4-2-1，9）

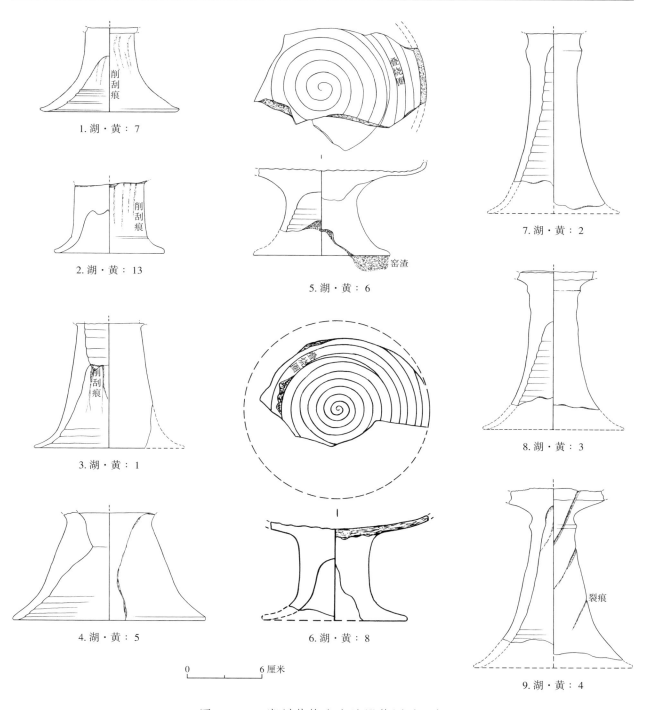

图 4-2-1　湖州黄梅山窑址器物图（一）

1~2.原始瓷带缺口豆柄　3~6.原始瓷不带缺口喇叭形豆柄　7~9.原始瓷带凸棱喇叭形豆柄

BⅢ式豆　折敛口，折棱外凸，浅弧腹。豆盘与圈足均为轮制成型，豆盘内腹有明显的顺时针轮旋痕，圈足内壁旋纹粗疏；豆盘与圈足外壁光洁。

湖·黄：53，可复原。喇叭形圈足细高。生烧呈土黄色，釉不明显。内腹有叠烧痕迹。（图 4-2-2，1）

湖·黄：10，青灰色胎，胎质细。豆盘内叠烧痕迹外有极薄的青釉，玻璃质感不强。（图4-2-2，2）

湖·黄：25，青灰色胎。釉不明显。（图4-2-2，3）

湖·黄：26，青灰色胎。有极薄的青灰色点状凝釉。（图4-2-2，4）

E型豆　湖·黄：20，直口，折腹，上腹直，下腹浅弧。青灰色胎，外腹有极薄的青釉。豆盘内腹中心有叠烧痕迹。（图4-2-2，5）

湖·黄：21，直口微敞，折腹，上腹直，下腹浅弧。青灰色胎。残存的小片范围内有点状的青色凝釉，釉层较厚，有一定的玻璃质感。（图4-2-2，6）

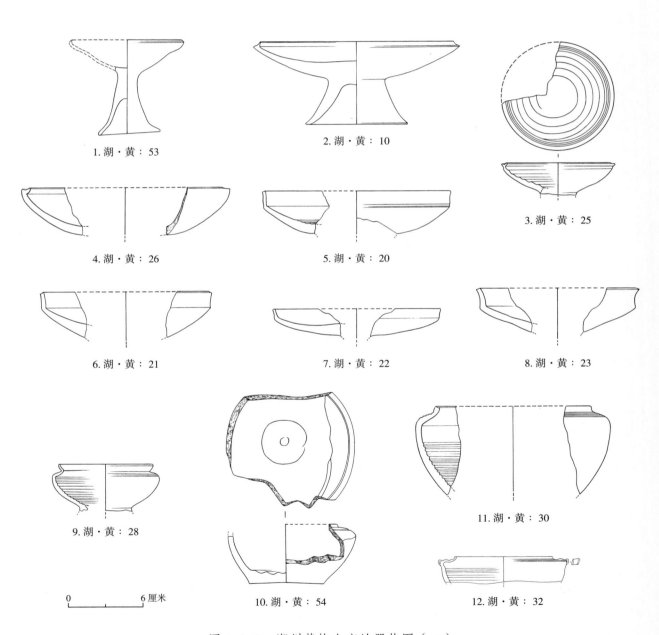

1. 湖·黄：53　　2. 湖·黄：10　　3. 湖·黄：25
4. 湖·黄：26　　5. 湖·黄：20
6. 湖·黄：21　　7. 湖·黄：22　　8. 湖·黄：23
9. 湖·黄：28　　10. 湖·黄：54　　11. 湖·黄：30　　12. 湖·黄：32

0　　　　　6厘米

图 4-2-2　湖州黄梅山窑址器物图（二）

1~4. 原始瓷 BⅢ式豆　5~8. 原始瓷 E 型豆　9. 原始瓷 C 型簋　10~12. 原始瓷 AⅡ式罐

湖·黄：22，微敞口，折腹，上腹直而短，下腹浅弧。青灰色胎。外圈有极薄的青灰釉。残存的内圈有叠烧痕迹。（图4-2-2，7）

湖·黄：23，敞口，折腹，上腹略内弧，下腹浅弧收。青灰色胎，釉不明显。（图4-2-2，8）

C型簋　湖·黄：28，侈口，卷沿，短颈，折肩，深弧腹，圈足残。灰胎。釉不明显。（图4-2-2，9）

AⅡ式罐　方唇，直口，短颈，折肩或圆肩，深弧腹，小平底。部分器物肩部有小泥条。轮制成型，内底与腹轮旋痕粗疏，外下腹及底部分器物有修刮痕迹。

湖·黄：54，可复原，变形严重。青灰色胎。肩及内腹、底有极薄的青灰色点状凝釉。外底刻划有一"×"形纹。（图4-2-2，10）

湖·黄：30，青灰色胎。肩部有极薄的青灰色点状凝釉。（图4-2-2，11）

湖·黄：32，肩部残存一扁泥条耳。青灰色胎。肩部有极薄的青灰色点状凝釉。（图4-2-2，12）

Ab型器盖　湖·黄：40，盖外圈向下垂，形成较高拱背形，喇叭形捉手较矮。轮制成型，盖内面有细密的旋纹，盖面光洁。青灰色胎，有少量的黑色小斑点。釉不明显。盖面黏结有一小片同类器物残片，内面中心有叠烧痕迹。（图4-2-3，1）

湖·黄：41，器形与湖·黄：40近似，深灰胎。釉不明显。盖纽有叠烧痕迹，内面有放置窑床上形成的痕迹。（图4-2-3，2）

Ac型器盖　湖·黄：39，拱背略高，盖外圈向下折，喇叭形捉手较矮。轮制成型，盖内面有细密的旋纹，盖面光洁。青灰色胎，盖内面有极薄的青灰色点状凝釉，并黏结有一小片瓷片。捉手上有叠烧痕迹。（图4-2-3，3）

罐　湖·黄：35，底部残片，内底轮旋痕粗疏，外底及腹光洁。（图4-2-4，1）

湖·黄：36，底部残片，内底轮旋痕粗疏，外底有纵向的细密切割痕。（图4-2-4，2）

尊类器物　圈足残片。粗矮外撇。

湖·黄：37，灰胎。釉不明显。（图4-2-4，3）

湖·黄：38，内底有叠烧痕迹。（图4-2-4，4）

2. 印纹硬陶

短颈直口鼓腹罐　湖·黄：42，严重变形。方唇，直口，短颈，圆肩，鼓腹，底残。青灰色胎。肩部有极薄的青灰色点状凝釉并黏结有一小块窑渣粒。通体饰重菱形纹，内心带一凸点。（图4-2-4，5）

研钵　湖·黄：47，研钵腹部残片。通体拍印席纹，内腹刻划纵向细直条纹。生烧呈土黄色。

罐类器物　湖·黄：46，底部残片。凹圜底。通体拍印重回字中心加点纹。黏结有较厚的粗砂粒和窑渣。（图4-2-4，6）

湖·黄：48，腹部残片。青灰色胎，夹杂有少量的黑色小斑点。通体拍印席纹。

湖·黄：51，腹部残片。生烧呈土黄色。通体拍印较粗大席纹。

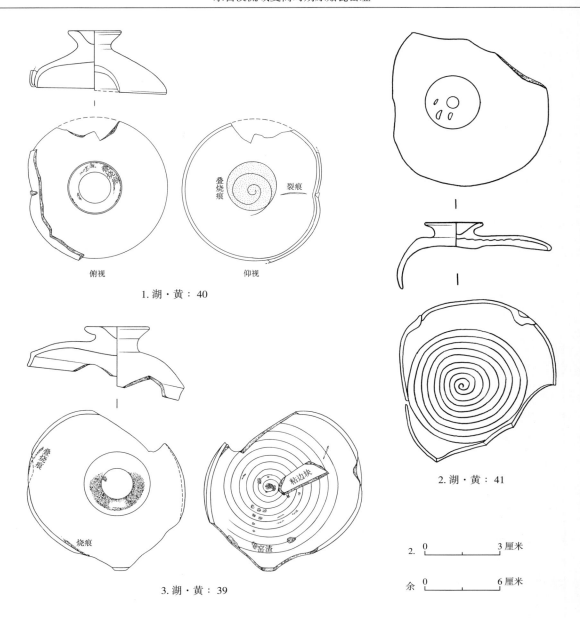

图 4-2-3　湖州黄梅山窑址器物图（三）

1~2. 原始瓷 Ab 型器盖　3. 原始瓷 Ac 型器盖

湖·黄：52，腹部残片。通体拍印席纹，极细密。青灰色胎。（图 4-2-4，7）

此外，在以往的调查，还采集到一些有刻划纹饰的遗物，有近似于叶脉纹、人字形纹及不规则形水波纹等，与南山窑址出土的纹饰基本一致。

三　湖州凤花庵窑址

窑址位于黄梅山南坡，东北距黄梅山窑址约 300 米左右，海拔约 15 米左右（彩版四八，1、2）。现为毛竹地，地面上散落较多的标本与少量的烧结块。在房子后面的剖面上找到了地

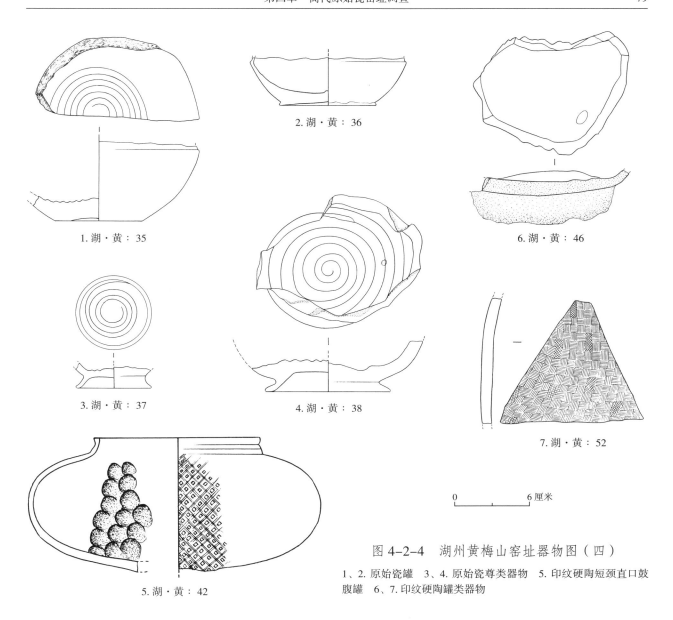

图 4-2-4　湖州黄梅山窑址器物图（四）

1、2. 原始瓷罐　3、4. 原始瓷尊类器物　5. 印纹硬陶短颈直口鼓腹罐　6、7. 印纹硬陶罐类器物

层堆积，堆积层比较薄，有较多的瓷片与烧结块（彩版四八，3）。标本主要是原始瓷豆，另有少量的印纹硬陶。印纹硬陶纹饰为云雷纹，较细密、杂乱，胎与原始瓷相同，为灰白色。

1. 原始瓷

BⅢ式豆　湖·凤：1，口沿残片。尖唇内折，子母口，浅弧腹。青灰色胎夹杂有少量的黑色小斑点。内、外腹有青褐色釉，釉层较厚，有一定的玻璃质感。轮制成型，内外轮旋痕粗疏。内底中心有叠烧痕迹。（图 4-2-5，1）

罐类器物　湖·凤：2，底部残片。深弧腹，平底。灰白色胎。残存的部分不见釉。轮制成型，内底有粗轮旋痕。外底生烧呈土黄色。（图 4-2-5，2）

器盖　湖·凤：3，残片。喇叭形捉手较矮。腹部残。土灰色胎。盖内面有极薄的青灰色点状凝釉。（图 4-2-5，3）

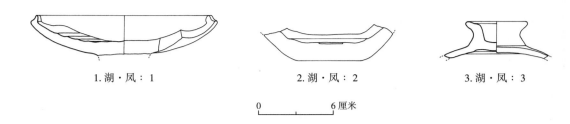

1. 湖·凤: 1　　　　2. 湖·凤: 2　　　　3. 湖·凤: 3

0 ——— 6 厘米

图 4-2-5　湖州凤花庵窑址原始瓷器物图
1. BⅢ式豆　2. 罐类器物　3. 器盖

2. 印纹硬陶

罐类器物　湖·凤: 4, 肩部残片。灰白色胎。通体拍印的近菱形席纹较细密。内腹有垫窝。
湖·凤: 5, 腹部残片。土灰色胎。通体拍印较粗大席纹。内腹有垫窝。

四　湖州岳家坝窑址

位于南山窑址北略偏西约 1000 米处。山丘海拔 54 米, 窑址海拔 15 米左右 (彩版
四九, 1)。现在是一处相当低缓的菜地, 地面上可看到少量的标本与烧结块, 散布面积近
200 平方米, 在菜地剖面上有少量的堆积。采集到的标本极细碎, 主要是原始瓷豆, 其圈足
缘有三个半圆形小缺口, 胎、釉、器物等特征与南山窑址早期地层出土标本相似。

1. 原始瓷

豆柄　湖·岳: 1, 残片。较矮, 足端有三个小缺口。外腹有纵向片状工具修刮痕迹,
内腹有轮刮痕。灰白色胎。釉不明显。(图 4-2-6, 1)

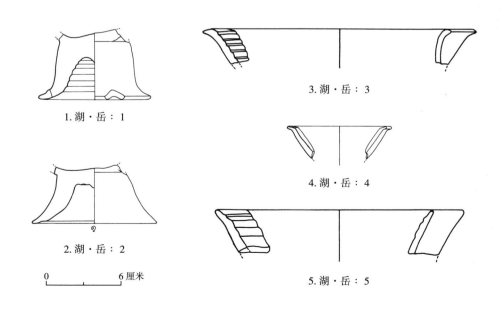

1. 湖·岳: 1　　　　　　3. 湖·岳: 3

2. 湖·岳: 2　　　　　　4. 湖·岳: 4

0 ——— 6 厘米　　　　　5. 湖·岳: 5

图 4-2-6　湖州岳家坝窑址原始瓷器物图
1、2. 豆柄　3、4. AⅡ式豆　5. AⅠ式豆

湖·岳：2，残片。较矮，足端有小缺口，外腹片状修刮，内腹有轮刮痕。土灰色胎。釉不明显。（图4-2-6，2）

AⅠ式豆　湖·岳：5，豆盘残片。沿较窄，深弧腹。沿面有细凹弦纹多道，内腹有轮旋痕。土灰色胎。内腹有极薄的土灰色点状凝釉。（图4-2-6，5）

AⅡ式豆　湖·岳：3，豆盘残片。宽沿，深弧腹。沿面有细凹弦纹多道，内腹有轮旋痕。土灰色胎。釉不明显。（图4-2-6，3）

湖·岳：4，豆盘残片。宽沿，深弧腹。沿面有细凹弦纹多道，内腹有轮旋痕。土灰色胎。内腹有极薄的土灰色点状凝釉。（图4-2-6，4）

2. 印纹硬陶

罐类器物　湖·岳：6，腹部残片。土灰色胎，夹杂有少量的黑色小斑点。外腹拍印席纹，细密、方正。

五　湖州常照寺窑址

位于南山窑址西略偏北约800米左右。西边所依靠的小山海拔超过100米，窑址海拔20米左右，这是该窑址群中海拔最高的一处（彩版四九，2）。窑址位于常照寺前面，属于青莲村永年庵自然村。与其他窑址相比，这里属于比较深的山岙，整体地势比较高，但山坡平坦。由于地面没有较大的落差与剖面，没有发现地层堆积。在毛竹林边的乱石堆中，发现较多的标本与烧结块（彩版四九，3）。标本主要是原始瓷，均为高柄豆，豆盘内腹有轮旋痕，外腹有纵向片状工具修刮痕迹，内腹旋刮，足端多有三个半圆形小缺口，也有不带缺口的。印纹硬陶为长颈侈口罐，云雷纹较粗大。

1. 原始瓷

豆　湖·常：1，豆盘及豆柄残片。喇叭形圈足端小缺口呈三角形。生烧呈土黄色。（图4-2-7，1）

湖·常：2，豆盘及豆柄残片。足端缺口呈半圆形。生烧。土黄色胎有较多细小气孔。豆柄一侧有极薄的棕褐色点状凝釉。（图4-2-7，2）

湖·常：3，豆盘及豆柄残片。足端缺口呈三角形。生烧。土黄色胎有较多细小气孔。豆柄足端有极薄的棕褐色点状凝釉。豆盘中心有叠烧痕迹。（图4-2-7，3）

湖·常：4，豆柄残片。足端缺口呈三角形。灰白色胎。豆柄一侧有极薄的棕褐色点状凝釉。（图4-2-7，4）

湖·常：5，豆柄残片。较瘦高，内外腹光洁。土灰色胎。豆柄一侧有极薄的棕褐色点状凝釉。（图4-2-7，5）

2. 印纹硬陶

长颈侈口罐　湖·常：6，口沿残片。尖唇，侈口，长颈，肩以下残。内腹有较密的弦纹。灰白色胎与原始瓷一致。颈以下通体拍印较大的云雷纹。（图4-2-7，6）

罐　湖·常：7，腹部残片。灰白色胎质与原始瓷相同。通体拍印较粗大的云雷纹。

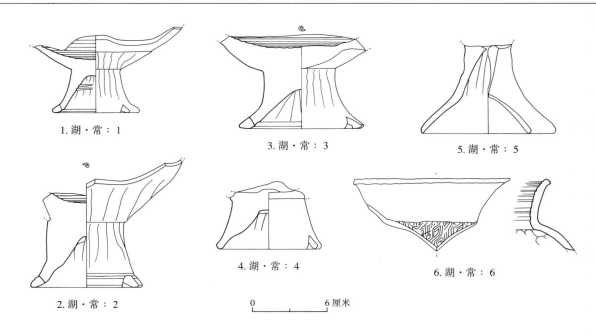

1. 湖·常：1

2. 湖·常：2

3. 湖·常：3

4. 湖·常：4

5. 湖·常：5

6. 湖·常：6

0 _____ 6 厘米

图 4-2-7　湖州常照寺窑址器物图

1~5. 原始瓷豆　6. 印纹硬陶长颈侈口罐

六　湖州牛头矶窑址

位于南山窑址西略偏北 500 米左右，属于青莲村新庄自然村。西南山丘海拔 86 米，窑址海拔 15 米左右（彩版五〇，1）。窑址共分成 2 处，分别编号为Ⅰ区和Ⅱ区，两者相距 50 多米。

（一）Ⅰ区

位于房子后面的南头。整个山坡目前已开垦梯田种竹，形成巨大的断面。在断面上可看到少量的堆积，断面下坡的竹林地中，有大量的红烧土块、烧结块及少量的标本，窑址大面积被破坏，残存区域内标本、烧结块分布面积不是很大，仅一两百平方米左右。在堆积北侧一小块乱石堆中采集到较多标本，主要是原始瓷高柄豆及少量的云雷纹印纹硬陶罐，产品与南山窑址晚期产品基本相同。豆均未见足端带缺口的现象，无论是豆柄还是豆盘均轮制成型，青灰色胎，釉极不稳定。印纹硬陶纹饰见有席纹。

1. 原始瓷

BⅢ式豆　湖·矶Ⅰ：1，尖唇内敛，浅弧腹，高喇叭形圈足。青灰色胎。豆盘内腹叠烧圈外及豆柄一侧有极薄的棕褐色点状凝釉。轮制成型。内腹有叠烧痕迹。器物严重变形。（图 4-2-8，1）

湖·矶Ⅰ：2，尖唇内敛，浅弧腹，高喇叭形圈足。青灰色胎。豆盘内腹叠烧圈外及豆柄一侧有极薄的棕褐色点状凝釉。轮制成型。内腹有叠烧痕迹。（图 4-2-8，2）

E 型豆　湖·矶Ⅰ：3，豆盘口沿残片。直口，上腹较直，下腹浅弧。青灰色胎。内腹叠烧圈外及外腹一侧有釉，釉层较厚，有一定的玻璃质感。（图 4-2-8，3）

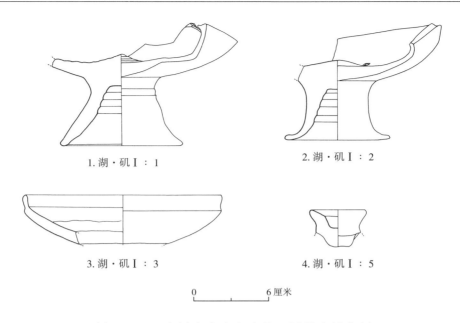

1.湖·矶Ⅰ：1　　　　　　2.湖·矶Ⅰ：2

3.湖·矶Ⅰ：3　　　　　　4.湖·矶Ⅰ：5

0　　　　　　6厘米

图4-2-8　湖州牛头矶窑址Ⅰ区原始瓷器物图

1、2.BⅢ式豆　3.E型豆　4.器盖

器盖　湖·矶Ⅰ：5，盖纽残片。矮喇叭形捉手。青灰色胎。釉不明显。（图4-2-8，4）

2.印纹硬陶

罐　湖·矶Ⅰ：7，肩腹部残片。青灰色胎。肩部有极薄的青灰色点状凝釉。通体拍印细密席纹。

（二）Ⅱ区

位于Ⅰ区北边，两区相距约50米左右。房子后面有一个巨大的剖面，在西北角转变处有原生地层堆积。堆积不厚，约厚30~40厘米左右，宽度不大，仅1米左右，由于造房而被大面积破坏。在断面上方的山坡上，散落着大量的标本与烧结块，分布范围南北宽约10米、东西长约30米，窑址的面积应该还要大。窑址产品与Ⅰ区近似，主要是原始瓷豆与罐，另有少量的印纹硬陶。原始瓷豆豆柄均为较高的喇叭形，轮制成型，内外腹光洁，足端不见三个小缺口。

1.原始瓷

AⅡ式豆　湖·矶Ⅱ：14，口沿残片。宽沿，斜直腹，沿面有细凹弦纹多道。灰白色胎。内腹有极薄的土灰色点状凝釉。（图4-2-9，1）

湖·矶Ⅱ：15，宽沿，斜直腹，沿面有细凹弦纹多道。灰白色胎。釉不明显。（图4-2-9，2）

BⅢ式豆　湖·矶Ⅱ：10，口沿残片。青灰色胎。内腹中心有叠烧痕迹。叠烧痕外青釉较厚，有一定的玻璃质感。（图4-2-9，3）

湖·矶Ⅱ：13，青灰色胎。内腹中心有叠烧痕迹。叠烧痕外酱褐色釉较厚，有一定的玻璃质感。（图4-2-9，4）

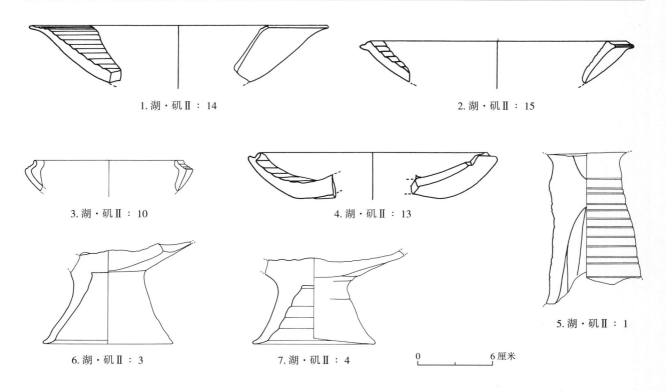

1. 湖·矾Ⅱ：14　　　　　　　　　　　2. 湖·矾Ⅱ：15

3. 湖·矾Ⅱ：10　　　　　　　　4. 湖·矾Ⅱ：13

5. 湖·矾Ⅱ：1

6. 湖·矾Ⅱ：3　　　　　　7. 湖·矾Ⅱ：4　　　　　0　　　　　6厘米

图 4-2-9　湖州牛头矾窑址Ⅱ区器物图（一）

1、2.原始瓷 AⅡ式豆　3、4.原始瓷 BⅢ式豆　5~7.原始瓷豆柄

豆柄　湖·矾Ⅱ：1，豆柄残片。器形相当瘦高。外腹有细密的凹弦纹多道。生烧呈土黄色。（图 4-2-9，5）

湖·矾Ⅱ：3，豆柄残片。器形较高。青灰色胎。一侧有极薄的棕褐色点状凝釉。轮制成型。残存的豆盘内腹有叠烧痕迹。（图 4-2-9，6）

湖·矾Ⅱ：4，豆柄残片。器形较高。青灰色胎。一侧有极薄的棕褐色点状凝釉。轮制成型。（图 4-2-9，7）

AⅡ式罐　湖·矾Ⅱ：21，口沿残片。直口，短颈，折肩，深弧腹，底残。土灰胎。肩部有釉，剥落严重。（图 4-2-10，1）

其他类型的罐　湖·矾Ⅱ：11，口沿残片。直口，短颈，折肩，深弧腹，底残。青灰色胎。釉不明显。（图 4-2-10，2）

湖·矾Ⅱ：20，侈口，尖唇外撇，折肩，深弧腹，底残。青灰色胎。釉不明显。（图 4-2-10，3）

钵　湖·矾Ⅱ：22，宽沿，折敛口，深弧腹，平底。宽沿上有凹弦纹两道。青灰色胎。内腹有极薄的土灰色点状凝釉。轮制成型，外底有切割痕。（图 4-2-10，4）

器盖　湖·矾Ⅱ：16，盖纽残片。矮喇叭形捉手。生烧呈土黄色。（图 4-2-10，5）

湖·矾Ⅱ：17，盖纽残片。矮喇叭形捉手。盖内面有叠烧痕迹。青灰色胎。釉不明显。（图 4-2-10，6）

2. 印纹硬陶

长颈侈口罐 湖·矾Ⅱ：27，肩腹部残片。长颈上有弦纹多道。青灰色胎。肩部有极薄的青灰色点状凝釉。肩部通体拍印席纹。

短颈侈口罐 湖·矾Ⅱ：23，口沿残片。短颈，侈口，深弧腹，底残。生烧呈夹心胎，胎心近青灰色，内外表呈土黄色。通体拍印较粗的席纹。（图4-2-10，7）

湖·矾Ⅱ：24，口沿残片。短颈，侈口，深弧腹，底残。灰白色胎。通体拍印较粗的云雷纹。（图4-2-10，8）

研钵 湖·矾Ⅱ：25，口沿残片。直口，短颈，深弧腹，底残。青灰色胎。外腹拍印席纹，

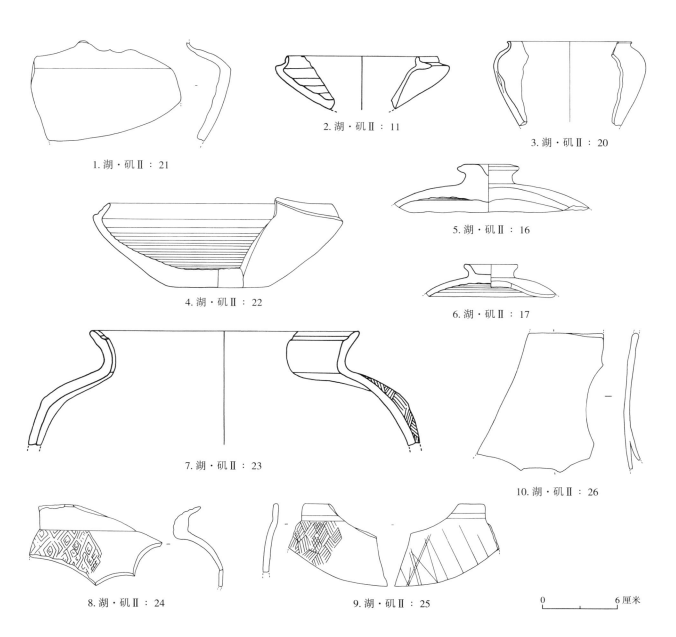

图 4-2-10 湖州牛头矶窑址Ⅱ区器物图（二）

1.原始瓷AⅡ式罐 2、3.原始瓷罐 4.原始瓷钵 5、6.原始瓷器盖 7、8.印纹硬陶短颈侈口罐 9、10.印纹硬陶研钵

内腹刻划细凹槽。（图4-2-10，9）

湖·矶Ⅱ：26，口沿残片。直口带流，短颈，深弧腹，底残。青灰色胎。外腹拍印极细的席纹并抹去，内腹有拍印时的垫窝。（图4-2-10，10）

七　湖州后山头窑址

位于南山窑址西略偏南400米处的山坡脚上，与牛头矶同依靠一座山丘。窑址地处南山窑址西北往南山村方向山岙入口处的朝东南山坡，属于南山村后山头，窑址海拔约15米左右（彩版五〇，2）。在房子后面的毛竹林里，地面散落少量的标本与烧结块，标本主要是原始瓷，有少量印纹陶。原始瓷主要见高柄豆残件。印纹硬陶则主要是云雷纹的罐残件，云雷纹散乱、细密。由于山坡坡势平缓，未见大的剖面，因此未见有原生地层，标本散落面积不大，仅数十平方米，窑址具体保存面积不清。产品与南山窑址基本相同。

1. 原始瓷

AⅡ式豆　湖·后：2，豆盘残片。沿面较窄而平，上有细凹弦纹，深直腹轮旋痕粗疏清晰。生烧呈土黄色。（图4-2-11，1）

湖·后：3，豆盘残片。宽沿，上有细凹弦纹，深直腹轮旋痕粗疏清晰。灰白色胎，内腹有较薄的土灰色点状凝釉。（图4-2-11，2）

湖·后：4，豆盘残片。宽沿，上有细凹弦纹，深直腹轮旋痕粗疏清晰。灰白色胎，内

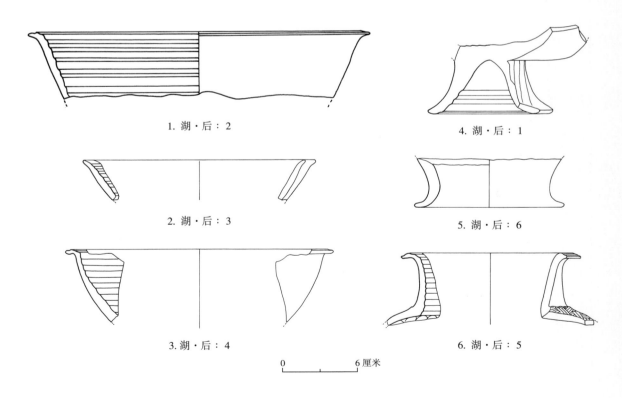

1. 湖·后：2　　　　4. 湖·后：1

2. 湖·后：3　　　　5. 湖·后：6

3. 湖·后：4　　　　6. 湖·后：5

0　　　　6厘米

图4-2-11　湖州后山头窑址器物图

1~3.原始瓷 AⅡ式豆　4.原始瓷豆柄　5.原始瓷大圈足　6.印纹硬陶长颈侈口罐

腹有极薄的土灰色点状凝釉。（图4-2-11，3）

豆柄　湖·后：1，豆柄残片。矮喇叭形圈足，足端带有缺口。外腹有纵向片状工具修刮痕迹，内腹多次掏挖。生烧呈土黄色。（图4-2-11，4）

大圈足　湖·后：6，粗矮圈足。外撇。灰白色胎。釉不明显。（图4-2-11，5）

2. 印纹硬陶

长颈侈口罐　湖·后：5，口沿残片。侈口，长颈，圆肩，深弧腹。灰白色胎。颈外侧素面，内侧有粗疏的弦纹，肩以下通体拍印粗大云雷纹。（图4-2-11，6）

八　湖州周家山窑址

周家山位于湖州市吴兴区东林镇南山村南边，西北距南山窑址约400米左右，在山前有一条小渠流过（彩版五一，1）。周家山是一处东西向狭长的低矮山脉，最高海拔26米，坡度不大，现代开垦种竹形成落差较大的梯田，地形与黄梅山近似。从总的山体来看，西边土层极薄，许多地方基岩裸露，东边土层极厚，并有较多汉至宋代的墓葬被盗，因此，从发现的窑址往西再设窑的可能性不大，而往东则不排除还有窑址存在的可能。现在发现的窑址位于周家山中部的半山腰，窑址海拔10米左右，散布着大量的瓷片、烧结块、红烧土、灰烬粒等，在山脚及山顶遗物则极少。自西而东可明显发现三处遗物较集中散落的区域，判定至少有三处窑址存在，各自相距约50多米，自西而东依次编号为Ⅰ区、Ⅱ区、Ⅲ区。

（一）Ⅰ区

位于周家山窑址分布区的最西头、山坡的半山脚。因开垦种植形成的坡度较缓，邻近地区没有剖面，因此未发现地层堆积（彩版五一，2）。地面散落大量的标本与烧结块，标本主要是南山类型的产品，少量为水洞坞类型的印纹硬陶片。

南山类型的产品标本以原始瓷占绝大多数，印纹硬陶极少。原始瓷主要是豆。豆柄有高矮之分，但足端均不见带缺口现象，轮制，内外腹光洁。豆盘口沿以BⅢ式敛口豆为主，也有BⅡ式豆。青灰色胎。釉不稳定，部分在豆柄一侧局部有极薄釉，且釉逐渐过渡，不见明确的施釉线。轮制成型，内腹轮旋痕粗疏。印纹硬陶有短颈直口罐和研钵，通体拍印席纹。无论是原始瓷还是印纹硬陶，生烧的比例均较低。水洞坞类型的标本为罐类器物腹部残片，紫红色胎，通体拍印细密规则的云雷纹。

1. 原始瓷

BⅡ式豆　湖·周Ⅰ：5，豆盘口沿残片。尖唇内勾，沿较宽，浅弧腹。土灰胎夹杂有较多的黑色斑点。釉不明显。内腹中心有叠烧痕迹。（图4-2-12，1）

BⅢ式豆　湖·周Ⅰ：4，豆盘口沿残片。青灰色胎。内腹叠烧圈外有极薄的青灰色点状凝釉。内腹中心有叠烧痕迹。（图4-2-12，2）

豆柄　湖·周Ⅰ：1，豆柄残片。较矮。青灰色胎。一侧有极薄的棕褐色点状凝釉。（图4-2-12，3）

湖·周Ⅰ：2，豆柄残片。器形较高。生烧呈土黄色。（图4-2-12，4）

湖·周Ⅰ：3，豆柄残片。器形较高。青灰色胎。一侧有釉，青釉层较厚，但不均匀，

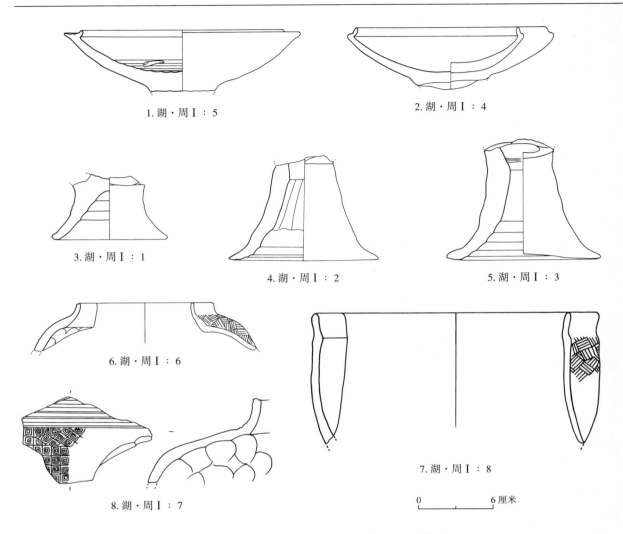

1. 湖·周Ⅰ：5　　　　2. 湖·周Ⅰ：4

3. 湖·周Ⅰ：1　　　　4. 湖·周Ⅰ：2　　　　5. 湖·周Ⅰ：3

6. 湖·周Ⅰ：6　　　　7. 湖·周Ⅰ：8

8. 湖·周Ⅰ：7　　　　0　　　　6厘米

图 4-2-12　湖州周家山窑址Ⅰ区器物图

1. 原始瓷 B Ⅱ式豆　2. 原始瓷 B Ⅲ式豆　3~5. 原始瓷豆柄　6. 印纹硬陶短颈直口罐　7. 印纹硬陶研钵　8. 印纹硬陶长颈侈口罐

朝上的凹痕处积釉较厚，不见施釉线，局部釉层厚，釉色青，玻璃质感强。圈足底部黏结有窑床上的粗砂粒。（图 4-2-12，5）

　　2. 印纹硬陶

　　短颈直口罐　湖·周Ⅰ：6，口沿残片。直口，短颈，圆肩。青灰色胎与原始瓷胎相近。通体拍印席纹。（图 4-2-12，6）

　　研钵　湖·周Ⅰ：8，口腹残片。短颈，深腹略鼓，底残。青灰色胎与原始瓷胎相近。内腹残片的部位有密集的垫窝。外腹通体拍印席纹。（图 4-2-12，7）

　　罐类器物　湖·周Ⅰ：9，腹部残片。青灰色胎与原始瓷胎相近。拍印较粗大的席纹。

　　长颈侈口罐　湖·周Ⅰ：7，颈与肩残片。口沿残，长颈、圆肩。外颈部有凸弦纹数道，外腹通体拍印云雷纹，内腹有密集的垫窝。水洞坞类型产品。（图 4-1-12，8）

　　罐　湖·周Ⅰ：10，腹部残片。通体拍印较方正的云雷纹。紫红胎。水洞坞类型产品。

湖·周Ⅰ：11，腹部残片。通体拍印尖菱形云雷纹。生烧呈土黄色胎。水洞坞类型产品。

（二）Ⅱ区

位于Ⅰ区东侧，两者相隔近50米。此处因开垦梯田种竹而形成巨大的断面，在断面上可见大量的堆积。从裸露的断面来看，堆积范围不大，东西宽约10米，最厚处达50厘米左右，可见大量的红烧土块、烧结块及较多的标本（彩版五一，3）。标本中原始瓷占绝大多数，偶见印纹硬陶。原始瓷以BⅢ式豆占绝大多数，另有少量的Ⅱ式罐与器盖。豆柄有高矮之分，多数为轮制成型，偶见足端带缺口的现象，青灰色胎，釉不稳定，部分器物在豆柄一侧局部有极薄釉，且釉逐渐过渡，不见明确的施釉线。部分罐在肩部有极薄釉。在一件原始瓷小罐肩部发现刻划的云雷纹，清晰规矩，纹饰较大。器盖的喇叭形捉手均较矮。印纹硬陶主要是长颈侈口罐和研钵等，纹饰有席纹、云雷纹等。无论是原始瓷还是印纹硬陶，生烧的比例均较低。

1. 原 始 瓷

BⅢ式豆　湖·周Ⅱ：1，可复原。尖唇内勾，子母口，浅弧腹，喇叭形圈足较矮。灰白色胎。豆盘内腹有较薄的青釉，釉层不均匀，外腹一侧口沿及豆柄相连的一侧有釉，不见施釉线，釉层较厚，有一定的玻璃质感。内腹中心有叠烧痕迹，底部黏结有窑床上的粗砂粒，当为多件叠烧的最下面一件。（图4-2-13，1）

湖·周Ⅱ：5，可复原。土灰色胎。釉不明显。（图4-2-13，2）

湖·周Ⅱ：6，可复原。内腹中心有叠烧痕迹。生烧呈土黄色。（图4-2-13，3）

湖·周Ⅱ：12，豆盘口沿残片。青灰色胎。内腹中心有叠烧痕迹，外有极薄的青灰色点状凝釉。（图4-2-13，4）

豆柄　湖·周Ⅱ：2，豆柄残片。瘦高喇叭形，上下通透，近豆盘端下凹，整个豆柄剖面呈对角形。足端带三个小缺口。青灰色胎。釉不明显。外腹光洁，内腹旋挖。（图4-2-13，5）

湖·周Ⅱ：8，豆柄残片。瘦高喇叭形。豆盘与豆柄明显可看出拼接痕迹。生烧呈土黄色。（图4-2-13，6）

湖·周Ⅱ：9，豆柄残片。瘦高喇叭形。浅灰色胎。一侧青釉较佳，釉层较厚，有一定的玻璃质感，不见施釉线。（图4-2-13，7）

湖·周Ⅱ：4，叠烧豆柄标本。两件豆柄叠烧，均较粗矮。浅灰色胎。上件内腹有极薄的青灰色点状凝釉。下件底部黏结有大块的窑渣，上件残片的豆盘中心不见叠烧痕迹，当为两件装烧。（图4-2-13，8）

AⅡ式罐　湖·周Ⅱ：16，口腹残片。直口，短颈，圆肩，深弧腹，底残。浅灰色胎。肩部有极薄的青灰色点状凝釉，不见施釉线。（图4-2-14，1）

湖·周Ⅱ：18，可复原。直口，短颈，折肩，深弧腹，平底。青灰色胎。釉不明显。（图4-2-14，2）

小罐　湖·周Ⅱ：19，青灰色胎。肩部有极薄的青灰色点状凝釉。肩部刻划规则的云雷纹。（图4-2-14，3）

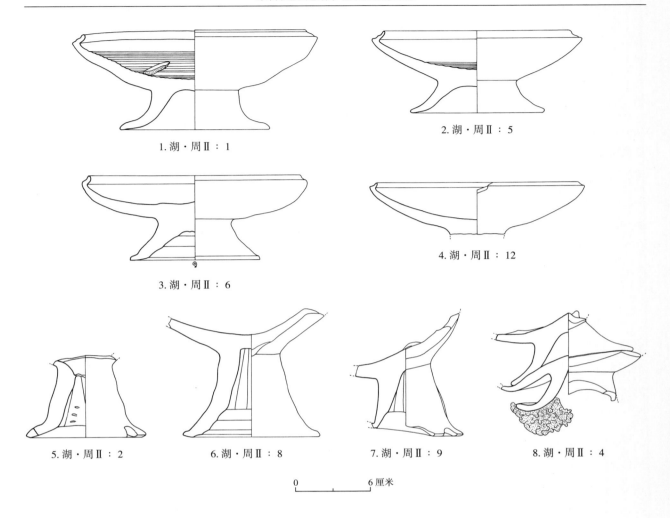

1. 湖·周Ⅱ：1　　　　2. 湖·周Ⅱ：5　　　　3. 湖·周Ⅱ：6　　　　4. 湖·周Ⅱ：12

5. 湖·周Ⅱ：2　　　　6. 湖·周Ⅱ：8　　　　7. 湖·周Ⅱ：9　　　　8. 湖·周Ⅱ：4

0　　　　　　6厘米

图 4-2-13　湖州周家山窑址Ⅱ区原始瓷器物图（一）

1~4. BⅢ式豆　5~8. 豆柄

　　湖·周Ⅱ：21，直口，短颈，折肩，深扁弧腹，小平底。生烧呈土黄色。（图 4-2-14，4）

　　Ac 型器盖　湖·周Ⅱ：14，可复原。矮喇叭形捉手，盖面呈弧形，口沿下折。青灰色胎。釉不明显。（图 4-2-14，5）

　　湖·周Ⅱ：15，可复原。矮喇叭形捉手，盖面呈弧形，口沿下折。青灰色胎。盖内面有极薄的青灰色点状凝釉。（图 4-2-14，6）

　　其他器盖　湖·周Ⅱ：13，盖纽残片。盖面口沿残。喇叭形捉手极矮，口沿残。青灰色胎。内面中心有叠烧痕迹，外圈有青釉，釉层薄。（图 4-2-14，7）

　　2. 印纹硬陶

　　短颈侈口罐　湖·周Ⅱ：23，口肩残片。尖唇，侈口，短颈，圆肩。青灰色胎。通体拍印较粗大的席纹。（图 4-2-15，1）

　　短颈直口罐　湖·周Ⅱ：25，口肩残片，器物变形。圆唇，直口，短颈，圆肩。土灰色胎，胎质较松，有多处起泡。通体拍印席纹。（图 4-2-15，2）

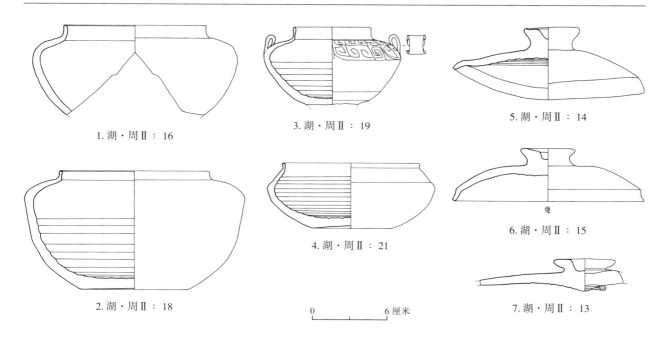

1. 湖·周Ⅱ：16

3. 湖·周Ⅱ：19

5. 湖·周Ⅱ：14

2. 湖·周Ⅱ：18

4. 湖·周Ⅱ：21

6. 湖·周Ⅱ：15

7. 湖·周Ⅱ：13

0　　　　　　6厘米

图 4-2-14　湖州周家山窑址Ⅱ区原始瓷器物图（二）

1、2.AⅡ式罐　3、4.小罐　5、6.Ac 型器盖　7.其他器盖

　　湖·周Ⅱ：26，口肩部残片，器物变形。方唇中心内凹，直口，短颈。土灰色胎，夹杂有较多的黑色斑点。通体拍印席纹。（图 4-2-15，3）

　　研钵　湖·周Ⅱ：24，口腹残片。圆唇，直口，短颈，深弧腹，底残。土灰色胎，夹杂有较多的黑色斑点。外腹通体拍印较粗的席纹。（图 4-2-15，4）

　　（三）Ⅲ区

　　位于Ⅱ区的东边，在山坡半山脚处。因开垦种植的坡度较缓，邻近地区没有剖面，未能发现地层堆积。地面散落大量的标本与烧结块。标本以原始瓷占绝大多数，印纹硬陶极少。原始瓷主要是豆，另有少量罐、器盖。豆有 BⅢ式、E 型直口豆等，柄有高矮之分，轮制成型，轮旋痕清晰，釉极薄，仅在豆柄一侧局部有极薄釉，釉逐渐过渡，不见明确的施釉线。罐均为Ⅱ式罐，短颈、折肩、深弧腹、小平底，部分在肩部有极薄釉，施釉线不明确。器盖喇叭形捉手较矮。偶见印纹硬陶，器形有罐、研钵等。无论是原始瓷还是印纹硬陶，生烧的比例均较低。

　　1. 原始瓷

　　E 型豆　湖·周Ⅲ：4，可复原。直口，上腹较浅，下腹浅弧。喇叭形圈足较高。青灰色胎。釉不明显。中心有叠烧痕。（图 4-2-16，1）

　　豆柄　湖·周Ⅲ：1，豆柄残片。喇叭形较瘦高。土灰色胎。一侧青釉较佳。轮制成型。残存豆盘内腹有叠烧痕迹。（图 4-2-16，2）

　　湖·周Ⅲ：2，豆柄残片。喇叭形较矮。青灰色胎。一侧青釉较佳。轮制成型。残存豆盘内腹有叠烧痕迹。（图 4-2-16，3）

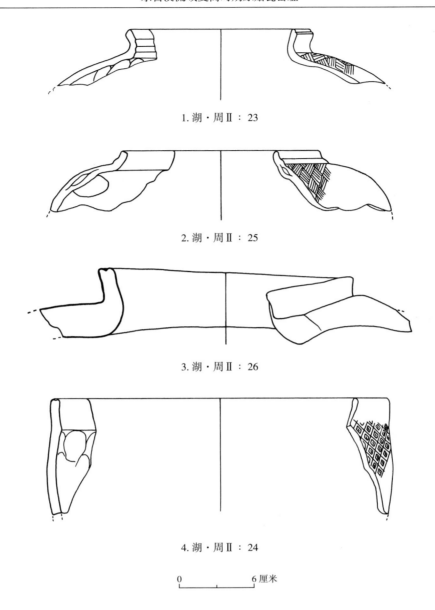

1. 湖·周Ⅱ：23

2. 湖·周Ⅱ：25

3. 湖·周Ⅱ：26

4. 湖·周Ⅱ：24

0　　　　　　6厘米

图 4-2-15　湖州周家山窑址Ⅱ区印纹硬陶器物图
1. 短颈侈口罐　2、3. 短颈直口罐　4. 研钵

AⅡ式罐　湖·周Ⅲ：10，可复原。直口，短颈，折肩，深弧腹，平底。灰白色胎。肩部及内底有极薄的土灰色点状凝釉。（图 4-2-16，4）

湖·周Ⅲ：11，可复原。圆肩。生烧呈土灰色。（图 4-2-16，5）

小罐　湖·周Ⅲ：12，可复原。直口，短颈，折肩，深弧腹，平底。浅灰色胎。肩及内底有极薄的青灰色点状凝釉。（图 4-2-16，6）

2. 印纹硬陶

长颈侈口罐　湖·周Ⅲ：13，口肩残片。尖唇，侈口，长颈，圆肩。生烧呈土黄色胎，厚处夹心，胎心土灰色。肩部拍印有云雷纹。（图 4-2-16，7）

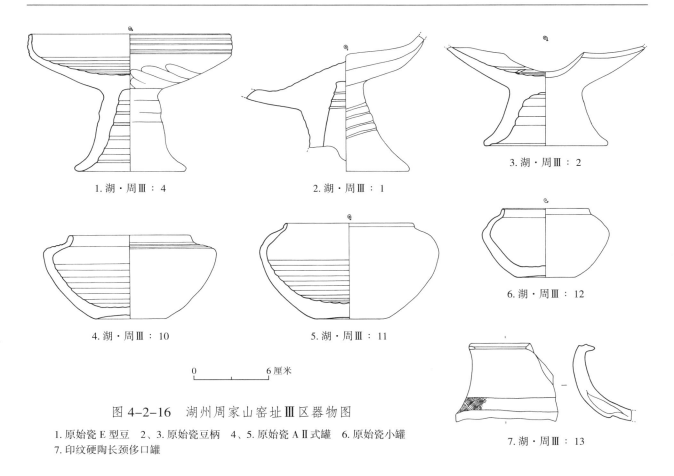

1. 湖·周Ⅲ：4　　　2. 湖·周Ⅲ：1　　　3. 湖·周Ⅲ：2

4. 湖·周Ⅲ：10　　　5. 湖·周Ⅲ：11　　　6. 湖·周Ⅲ：12

0　　　　6厘米

7. 湖·周Ⅲ：13

图 4-2-16　湖州周家山窑址Ⅲ区器物图

1. 原始瓷 E 型豆　2、3. 原始瓷豆柄　4、5. 原始瓷 AⅡ式罐　6. 原始瓷小罐
7. 印纹硬陶长颈侈口罐

罐类器物　湖·周Ⅲ：14，腹部残片。灰胎。拍印粗大的云雷纹。

湖·周Ⅲ：15，腹部残片。灰胎。拍印粗大的席纹。

九　湖州上干窑址

位于东林镇四联村上干自然村西北边，南山窑址南略偏东约 1200 米左右，北边山丘海拔 118 米，窑址海拔 15 米左右（彩版五二；彩版五三，1）。窑址共发现 3 处，自东向西依次编号为Ⅰ～Ⅲ区，各自相距约 200 米。

（一）Ⅰ区

位于上干山东坡。该山大面积植有毛竹，在毛竹地地表采集到一定数量的原始瓷豆、印纹硬陶罐标本以及红烧土，分布面积约 30 米。竹林小路边的水沟壁上，可见红烧土堆积地层（彩版五三，2），地层保存范围不大。

1. 原始瓷

豆　湖·上Ⅰ：1，残。矮喇叭形，足端带三个小缺口。手制，外腹有纵向片状工具修刮痕迹，内腹旋挖。生烧呈土黄色。残存的内腹中心有叠烧痕迹。（图 4-2-17）

湖·上Ⅰ：1

0　　　　6厘米

图 4-2-17　湖州上干窑址
Ⅰ区原始瓷豆

2. 印纹硬陶

长颈侈口罐　湖·上Ⅰ：2，残片。口沿残，长颈内壁有粗疏的弦纹。灰白色胎。颈内壁朝上的部位有较薄的青釉。肩部拍印粗大的云雷纹。

罐类器物　湖·上Ⅰ：3，腹部残片。灰白色胎，拍印粗大席纹。

（二）Ⅱ区

位于上干山东坡Ⅰ区西南约200米处。地面植有毛竹，采集到少量的原始瓷豆柄和拍印云雷纹的印纹陶片，现场未见红烧土、窑炉烧结块等，也没有发现明确的地层堆积。从这一带窑址数量多且密集分布的情况来看，属于窑址遗存的可能性最大，因此此处作窑址对待。

1. 原始瓷

AⅡ式豆　湖·上Ⅱ：2，豆盘口沿残片。宽沿有凹弦纹，深斜直腹。生烧呈土黄色。（图4-2-18，1）

豆柄　湖·上Ⅱ：1，豆柄残片。矮喇叭形，残片较小。手制，外腹有纵向片状工具修刮痕迹，内腹旋挖。生烧呈土黄色。（图4-2-18，2）

2. 印纹硬陶

研钵　湖·上Ⅱ：3，腹部残片。

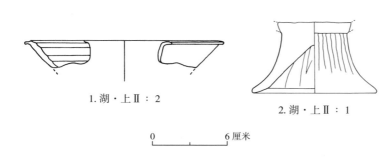

1. 湖·上Ⅱ：2　　　2. 湖·上Ⅱ：1

0　　　　　6厘米

图4-2-18　湖州上干窑址Ⅱ区原始瓷豆
1. AⅡ式豆　2. 豆柄

灰白色胎。内腹刻划细凹槽，外腹拍印粗大的云雷纹。

罐类器物　湖·上Ⅱ：4，腹部残片。灰白色胎。外腹拍印粗大的云雷纹。

（三）Ⅲ区

位于Ⅱ区西南约200米、东林镇上干村普明寺南约100米处。地面为毛竹地，采集到少量原始瓷豆与印纹陶罐标本（彩版五三，3），分布范围不大，地面未见红烧土和窑炉烧结块等，情况与Ⅱ区近似。

1. 原始瓷

豆柄　湖·上Ⅲ：1，残片。矮喇叭形，足端带三个小缺口。手制，外腹有纵向片状工具修刮痕迹，内腹旋挖。灰白色胎。一侧有极薄的棕褐色点状凝釉。（图4-2-19，1）

湖·上Ⅲ：3，残片。高喇叭形，残存较小，足端应该带有小缺口。手制，外腹有纵向片状工具修刮痕迹，内腹旋挖。生烧呈土黄色。（图4-2-19，2）

把手　湖·上Ⅲ：2，圆柄形把手。土灰色胎，起泡严重。（图4-2-19，3）

三足盘　湖·上Ⅲ：5，宽扁形足残片。灰白色胎。足端刻划粗大规则的云雷纹。

2. 印纹硬陶

罐类器物　湖·上Ⅲ：4，腹部残片。灰白色胎。拍印粗大尖菱形的云雷纹。（图4-2-19，4）

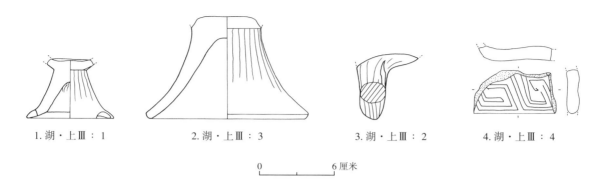

1. 湖·上Ⅲ：1　　2. 湖·上Ⅲ：3　　3. 湖·上Ⅲ：2　　4. 湖·上Ⅲ：4

0 _____ 6厘米

图 4-2-19　湖州上干窑址Ⅲ区器物图
1、2. 原始瓷豆柄　3. 原始瓷把手　4. 印纹硬陶罐类器物

十　湖州前山窑址

位于东林镇南山村牛头山自然村前山西坡、上干窑址东面约 500 米处，山丘海拔 77.4 米，窑址海拔 10 米左右（彩版五四，1）。前山是 104 国道东侧一组南北向的低矮山丘，杭宁高速公路（G25）从西坡纵贯而过。窑址共发现 2 处，均位于国道与高速公路之间，自南而北依次编为Ⅰ区与Ⅱ区。

（一）Ⅰ区

位于前山西坡南段的小山麓缓坡，地面种植毛竹。地势相当地平缓，山坡西边有一小池塘。地面上发现少量的原始瓷豆残片和陶垫 1 个，未见红烧土、窑渣及烧结块，判定为窑址依据不是很充分，但从制陶工具陶垫的存在情况分析，其为窑址的可能性比较大。原始瓷基本为豆，豆柄较粗大，有高矮之分，胎色较浅，釉不稳定，手制，外腹有纵向片状工具修刮痕迹，内腹掏挖，但均不见足端带缺口的现象。印纹硬陶为拍印粗大云雷纹的长颈侈口罐。

1. 原始瓷

豆柄　湖·前Ⅰ：1，豆柄。器形较高。土灰色胎，局部有大量的气泡。釉不明显。（图 4-2-20，1）

湖·前Ⅰ：2，豆柄。粗矮喇叭形圈足。浅灰色胎。豆柄外腹一侧及残存的豆盘内腹有青褐色釉，釉层较厚，有一定的玻璃质感。（图 4-2-20，2）

湖·前Ⅰ：4，豆柄。瘦高喇叭形。灰褐色胎，胎质较疏松。外腹有黑色釉，极薄但均匀，玻璃质感不强。（图 4-2-20，3）

2. 印纹硬陶

长颈侈口罐　湖·前Ⅰ：3，口肩残片。长颈内侧有细凹弦纹，肩部拍印云雷纹，云雷纹较大而方正。（图 4-2-20，4）

3. 陶器

垫　湖·前Ⅰ：5，蘑菇形。生烧而呈土黄色。（图 4-2-20，5）

（二）Ⅱ区

位于Ⅰ区以北约 300 米处，前山西坡之北段，仍处于 104 国道与高速公路之间。地面种

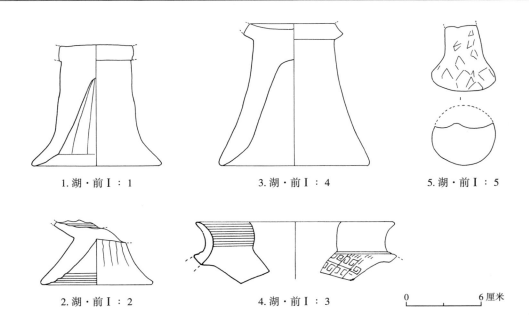

1. 湖·前 I：1　　　　　3. 湖·前 I：4　　　　　5. 湖·前 I：5

2. 湖·前 I：2　　　　　4. 湖·前 I：3　　　　0 ——————— 6厘米

图 4-2-20　湖州前山窑址 I 区器物图

1~3. 原始瓷豆柄　4. 印纹硬陶长颈侈口罐　5. 陶垫

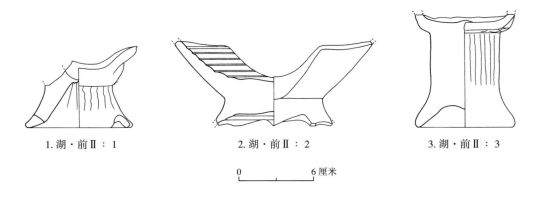

1. 湖·前 II：1　　　　2. 湖·前 II：2　　　　3. 湖·前 II：3

0 ——————— 6厘米

图 4-2-21　湖州前山窑址 II 区原始瓷器物图

1~3. 豆

植有毛竹，采集有原始瓷片、窑渣和烧结块等，判定为窑址遗存（彩版五四，2、3）。原始瓷片均为豆柄，分成高矮两种，矮柄足端带缺口，高柄足端不带缺口，均为手制，外腹有纵向片状工具修刮痕迹，内腹掏挖。

1. 原始瓷

豆　湖·前 II：1，残片。矮喇叭形圈足，足端带缺口。灰白色胎，顶端与豆盘连接处有较多的气泡。外腹一侧有极薄的土灰色点状凝釉。（图 4-2-21，1）

湖·前 II：2，残片。矮喇叭形圈足，足端残。青灰色胎。残存的豆盘内腹中心有叠烧痕迹，

外腹有极薄的土灰色点状凝釉。（图4-2-21，2）

湖·前Ⅱ：3，残片。高喇叭形圈足，几近实心，仅足端略内凹。土黄色胎。残存的豆盘内腹有极薄的土灰色点状凝釉。（图4-2-21，3）

罐类器物　湖·前Ⅱ：4，颈肩残片。口沿残，长颈，圆肩。土黄色胎。肩部有极薄的土灰色点状凝釉。

十一　湖州牛头山窑址

位于东林镇南山村牛头山东坡、104国道的西侧、上干窑址南略偏西约850米处，山丘海拔62米，窑址海拔15米左右（彩版五五，1）。牛头山是南北向的低缓山坡，窑址共分2处，自北而南依次编为Ⅰ区与Ⅱ区。

（一）Ⅰ区

位于牛头山的东坡北边，地面为竹林，采集到原始瓷和印纹硬陶残片较多，另有一定数量的窑炉烧结块，因此作为窑址的性质较明确（彩版五五，2）。原始瓷器形包括豆与三足盘两种，豆柄胎色较浅，三足盘足较宽扁。无论是豆柄还是三足盘的足面上，均发现有细线刻划的纹饰。豆柄手制成型，外腹有纵向片状工具修刮痕迹，内腹掏挖而成。印纹硬陶片均为罐类器物腹部残片，拍印有粗大云雷纹。

1.原始瓷

三足盘　湖·头Ⅰ：1，足残片。宽扁，平面略呈梯形，外弧撇。浅灰色胎。釉不明显。足面刻划细线纹。（彩版五五，3）

豆　湖·头Ⅰ：2，豆柄。高喇叭形。残存的足端不见缺口。土灰色胎较疏松，带有大量的小气孔。釉不明显。（图4-2-22，1）

湖·头Ⅰ：3，豆柄。高喇叭形。残存的足端不见缺口。灰胎。釉不明显。（图4-2-22，2）

湖·头Ⅰ：4，近豆盘端残片。灰胎。内腹有极薄的青灰色点状凝釉。刻划有细线纹。（图4-2-22，3）

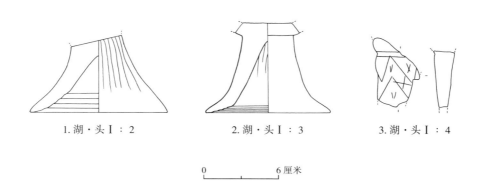

1.湖·头Ⅰ：2　　　　2.湖·头Ⅰ：3　　　　3.湖·头Ⅰ：4

0　　　　6厘米

图4-2-22　湖州牛头山窑址Ⅰ区原始瓷器物图

1~3.豆

2. 印纹硬陶

罐类器物　湖·头Ⅰ：5，腹部残片。拍印杂乱的云雷纹。生烧呈土黄色。

（二）Ⅱ区

位于Ⅰ区南面约 200 米处，地面为竹林，采集到少量的原始瓷片，但未发现烧土块和窑渣等明确的窑址遗物遗迹（彩版五五，4）。

原 始 瓷

AⅡ式豆　湖·头Ⅱ：1，豆盘残片。窄平沿，深斜直腹。土黄色胎。釉不明显。（图 4-2-23，1）

纺轮　湖·头Ⅱ：2，可复原。腹中部外凸。灰白色胎。釉不明显。上下两面均有粗大的云雷纹。（图 4-2-23，2）

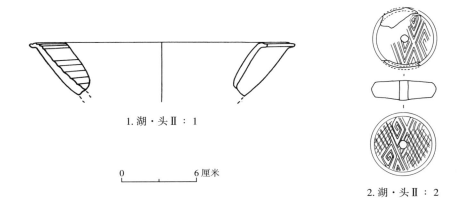

1.湖·头Ⅱ：1

0　　　　6厘米

2.湖·头Ⅱ：2

图 4-2-23　湖州牛头山窑址Ⅱ区原始瓷器物图
1.AⅡ式豆　2.纺轮

十二　湖州下沈窑址

处于青山先秦原始瓷窑址群的最南边，下沈村东北山丘的西南山坡上，104 国道的西侧（彩版五六，1）。东距东苕溪约 1200、南距下沈港约 300 米。山丘海拔 42 米，窑址海拔 15 米左右。窑址分布面积比较大，在山坡上散落着大量的产品标本与窑炉烧结块，产品以印纹硬陶占绝大多数，少量为原始瓷器（彩版五六，2）。原始瓷器形基本为豆，印纹硬陶则基本为长颈侈口罐类器物。

1. 原始瓷

豆　直口，短颈，折肩，浅弧腹，类似于子母口豆。豆柄为高喇叭形。灰白色胎，胎质细腻。釉极薄。轮制成型，豆盘与豆柄上下拼接，豆柄顶端拼接处下凹很深。多件叠烧，豆盘内有清晰的叠烧痕迹。

湖·沈：1，豆柄残片。高喇叭形。豆柄顶端与豆盘拼接处下凹很深。灰白色胎，胎质较细。

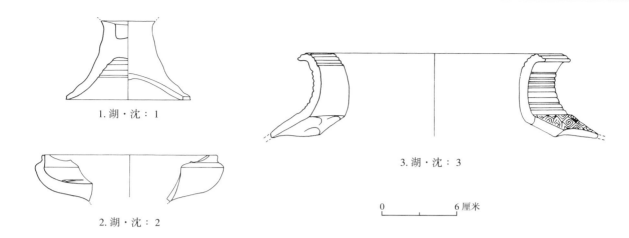

1. 湖·沈：1

2. 湖·沈：2

3. 湖·沈：3

0　　　　　　6 厘米

图 4-2-24　湖州下沈窑址器物图

1~2.原始瓷豆　3.印纹硬陶长颈侈口罐类器物

釉不明显。轮制，外腹光洁，内腹轮旋痕粗疏。（图 4-2-24，1）

湖·沈：2，豆盘残片。灰白色胎，胎质较细。釉不明显。轮制成型，内腹轮旋痕粗疏并有叠烧痕迹。（图 4-2-24，2）

2. 印纹硬陶

长颈侈口罐类器物　通体拍印细密方正的云雷纹。胎与德清地区差别较大，基本为紫红色。

湖·沈：3，尖唇外撇，长直颈，圆肩。颈外壁有粗凸弦纹数道，内壁为较细的凹弦纹。紫红色胎。（图 4-2-24，3）

十三　湖州虎墩山窑址

虎墩山是一座孤立小山，位于东林镇埠头自然村后，东临苕溪，西及西北依次有杭宁高速公路和 104 国道，西边距离下沈窑址约 950 米（彩版五七，1）。山丘海拔 24 米，窑址海拔约 15 米左右。虎墩山东坡已被石矿开采破坏，窑址发现在西坡南段。西坡地势比较陡峭，栽植有毛竹。在下坡石堆上有大量印纹硬陶和原始瓷片，在西坡南段比较高的位置上，也采集到较多的原始瓷和印纹硬陶片（彩版五七，2）。原始瓷主要为喇叭形豆柄和直口豆盘。印纹陶主要为罐类器物及刻槽盆腹片，拍印纹饰有细密的云雷纹和较粗大的席纹等。另外，地面上还采集到窑壁烧结块、窑渣和类似支柱状的大型烧结块。虎墩山西北端山顶地面上还采集到较多饰云雷纹、曲折纹、米字纹、方格纹等纹饰的印纹硬陶片，时代跨度较大，疑有不同时期的土墩墓在开石矿时被破坏。

1. 原始瓷

豆　湖·虎：6，豆盘残片。直口，浅弧腹。灰白色胎，胎质较细。釉不明显。（图 4-2-25，1）

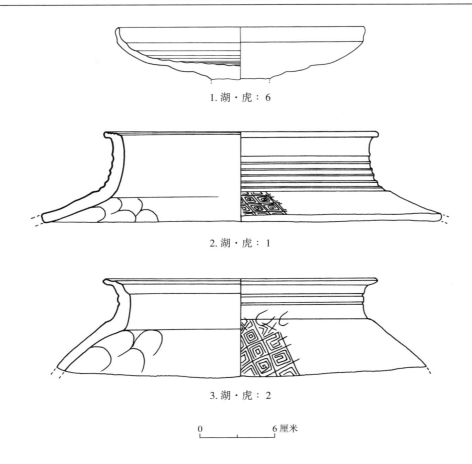

1. 湖·虎：6

2. 湖·虎：1

3. 湖·虎：2

0　　　　　6厘米

图 4-2-25　湖州虎墩山窑址器物图

1.原始瓷豆　2、3.印纹硬陶长颈侈口罐类器物

2. 印纹硬陶

长颈侈口罐类器物　湖·虎：1，口沿残片。侈口，尖唇外撇，长颈，圆肩，深弧腹。长颈部有粗凸弦纹数道，通体拍印云雷纹，纹饰细密方正。紫红色胎。（图 4-2-25，2）

湖·虎：2，器形与湖·虎：1相似，胎心呈青灰色，内外表呈橘黄色。颈和腹部有拼接痕迹。（图 4-2-25，3）

湖·虎：3，腹部残片。通体拍印的云雷纹较为细密，呈尖菱形。紫红色胎，内外表有极薄一层呈青灰色。

湖·虎：4，腹部残片。通体拍印较为方正的云雷纹。紫黑色胎。

湖·虎：5，肩部残片。通体拍印细密方正的云雷纹。紫黑色胎，内外表呈灰白色。

第三节　本流域其他窑址

除了以上两个片区的窑址群外，我们仅在德清的城山发现一处商代窑址，属于南山类型。由于德清地区近几年的调查主要集中在武康东北方向的龙山核心区域内，故其余地区均未进

行调查。从地形上看，包括城山、上柏与三桥在内的德清县城西片和三合的县城东南片地理条件与龙山一带相似，制瓷条件十分理想。城西片在 2012 年新发现了城山商代窑址，城东南片有防风山春秋时期窑址，根据目前窑址调查的经验来看，东苕溪流域先秦时期原始瓷窑址均集群化分布，已完成调查的区域内尚不见单个窑址单独分布的情况，因此上述两个地区不排除存在窑址群的可能性。城山地区再往西为莫干山脉，地势迅速抬高。以往对这一地区关注相对较少，104 国道两侧和莫干山脉的东麓完全有可能存在着更多的商代窑址。上述两地区是今后调查工作的重点。

德清城山窑址

窑址位于城山的东麓，北边因取土而形成巨大的凹坑，地面散落少量的原始瓷标本（彩版五八，1、2）。窑址保存范围不大，可能不到 100 平方米，堆积最厚处约 40~50 厘米。采集到的产品标本主要是豆，另有少量的罐。豆以带凸棱的高喇叭形豆柄占绝大多数，也有不带凸棱的高喇叭形豆柄，釉都不太好。此外还采集到一片豆盘的残片，为弧敛口浅弧腹。时代可能略早，可以到商代中晚期。

第五章 湖州南山商代窑址的发掘

第一节 南山窑址概况

一 窑址地理环境

南山窑址（原称老鼠山窑址）位于浙江省湖州市东林镇南山村西边约 100 米的小山上，属于湖州青山片区窑址群。青山村原先为青山乡政府所在地，南山村与青山村已基本合并成一个大的村庄，因此这一地区的窑址群统称为青山先秦时期窑址群。南山窑址地处德清水洞坞窑址与湖州市区之间，南距水洞坞窑址约 10 千米，北距湖州市区约 15 千米，东距东苕溪不到 1 千米。104 国道从窑址北边约 300 米处自西而东横贯而去。南边隔湖州市埭溪镇与德清龙山先秦时期窑址群相望，东边越东苕溪进入一望无际的太湖平原河网地区，西边为高大的莫干山脉，这里是西部高山向东部河网平原过渡的低山缓丘地区。

南山窑址所处的区域是一处东南—西北向狭长的小型盆地，除东南外，其余均被山峰环绕：东北是黄梅山、北边是金鸡山、西边是青龙山、南边是南阳山，东南地势平坦，与东部平原相接。盆地内目前有两条小的河渠：一条源自西南的狭长山岙中，沿西、南山峰的东与北麓流向东南，穿青山村注入东苕溪，这一条河渠较大；另一条源自西北的石母岭水库一带，沿北、东山峰的南与西麓，在青山村东头与另一条河渠汇合，再注入东苕溪（彩版五九，1）。据当地的村民介绍，两河汇合处原先是一个码头，在国道修通之前，这里是整个青山乡，尤其是西部山区最重要的进出通道，是山货的集散地。

南山窑址所在的区域处于盆地的中心，是一处近东西向的低缓小山丘，海拔约 12 米，山体高度由东向西逐渐降低（彩版五九，2；六〇，1、2）。其形状俯视类一老鼠，头东尾西，故当地的村民称之为"老虫山"，也即"老鼠山"。有一种说法是此地四周都是水田，周围的老鼠都集中于此高地，故名。

窑址有 2 处，分别位于小山的西北与东南坡，编为Ⅰ区与Ⅱ区（彩版六〇，3）。此次发掘主要针对西北坡的Ⅰ区，东南坡Ⅱ区仅作小规模的试掘。（彩版六一，1）

二 发掘起因

2007 年与 2008 年两年间对德清火烧山、亭子桥、长山诸窑址的发掘，以及第一届"瓷之源"学术研讨会的召开，使学术界逐渐认识到了以德清为中心的东苕溪流域在中国瓷器起源上的重要地位。2009 年，浙江省文物考古研究所成立"瓷之源"课题组，以课题的形式对瓷器起源问题进行重点探索，在人员配置和经费上予以强力支持。但无论是火烧山还是亭子桥，其原始瓷产品均已相当成熟，尤以器形巨大、造型复杂、胎釉上乘的大量礼、乐器而名动一时。毫无疑问，这些产品已远远脱离了瓷器起源的早期阶段，原始瓷的源头必将向上追溯。因此，找寻更早的窑址是课题组下一步的首要目标，也是课题取得突破的根本保证。2009 年，带着这一目的，课题组对德清龙山片区窑址群的核心区域进行了专题调查并发现了一批商代窑址，这是首次在德清发现商代的窑址，由此将整个窑址群的时代从西周与春秋之交上溯到了商代，课题的推进出现了第一缕阳光。同时，与德清相邻的湖州南部地区开始进入课题组的视野，这里在自然环境上与德清地区连为一体，且有较早发现的黄梅山商代原始瓷窑址。2007 年，丁品为领队，浙江省文物考古研究所与湖州市博物馆联合对钱山漾类型遗址进行专题调查，由文保员章金贵提供线索，发现了南山窑址，也就是现在的南山 I 区窑址。沈岳明、郑建明、陈云等人随后进行了多次复查，确认窑址保存状况较佳，并且还在小山的东端发现了另外一处窑址，即南山 II 区窑址。

到了 2009 年底，商代窑址，无论是德清地区的商代窑址还是新发现的湖州南山商代窑址的发掘，成了推进"瓷之源"课题的关键。在发掘意愿、发掘对象均已具备的情况下，发掘机会在 2010 年不期而至。这一年湖州进行新农村建设，西部山区的村庄将搬到青山周边，走城镇化道路，而南山窑址全部坐落于新规划的南山村之中，窑址面临灭顶之灾。得知这一信息并上报国家文物局获得批准后，2010 年 3~11 月，浙江省文物考古研究所与湖州市博物馆组成联合考古队，对窑址进行了抢救性发掘，其中以 I 区为重点，发掘面积约 800 平方米；II 区作试掘钻探，以初步确认其时代与产品面貌。

三　发掘方法

南山 I 区窑址分布于南山西北坡，面积约 1000 平方米，其中主体堆积现存约 500 平方米，本次发掘面积 785 平方米。发掘前，在近南山山脊线西端朝北的小范围内散布有大量的瓷片标本，在剖面上有地层堆积，由此判定窑址堆积在朝北的山坡上，但由于下坡已填平成平坦的竹园地，因此范围并不是很明确。

与晚期窑址相比，早期窑址规模小、产品少、分布范围不大。为了较全面地了解窑址的堆积、窑炉及作坊的分布情况，此次发掘采取与遗址相同的方法，布探方进行全面的揭露。

四　窑址的保护

考古队在 2010 年 3 月至 8 月发掘取得初步成果的基础上，向区、市、省各级职能部门汇报了相关的情况，提出南山窑址整体保护的建议，受到了各级领导的高度重视并启动窑址的前期保护工作：调整新农村建设方案，窑址区停止基建工程；窑址 I 区探明的堆积区及可能的作坊区共计 2000 多平方米范围的土地由政府征集，以用于窑址的现场保护。青山片区窑址群在黄梅山窑址的基础上，将浙江省重点文物保护单位的保护范围扩展至整个窑址群。

第二节　地层堆积

一　布方

以能确定堆积存在的近山坡顶部区域西南角为基点，向北、向东依次布设探方发掘，先后共布探方 12 个，其中 10×10 米探方 4 个，其余探方因位于发掘区的边缘，依地形及实际可发掘面积布设。探方均依山势而布，方向均为 20°。南边第一排由西而东依次为 T201、T202、T203、T204，南边第二排自西而东依次为 T301、T302、T303、T304，北边第一排自西而东依次为 T401、T402、T403、T404。（图 5-2-1）

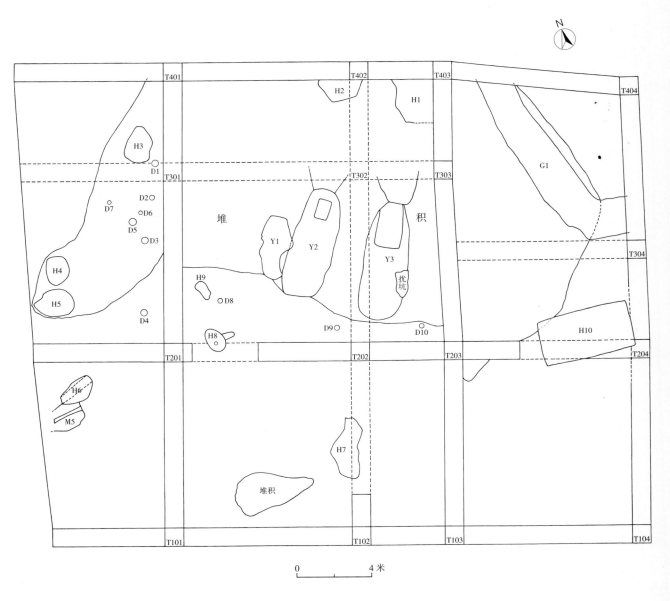

图 5-2-1　湖州南山窑址 I 区发掘总平面图

二　地层

现将各探方地层介绍如下：

T201　西边已接近发掘区边缘，按地形由西北向东南斜收进 1 米，其中南边宽 7 米，北边宽 8、长 10 米。未见文化层，可能已处于窑址堆积的边缘区。表土层为荒废的竹林地，长满野竹，表土层下，探方西北角发现灰坑 H6 和晚期墓葬 M5。

T202　规则的 10×10 米探方。由于平整土地，该探方受破坏最为严重，仅在西南角小范围内保存有较薄的文化层。

T202 ①：厚 5~55 厘米。黄土，土质松软，原为竹林地，包含物极乱，除原始瓷外，还有墓砖、瓦、青瓷片、青花瓷片等。在北边有一条现代扰乱沟自东而西贯穿整个探方，内填大量的碎石、砖等。该层下 H7 部分叠压于东隔梁下，H8 叠压于北边隔梁并跨入 T302。

T202 ②：深 5~20、厚 0~30 厘米。分布于探方南边中部的小范围内，东西长 4.25、西头宽约 2.25 米，略呈三角形。四边均不到隔梁。红褐色土，夹杂有大量的红烧土块、烧结块、原始瓷和少量印纹硬陶。原始瓷片标本较大，主要是原始瓷豆、罐、小罐和器盖，少量簋、尊。印纹硬陶为罐类，纹饰主要是重菱形纹，印纹清晰，排列整齐。

T203　规则的 5×10 米。未见文化层，可能已被破坏。

T204　规则的 10×10 米。仅在西北角极小范围内有很薄的文化层，可能已处于窑址堆积的东南边缘。

T204 ①：厚 5~75 厘米。黄土，土质松软，包含大量岩石风化后形成的砂粒，原为竹林地，包含物极乱，除原始瓷外，还有砖、瓦等。

T204 ②：深 30、厚 0~25 厘米。红褐色土，土质较松，包含有大量的大块烧结块、红烧土块与产品标本。产品以原始瓷为主，少量为印纹硬陶。原始瓷主要有豆和钵，豆均为宽沿深腹，豆柄足端有三个小缺口。印纹硬陶有长颈侈口罐，纹饰为粗大的云雷纹。

T301　与 T201 相似，西部边缘由西北向东南斜收进 0.7 米，南边宽 8、北边宽 8.7、长 10 米。文化层极薄，分布范围不大，自探方的东北角呈狭长状向西南延伸，不到隔梁。

T301 ①：厚 50~115 厘米。原先为竹林地，黄土，土质松软，夹杂有少量的原始瓷片及砖瓦等。该层下有两座晚期墓葬 M2 和 M4，其中 M2 打破 T301 ②。

T301 ②：深 60~100、厚 0~15 厘米。灰褐色土，土质松软，夹杂有少量的烧结块、红烧土块与产品标本等。产品以原始瓷为主，少量为印纹硬陶。原始瓷器形有豆、罐、盖等，印纹硬陶纹饰有席纹与云雷纹等。该层下有灰坑 2 个，H4、H5；柱洞 5 个，D2、D3、D5、D6、D7。该探方内的另外一个柱洞 D4 已超出文化层的分布范围，但也应该是同一时期的遗迹。

T302　规则的 10×10 米探方。位于窑址堆积中心，其中南边的地层在平整土地的过程中已被严重破坏，北边的表土层极厚，文化层保存较好。（图 5-2-2；彩版六一，2；彩版六二，1）

T302 ①：厚 40~160 厘米。原山坡呈倾斜状，大量的山土自上坡扒下后形成平地，因此上坡处（南边）薄，下坡处（北边）极厚。原先为竹林地，黄土，土质松软，夹杂有少量的

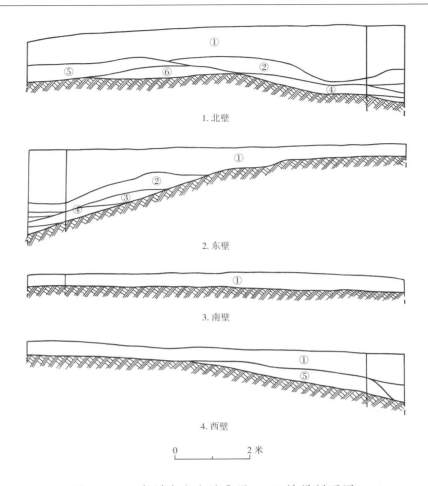

1. 北壁

2. 东壁

3. 南壁

4. 西壁

0　　　　　　2 米

图 5-2-2　湖州南山窑址Ⅰ区 T302 地层剖面图

原始瓷片及砖瓦等。该层下有 Y1、H8、H9、D8、D9 等遗迹。

T302②：深 70~160、厚 0~50 厘米。分布于探方北半边。灰黑色土，为纯净的青灰色窑渣粒及小块烧结粒，土质较细软，包含物极少而细碎，多为豆的残片。

T302③：深 110~160、厚 0~25 厘米。分布于探方东北角小范围内。大块红烧土块与烧结块层，土质坚硬。产品标本不多，主要是原始瓷豆、罐、器盖等。豆均为敛口，豆柄不带缺口。盖纽较低矮。罐为短颈。

T302④：深 145~170、厚 0~40 厘米。分布于北边小半个探方内。灰黑色土，为纯净的青灰色窑渣粒及小块烧结粒，土质较细软。产品标本极少，仅有少量的原始瓷片。较 T302②有更多的小块红烧土块，土质略松。原始瓷主要为敛口豆，豆柄中端不见缺口。该层下有 Y2。

T302⑤：深 35~70、厚 0~45 厘米。分布于探方的西北角小范围内。大块红烧土块与烧结块层，土质坚硬。产品标本极多，主要是原始瓷豆、罐、器盖等，另有少量原始瓷钵、纺轮和印纹硬陶。豆种类较多，既有宽沿敞口深腹豆，也有敛口豆，豆柄分成带缺口与不带缺口两种，少量豆柄上刻划云雷纹、细凹弦纹及三角形镂孔。罐类出现底部一次性切割完成的技术。印纹硬陶主要是短颈直口罐、长颈侈口罐、研钵等，纹饰主要是云雷纹与席纹，较粗大。

T302⑥：深105~120、厚0~30厘米。分布于探方中北部小范围内。大块红烧土与烧结块层，其中一侧有黑色烧结面的烧结块所占比重较小。产品标本主要为原始瓷豆，少量为原始瓷钵与印纹硬陶。豆均为宽沿深腹，足端带三个小缺口。印纹硬陶纹饰为粗大的云雷纹与席纹。

T303　东边由东南向西北收进0.5米，南边宽5、北边宽4.5、长10米。（图5-2-3；彩版六二，2；彩版六三）

T303①：厚15~130厘米。原山坡呈倾斜状，大量的山土自上坡扒下后形成平地，因此上坡处（南边）薄，下坡处（北边）极厚。原先为竹林地，黄土，土质松软，夹杂有少量的原始瓷片及砖瓦等。

T303②a：深15~95、厚0~55厘米。东西向分布于中北部，其中西头小、东头大，地层由西南向东北倾斜。红褐色土层，土质较细，但夹杂有大块的红烧土块与烧结块。有一定数量的产品标本，主要是原始瓷，基本不见印纹硬陶。原始瓷主要是直口豆、豆柄带凸棱豆和罐，少量的钵与圈足，圈足可能属于尊类器物。

T303②b：深30~50、厚0~20厘米。分布范围较小，在探方的中南部小范围内，仅西边到隔梁。大块红烧土块层，内有大量的红烧土块、烧结块。土色较T303②a层更红，红烧土块更多、更大。产品标本较多，主要是原始瓷，偶见印纹硬陶。原始瓷有豆、罐和器盖。豆盘分成两种，一种是直口，一种是敞口浅弧腹。豆柄均较高，也可分为两种，一种是细高喇叭形，近豆盘处有一凸棱，另一种较粗大，较前者略矮，但总体仍旧较高。印纹硬陶纹饰均为席纹。

T303③：深65~120、厚0~50厘米。分布于探方的中北部，土色较第②层为深，黑褐色土层，颗粒较粗，土质较硬，夹杂有较多的青黑色烧结块和少量红烧土块。地层由西南向东北倾斜。标本极少，主要是原始瓷豆、罐、小罐、盂、尊以及印纹硬陶短颈直口罐与研钵等。

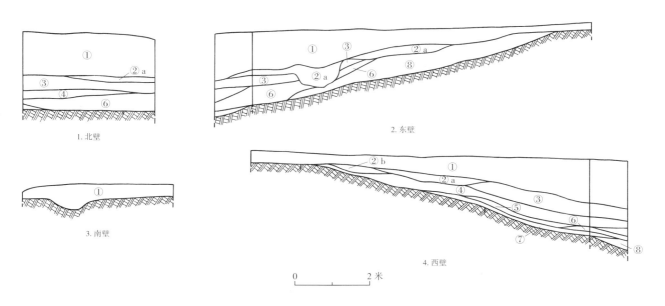

图5-2-3　湖州南山窑址Ⅰ区T303地层剖面图

原始瓷豆柄仍主要是瘦高喇叭形，有带凸棱和不带凸棱两种。盖的喇叭形纽较高。

T303 ④：深 40~160、厚 0~40。分布于探方的北半边。黑色土层，土质较细软，夹杂有极多的青色烧结粒和少量的红烧土粒。该层类似于灰黑色灰烬层，可能是火膛清理出来的灰烬土。产品标本基本不见，偶见的小块标本多为生烧，器形多为小型罐类器物。

T303 ⑤：深 125~178、厚 0~10 厘米。分布于探方的中部偏西，仅西隔梁到边。红褐色红烧土块层，颗粒较粗，土质较硬，夹杂有较多的红烧土块、烧结块。产品标本基本不见。

T303 ⑥：深 85~190、厚 0~55 厘米。分布于探方的东北边，仅东、北隔梁及西隔梁的北边小范围内到边。灰黑色灰烬层，土色黑，土质较细软，比 T303 ④颗粒略粗大，青色烧结粒较多而大，有少量的红烧土块。与 T303 ④一样，也类似于黑色灰烬层，可能是火膛清理出来的灰烬土。标本基本不见，偶见的小块标本多为生烧片。

T303 ⑦：深 95~205、厚 0~15 厘米。分布于探方中部偏西，仅西隔梁到边，其余三边不到隔梁。红褐色红烧土块层，有大量大块的红烧土块及烧结块，较 T303⑤红烧土块更多、更大，整体土色更红，土质更硬。基本不见包含物。该层下有 Y3。

T303 ⑧：深 20~190、厚 0~65 厘米。主要分布于探方的东南角，狭长状。大块红烧土块与烧结块层，土质较硬而粗，烧结块许多一侧有黑色烧结面，当为窑壁的坍塌块。包含有较多的产品，基本为原始瓷豆，少量为原始瓷钵与印纹硬陶。豆均为宽沿深直腹，豆柄带三个缺口，豆柄有高矮之分。钵为折敛口，数量极少。印纹硬陶纹饰为粗大的云雷纹。

T304 原 T304 为 10×10 米探方，在表土取掉以后，发现已接近窑址堆积的边缘。在窑址发掘取得初步成果的基础上，根据多方努力，窑址区工程建设已调整方案，窑址将整体得到保护。因此考古队考虑保存部分堆积，以用于日后的进一步研究，而根据邻近探方的地层分布，T304 地层比 T404 更厚而丰富，因此在北边留出东西向 5×10 米的范围，重新编号为 T304，该探方整体不再向下发掘。而 T404 向北扩大，构成一个 10×10 米的探方（探方东边略短）。东南角有 H10，大部分叠压于表土层下，仅在西北角被文化层所叠压。

T401 西部边缘由西北向东南斜收进 0.3 米，南边宽 8.7、北边宽 9、长 10 米。文化层极薄，分布范围不大，仅限于西边小范围内。（彩版六四，1）

T401 ①：厚 80~155 厘米。原先为竹林地，黄土，土质松软，夹杂少量的原始瓷片及砖瓦等。

T401 ②：深 80~140、厚 0~35 厘米。灰褐色土，土质松软，夹杂有少量的烧结块、红烧土块与产品标本等。原始瓷主要是豆、罐与器盖，豆包括直口豆与豆柄带凸棱豆两种类型。印纹硬陶有罐与研钵，纹饰为席纹。另发现陶垫一件。该层下有 H3 与 D1。

T401 ③：深 80~160、厚 0~35 厘米。分布范围极小。大块红烧土块与烧结块层，土质坚硬。产品标本比较多，主要是原始瓷豆、罐、器盖等，另有少量的印纹硬陶罐类器物。豆口沿有敞口和折敛口两种，豆盘深浅不一，豆柄部分有三个半圆形小缺口。印纹硬陶主要是短颈直口罐、长颈侈口罐等，纹饰主要是云雷纹与席纹。

T402 东西向 5×10 米。堆积最丰厚。（图 5-2-4；彩版六四，2；彩版六五，1）

T402 ①：厚 90~110 厘米。原先为竹林地，黄土，土质松软，有少量的原始瓷片及砖瓦等。

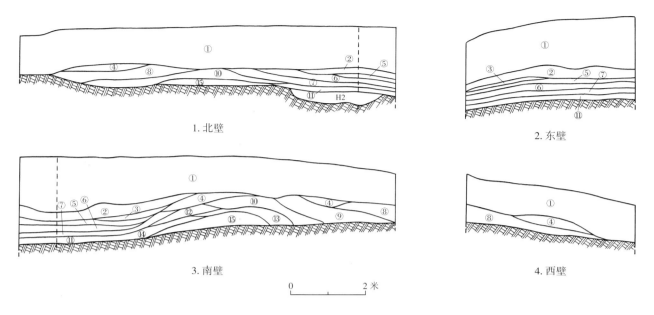

1. 北壁

2. 东壁

3. 南壁

4. 西壁

0   2 米

图 5-2-4   湖州南山窑址Ⅰ区 T402 地层剖面图

T402②：深 105~150、厚 0~45 厘米。南北向分布于探方中东部。深黑色土，土质颗粒较粗较硬，夹杂有大量的小块黑色烧结块以及小粒红烧土粒。有一定的标本，主要是原始瓷，另有少量印纹硬陶。原始瓷有豆、罐、器盖与尊等，豆为直口豆。印纹硬陶纹饰多为规则的席纹。

T402③：深 125~180，厚 0~15 厘米。分布于探方中部偏东小范围内。小块红烧土块层，夹杂有大量的烧结块，土质较粗而硬。有少量的产品标本，包括原始瓷豆、罐、器盖、尊、簋及印纹硬陶罐等。原始瓷以豆与罐为主，常见生烧现象，豆包括直口与敛口两种。印纹硬陶罐拍印席纹与重菱形纹。

T402④：深 80~150、厚 0~30 厘米。分布于探方的中西部，西、南两边到隔梁。土色深黑，夹杂大量的烧结块以及少量的红烧土块与红烧土粒，土质颗粒粗而硬。有一定的产品标本，主要是原始瓷和少量印纹硬陶。原始瓷主要是豆、罐、盖、盂等，豆均为敛口豆。印纹硬陶有罐与研钵，纹饰主要是席纹，有粗细之别。该层还同时出土数片圆饼形器，器形呈圆饼状，边壁较直，面较平，一面常见生烧并有席纹的印痕，另一面则烧结较佳。功能不详，如果是垫饼，就是最早的窑具了。

T402⑤：深 160~170、厚 15 厘米。分布于东边小半个探方内。黑色土层，颗粒较细，夹杂有大量的黑色烧结粒与少量红烧土粒，土质较硬而紧密。有一定数量的标本，以原始瓷为主，另有极少量的印纹硬陶。原始瓷主要是豆、罐与器盖，豆均为敛口豆。印纹硬陶主要是罐与研钵，纹饰以席纹为主，也见有席纹与重菱形纹的复合纹饰，较为细密。

T402⑥：深 170~180、厚 0~25 厘米。分布于东边小半个探方内。深黑色土层，土质较紧密，表面一薄层夹杂有大量的红烧土块。有少量的产品标本，主要是原始瓷，少量为印纹硬陶。原始瓷主要是豆、罐和器盖，豆为敛口豆。印纹硬陶包括罐与研钵，拍印粗细不一的席纹。

T402⑦：深150~210、厚0~25厘米。分布于东边小半个探方内。深黑色土，夹杂有大量的红烧土粒，土质较细、紧密，与T402⑥相比，红烧土粒略少而小。表面有一薄层红烧土层。有少量的产品标本，产品与T402⑥基本一致。出土一件器盖，捉手较粗大而矮。

T402⑧：深90~105、厚0~50厘米。分布于探方的西边小半个探方内。黑色烧结块与红烧土块层，土质颗粒大，土质硬。有大量的标本，主要为原始瓷，少量为印纹硬陶。原始瓷主要有豆、罐与盖，少量的盂，豆均为敛口。印纹硬陶有罐与研钵两种，席纹粗细不一。

T402⑨：深90~130、厚0~50厘米。分布于探方中部偏西南边，仅南边到隔梁。为红褐色红烧土块层，土质颗粒大，质地坚硬。有大量的标本，主要为原始瓷，少量印纹陶。原始瓷主要是豆、罐、器盖等，豆均为敛口。印纹硬陶拍印席纹。

T402⑩：深110~165、厚0~30厘米。南北向分布于探方的近中部，南北均到隔梁。深褐色烧结块与红烧土块层，土质颗粒极大，烧结块与红烧土块块大，土质极硬，夹杂有大量的产品标本。标本主要是原始瓷豆、罐、钵、盖等，豆除敛口外，新出现宽沿深腹、足端带三个缺口的器形。印纹硬陶主要是长颈侈口罐，纹饰是粗大的云雷纹与席纹。

T402⑪：深210~215、厚0~20厘米。南北向狭长分布于探方中部略偏东部，南到隔梁，北不到隔梁。深黑色土，土质极其疏松，夹杂有少量的烧结块与红烧土块。出土的产品标本主要是宽翻折沿、深直腹、足端带三个缺口的原始瓷豆以及罐，少量的印纹硬陶主要拍印粗席纹。

T402⑫：深130~190、厚0~30厘米。分布于探方中部偏南，分布范围较小，仅南边到隔梁。红褐色红烧土块层，除大量的红烧土块外，还有较多的烧结块，土质颗粒粗大，质地坚硬。产品标本极多。原始瓷以宽沿深直腹、足端带缺口豆占绝大多数，少量的钵，偶见罐，罐口沿略凸起。印纹硬陶纹饰多为粗大云雷纹，偶见略细的云雷纹。

T402⑬：深150~180、厚0~45厘米。分布于西边小半个探方内。红色红烧土层，红烧土块较小，质地紧密而坚硬，地层平面较平坦。包含物较少，主要是宽沿深直腹、足端带缺口的原始瓷豆。印纹硬陶纹饰均为粗大的云雷纹。

T402⑭：深115~235、厚0~30厘米。分布于探方中部略偏东、南部。深红褐色红烧土块、烧结块层。标本极多，主要是原始瓷豆和钵，不见罐。豆均为宽沿深直腹、足端带缺口，钵为折敛口、浅腹、平底，宽沿上有较粗的弦纹数道。印纹硬陶纹饰均为粗大的云雷纹。

T402⑮：深160~220、厚0~50厘米。南北向分布于探方的中部。红色红烧土块、烧结块层，土质颗粒粗大，质地极硬。有大量的原始瓷标本，主要是原始瓷豆与钵。豆均为宽沿深直腹、足端带缺口，钵为折敛口、浅腹、平底，宽沿上有较粗的弦纹数道。印纹硬陶纹饰均为粗大的云雷纹。该层下有H2。

T403　4.5×5.5米探方。堆积较丰厚。（图5-2-5；彩版六五，2；彩版六六）

T403①：厚100~140厘米。原先为竹林地，黄土，土质松软，夹杂少量的原始瓷片及砖瓦等。

T403②：深100~140、厚0~35厘米。分布于探方南边大半个探方内。深黑色土，土质颗粒较粗较硬，夹杂有大量的小块黑色烧结块和小粒红烧土粒。有少量的产品标本，主要是

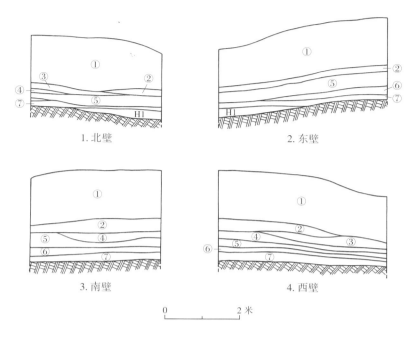

图 5-2-5 湖州南山窑址Ⅰ区 T403 地层剖面图

原始瓷，少量为印纹硬陶。原始瓷以直口豆与罐为主，印纹硬陶拍印细席纹与重菱形纹。

T403③：深 120~160、厚 0~35 厘米。分布于探方西北角小范围内。小块红烧土块层，夹杂有大量的烧结块，土质较粗而硬。有少量的产品标本，以原始瓷豆与罐为主，少量印纹硬陶。原始瓷豆多为直口。

T403④：深 140~170、厚 0~30 厘米。分布于西边大半个探方内。黑色土层，颗粒较细，夹杂有大量的黑色烧结粒与少量红烧土粒，土质较硬而紧密。有一定数量的产品标本，以原始瓷豆、罐与器盖为主，豆均为敛口豆。印纹硬陶拍印细席纹。

T403⑤：深 105~200、厚 5~45 厘米。全探方均有分布。深黑色土层，土质较紧密，表面一薄层夹杂有大量的红烧土块。有少量的产品标本，主要是原始瓷豆、罐和器盖，豆均为敛口豆。

T403⑥：深 170~220、厚 0~15 厘米。分布于北边大半个探方内。深黑色土，夹杂有大量的红烧土粒，土质较细、紧密，与 T403⑤相比，红烧土粒略少而小，表面有一薄层红烧土层。有少量的产品标本，与 T403⑤基本一致。

T403⑦：深 150~220、厚 5~20 厘米。整个探方内均有分布。红烧土层，红烧土块较小，质地紧密而坚硬，地层平面较平坦。产品标本极少，基本为宽沿深直腹、足端带缺口的原始瓷豆。印纹硬陶纹饰均为粗大的云雷纹。该层下有 H1。

T404 不太规则。西边由东南向西北收进 0.3 米，南、西、北三边各长 10 米，东边长 9 米。（彩版六七、六八）

T404①：厚 80~300 厘米。极厚的填筑土，土层较杂，有大量的石块、砖块等。

T404②：深 90~250、厚 0~40 厘米。分布于探方的南半边小范围内。为大块红烧土块层，内有大量的红烧土块、烧结块。包含有较多的产品标本，主要是原始瓷，偶见印纹硬陶。原始瓷有豆、罐、器盖、尊等。豆盘分成两种，一种是直口，一种是敛口；豆柄均较高，也可分为两种，一种是细高喇叭形，近豆盘处有一凸棱。印纹硬陶流行重菱形纹和席纹，重菱形纹内心带一个小凸点。

T404③：深115~235、厚0~40厘米。分布于中南部。土色较T404②为深，呈黑褐色，颗粒较粗，夹杂有较多的青黑色烧结块和少量红烧土块，土质较硬。产品标本极少，主要是

表 5-2-1　湖州南山窑址Ⅰ区文化层对应表

	T201	T202	T203	T204	T301	T302	T303	T304	T401	T402	T403	T404
	无文化层	②	无文化层					未发掘				
					②				②			
第五期							②a					
							②b					②
						②	③			②	②	
										③	③	
												③
												④
										④		
第四期							④			⑤	④	
						③	⑤					
										⑥	⑤	⑤
						④	⑥			⑦	⑥	⑥
							⑦					
										⑧		
										⑨		
第三期					③	⑤			③	⑩		
												⑦
第二期				②						⑪	⑦	⑧
										⑫		
												⑨
第一期						⑥				⑬		
										⑭		
							⑧					
												⑮

少量的原始瓷豆、罐和器盖，豆均为敛口。少量的印纹硬陶拍印细席纹。

T404④：深 120~130、厚 0~25 厘米。分布于探方西北角小范围内。深黑色土，土质颗粒较粗较硬，夹杂有大量的小块黑色烧结块和小粒红烧土粒。有一定的产品标本，主要是原始瓷豆、罐、器盖等，少量为印纹硬陶。原始瓷豆均为敛口。印纹硬陶纹饰多为规则的席纹。

T404⑤：深 80~140、厚 0~40 厘米。分布于探方的西半边。深黑色土层，夹杂有少量的红烧土块，土质较紧密，夹杂有少量的产品标本，主要是原始瓷豆、罐与器盖，少量为印纹硬陶。原始瓷豆均为敛口。印纹硬陶拍印规则席纹。

T404⑥：深 80~150、厚 0~55 厘米。分布于西边半个探方内。深黑褐色土层，夹杂有大量的红烧土粒，土质较细、紧密，比 T404⑤红烧土更多，土层更红。出土大量的原始瓷片与烧结块，原始瓷主要是敛口豆、直口小罐以及器盖，印纹硬陶纹饰均为细的席纹。

T404⑦：深 140~200、厚 0~35 厘米。分布于西边半个探方内。深黑色土，土色较 T404⑥黑，红烧土粒与红烧土块较 T404⑥少，颗粒粗，质地硬，夹杂有大量的红烧土块、烧结块与原始瓷片。原始瓷主要有豆、罐、钵、器盖等，豆除敛口豆外，开始出现宽沿深腹、足端带缺口的豆，豆柄上偶见有三角形镂孔或细旋纹装饰。印纹硬陶纹饰以粗大的席纹为主，其次是细席纹，少量为方格纹。

T404⑧：深 145~205、厚 0~30 厘米。分布于西边小半个探方内。红色红烧土层，红烧土块较小，质地紧密而坚硬，地层平面较平坦，土质较硬。出土标本极少，主要是原始瓷宽沿深直腹足端带缺口豆，印纹硬陶纹饰均为粗大的云雷纹。该层下有 G1。

T404⑨：深 165~230、厚 0~25 厘米。分布于西边小半个探方内，新增加地层。红褐色土，夹杂有较多的红烧土块、红烧土粒、烧结块、瓷片标本。瓷片标本主要是原始瓷宽沿深直腹足端带缺口豆。印纹硬陶纹饰为粗大的云雷纹。

发掘完成后，相邻探方的地层进行了通层，各层对应情况如表 5-2-1。

第三节　遗　迹

南山窑址遗迹较为丰富，发掘区内揭露出窑炉、贮料坑、水沟、灰坑、柱洞等，其中窑炉 3 条、贮料坑 2 个、水沟 1 条、灰坑 8 个、柱洞若干。从分布上来看，以窑炉为中心，其他遗迹围绕窑炉分布：贮料坑位于窑炉尾部的南边与西南角，方形大灰坑 H10 与水沟 G1 位于窑炉东边，其余灰坑集中在北边与西边，柱洞基本集中在西边。

一　窑炉

窑炉 3 条，均依山而建，长条形，窑炉总体上看比较原始：一是长度比较短，最长在 7 米左右；二是火膛大而原始，呈纵向长条形下凹，几乎占据窑炉的三分之一；三是尾部不见排烟室；四是窑底不铺砂，凹凸不平。从出土的窑壁残块来看，内侧面有方形粗席纹印痕，部分大块窑壁呈弧形拱状。窑壁残块不见土坯痕迹，为黏土边片糊成。窑炉的修筑过程应该如下：在平地上挖 20 厘米左右深的浅坑，再用竹制器弧形起拱，内铺垫席子，席子上糊黏土。

1.Y1

位于ⅠT302探方中部，叠压于ⅠT302①层下，东边叠压于Y2之上。（彩版六九）

保存不佳，窑壁、窑尾、火膛均已不存，仅剩窑室底部一段青灰色烧结面。残长3.5、最宽处1.6米，厚约12厘米，坡度16°，方向大约45°（图5-3-1）。窑底红烧土连成一个整体，表面呈青灰色，不见铺砂现象。红烧土质较细腻而纯净。

2.Y2

叠压于Y1、ⅠT302④层下，打破生土层。（图5-3-1；彩版七○）

斜坡状长条形龙窑，通斜长6.4米，其中窑床长4米，火膛长2.4米，方向112°。窑底坡度基本一致，达20°。窑床最宽处2.4米，火膛宽度由内向外逐渐向两侧内收，近窑床处宽2米，火门位置宽1.4米。（彩版七一）

窑壁均不太直，两侧窑壁总体保存较好，其中中段最好，后段较差（彩版七二，1、2）。中段两侧壁最高处达30厘米，向后壁逐渐变低。窑壁普遍厚20厘米左右，内较为平直，烧结面不十分明显，不见青黑色烧结层，内壁呈土黄色，外壁呈土红色，整体联结。窑壁基本自底部开始起券拱顶，不见用砖形土坯叠砌修建现象。从坍塌的烧结块内壁的痕迹来看，其内部的衬托有两种情况：一种是用竹类材料拱成半圆形，直接涂抹草拌泥，再经火烧烤而成；另一种是先用竹类材料拱成半圆形，再在之上铺垫宽粗的席子，席子之上涂抹草拌泥（彩版七二，3）。窑之两侧壁均未见开窑门现象，窑底不见投柴孔烧造形成的灰黑色烧结底面，因此此时的窑床既不开窑门，也不使用投柴孔。根据窑床的宽度及窑炉中坍塌的拱顶残块弧度来看，当时窑室的高度在1.6~1.8米之间。

窑床底部为青灰色烧结面，较为平坦，但不见铺砂现象，在中部略偏西有少量的黑色粗砂粒，与部分器物底部黏结的粗砂粒相近，可能是有意铺垫。

火膛位于窑床前端中部，纵向（与窑炉同向）长方形，后端与窑床相接位置急收，但未形成断坎，两侧壁较宽，向中间凹弧，形成纵向长方形的凹槽。整个火膛底面为青灰色的烧结面，是整个窑炉中呈色最深的，烧结程度较高，底面略呈斜坡状，坡度较窑床略缓。前壁保存不佳，火膛口已被破坏。火膛的前端有一块带烧结面的红烧土块，烧结程度明显不如后端的，宽约20厘米左右，可能是当时出灰的位置，被热灰与炭火烫烤而成。在此层下还有另外一个烧结面，应该是更早的烧结面。下层烧结面从解剖的情况来看，基本略呈扇形由火膛口向外扩展，越近火膛口烧结越严重，向外变淡并直至消失成红烧土块层。这可能与堆积火膛灰烬有关。（彩版七三）

窑头的前端为一层较平坦的细碎红烧土，颗粒较细而均匀，土质较硬，底部为一层浅黄色的近青膏泥状的极细淤泥，当为有意铺垫。该层应该是Y2的窑前操作面。分布范围基本为Y2的前方及右（东）前方。

窑之后壁保存极差，已不见窑壁，应该已被破坏。后半部的窑床底部不见青灰色烧结面，为土红色红烧土，并呈整体的块状，内拌有稻草类植物，为草拌泥。

窑内填土可分成2层。第1层为相当于窑顶与窑壁的坍塌块，主要分布于后半段的大半个窑炉内，但坍塌以后可能有移动，青灰色的烧结硬面既有朝向窑底的，也有朝天与侧翻的，

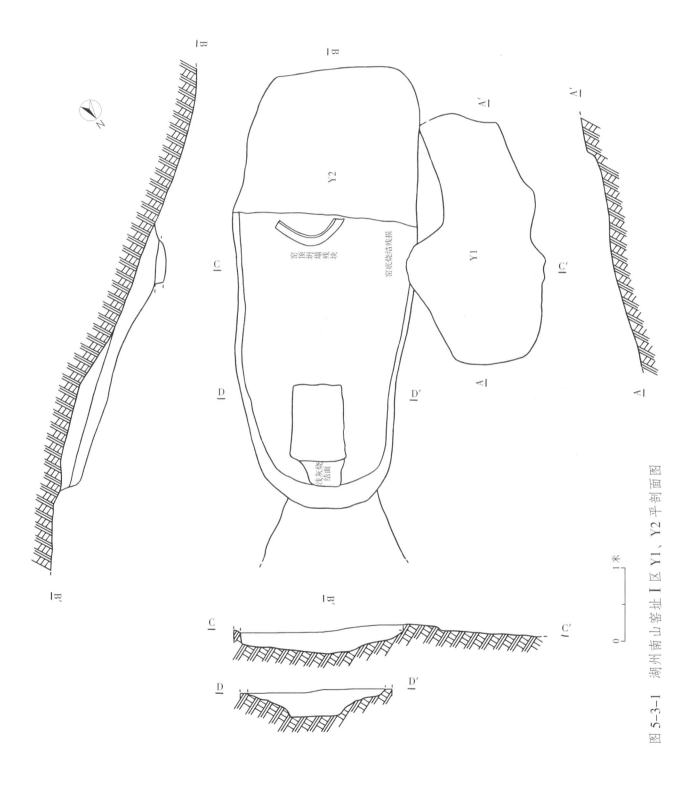

窑顶坍塌残块

窑底烧结残损

Y2

Y1

浅灰烧结面

图 5-3-1　湖州南山窑址 I 区 Y1、Y2 平剖面图

0　　　　　1米

部分保存较好、个体较大、结构坚硬并有一定的弧度，厚达 15 厘米左右，烧结块朝里一侧为黑色烧结层，向外依次为经烧烤形成的紫红色和土红色。大块的烧结块当为草拌泥，土中的稻草类植物秆儿痕迹清晰可见。在近窑床中部侧翻有一大块弧形顶部坍塌块。黑色烧结面印痕基本为粗宽的席纹，直角相交，较为规则，推测当时使用竹席类器物衬托。在该层中部发现较大的炭样一块，取回以作 ^{14}C 测年。该层中发现少量的原始瓷标本，包括豆与小罐两种。豆为敛口豆盘残片与不见缺口的喇叭形豆柄。小罐为直口短颈，折肩，弧腹，小平底。第 2 层为灰黑色烧结粒层，包含有大量的灰黑色烧结粒与红烧土粒，颗粒均较小，但土质极硬，叠压于第一层红烧土层下，主要分布于火膛相对应的位置。

3.Y3

地层叠压关系比较复杂，南头直接叠于ⅠT303②b层下，中部偏南叠压于ⅠT303③层下，中部偏北叠压于ⅠT303⑦层下，北头叠压于ⅠT303⑥层下。从最早的层位来看，当叠压于ⅠT303⑦层下。窑炉内不见窑顶及窑壁坍塌的大块红烧土堆积，而直接是各个时期的地层堆积，并且直达窑炉底部。东边近窑尾处被一扰坑打破，部分窑壁及窑底不存。（彩版七四~七六）

保存基本完整。斜坡状长条形龙窑，通斜长 6.9 米，其中窑床长 4.3 米，火膛长 2.6 米，窑床最宽处 2.4 米，方向 320°，坡度近 20°。（图 5-3-2）

窑壁均不太直，窑西壁保存较好，其中中段最好，后段较差。中段两侧壁最高处达 30 厘米，向后壁逐渐降低。西壁的中部近火膛部位有一块大基岩，其朝内一侧较为平齐，可能是利用原生的基岩略作修整而成。窑壁普遍厚 10 厘米左右，烧结面不十分明显，不见青黑色烧结层，内壁呈土黄色，外壁呈土红色，整体联结。从西壁由底部即开始倾斜的情况来看，窑壁基本自底部起开始起券拱顶，不见用砖形土坯叠砌修建现象。从坍塌的烧结块内壁的痕迹来看，其内部的衬托有两种情况，一种是用竹类材料拱成半圆形，直接涂抹草拌泥，再经火烧烤而成；另一种是先用竹类材料拱成半圆形，再在之上铺垫宽粗的席子，席子之上涂抹草拌泥（彩版七七，1）。窑之两侧壁均未见开边门现象，窑底不见投柴孔烧造形成的灰黑色烧结底面，因此此时的窑床既不开窑门，也不使用投柴孔。根据窑床的宽度及窑炉中坍塌的拱顶残块弧度来看，当时窑室的高度在 1.6~1.8 米之间。

火膛位于窑床前端中部，纵向（与窑炉同向）长方形，后端与窑床相接位置急收，但未形成断坎，两侧壁较宽，向中间凹弧，形成纵向长方形的凹槽，但不如 Y2 规则。整个火膛底面为青灰色的烧结面，是整个窑炉中呈色最深的，烧结程度也高，底面略呈斜坡状，坡度较窑床为缓。前壁保存不佳，火膛口已被破坏。火膛外近火门的前端有一块带烧结面的红烧土块，烧结程度明显不如火门内，宽约 20 厘米左右，可能是当时出灰的位置，被热灰与炭火烫烤而成。在此层下还有另外一个烧结面，应该是更早的烧结面。下面的烧结面从解剖的情况来看，基本略呈扇形由火膛口向外扩展，越近火膛口烧结越严重，向外变淡并直至消失成红烧土块层。这可能与堆积火膛灰烬有关。

窑头的向外端为一层较平坦的细碎红烧土，颗粒较细而均匀，土质较硬，底部为一层浅黄色的近青膏泥状极细的淤泥，当为有意铺垫，该层应该是 Y3 的窑前操作面。（彩版七七，2）

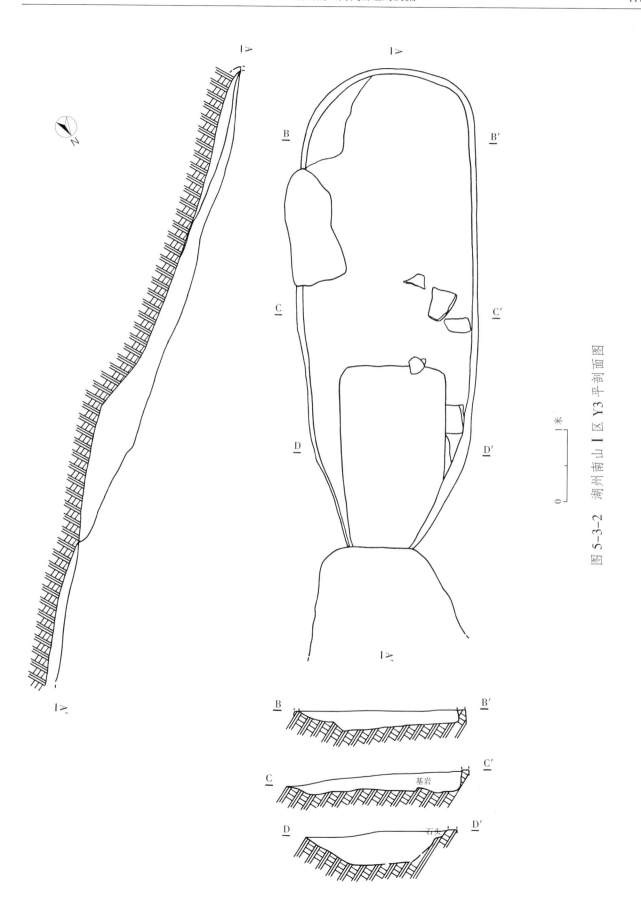

基岩

石头

图 5-3-2　湖州南山 I 区 Y3 平剖面图

0　　　1米

分布范围基本为 Y3 的前方。

窑床底部为青灰色烧结面，窑床部位较为不平，且不见铺砂现象，窑尾东侧，窑壁与窑底连接处外凸，中间略偏东下凹，整个尾部高低起伏最大。窑床的中部最为平坦，但东部小范围被一晚期坑打破。窑床前端近火膛部位有多块基岩外露，且使底部凹凸不平。（彩版七七，3）

窑之后壁极差，仅在东边尚有窑壁的痕迹存在。

窑内填土可分成两种情况，火膛以后相当于窑床上的窑壁与窑顶坍塌块堆积基本被移除，堆积分别为位于 T303 的②b、④、⑦层的部分堆积，其中后段为②b 层堆积，中段有少量的④层堆积，大部为⑦层堆积，而⑦层包含有较多的红烧土块和烧结块。在相当于火膛位置的堆积分成 3 层：最上面一层为灰黑色土层，内夹杂有大量的青灰色窑渣粒及小块烧结粒，土质较松；其下层为一层红烧土层，红烧土内有明显的稻草类植物的痕迹，当为草拌泥烧烤形成，表面为灰白色的烧结面，烧结程度不高，平面较平；在红烧土层之下的火膛口端，为一层灰黑色土层，前端厚，后端薄，其土质、土色与红烧土层上的灰黑色土层相似。三层土中基本不见包含物，仅在第 3 层，即灰黑色土层中发现一片原始瓷豆的残片，为敛口豆。（彩版七七，4）

二 贮料坑（坯泥坑）

共发现两个，分布于窑炉的南边与西南角。均在基岩上开凿而成，形状不太规则。

1.H7

位于 ⅠT202 紧挨东隔梁的中部，一部分被 ⅠT202 东隔梁所压。此位置在整个发掘区的南部中间，处于窑后面的上坡部位，北距 Y3 约 5 米左右。这里本是南山西部山脊末端的顶部，叠压于 ⅠT202 ①层下，完全挖入岩层。坑口距地表深仅 10 厘米。

平面形状很不规整，坑壁和底部凹凸不平。坑口平面比较狭长，接近长方形，呈南北向（图5-3-3；彩版七八，1）。坑口南北最长径 330 厘米，东西最长径 145 厘米，中心深 85 厘米左右。由于此处生土岩面呈向北倾斜状，故坑口与坑底也相应地由南向北倾斜。坑壁与底部均未发现其他遗迹现象。北头朝窑炉的下坡部位，坑口收窄并略低，颇似用于上下坑的口子，应为有意而做。

灰坑所在位置无废品堆积，坑内填灰黄色细黏土，其中杂有大块石并包含较多窑址产品标本，所见原始瓷标本均为本窑址的晚期产品。灰坑最底部中心岩基上，发现分布范围很小的一薄层青灰色细黏土（彩版七八，2）。此层土虽然残留少，范围小，堆积薄，但与整个坑内后来形成的堆积土完全不同。此处山体系黄色砂岩，表面山土呈灰黄色，因此，底部发现的这点细腻青灰土，不该是土坑废弃后形成的堆积土，而应是此坑在使用时残留的堆积物。

从 H7 形体较大、基岩上开凿而成、底部残留有青灰色细黏土等情况来看，此坑原先曾堆积过此类青灰色细黏土。而此青灰色的细黏土，可能就是制瓷用的坯料。据此，我们推测此坑原先可能是存放经淘洗处理后的坯泥的，可能是一个坯泥坑。且坑朝窑炉方向的下坡北端似有一个方便上下取泥的略低的口子，这就增加了其作为坯泥坑的可能性。

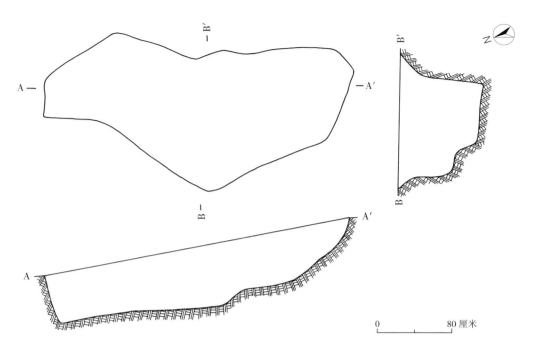

图 5-3-3 湖州南山窑址Ⅰ区 H7 平剖面图

2.H8

位于ⅠT302 的西南角紧挨T202 北隔梁处，一部分压在隔梁下。此位置在窑炉遗迹的西南方，与 H7 相距不远，约 3 米左右。所在位置的窑址堆积层已被破坏，直接开口于 T302 第①层下，完全挖入岩层。坑口距地表深约 30 厘米。

坑口平面形状基本呈圆形，由于是在块状岩层中挖掘而成，总体不是很规整（图 5-3-4；彩版七八，3）。坑体很大，但较深。坑口南北最长径 132 厘米，东西最长径 94 厘米，中心深 90 厘米。

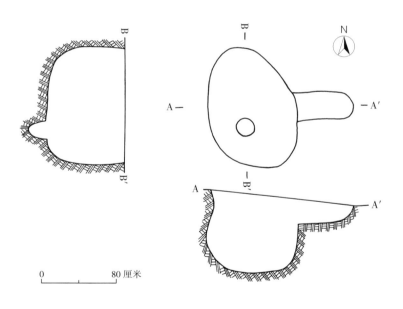

图 5-3-4 湖州南山窑址Ⅰ区 H8 平剖面图

坑壁比较整齐陡直，坑底比较平整。其中东侧坑口有约 60 厘米长、30 厘米宽的部分略挖低，似为方便上下有意而做。坑底中心偏南处还发现一个圆形小坑，小坑直径 20 厘米，深 20 厘米。

H8 所在位置无废品堆积层。坑内填积土上下部有明显差异：上部土较杂，色偏灰，结构松软，含有窑址产品碎片；下部堆积土较纯，为灰黄和灰白色细黏土。特别是近底部堆积土黏性很大，大部分呈灰白或青灰色。此处山体系黄色砂岩，表面山土呈黄色，坑内此种细腻的灰白或青灰色黏土与自然山土明显有别，与含有窑渣、烧结块、红烧土、大量产品残碎片等的窑址废品堆积也完全不同。因此，初步推测坑内下部的这些细黏土，不是该土坑废弃后形成的堆积，而应是原先使用期间坑内堆积物的残留。

从 H8 的形状结构看，其平面形状比较规整，大体呈圆形，坑虽不大但较深，坑壁陡直，底部平整，又是在岩层中挖成，当为有意开凿。坑内下部堆积的灰白和青灰色细黏土，与岩坑废弃后形成的堆积土完全不同，也与山体的黄色砂岩和灰黄色的表面山土有别，因此不是土坑废弃后形成的堆积土，可能是已经过淘洗处理后的坯料泥，故推测此坑是用于存放坯料泥的一个坯泥坑。该坑东侧似有一个可方便上下取泥的略低的口子，这就增加了其作为坯泥坑的可能性。

三　灰坑

灰坑共发现 7 个，其中 H6 为晚期灰坑，其余 6 个从坑的结构、坑内填土等情况来看可以分成三种类型：第一种类型包括 H1 与 H2，圆形小坑，较浅，均位于窑炉的前端，内填大量的红烧土粒；第二类包括 H3、H4、H5、H9 四个灰坑，较小而浅，坑内填土主要是窑炉的废品堆积；第三类为 H10，长方形大坑，填土为山体风化后的黄砂粒。

1. 第一类型

H1　位于 T403 的东北角，东、北边叠压于隔梁下，隔梁下部分未清理。开口于 I T403 ⑦ 层下，打破生土。清理部分基本呈不规则形，壁较斜，底不平，东西长 225、南北宽 240、深 25 厘米（彩版七九，1）。内填大量的细碎红烧土粒，土质纯净而较紧密，基本不见包括物。周边生土呈浅黄泛灰白的淤状土，土质细软纯净，可能作为瓷土使用。该坑离窑炉不远，可能是修建窑炉或烧造产品时取土所形成，后再以火膛内的红烧土填平。I T403 ⑦ 层属于本窑址的第二期，也即商代早期后段，H1 开口于该层下，时代当早于或同于该地层。

H2　位于 I T402 东北角，部分叠压于东、北隔梁下，隔梁下部分未清理。开口于 I T402 ⑮ 层下，打破生土。位于 H1 的西北角。基本呈不规则圆形，壁较直，底不平（图 5-3-5；彩版七九，2）。清理部分东西长 270、宽 220、深 40 厘米。内填大量的细碎红烧土粒，土质纯净而较紧密，基本不见包含物。其形状、填土、周边生土与 H1 基本一致，推测功能也应该相同。I T402 ⑮ 为本窑址的第一期，也即商代早期前段或夏商之际，H2 开口于该层下，时代当与该地层相当。

2. 第二类型

H3　位于 I T401 的东南角，紧挨东边隔梁。向东南约 7 米即为 Y1 所在位置，西南方约 6 米为位于 I T301 内的 H4 和

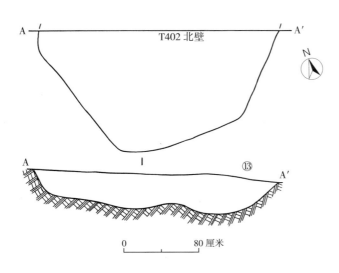

图 5-3-5　湖州南山窑址 I 区 H2 平剖面图

H5。开口于ⅠT401②层下，打破③层，并打入生土层。坑底部为黄色生土。坑口距地表深125厘米。其上所压之②层为本窑址晚期堆积，被打破的③层为本窑址的中期堆积。

坑口平面大体呈长圆形，南北走向，形状不甚规整，坑口顺生土面由南向北倾斜，高差较大。H3平面范围较大，坑口南北最长径202厘米，东西最长径140厘米。底呈锅底状，深约50厘米（图5-3-6；彩版八〇，1）。坑壁与底部未发现明显的加工痕迹。

坑内填土为灰黄色黏土，包含大量青灰色的窑炉坍塌块、红烧土块以

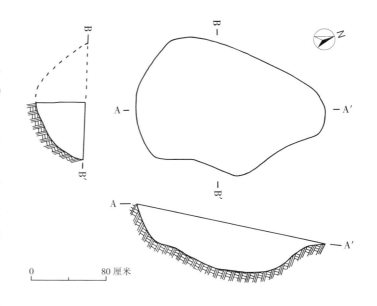

图5-3-6　湖州南山窑址Ⅰ区H3平剖面图

及原始瓷片，无上下分层现象。出土的产品残片标本中，器形主要有原始瓷的豆和印纹硬陶的罐，原始瓷豆的形制为有凸箍状细高把的直口豆。

从H3的形状结构、坑内填土情况看，此灰坑显然是在窑炉烧造过程中形成的。但从位置关系看，H3位于窑址西边堆积的最边缘、窑炉的西侧外围，并非完全的废品堆积区。因此，H3初始挖掘时可能另有用途，废弃后才成为灰坑，因坑内无其他迹象，当时的用途难以推测。当然，也并不能排除当时窑场生产过程中因某种需要而在此挖土形成的可能。

H3叠压在ⅠT401②层下，打破ⅠT401③层，表明在相对关系上它要早于②层，而晚于③层。第②层和③层是废品堆积层，此位置属于窑址西边堆积边缘。ⅠT401②层是本窑址最晚的第五期废品堆积层，出土带凸箍的细高把豆、直口罐等，其年代约在商代晚期后段。H3坑内堆积包含物与②层相同。被H3打破的ⅠT401③层属于窑址第四期堆积，具体年代约在商代晚期前段。据此层位关系可推定H3的形成年代在窑址的第四、五期之间。

H4　位于ⅠT301的西南部，接近探方西边，与H5南北并排分布，H5在南，H4在北（彩版八〇，2）。其东侧有一部分柱洞遗迹。向东约10米为Y1窑炉遗迹所在位置。开口于ⅠT301②层下，打破生土层。坑底部为黄色生土。坑口距地表深115厘米。其上所压之零星②层为本窑址晚期堆积。

坑口平面大体呈圆形，南北走向，形状不甚规整，坑口顺生土面由南向北、由东向西略有倾斜（图5-3-7）。H4平面范围较大，坑口

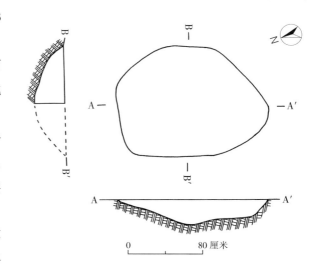

图5-3-7　湖州南山窑址Ⅰ区H4平剖面图

南北最长径 160 厘米，东西最长径 120 厘米。圜底，深仅 30 厘米。坑壁与底部均未发现其他迹象。

坑内填土为灰黄色黏土，并包含较多青灰色的窑炉坍塌块、红烧土块以及瓷片，无上下分层现象，底部未见较纯净泥料等其他堆积物。出土的产品残片标本中，器形主要有原始瓷豆和印纹硬陶罐。原始瓷豆的形制为有凸箍状细高把的直口豆。

从 H4 形状结构、坑内填土等情况分析，H4 初始挖掘时可能另有用途，废弃后才成为灰坑，最初用途难以推测，不能完全排除当时窑场生产过程中因某种需要而在此挖土形成的可能。

H4 开口于 I T301 ②层下，表明在相对关系上它要早于该层。 I T301 ②层是本窑址最晚的第五期废品堆积层，其年代约在商代晚期，而坑内填土中出土的包含物亦与 I T301 ②层的包含物相似，因此 H4 废弃的年代当在商代晚期。

H5 　位于 I T301 的西南部，接近探方西边。与 H4 南北并排分布，位于 H4 南。其东侧有一部分柱洞遗迹。H5 向东约 10 米为 Y1 窑炉遗迹所在位置。层位关系与 H4 相同，开口于 I T301 ②层下的生土面，完全挖入生土层。坑口距地表深 115 厘米。坑底部为黄色生土。

坑口平面大体呈圆形，略呈东西走向，形状不甚规整，坑口顺生土面由南向北、由东向西略有倾斜（图 5-3-8；彩版八〇，2）。坑口东西最长径 214 厘米，南北最长径 162 厘米。圜底，深仅 20 厘米左右。填土与包含物与 H4 基本一致。

H5 的形状、开口层位、填土及包含物与邻近的 H4 基本一致，因此其时代、功能亦应相近。

H9 　位于 I T302 的西南部，其南约 2 米有 H8。东距窑炉遗迹约 3 米左右。开口于 I T302 ①层下，完全挖入生土。坑口距地表深仅 20 厘米左右。

坑口平面基本呈不规则的长方形（图 5-3-9；彩版八一，1）。坑体范围较小，但较深。

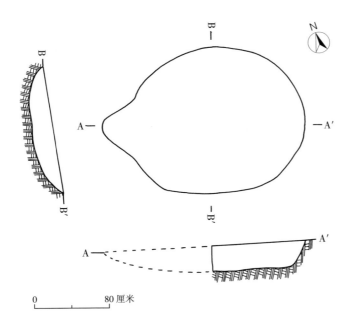

图 5-3-8　湖州南山窑址 I 区 H5 平剖面图

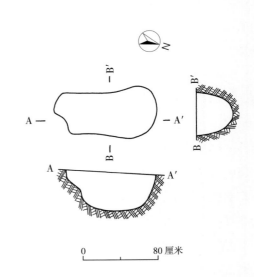

图 5-3-9　湖州南山窑址 I 区 H9 平剖面图

坑口南北最长径 96 厘米，东西最长径 56 厘米，中心深 40 厘米。坑壁比较整齐，坑底收小，圜底。

坑内填积土上下部一致，为灰黄色土，结构比较松软，内含较多红烧土和窑址产品标本。

此坑形状比较规整，小而深，坑壁比较整齐，又在生土层中深挖而成，当为有意挖掘而成，但用途较难推测。

此坑所在位置没有窑址堆积层的叠压或打破关系，但坑内堆积土中包含有窑址废弃物，未见晚期遗物，证明 H9 为窑址时期的遗迹。

3. 第三类型

H10　位于ⅠT304 的东南角，一部分为ⅠT204 北隔梁所压。向西北约 7 米即为窑炉遗迹，其北面下坡部位有水沟遗迹一条（G1）。

H10 所在位置已处在窑址堆积东面外围，地面绝大部分无窑业废品堆积叠压，多为晚期扰乱堆积，仅灰坑西北角叠压于ⅠT304 ②层下。完全打入生土岩层。由于原先自然生土岩面南高北低，呈向北倾斜状，故而坑口南面上坡高，北面下坡低，坑之开口距地表深度不一，其中探方ⅠT304 东壁南面坑口距地表深 50 厘米，北面坑口距地表深 95 厘米。

此坑大而规整。坑口平面形状呈东西向的规整长方形，四壁斜直，上口略敞，壁面十分整齐，四角转角基本呈 90°角，底部范围略收，也十分规整（图 5-3-10；彩版八一，2、3）。由于开口在南高北低的倾斜状生土面上，因此坑口相应呈南高北低，南面上坡坑口远高于北面下坡坑口。坑底东西纵向呈水平状态，但南北横向也相应呈由南向北斜坡状，倾斜度颇大。坑口东西长 492~500 厘米，南北宽 236~264 厘米，坑底东西长 474 厘米，南北宽 234 厘米。北壁高 48 厘米，南壁高 75 厘米。坑壁和坑底未见其他迹象。

坑内填积土上下部一致，完全为淡黄色风化沙，结构板实。土质很纯，无任何包含物。

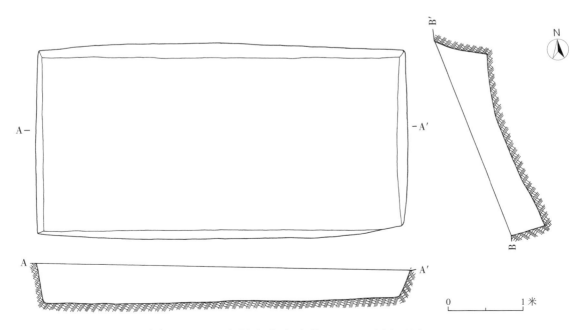

图 5-3-10　湖州南山窑址Ⅰ区 H10 平剖面图

这些风化沙与上坡面山地表面存在的山岩风化物相一致，可能是上坡面地表砂岩风化后随雨水冲积于坑内。

H10 分布在窑炉遗迹的东侧外围，其下坡有一条水沟遗迹（G1）存在，由于此灰坑与下坡水沟已在发掘区东面边缘，再往东的发掘区外是否还有关联遗迹的存在现不得而知。

H10 完全开挖在生土岩层上，部分叠压于窑址废品堆积层下，加之形状规整，范围很大，因此，完全可以肯定是窑址烧造期间为某种用途而有意挖掘的，是与窑址有关的重要遗迹。坑内堆积的大量风化沙应是形成于此坑废弃之后。因坑内无其他遗迹遗物残留，此类型的坑又只发现一个，故其用途较难认知。根据此坑的范围、形状及与水沟 G1 的位置关系，初步推测 H10 有可能作为原料淘洗池使用：长方形大坑用作瓷土淘漂，将取来的瓷土原料粉碎后放在此池内加水搅拌淘洗，粗粒沉于坑底，细腻瓷土随水漂浮，并越过北面坑口往下坡流入 G1 之内进行沉淀。北面已清出的部分水沟底部呈北头外口略高状态，沟底积水不会随沟向北面全部排完，正好使水沟内细泥沉淀后的上部清水可以从水沟向北面水田排出。这样，在沟底沉淀下来的细泥就成为制瓷坯料。当然，不排除东面发掘区外可能还有用于沉淀的大池存在的可能。沉淀下来的坯料在用于制坯前，可能还需放到像 H7 和 H8 那样的岩坑内先进行一段时间的陈腐，以提高坯泥质量。此坑是窑址工场遗迹的重要组成部分。

此坑局部叠压于ⅠT304②层下，相对年代要早于②层。灰坑打破生土层，可能系窑址初始时期就形成的遗迹。

四　水沟

仅发现一条，为 G1。

G1 位于ⅠT404 内，平面形状呈较宽阔的长条形，其走向先由北向南伸展，再折向东，两头均分别伸出探方之外，由于土地问题而未扩方发掘揭其全貌（图 5-3-11；彩版

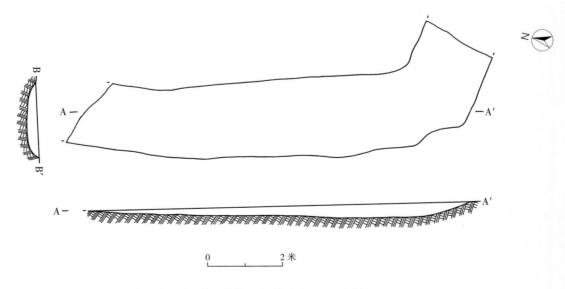

图 5-3-11　湖州南山窑址Ⅰ区 G1 平剖面图

八二）。水沟处于窑址东面堆积的边缘部位，其东半边上无废品堆积层，自上至底全部为晚期扰乱堆积层，西半边叠压于ⅠT404⑧层下。沟完全打入生土。水沟开口距现地表约2米。

探方内发掘清理出来水沟部分长约1100厘米，其宽度南段略大于北段，而深度南段亦略深于北段。沟壁未见任何加固现象，泥壁基本整齐。沟口北段宽约175厘米，南段宽约200~225厘米。沟甚浅，沟底呈浅弧状，北头深约35厘米，南头深约40~45厘米。

坑内填积土上下部一致，土质土色与ⅠT404⑧层相同。土色灰黑，结构较松散，土内包含有大量窑炉烧结块、窑渣和产品标本。出土原始瓷可辨器形主要有敞口深腹的矮把豆、敞口浅腹的高把豆，足端带3个缺口，少量豆柄上发现有复线菱形刻划纹和叶脉纹；另外还有敛口钵。印纹硬陶有圜底下加圈足罐，罐身拍印粗大的菱形云雷纹。沟底未发现任何遗迹现象。

G1完全开挖在窑炉附近的生土面上，其上部分叠压有窑址废品堆积层，加之形状规整、范围很大，因此，完全可以肯定是窑址烧造期间为某种用途而有意挖掘的，是与窑址有关的重要遗迹。沟内的废品堆积和上面叠压的废品堆积层应是形成于此沟逐渐废弃之后。窑址建立在原先小山的北面缓坡上，具有自然的倾斜度，山之北侧现系低洼水田，地势更低，原先有河流一直通向苕溪，山水排泄不存在问题，因此，窑址生产期间在此处专门挖掘用作一般排水的水沟似完全没有必要。由此推测G1的设置应与窑址的生产活动有关，可认定是窑址遗迹的一部分。此沟位于低处，其西侧约5米为窑炉位置，其南面的上坡部位分布有长方形灰坑H10，H10也完全开口在生土岩层上，判定其是与水沟同时期的窑址作坊遗迹。由于未向北面和东面扩方发掘，因此有无其他相关遗迹不明。从制瓷工艺流程角度分析推测，H10有可能用于淘洗瓷土原料，其中的泥浆水流入G1后进行沉淀，细泥沉淀后的上部清水从深度稍浅的北段水沟向北面水田低处排出。

G1局部位置被属于本窑址第二期的ⅠT404⑧层废品堆积所压，相对年代要早于该层，沟又完全开在生土面上，应系窑址初始时期就形成的遗迹，可能与H10大方坑同时形成并使用。

五 柱洞

本次发掘共发现柱洞遗迹10个，分别编号D1~D10。这些柱洞平面大部分为圆形，少量呈椭圆形。开口直径22~37厘米，深度5~35厘米。开口层位不一，均打入生土。有关各柱洞的具体情况详见表5-3-1。

从分布上看，以窑炉西侧区域柱洞最为密集，但由于晚期扰动严重，已看不出柱洞所构成的建筑结构了（图5-3-12）。本窑址唯一的一件制作工具——瓷垫，即出土于柱洞附近，判定这一区域原先应当为产品的制作区域，上有简单的工棚类建筑。

D9和D10位于Y3窑后部位，距离很近，与窑炉应有直接关系，有可能是覆盖窑炉的简易建筑之遗迹（图5-3-13）。

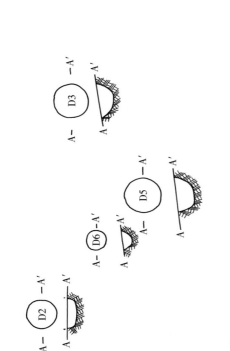

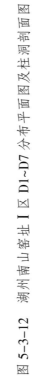

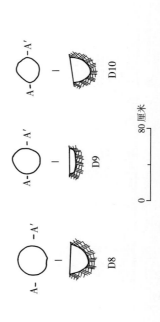

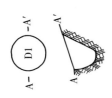

图 5-3-12 湖州南山窑址 I 区 D1~D7 分布平面图及柱洞剖面图

图 5-3-13 湖州南山窑址 I 区 D8~D10 平剖面图

表 5-3-1 湖州南山窑址Ⅰ区柱洞遗迹登记表

单位：厘米

编号	开口层位	位置	平面形状	大小	
				直径	深度
D1	Ⅰ T401 ②层下	Ⅰ T401 东南部	圆形	34	25~35
D2	Ⅰ T301 ②层下	Ⅰ T301 东北部	圆形	34	13
D3	Ⅰ T301 ②层下	Ⅰ T301 中部偏东	圆形	37	15
D4	Ⅰ T301 ①层下	Ⅰ T301 东南部	圆形	34	17
D5	Ⅰ T301 ②层下	Ⅰ T301 东北部	圆形	36	20
D6	Ⅰ T301 ②层下	Ⅰ T301 东北部	圆形	22	12
D7	Ⅰ T301 ②层下	Ⅰ T301 北壁偏中	椭圆形	22~26	25
D8	Ⅰ T302 ①层下	Ⅰ T302 西南部	圆形	30	20
D9	Ⅰ T302 ①层下	Ⅰ T302 东南部窑尾	圆形	26	5
D10	Ⅰ T303 ①层下	Ⅰ T303 东南部窑尾	椭圆形	23~27	20

第四节 南山窑址Ⅰ区出土的器物

南山窑址Ⅰ区地层包含物非常丰富，以窑炉坍塌后形成的大小不一的烧结块、各种类型的原始瓷废品占堆积的绝大多数，有少量拍印几何形纹、胎质与原始瓷相同、部分施釉的器物，偶见成型使用的瓷垫与装烧使用的垫饼等。原始瓷器形以豆为主，贯穿始终，晚期出现大量的罐及器盖，与豆一起构成了本窑址的产品主体。此外还有一定数量的簋、尊、盆、盘、钵、盂等器物。原始瓷产品用瓷土作胎，多数器物的胎质较为细腻坚致，但瓷胎中仍含有一定数量的杂质，胎土的处理上尚处于原始状态；人工施釉痕迹明显，少量器物内外满釉、釉色青翠、釉层均匀、胎釉结合好、玻璃质感强，多数器物釉层极薄、呈色不均匀、仅局部有釉，施釉技术仍处于摸索阶段；除部分豆柄外，均轮制成型，部分器物手工修坯，器形规整；部分烧成质量好的产品，从质地到釉色，可与春秋战国时期的原始瓷媲美。按照地层叠压关系及出土器物的类型学排比，南山窑址Ⅰ区共可分成五期。

一 第一期

包括湖·南Ⅰ T302 ⑥层、湖·南Ⅰ T303 ⑧层、湖·南Ⅰ T402 ⑬ ~ ⑮层、湖·南Ⅰ T404 ⑨层、湖·南Ⅰ G1、湖·南Ⅰ H1、湖·南Ⅰ H2、湖·南Ⅰ H8 等文化层与遗迹单位。

器类单一，原始瓷以豆为主，另有少量的钵、盂以及拍印几何形印纹的器物。豆基本为宽沿深腹，沿面弦纹浅而不清晰，矮圈足，圈足足端等距分布有三个半圆形小缺口。钵数量不多，但种类齐全，包括宽沿弧敛口型、宽沿折敛口型、窄沿弧敛口型、窄沿折敛口型等，上腹部常见宽扁泥条耳装饰。盂数量极少，有平底与圈足两种，圈足盂的圈足与豆相似，短直外撇，足端有三个半圆形小缺口。印纹硬陶数量极少，以罐为主，长颈、圆肩、鼓腹、大圈足，肩部有宽桥形耳与鸡冠状堆塑，偶见短颈翻折沿鼓腹罐与短颈直口鼓腹圜底略凹的小钵。纹饰多为云雷纹，拍印较为杂乱，多重叠重复拍印，一种云雷纹线条粗而清晰、纹饰大而较方正，另外一种线条略细、纹饰较大但呈尖菱形。晚段（T402⑬层）偶见席纹，其风格与云雷纹近似，粗大杂乱而清晰。原始瓷和印纹硬陶胎质一致，胎色浅灰，质量高的器物胎质细腻坚致、烧结度高，多数器物含有极细的黑色斑点、气孔较多或起泡现象较为严重。普遍施釉，一般位于豆盘的内腹与钵的口沿及内腹部，质量差别较大。质量较佳者釉色青翠，釉层厚，胎釉结合好，玻璃质感强。但多数器物釉色呈较深的灰色，釉层薄，施釉不均匀，玻璃质感不强。采用轮制成型结合手工修整。豆盘及钵的内腹可见清晰的轮旋痕，豆盘及钵外下腹、豆柄外腹部、钵底部手工修刮而成，豆柄内侧用片状工具掏挖而成。器物直接置于窑床上装烧，通常多件叠烧，部分器物底部黏有大块烧结块。

1. 原始瓷

豆　本期见有 A I 式、A II 式、C I 式、D 型、G I 式豆及钵形豆等。

A I 式　湖·南 I T302⑥：2，可复原。宽沿略窄，沿面上弧，沿腹间呈弧形，足端缺口较大，形状近三角形。浅灰色胎，胎有大量大小不等的气泡。豆盘内腹有青灰色釉，釉层较薄，施釉均匀，有一定玻璃质感，外腹、豆柄釉层更薄。内腹中心不见叠烧痕迹，黏结有小块窑渣粒，底足有与瓷器的黏结痕迹，当为多件叠烧之最上面一件。（图 5-4-1，1；彩版八三，1）

湖·南 I T302⑥：5，可复原。沿面上弧，沿腹间呈弧形，喇叭形圈足较矮，足端等距分布近三角形小缺口。豆盘为轮制成型，内底旋纹粗疏，豆盘的外下腹部用刀片纵向削刮而成。胎呈夹心状，胎心土灰色，内外壁土黄色，胎质疏松，有大量大小不一的气泡。豆盘内腹满釉，外腹与豆柄朝向火膛一侧有釉，釉均呈极薄的土灰色点状。内腹中心不见叠烧痕迹，黏结有小块窑渣粒，底足有与瓷器的黏结痕迹，当为多件叠烧之最上面一件。（图 5-4-1，2；彩版八三，2）

湖·南 I T302⑥：11，可复原。喇叭形圈足略高。浅灰色胎，胎质较细但有较大的气泡。豆盘内腹叠烧圈外以及外腹与豆柄朝向火膛一侧有釉，釉均呈较薄的土灰色点状。内腹中心有叠烧痕迹，底部黏结有大量的粗砂粒，当为多件叠烧之最下面一件。（图 5-4-1，3；彩版八三，3）

湖·南 I T402⑮：1，可复原。沿面素面。浅灰色胎，胎质较细，夹杂有极少量的黑色细砂粒，豆盘底部有一个较大的气泡。釉不明显，豆盘内腹叠烧痕迹外有极薄而淡的土灰色细点状釉，施釉不均匀，外腹及豆柄仅在朝向火膛的一侧见有土灰色点状薄釉。内底中心有叠烧痕迹，叠圈内无釉，圈足底较干净并有叠烧黏结痕迹，当为多件叠烧之中间一件。（图 5-4-1，4；彩版八四，1）

湖·南 I T402⑮：3，可复原。沿面素面。喇叭形圈足较矮，足端较直。圈足内腹用片状工具多次掏挖而成，内壁不光洁。胎呈夹心状，胎心呈较浅的土黄色，内外壁则呈青灰色，胎质细腻坚致。釉极佳，但仅在豆盘内壁有釉，釉层厚，施釉均匀，釉色青绿，玻璃质感强，点状凝釉明显；豆柄朝向火膛的一侧局部也有釉，与之相对的腹部残，因此外腹情况不明。内底中心无叠烧痕迹，圈足底较干净并有叠烧黏结痕迹，当为多件叠烧之最上面一件。

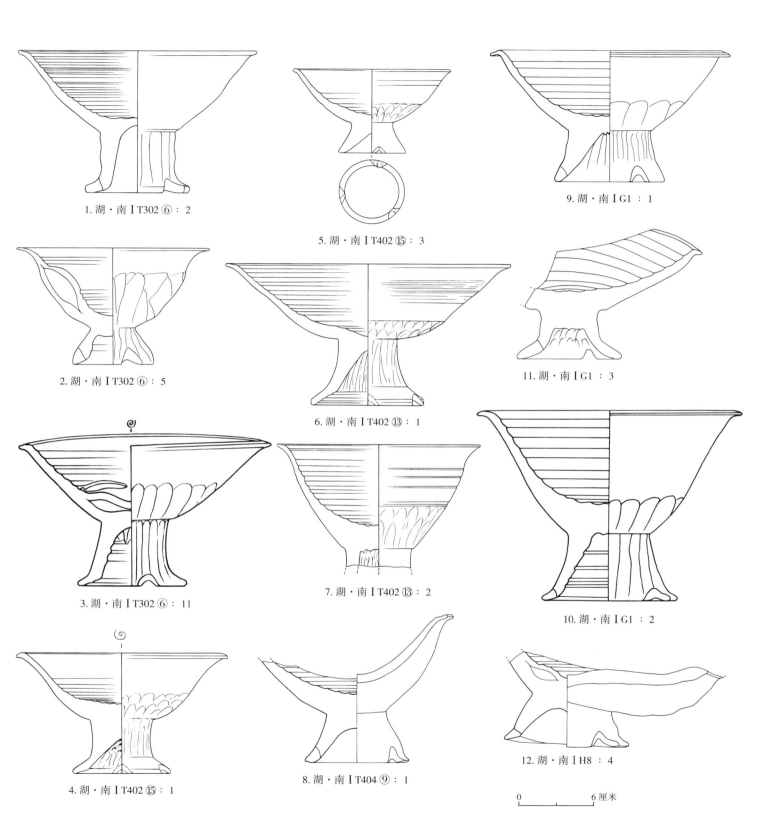

1. 湖·南ⅠT302⑥：2

5. 湖·南ⅠT402⑮：3

9. 湖·南ⅠG1：1

2. 湖·南ⅠT302⑥：5

6. 湖·南ⅠT402⑬：1

11. 湖·南ⅠG1：3

3. 湖·南ⅠT302⑥：11

7. 湖·南ⅠT402⑬：2

10. 湖·南ⅠG1：2

4. 湖·南ⅠT402⑮：1

8. 湖·南ⅠT404⑨：1

12. 湖·南ⅠH8：4

0　　　　　6厘米

图 5-4-1　湖州南山窑址Ⅰ区第一期原始瓷器物图（一）

1~12. AⅠ式豆

（图5-4-1，5；彩版八四，4）

湖·南Ⅰ T402⑬：1，可复原。圈足内腹用片状工具多次分别掏挖而成，内壁不光洁。浅灰色胎，胎质较细，夹杂有极少量的黑色细砂粒，豆盘与豆柄均有少量小气泡或胎体分层开裂现象。釉不明显，豆盘内腹有极薄而淡的土灰色细点状釉，施釉不均匀；外腹及豆柄仅在朝向火膛的一侧有土灰色点状薄釉，其中圈足近足缘处釉层较厚而色较青。内腹不见叠烧痕迹，圈足底较干净，当为多件叠烧之最上面一件。（图5-4-1，6；彩版八四，2）

湖·南Ⅰ T402⑬：2，豆柄残。沿面有两道细凹弦纹。浅灰色胎，胎质极细腻坚致。仅豆盘内腹施釉，釉明显，施釉不均匀，青绿色釉较薄并呈点状凝釉，凝釉处釉层厚，玻璃质感强；残存的外腹不见釉，呈浅火石红色。内腹不见叠烧痕迹并黏结有小块窑渣块。（图5-4-1，7；彩版八四，3）

湖·南Ⅰ T404⑨：1，可复原。沿面素面。浅灰色胎，胎质较细。豆盘内腹和外上腹、豆柄朝向火膛的一侧有土灰色点状薄釉。内腹不见叠烧痕迹，圈足底较干净，当为多件叠烧之最上面一件。（图5-4-1，8；彩版八五，1）

湖·南Ⅰ G1：1，可复原。沿面有粗凹弦纹，足端缺口近似于半圆形。圈足内腹用片状工具多次分别掏挖而成，内壁不光洁。灰黑色胎，胎质较细，夹杂有少量的黑色斑点。釉不明显，豆盘内腹有极薄而淡的土灰色细点状釉，施釉不均匀；外腹及豆柄仅在朝向火膛的一侧有土灰色点状薄釉。内腹不见叠烧痕迹，圈足底较干净，当为多件叠烧之最上面一件。（图5-4-1，9；彩版八五，2）

湖·南Ⅰ G1：2，修复。沿面有粗凹弦纹。灰白胎，胎质较细。釉不明显，豆盘内腹叠烧痕迹外有极薄而淡的土灰色细点状釉，施釉不均匀；外腹及豆柄仅在朝向火膛的一侧有釉，近足端青釉较厚而有玻璃质感。内腹有叠烧痕迹，圈足粘有小块窑渣粒，当为多件叠烧之最下面一件。（图5-4-1，10；彩版八五，3）

湖·南Ⅰ G1：3，可复原。灰白色胎，胎质较细。釉不明显，外腹及豆柄仅在朝向火膛的一侧有土灰色点状薄釉。内腹不见叠烧痕迹，圈足底较干净，当为多件叠烧之上面一件。（图5-4-1，11；彩版八五，4）

湖·南Ⅰ H8：4，可复原。沿面有细凹弦纹。浅灰色胎，严重起泡。釉不明显，豆盘内腹有极薄而淡的土灰色细点状釉，施釉不均匀。内腹有叠烧痕迹，圈足黏结小块窑渣粒，当为多件叠烧之最下面一件。（图5-4-1，12；彩版八五，5）

AⅡ式　湖·南Ⅰ T302⑥：1，修复。沿面有两道凹弧。浅灰色胎，胎质细腻坚致，豆盘中心有起泡现象。豆盘内腹青釉极佳，釉层厚，施釉均匀，玻璃质感强；外腹不见釉，豆柄一侧自上而下及圈足足端有釉，釉层较薄。内腹中心不见叠烧痕迹并黏结有小块窑渣块，底足有与瓷器的黏结痕迹，当为多件叠烧之最上面一件。（图5-4-2，1；彩版八六，1）

湖·南Ⅰ T302⑥：3，可复原。沿面有两道细凹弦纹。圈足拉坯成型，外圈有明显的纵向刀削痕迹，内壁有粗疏的轮旋痕。生烧，呈土黄色。（图5-4-2，2；彩版八六，2）

湖·南Ⅰ T302⑥：4，叠烧标本。上面一件仅存豆柄，下面一件可复原。下面一件沿面有两道凹弧。两件器物均为浅灰色胎。下面一件豆盘内腹有青灰色釉，釉层较薄，施釉均匀，有一定玻璃质感；豆柄外撇处釉层更薄。上面一件内腹中心似乎仍有叠烧痕迹，下面一件黏结有较粗的窑渣粒，至少是三件以上叠烧。（图5-4-2，3；彩版八六，3）

湖·南Ⅰ T302⑥：6，修复。沿面有两道凹弧。浅灰色胎，胎质细腻坚致，豆盘中心有起泡现象。豆盘内腹青釉极佳，釉层厚，施釉均匀，玻璃质感强；外腹不见釉，豆柄一侧自上而下及圈足足端有釉，釉层较薄。内腹中心不见叠烧痕迹，底足有与瓷器黏结的痕迹，当为多件叠烧之最上面一件。（图5-4-2，4；彩版八六，4）

湖·南Ⅰ T302⑥：7，可复原。胎呈夹心状，胎心浅灰色，内外壁土黄色，胎质疏松，

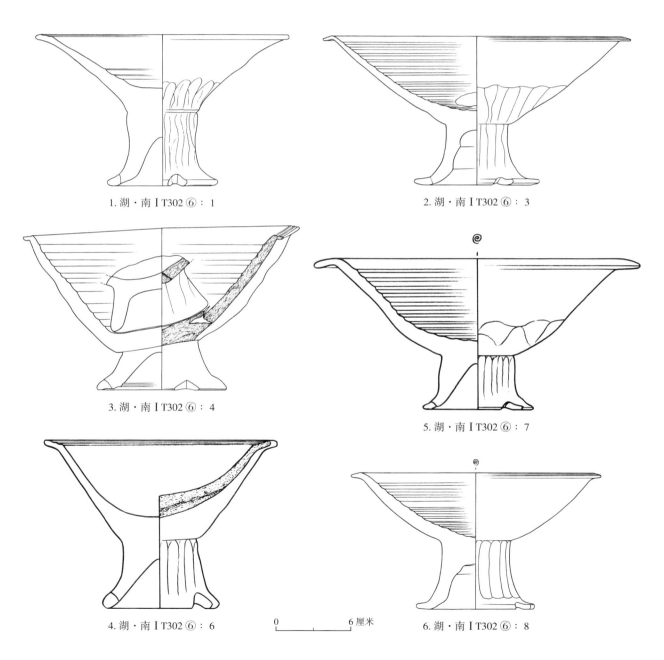

1. 湖·南Ⅰ T302⑥：1

2. 湖·南Ⅰ T302⑥：3

3. 湖·南Ⅰ T302⑥：4

5. 湖·南Ⅰ T302⑥：7

4. 湖·南Ⅰ T302⑥：6

0　　　　　　6厘米

6. 湖·南Ⅰ T302⑥：8

图5-4-2　湖州南山窑址Ⅰ区第一期原始瓷器物图（二）

1~6. AⅡ式豆

有大量大小不一的气泡。因欠烧，釉基本不见。（图5-4-2，5；彩版八七，1）

湖·南Ⅰ T302⑥：8，可复原。圈足拉坯成型，外圈有明显的纵向刀削痕迹，内壁有粗疏的轮旋痕。生烧，呈土黄色。（图5-4-2，6；彩版八七，2）

湖·南Ⅰ T402⑮：2，可复原。浅灰色胎，胎质较细，夹杂有极少量的黑色细砂粒，豆盘底部中心有一道小开裂。釉不明显，豆盘内腹叠烧痕迹外有极薄而淡的土灰色细点状釉，施釉不均匀；外腹及豆柄仅在朝向火膛的一侧有土灰色点状薄釉。内腹中心有叠烧痕迹，叠圈内无釉，圈足底部黏结有小块的窑渣块，当为多件叠烧之最下面一件。（图5-4-3，1；彩版八七，3）

湖·南Ⅰ T402⑬：3，可复原。沿腹间折棱不明显，沿面凹弧。浅灰色胎，胎质细腻坚致，豆盘中心有开裂现象。釉不明显，豆盘内腹有极薄而淡的土灰色细点状釉，釉不均匀；外腹及豆柄不见釉。内腹中心有叠烧痕迹，圈足足缘一侧生烧，当为多件叠烧之最下面一件。（图5-4-3，2；彩版八七，4）

湖·南Ⅰ T402⑬：4，可复原。浅灰色胎，有极少量的黑色细砂粒，豆盘中心有一小道开裂现象，并有多处分层开裂现象。釉不明显，豆盘内腹有极薄而淡的土灰色细点状釉，釉不均匀；残存的外腹无釉；豆柄在近足缘处的一侧局部青釉较厚，玻璃质感强。内腹中心不见叠烧痕迹，圈足底有叠烧的黏结痕迹，当为多件叠烧之最上面一件。（彩版八七，5）

湖·南Ⅰ T402⑬：5，可复原。沿面有两道粗凹弦纹。浅灰色胎，胎质细腻坚致。釉不明显，豆盘内腹有极薄而淡的土灰色细点状釉，釉不均匀；外腹及豆柄一侧有釉，施釉与内腹相似，不见施釉线。内腹中心有叠烧痕迹，外腹黏结有同类器物的口沿残片，当为多件叠烧之中间一件，据此可推测豆类器物的叠烧至少在三件之上。（图5-4-3，3；彩版八八，1）

CⅠ式 湖·南Ⅰ T402⑭：5，宽沿，圆唇略凸起，折敛口，折肩，沿腹间折棱外凸，弧腹略深，圈足残。豆盘内腹旋纹粗疏，豆盘外腹及圈足内外壁均较为光洁，轮制成型。胎色呈夹心状，胎心呈土黄色，内外表呈青灰色，胎质较细腻。釉不明显。（图5-4-3，4；彩版八八，2）

D型 湖·南Ⅰ T402⑬：6，浅坦腹豆，仅剩半个豆盘。沿面较宽，但不外翻，沿面上有两道细凹弦纹，腹平坦，极浅，豆柄残。豆盘轮制，内腹有较细密清晰的旋纹，外腹光洁，近圈足处有片状工具纵向削刮痕迹。浅灰色胎，胎质细腻坚致。内腹釉剥落，外腹不见釉。内腹不见叠烧痕迹。（图5-4-3，5；彩版八八，3）

GⅠ式 湖·南Ⅰ T302⑥：12，可复原。口沿上有细凹弦纹，并残存细扁泥条形耳一个。豆盘轮制，内腹有清晰的轮旋痕；圈足手制，豆盘外下腹及圈足外腹见刀削痕，圈足内腹用片状工具掏挖而成。（图5-4-3，6；彩版八八，4）

钵形豆 湖·南Ⅰ G1：7，豆盘可复原，豆柄残。弧敛口，深腹斜直。豆盘为轮制成型，内腹有粗疏的呈顺时针方向旋纹，豆盘的外下腹部用刀片纵向削刮而成。灰白色胎，胎质细腻坚致。豆盘内腹有极薄而淡的土灰色细点状釉，施釉不均匀。（图5-4-3，7；彩版八八，5）

豆柄 湖·南Ⅰ T402⑭：1，AⅠ或AⅡ式豆柄及豆盘下腹部残片。豆盘口沿残，腹较深，

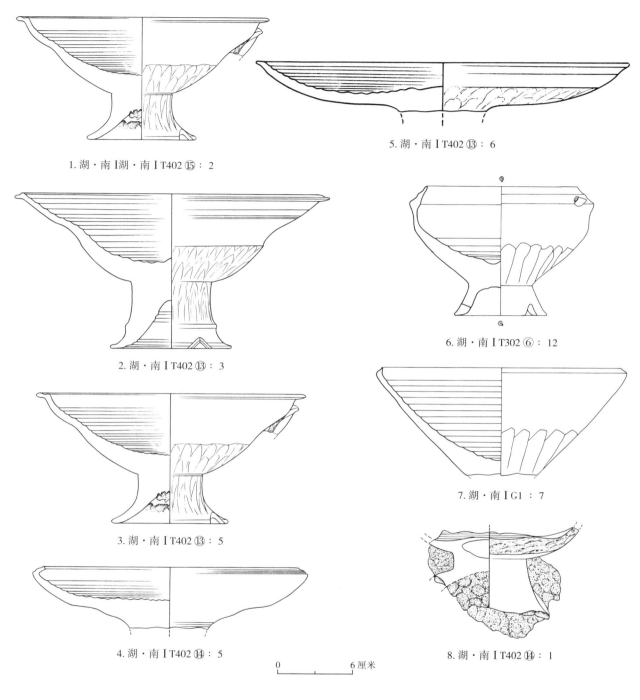

1. 湖·南Ⅰ湖·南ⅠT402 ⑮：2

5. 湖·南ⅠT402 ⑬：6

2. 湖·南ⅠT402 ⑬：3

6. 湖·南ⅠT302 ⑥：12

3. 湖·南ⅠT402 ⑬：5

7. 湖·南ⅠG1：7

4. 湖·南ⅠT402 ⑭：5

0　　　　　6厘米

8. 湖·南ⅠT402 ⑭：1

图 5-4-3　湖州南山窑址Ⅰ区第一期原始瓷器物图（三）

1~3. AⅡ式豆　4. CⅠ式豆　5. D型豆　6. GⅠ式豆　7. 钵型豆　8. 豆柄

喇叭形圈足较高，足端外撇，足缘等距分布三个圆角三角形状小缺口。豆盘为轮制成型，内腹、底有粗疏清晰的旋纹，内底较平，旋纹顺时针方向；豆盘的外下腹部用刀片纵向削刮而成；圈足手制，外腹有明显的纵向刀削痕迹，内腹用片状多次分别掏挖而成，内壁不光洁。浅灰色胎，夹杂少量的黑色细砂粒，豆盘中心有一较大气泡，并有多处分层开裂现象。釉不明显，豆盘内腹叠烧痕迹外有极薄而淡的土灰色细点状釉；残存的外腹无釉。内底有叠烧痕迹，并黏结有小块的豆类器物的圈足残片，圈足及下腹一侧黏结有大块的窑渣块，颗粒粗，其中一较大颗粒一侧有明显的窑壁内侧常见的席状印痕，推测为坍塌的窑渣块废物再利用作窑底垫烧物。（图5-4-3，8；彩版八八，6）

钵　本期A型、BⅠ式、BⅡ式、CⅠ式、D型、E型钵均有发现。

A型　湖·南Ⅰ T402⑮：10，底残。浅灰色胎，胎质细腻坚致。口沿、内下腹有极薄而淡的土灰色点状釉。（图5-4-4，1；彩版八九，1）

湖·南Ⅰ T402⑬：8，底残。沿、腹间堆贴有泥条小耳，残存一个。浅灰色胎，胎质细腻坚致。釉不明显，仅在内下腹及底有少量极薄点状土灰色釉。（彩版八九，2）

湖·南Ⅰ T402⑬：18，可复原。浅灰色胎，胎质细腻坚致。口沿、内底及腹釉剥落。（图5-4-4，2）

BⅠ式　湖·南Ⅰ T402⑮：4，修复。腹较矮，内底下凹，中心呈乳凸状凸起。沿面上有两道粗凹弦纹。胎色呈夹心状，胎心呈较浅的土黄色，内外表呈青灰色，胎质较细腻。口沿、内腹与底、外上腹朝向火膛一侧有土灰色细点状釉，釉极薄；外下腹朝向火膛一侧及内腹与之相对的一侧（亦面朝火膛的一侧），釉层较厚，釉色青绿，有一定的玻璃质感。外上腹有明显的叠烧痕迹并黏结有小块残片，当为多件叠烧之最上面一件。外底黏结的小块窑渣块可能起间隔作用，如此，这是最早使用间隔工具的做法。（彩版八九，4）

湖·南Ⅰ T402⑮：5，残片。下腹及底残。沿面上有粗凹弦纹多道，腹近折肩处残存有扁泥条系一个。胎色浅灰，胎质较细腻。口沿、内腹有土灰色细点状釉，釉极薄；外腹呈火石红色。（图5-4-4，3）

湖·南Ⅰ T402⑭：4，口沿残片。浅弧腹斜收，底残。沿面多道细凹弦纹。胎色呈夹心状，胎心呈极浅的灰白色，内外表呈青灰色，胎质较细腻。在下腹部分层开裂并有大的气泡。釉不明显。（图5-4-4，4）

湖·南Ⅰ G1：8，可复原。斜直腹较浅，小平底。沿面上有凹弦纹数道。深灰色胎，胎质细腻坚致。釉不明显。（图5-4-4，5）

湖·南Ⅰ G1：9，底残。斜直腹较深，沿面上有粗凹弦纹数道。深灰色胎，胎质细腻坚致。釉不明显。（图5-4-4，6）

湖·南Ⅰ G1：10，可复原。斜直腹较深，沿面上有粗凹弦纹数道。灰白色胎，胎质细腻坚致。内腹、口沿上有极薄的土灰色点状凝釉。（图5-4-4，7）

湖·南Ⅰ G1：11，可复原。斜直腹较浅。灰白色胎，胎质细腻坚致。釉不明显。（图5-4-4，8；彩版八九，3）

湖·南Ⅰ G1：13，底残。斜直腹较深。沿面上有粗凹弦纹数道。青灰色胎，胎质细腻坚致。釉不明显。（图5-4-4，9）

湖·南Ⅰ H8：2，可复原。浅弧腹斜收，沿面内弧。上腹有刻划。胎色呈夹心状，胎心呈极浅的青灰色，内外表生烧呈土黄色，胎质较细腻。无釉。（图5-4-4，10）

BⅡ式　湖·南Ⅰ T402⑬：7，可复原。底腹间折棱明显。沿面上有多道较粗的凹弦纹。

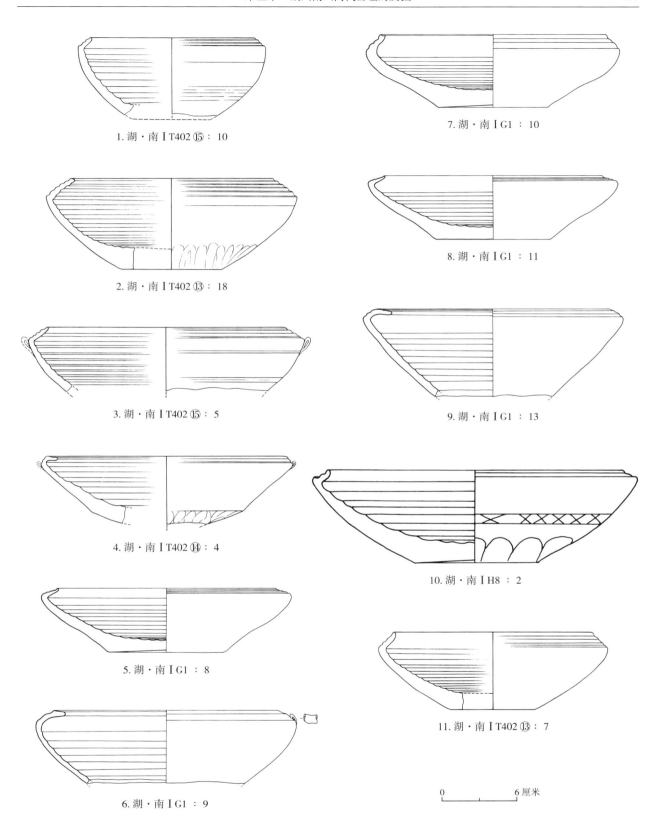

1. 湖·南ⅠT402⑮：10

7. 湖·南ⅠG1：10

2. 湖·南ⅠT402⑬：18

8. 湖·南ⅠG1：11

3. 湖·南ⅠT402⑮：5

9. 湖·南ⅠG1：13

4. 湖·南ⅠT402⑭：4

10. 湖·南ⅠH8：2

5. 湖·南ⅠG1：8

11. 湖·南ⅠT402⑬：7

6. 湖·南ⅠG1：9

0　　　　　6厘米

图 5-4-4　湖州南山窑址Ⅰ区第一期原始瓷器物图（四）
1、2. A 型钵　3~10. BⅠ式钵　11. BⅡ式钵

生烧，橘黄色胎，胎质细腻。（图5-4-4，11）

C I 式 湖·南 I T402 ⑮：6，残片。沿面上有两道粗凹弦纹，上腹近肩处残存有小半个宽扁耳。胎色灰白，胎质较细腻，夹杂有少量的黑色细砂粒，下腹部有多处起较大气泡与分层开裂现象。口沿、内腹有釉，釉较薄，但釉层均匀，有点状凝釉，凝釉处青绿色，有一定的玻璃质感。（图5-4-5，1）

湖·南 I T402 ⑭：2，口沿残片。沿面上有较宽凹弧两道。浅灰色胎，胎质细腻坚致，夹杂有少量的黑色细砂粒。釉不明显。（图5-4-5，2）

湖·南 I T402 ⑭：3，口沿残片。沿面中间有细凹弦纹一道，凹弦纹上下各有较宽凹弧一道。浅灰色胎，胎质细腻坚致。釉不明显。（图5-4-5，3）

湖·南 I T402 ⑬：9，可复原。沿面上有多道较粗的凹弦纹。浅灰色胎，胎质细腻坚致，

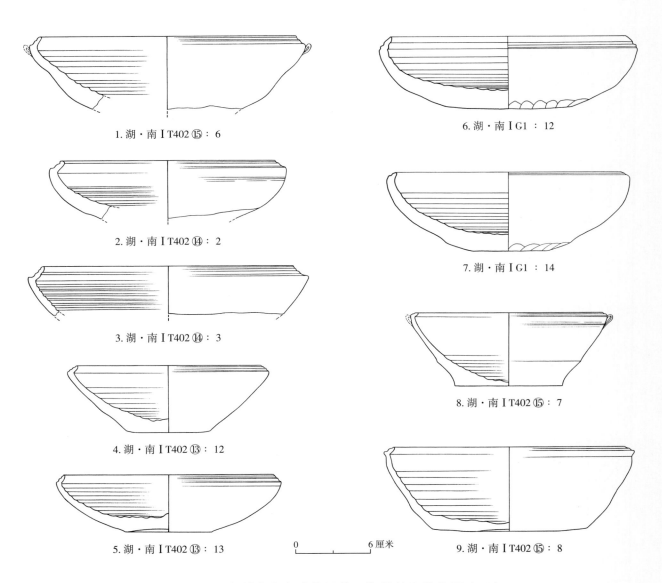

1. 湖·南 I T402 ⑮：6
2. 湖·南 I T402 ⑭：2
3. 湖·南 I T402 ⑭：3
4. 湖·南 I T402 ⑬：12
5. 湖·南 I T402 ⑬：13
6. 湖·南 I G1：12
7. 湖·南 I G1：14
8. 湖·南 I T402 ⑮：7
9. 湖·南 I T402 ⑮：8

0 _____ 6厘米

图5-4-5 湖州南山窑址 I 区第一期原始瓷器物图（五）

1~3. C型钵 4~7. D型钵 8、9. E型钵

夹杂有少量的黑色细砂粒。釉不明显，内腹均呈火石红色，宽沿上及内腹、内底有极薄而淡的土灰色点状釉。内底不见叠烧痕迹，外底黏结有少量的小块黑色烧结块，当为单件装烧。（彩版九〇，1）

D型　湖·南Ⅰ T402⑬：12，口沿有较粗凹弦纹三道。浅灰色胎，胎质细腻坚致，在底腹间有一大气泡。口沿及内腹、底有釉，施釉不均匀，积釉处釉色青翠，釉层厚，玻璃质感强。内底不见叠烧痕迹。（图5-4-5，4；彩版九〇，2）

湖·南Ⅰ T402⑬：13，口沿有较粗凹弦纹三道。浅灰色胎，胎质细腻坚致。口沿及内腹、底有釉，釉层薄，但施釉均匀，釉色较青，有一定的玻璃质感。内底不见叠烧痕迹但黏结有小颗的窑渣，外底黏结少量的小窑渣粒，当为单件装烧。（图5-4-5，5；彩版九〇，3）

湖·南Ⅰ G1：12，可复原。沿面上有凹弦纹两道。灰白色胎，胎质细腻坚致。釉不明显。（图5-4-5，6；彩版九一，1）

湖·南Ⅰ G1：14，可复原。沿面上有凹弦纹两道。灰白色胎，夹杂有较多的黑色斑点。内底、腹施釉，釉层厚，青釉有一定的玻璃质感。（图5-4-5，7；彩版九一，2）

E型　湖·南Ⅰ T402⑮：7，可复原。沿面上有两道粗凹弦纹，上腹近肩处残存有一个小宽扁耳。浅灰色胎，胎质较细腻。口沿、内腹有釉，釉较薄，釉层不均匀，局部呈极薄的土灰色点状釉；局部有点状凝釉，釉层厚，釉色青绿，玻璃质感强。内底黏结有小块的窑渣块，外底有一小颗窑渣粒，当为单件装烧。（图5-4-5，8；彩版九一，3）

湖·南Ⅰ T402⑮：8，可复原。沿面上有两道粗凹弦纹。浅灰色胎，胎质较细腻。口沿、内腹有极薄的土灰色点状釉。内底有叠烧痕迹，外底有一小颗窑渣粒，应为多件装烧之最下面一件。（图5-4-5，9）

盂　本期仅有A型。

A型　湖·南Ⅰ T402⑮：9，可复原。沿面上有两道粗凹弦纹。青灰色胎，胎质较细腻。口沿、内腹有釉，釉较薄但釉层较均匀，有一定的玻璃质感。（图5-4-6，1）

湖·南Ⅰ T402⑮：11，可复原。沿面上有两道粗凹弦纹，上腹近折肩处有上下对穿小孔的蚁鼻耳。内底中心呈乳凸状凸起，顺时针旋纹。胎色夹心状，胎心土黄，内外表土灰，胎质较细腻，但夹杂有少量的黑色细砂粒，且有多处起泡及分层开裂现象。釉不明显。（图5-4-6，2）

湖·南Ⅰ T402⑬：10，可复原。底腹间折棱不明显。口沿有不规则的较粗凹弦纹两道。浅灰色胎，胎质细腻坚致。口沿及内腹、底有极薄而淡的土灰色点状釉。内底不见叠烧痕迹。（图5-4-6，3）

湖·南Ⅰ T402⑬：11，可复原。底腹间折棱不明显。口沿有较粗凹弦纹一道，外底有"×"形刻划。浅灰色胎，胎质细腻坚致。口沿及内腹、底有极薄而淡的土灰色点状釉。不见叠烧痕迹。（图5-4-6，4；彩版九一，4）

湖·南Ⅰ T404⑨：2，可复原。沿面上有细凹弦纹。青灰色胎，胎质细腻坚致，口沿及内腹有极薄而淡的点状釉。（图5-4-6，5；彩版九一，5）

盆　湖·南Ⅰ G1：15，方唇，直口，上腹较直，下腹斜收，小平底。轮制成型，内腹

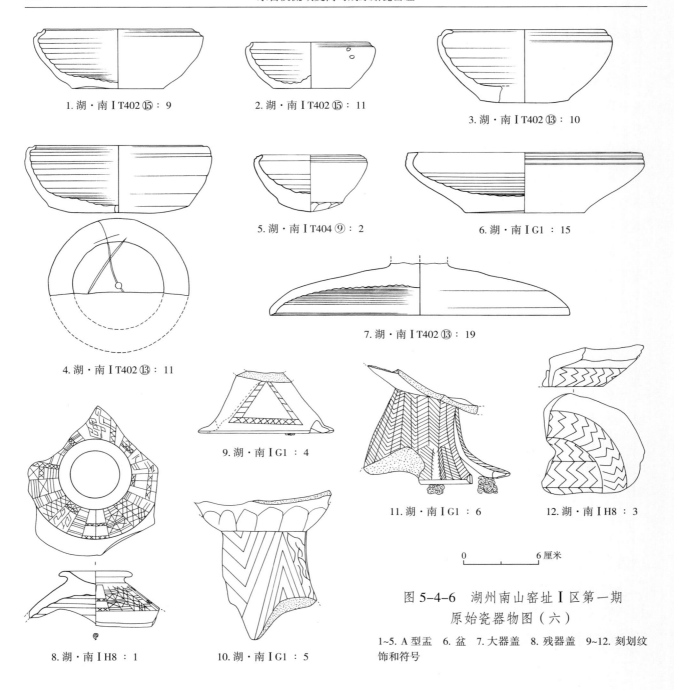

1. 湖·南ⅠT402⑮：9

2. 湖·南ⅠT402⑮：11

3. 湖·南ⅠT402⑬：10

5. 湖·南ⅠT404⑨：2

6. 湖·南ⅠG1：15

7. 湖·南ⅠT402⑬：19

4. 湖·南ⅠT402⑬：11

9. 湖·南ⅠG1：4

11. 湖·南ⅠG1：6

12. 湖·南ⅠH8：3

8. 湖·南ⅠH8：1

10. 湖·南ⅠG1：5

图 5-4-6　湖州南山窑址Ⅰ区第一期
原始瓷器物图（六）

1~5. A 型盃　6. 盆　7. 大器盖　8. 残器盖　9~12. 刻划纹
饰和符号

有明显的轮旋痕，外壁光洁。浅灰色胎，胎质细腻坚致。生烧无釉。（图 5-4-6，6；彩版
九一，6）

大器盖　湖·南ⅠT402⑬：19，纽残。器形较大，浅弧形较矮。盖面光洁，内面有细
密的旋纹，当为轮制成型。浅灰色胎，胎质细腻坚致，夹杂有少量的黑色细砂粒。盖面有极
薄而淡的土灰色点状釉。（图 5-4-6，7；彩版九二，1）

残器盖　湖·南ⅠH8：1，盖身残，仅存盖纽及邻近部分。盖纽较粗大，喇叭形外撇。
盖面刻划复杂纹饰。轮制成型，盖内面顺时针轮旋痕清晰。胎质较细，生烧呈土黄色，无釉。

（图5-4-6，8；彩版九二，2）

刻划纹饰和符号　湖·南ⅠG1：4，豆柄残件。矮而外撇，足端三个近圆形缺口。一侧刻划有双线三角形图案，双线之间填以短斜线与"×"形纹。灰白色胎。釉不明显。（图5-4-6，9；彩版九三，1）

湖·南ⅠG1：5，豆柄残件。较高，刻划有"∧"形纹。灰白色胎。釉不明显。（图5-4-6，10；彩版九三，2）

湖·南ⅠG1：6，豆柄。高大外撇，足端残存一个缺口。一侧刻划有叶脉纹图案，另外一侧素面。灰白色胎。釉不明显。残存的豆盘内有叠烧痕迹，豆柄底部黏结有大块窑渣，当为多件叠烧之最下面一件。（图5-4-6，11；彩版九三，4）

湖·南ⅠH8：3，平底残片。底及下腹部有刻划折线纹。（图5-4-6，12；彩版九三，3）

2. 印纹硬陶

罐　本期见有长颈侈口、中颈小折沿、短颈直口鼓腹、束颈翻折沿罐。

长颈侈口罐　湖·南ⅠT302⑥：9，长颈及肩腹残片。方唇，侈口略直，长颈，圆肩，鼓腹，底残。肩部有耳。通体拍印菱形云雷纹。浅灰色胎，胎质细腻。肩及内底有极薄而淡的土灰色点状釉，腹部釉剥落严重。（图5-4-7，1；彩版九四，1）

湖·南ⅠT402⑮：14，长颈下部及肩腹残片。肩部有扁泥条折叠成鸡冠状的堆塑，通体拍印菱形云雷纹，个体较大，拍印较乱，存在重复重叠拍印现象。胎色分三种，最外层的外腹部胎色呈青灰色，胎心呈土灰色，最里层的内腹部胎色呈土黄色，胎质较细，但有多处起泡现象。肩部有釉，积釉处釉色青绿，玻璃质感强。（图5-4-7，2；彩版九四，2）

湖·南ⅠT402⑮：16，长颈下部及肩部残片。肩部有扁泥条折叠成鸡冠状的堆塑，通体拍印极尖的菱形云雷纹，个体略小，拍印较乱，存在重复重叠拍印现象。胎色青灰，胎质较细。（图5-4-7，3）

湖·南ⅠT402⑬：16，长颈及肩部残片。肩部残存宽扁的耳半个，通体拍印菱形云雷纹，拍印较乱。浅灰色胎，胎质细腻坚致。口沿上及肩部有釉，釉层薄，在印纹下凹积釉处釉层厚，釉色较青，有一定的玻璃质感。（图5-4-7，4；彩版九四，3）

湖·南ⅠT402⑬：17，长颈及肩部残片。云雷纹呈较尖菱形，个体略小，拍印较乱。浅灰色胎，胎质细腻坚致，残存的肩部有分层开裂现象。口沿上及肩部有釉，口沿上釉层较厚，施釉均匀，玻璃质感强，肩部釉基本剥落。（图5-4-8，2；彩版九四，4）

湖·南ⅠG1：16，长颈及肩部残片。肩部残存一宽扁的耳。云雷纹较粗大。浅灰色胎，胎质细腻坚致，夹杂有少量的黑色斑点。口沿上及肩部有釉，釉层极薄。（图5-4-8，1）

湖·南ⅠG1：18，长颈及肩腹残片。云雷纹较粗大。浅灰色胎，胎质细腻坚致。无釉。（图5-4-8，3）

湖·南ⅠG1：19，肩腹残片。肩部有一宽扁耳，上堆贴鸡冠状堆塑，云雷纹较粗大。浅灰色胎，胎质细腻坚致，夹杂有少量的黑色斑点。肩部有极薄的土灰色点状凝釉。（图5-4-8，4）

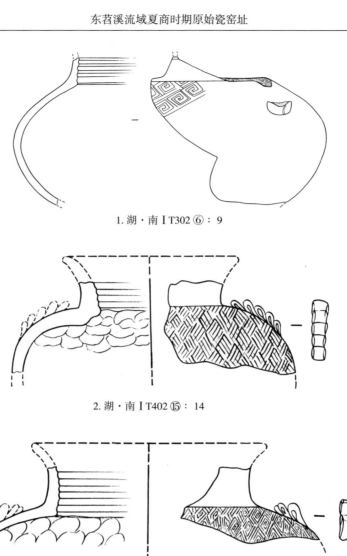

1. 湖·南 I T302⑥：9

2. 湖·南 I T402⑮：14

3. 湖·南 I T402⑮：16

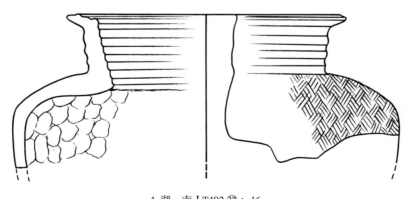

4. 湖·南 I T402⑬：16

0 　　　　　 6 厘米

图 5-4-7　湖州南山窑址 I 区第一期印纹硬陶器物图（一）

1~4. 长颈侈口罐

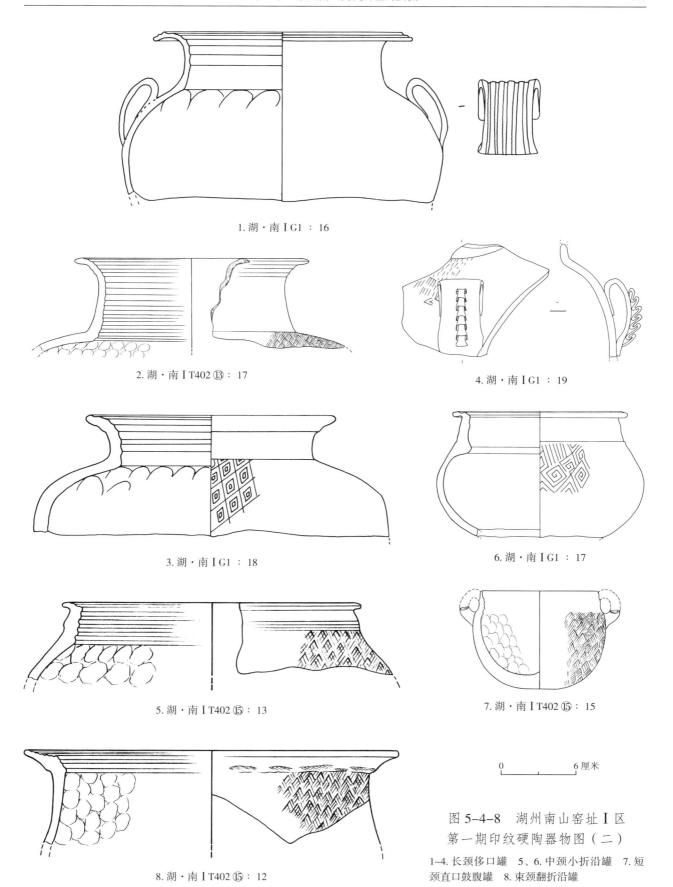

1. 湖·南ⅠG1：16

2. 湖·南ⅠT402⑬：17

4. 湖·南ⅠG1：19

3. 湖·南ⅠG1：18

6. 湖·南ⅠG1：17

5. 湖·南ⅠT402⑮：13

7. 湖·南ⅠT402⑮：15

0　　　　　　　6厘米

图 5-4-8　湖州南山窑址Ⅰ区
第一期印纹硬陶器物图（二）

1~4. 长颈侈口罐　5、6. 中颈小折沿罐　7. 短
颈直口鼓腹罐　8. 束颈翻折沿罐

8. 湖·南ⅠT402⑮：12

中颈小折沿罐　湖·南Ⅰ T402 ⑮：13，口沿及肩部残片。通体拍印菱形云雷纹，个体较大，拍印较乱，存在重复重叠拍印现象。口沿与长颈内侧密布粗旋纹，当为轮制成型；内腹有密集的凹窝，为拍印纹饰时托垫所留下，不能确定是手制抑或轮制成型。青灰色胎，胎质细腻坚致。（图 5-4-8，5）

湖·南Ⅰ G1：17，底残。敞口，尖圆唇外撇，直颈较高，圆肩，鼓腹，底部残。通体拍印较粗大云雷纹，存在重复重叠拍印现象。口沿与长颈内侧密布粗旋纹，当为轮制成型；内腹有密集的凹窝，为拍印纹饰时托垫所留下，不能确定腹部是手制抑或轮制成型。浅灰色胎，胎质细腻坚致。肩腹部一侧有釉，施釉线不清晰，中部釉层较厚，青釉有较强玻璃质感。（图 5-4-8，6；彩版九五，1）

短颈直口鼓腹罐　湖·南Ⅰ T402 ⑮：15，可复原。圆唇，直口，短颈，鼓腹，圈底。肩部残存半个扁泥条把。通体拍印菱形云雷纹，个体较大，拍印较乱。短颈内侧有粗旋纹，当为轮制成型；内腹有密集的凹窝，为拍印纹饰时托垫所留下，不能确定腹部是手制抑或轮制成型。胎色呈夹心状，胎心呈浅灰色，内外表呈土灰色，胎质较细，但有多处起泡现象。（图 5-4-8，7；彩版九五，3）

束颈翻折沿罐　湖·南Ⅰ T402 ⑮：12，口沿及肩部残片。大翻折沿，深腹略弧。通体拍印菱形云雷纹，个体较大，拍印较乱，存在重复重叠拍印现象。口沿与长颈内侧密布粗旋纹，当为轮制成型；内腹有密集的凹窝，为拍印纹饰时托垫所留下，不能确定腹部是手制抑或轮制成型。胎色内外差异较大，内腹呈青灰色，外腹呈土灰色，胎质较细腻坚致，但有多处起泡现象。（图 5-4-8，8；彩版九五，2）

大圈足　湖·南Ⅰ T402 ⑬：14，大圈足残片，可能是圈足罐的圈足。较矮而粗大，外撇较甚，足沿呈方形，上有细凹弦纹两道。轮制，外壁光洁，内壁有粗疏的旋纹。浅灰色胎，胎质细腻坚致。内外壁均有釉，内壁釉层薄，但施釉均匀，有一定的玻璃质感；外壁为极薄的土灰色点状釉。内壁有明显的不规则垫烧痕迹，垫烧痕中有极细小的稻草类植物的痕迹，可能使用草拌泥类垫烧，或许为支烧具的雏形。（图 5-4-9，1）

拍印纹饰　湖·南Ⅰ T402 ⑮：17，底部残片。通体拍印云雷纹，云雷纹有两种，一种极大，略呈菱形，另一种略小，呈极尖的菱形状，拍印较乱，重叠重复拍印。内腹有密集的凹窝，为拍印纹饰时托垫所留下。胎色呈两种，外腹青灰，内腹呈生烧的土黄色，胎质较细。（图 5-4-9，2；彩版九六，1）

湖·南Ⅰ T402 ⑬：15，肩腹残片。近折肩，上腹近肩处残存有小半个宽扁耳，通体拍印粗大的云雷纹，云雷纹呈菱形，拍印较乱，重叠重复拍印。内腹有拍印时托垫留下的凹窝。浅灰色胎，胎质细腻坚致，但有多处起泡现象。肩部有釉，青釉层较厚，玻璃质感较强。（图 5-4-9，3；彩版九六，2）

湖·南Ⅰ T402 ⑬：20，腹部残片。外腹通体拍印云雷纹，云雷纹较小、细，呈尖菱形状，拍印较乱，重叠重复拍印。内腹有拍印时托垫留下的凹窝。浅灰色胎，胎质较细腻坚致。（图 5-4-9，4；彩版九六，3）

湖·南Ⅰ T402 ⑬：21，腹部残片。外腹通体拍印云雷纹，云雷纹中等大小，略呈尖菱形状，

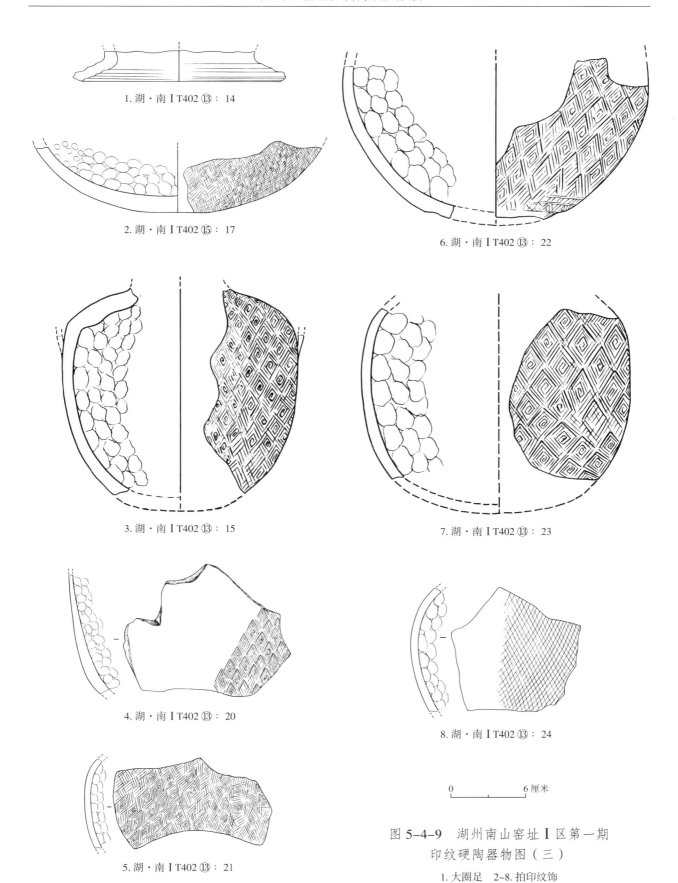

1. 湖·南ⅠT402⑬：14

2. 湖·南ⅠT402⑮：17

6. 湖·南ⅠT402⑬：22

3. 湖·南ⅠT402⑬：15

7. 湖·南ⅠT402⑬：23

4. 湖·南ⅠT402⑬：20

8. 湖·南ⅠT402⑬：24

5. 湖·南ⅠT402⑬：21

0　　　　　6厘米

图 5-4-9　湖州南山窑址Ⅰ区第一期
印纹硬陶器物图（三）

1. 大圈足　2~8. 拍印纹饰

拍印较乱，重叠重复拍印。内腹有拍印时托垫留下的凹窝。胎呈夹心状，内外腹浅灰色胎，中心土黄色，胎质较细腻坚致。（图5-4-9，5；彩版九六，4）

湖·南Ⅰ T402⑬：22，腹部残片。外腹通体拍印云雷纹，云雷纹较大，略呈尖菱形状，拍印较乱，重叠重复拍印。内腹有拍印时托垫留下的凹窝。生烧，胎色不均，内外腹呈橘黄色，胎心局部呈深灰色、局部呈土黄色，胎质较细。（图5-4-9，6；彩版九六，5）

湖·南Ⅰ T402⑬：23，腹部残片。外腹通体拍印云雷纹，云雷纹较大，略呈尖菱形状，拍印较乱，重叠重复拍印。内腹有拍印时托垫留下的凹窝。生烧，胎色不均，内外腹呈橘黄色，胎心局部呈深灰色、局部呈土黄色，胎质较细。（图5-4-9，7；彩版九六，6）

湖·南Ⅰ T402⑬：24，腹部残片。外腹通体拍印菱形方格纹，方格较大，拍印较规则，基本不见重叠重复拍印现象。内腹有拍印时托垫留下的凹窝。浅灰色胎，胎质较细腻坚致，有分层开裂现象。（图5-4-9，8；彩版九六，7）

3. 装烧遗物

烧结块　湖·南Ⅰ T302⑥：10，红烧土块。草拌泥红烧土，一侧有黑色烧结面，烧结很厉害，有极强的玻璃质感，烧结的厚度达红烧土厚度的一半，烧结层因过烧而起泡。席纹不清晰。最长25、最宽17、厚8厘米。（彩版九七）

二　第二期

包括湖·南Ⅰ T204②、湖·南Ⅰ T402⑪~⑫、湖·南Ⅰ T403⑦、湖·南Ⅰ T404⑧等文化层。

器类与第一期基本相同，以原始瓷豆为主，少量的原始瓷钵、盂与印纹硬陶器，新出现原始瓷罐小罐。宽沿深腹型豆减少，新出现宽沿浅腹豆，偶见浅坦腹豆，豆柄普遍较高。钵形态变化不大。新出现的罐与小罐折肩或圆肩，圆唇略凸起，弧腹斜收，平底，素面，偶见罐底有"＋"形刻划。印纹硬陶发现极少，器形有短颈直口鼓腹罐，云雷纹除粗大型外，出现较浅细的形态，新出现席纹，较粗乱。原始瓷胎釉与第一期相似，胎色浅灰，胎质较细但常见有极细的黑色斑点，气泡常见；多数器物釉极薄，少量器物青釉较佳。以豆为例，成型技术除沿用早期的轮制与手工修整相结合外，部分豆柄为手工捏制，不再使用刮修技法，外腹手捏痕迹清晰，内腹上部仍用片状工具掏挖而成，豆盘内壁均可见清晰的轮旋痕，豆盘与豆柄仍拼接而成。豆仍为多件直接置于窑床上叠烧，豆盘内底常有清晰的叠烧痕迹。罐类器物外底与腹不见叠烧痕迹，可能是单件装烧。

1. 原始瓷

豆　本期见有AⅡ式、AⅢ式、D型豆和盆形豆。

AⅡ式　湖·南Ⅰ T404⑧：2，可复原。宽沿略下坦，沿腹间折棱不明显，沿面有细凹弦纹。豆盘内底中心呈小乳凸状，旋纹顺时针方向。青灰色胎，胎质细腻坚致。釉不明显。内腹中心有叠烧痕迹，圈足洁净，当为多件叠烧之中间一件。（图5-4-10，1；彩版九八，1）

AⅢ式　湖·南Ⅰ T402⑫：1，可复原。浅灰色胎，胎质较细，但无论是豆盘还是豆柄均严重起泡。釉不明显，豆盘内腹有极薄而淡的土灰色细点状釉；外上腹及豆柄仅在朝向火

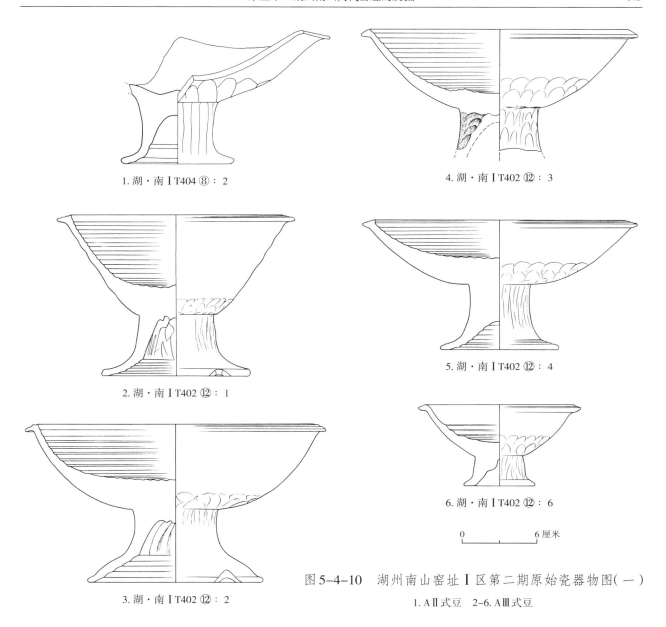

1. 湖·南 I T404 ⑧：2

4. 湖·南 I T402 ⑫：3

2. 湖·南 I T402 ⑫：1

5. 湖·南 I T402 ⑫：4

3. 湖·南 I T402 ⑫：2

6. 湖·南 I T402 ⑫：6

0　　　　　6 厘米

图5-4-10　湖州南山窑址 I 区第二期原始瓷器物图（一）

1. A II 式豆　2~6. A III 式豆

膛的一侧有土灰色点状薄釉。内底中心有叠烧痕迹，并黏结有一小块豆类器物的圈足残片，圈足底黏结有少量的粗砂粒，当为多件叠烧之最下面一件。（图5-4-10，2）

　　湖·南 I T402 ⑫：2，可复原。胎色呈夹心状，内外表浅灰，胎心土黄，胎质较细，近豆柄胎较厚，无论是豆盘还是豆柄均严重起泡。釉不明显，豆盘内腹有极薄而淡的土灰色细点状釉；外上腹及豆柄仅在朝向火膛的一侧有土灰色点状薄釉。内底中心有叠烧痕迹，圈足底黏结有少量的粗砂粒，当为多件叠烧之最下面一件。（图5-4-10，3；彩版九九，1）

　　湖·南 I T402 ⑫：3，可复原。胎色呈夹心状，内外表浅灰，胎心土黄，胎质较细，近豆柄胎较厚，无论是豆盘还是豆柄均严重起泡。釉不明显，豆盘内腹有极薄而淡的土灰色细点状釉；外上腹及豆柄仅在朝向火膛的一侧有土灰色点状薄釉。内底中心有叠烧痕迹，圈足底黏结有少量的粗砂粒，当为多件叠烧之最下面一件。（图5-4-10，4；彩版九九，2）

　　湖·南Ⅰ T402 ⑫：4，可复原。生烧，呈土灰色。内底中心不见叠烧痕迹，外底足光洁，当为多件叠烧之最上面一件。（图5-4-10，5；彩版九八，2）

　　湖·南Ⅰ T402 ⑫：5，豆盘残片。生烧，呈土黄色。

　　湖·南Ⅰ T402 ⑫：6，可复原。浅灰色胎，胎质细腻坚致。豆盘内、外壁及圈足朝向火膛一侧有釉。豆盘釉较佳，釉层较厚，釉色青绿，有一定的玻璃质感。内底中心不见叠烧痕迹，外黏结有细小的窑渣粒，底足洁净，当为多件叠烧之最上面一件。（图5-4-10，6；彩版九八，4）

　　湖·南Ⅰ T402 ⑫：7，豆盘残片。外腹部刻划有细长的重菱形纹，不规则。胎色呈夹心状，内外表浅灰，胎心土黄，夹杂有少量的黑色细砂，近豆柄胎较厚，无论是豆盘还是豆柄均严重起泡。釉不明显，豆盘内腹有极薄而淡的土灰色细点状釉。（图5-4-11，1；

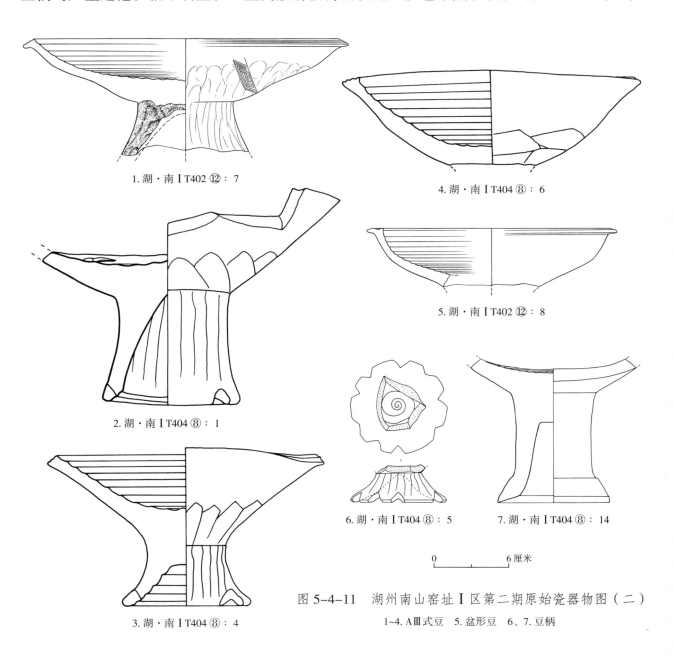

1. 湖·南Ⅰ T402 ⑫：7

4. 湖·南Ⅰ T404 ⑧：6

2. 湖·南Ⅰ T404 ⑧：1

5. 湖·南Ⅰ T402 ⑫：8

6. 湖·南Ⅰ T404 ⑧：5　　　　7. 湖·南Ⅰ T404 ⑧：14

3. 湖·南Ⅰ T404 ⑧：4

0　　　　　　6厘米

图5-4-11　湖州南山窑址Ⅰ区第二期原始瓷器物图（二）

1~4. AⅢ式豆　5. 盆形豆　6、7. 豆柄

彩版九八，3）

湖·南Ⅰ T404⑧：1，可复原。宽沿内弧，近似于子母口状。浅灰色胎，胎质较细但疏松，无论是豆盘还是豆柄均严重起泡。釉不明显，豆盘内腹叠烧圈外有极薄而淡的土灰色细点状釉；外上腹朝向火膛一侧残，豆柄朝向火膛的一侧有土灰色点状薄釉。内底中心有叠烧痕迹，并黏结有一小块豆类器物的圈足残片，圈足底黏结有少量的粗砂粒，当为多件叠烧之最下面一件。该器物处于A、B两型豆过渡形态。（图5-4-11，2；彩版一〇〇，1）

湖·南Ⅰ T404⑧：4，可复原。浅灰色胎，胎质较细但疏松，有较多小泡。釉不明显，豆盘内腹、豆柄朝向火膛的一侧有土灰色点状薄釉。内底中心不见叠烧痕迹，圈足洁净，当为多件叠烧之最上面一件。该器物处于A、B两型豆过渡形态。此豆与T404⑧：1豆柄内壁轮旋痕清晰，可能处于早期掏挖与后期不带缺轮制豆柄过渡形态。（图5-4-11，3）

湖·南Ⅰ T404⑧：6，豆盘残片。浅灰色胎，胎质较细但疏松，有较多小泡。釉不明显，豆盘内腹有土灰色点状薄釉。内底中心有叠烧痕迹。（图5-4-11，4）

D型 湖·南Ⅰ T402⑫：9，仅剩半个豆盘及豆柄。沿面较宽，但不外翻，沿面上有两道细凹弦纹，腹极浅平坦，豆柄残。豆盘轮制，内腹有较细密清晰的旋纹，外腹光洁，近圈足处有片状工具纵向削刮痕迹。浅灰色胎，胎质细腻坚致。内腹青釉较佳，釉层薄，但施釉均匀，有一定的玻璃质感；外腹不见釉。内腹不见叠烧痕迹。（彩版一〇〇，2）

盆形豆 湖·南Ⅰ T402⑫：8，豆盘残片。宽沿，沿面较平，直口，浅直腹，底大而平，底中心及圈足残。轮制成型，内腹、底有粗疏的旋纹。青灰色胎，胎质细腻坚致。内腹有极薄而淡的点状釉。（图5-4-11，5；彩版一〇〇，3）

豆柄 湖·南Ⅰ T404⑧：5，极矮，足端带九个缺口。此种有三个以上缺口的豆柄极其少见。手制成型。（图5-4-11，6；彩版一〇〇，4）

湖·南Ⅰ T404⑧：14，瘦高，足端折外撇，不带缺口。手制，外腹有明显的修刮痕迹，内腹掏挖。胎质较粗，生烧呈土黄色。（图5-4-11，7）

钵 本期A型、BⅠ式、BⅡ式、CⅡ式、D型、E型钵均有。

A型 湖·南Ⅰ T404⑧：7，修复。底腹间折棱不明显。青灰色胎，胎质较细。釉不明显。（图5-4-12，1；彩版一〇一，1）

BⅠ式 湖·南Ⅰ T402⑫：13，可复原。底腹间折棱不明显。胎呈夹心状，胎心土灰色，内外表浅灰色，胎质较细，但起泡严重。沿面及内腹上有极薄而淡的点状釉。（图5-4-12，2）

湖·南Ⅰ T402⑫：14，可复原。底腹间折棱不明显。沿面上多道较粗的凹弦纹，外圈戳印圆点纹一圈。胎呈夹心状，胎心灰白色，内外表青灰色，胎质较细，但起泡严重。沿面及内腹上有极薄而淡的点状釉。内腹黏结有较多的黑色粗砂粒，外腹黏结有一小块窑渣，当为单件装烧。（图5-4-12，3）

湖·南 T404⑧：9，可复原。从残存的痕迹来看，可能带圈足。沿面上有多道较粗的凹弦纹，并残存有小扁泥条形耳一个。浅灰色胎，胎质较细。沿面及内腹上有极薄而淡的点状釉。内腹不见叠烧痕迹，外腹黏结有一小块窑渣，当为单件装烧。（图5-4-12，4；彩版一〇一，2）

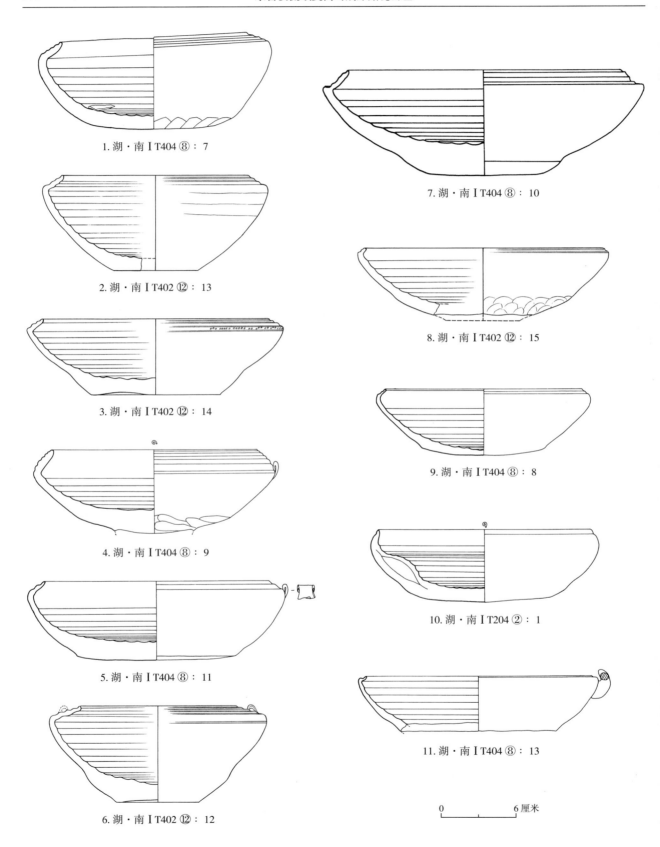

1. 湖·南ⅠT404⑧：7

2. 湖·南ⅠT402⑫：13

3. 湖·南ⅠT402⑫：14

4. 湖·南ⅠT404⑧：9

5. 湖·南ⅠT404⑧：11

6. 湖·南ⅠT402⑫：12

7. 湖·南ⅠT404⑧：10

8. 湖·南ⅠT402⑫：15

9. 湖·南ⅠT404⑧：8

10. 湖·南ⅠT204②：1

11. 湖·南ⅠT404⑧：13

0　　　　　　6厘米

图 5-4-12　湖州南山窑址Ⅰ区第二期原始瓷器物图（三）

1. A 型钵　2~5. BⅠ式钵　6. BⅡ式钵　7. CⅡ式钵　8~10. D 型钵　11. E 型钵

湖·南 T404 ⑧：11，可复原。器形较小。沿面上有多道较粗的凹弦纹，并残存有小扁泥条形耳一个。轮制，内腹有较粗疏的旋纹，外腹、底光洁。浅灰色胎，胎质较细。沿面及内腹上有釉，青釉较厚，有一定的玻璃质感。（图 5-4-12，5）

B Ⅱ 式　湖·南Ⅰ T402 ⑫：12，可复原。底腹间折棱不明显。残存一个小扁泥条形耳。胎呈夹心状，胎心土灰色，内外表青灰色，胎质细腻坚致。沿面上有极薄而淡的点状釉。（图 5-4-12，6）

湖·南Ⅰ T402 ⑫：17，可复原。小平底，内底心下凹，底腹间折棱明显。残存一个小扁泥条形耳。胎呈夹心状，胎心土灰色，内外表青灰色，胎质细腻坚致。沿面上有极薄而淡的点状釉，内腹不见釉。外底黏结有小块的窑渣块，当为多件叠烧之最下面一件。（彩版一○一，3）

C Ⅱ 式　湖·南Ⅰ T404 ⑧：10，修复。沿腹间折棱外凸。轮制，内腹有较粗疏的旋纹，外上腹光洁，下腹及底有明显的刀削修理痕迹。青灰色胎心，生烧而内外表呈土黄色。（图 5-4-12，7；彩版一○一，4）

D 型　湖·南Ⅰ T402 ⑫：15，底残。沿面上有凹弧一道。浅灰色胎，胎质细腻坚致。沿面上有极薄而淡的点状釉；内腹青釉较佳，釉层厚，玻璃质感强。内腹不见叠烧痕迹。（图 5-4-12，8）

湖·南Ⅰ T404 ⑧：8，可复原。沿面上有凹弧一道。青灰色胎，胎质细腻坚致。沿面、内腹有极薄的土灰色点状凝釉。内腹不见叠烧痕迹，外底黏结有少量粗砂粒，当为单件装烧。（图 5-4-12，9；彩版一○二，1）

湖·南Ⅰ T204 ②：1，可复原。浅灰色胎，胎质疏松，通体有多处起大泡现象。釉不明显。从内底及外底的落渣、黏结窑渣粒来看，当为单件装烧。（图 5-4-12，10）

E 型　湖·南Ⅰ T404 ⑧：13，口、腹残片。器形较小。沿面凹弧，并残存有一小钩形耳。浅灰色胎，胎质较细。沿面及内腹上有极薄的土灰色点状凝釉。（图 5-4-12，11；彩版一○二，2）

罐　本期新出现器形。仅见 A Ⅰ 式。

A Ⅰ 式　湖·南Ⅰ T402 ⑪：1，可复原。折肩折棱明显。青灰色胎，胎质细腻坚致。肩及内腹部有极薄的土灰色点状凝釉。内腹不见叠烧痕迹，外底黏结有少量粗砂粒，为单件装烧。（图 5-4-13，2；彩版一○二，3）

湖·南Ⅰ T402 ⑪：2，可复原。青灰色胎，胎质细腻坚致。欠烧不见釉。底生烧呈土黄色。（图 5-4-13，3）

湖·南Ⅰ T404 ⑧：12，可复原。折肩折棱明显。青灰色胎，胎质细腻坚致。肩及内腹部有极薄的土灰色点状凝釉。内外腹均黏结有少量粗砂粒，单件装烧。（图 5-4-13，4）

小罐　本期新见器形。仅见 A Ⅰ 式。

A Ⅰ 式　湖·南Ⅰ T402 ⑫：16，可复原。折肩折棱明显。浅灰色胎，胎质较细，夹杂有少量的黑色细砂。略呈生烧状，完全不见釉。（图 5-4-13，1）

盆　湖·南Ⅰ T404 ⑧：17，可复原。方唇，直口微敛，浅弧腹，小平底。轮制成型，

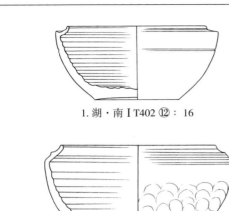

1. 湖·南ⅠT402⑫：16

2. 湖·南ⅠT402⑪：1

3. 湖·南ⅠT402⑪：2

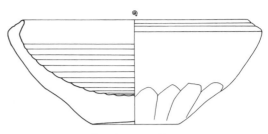

4. 湖·南ⅠT404⑧：12

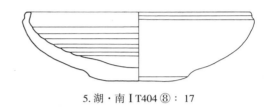

5. 湖·南ⅠT404⑧：17

0　　　　　　6厘米

图5-4-13　湖州南山窑址Ⅰ区第二期原始瓷器物图（四）
1. AⅠ式小罐　2~4. AⅠ式罐　5. 盆

内腹旋纹粗疏，外腹光洁。生烧呈土黄色。（图5-4-13，5）

　　大器盖　湖·南ⅠT402⑫：19，可复原。矮喇叭形捉手。浅灰色胎，胎质较细。盖面、捉手上有极薄而淡的点状釉，内面无釉。（图5-4-14，1；彩版一〇三，1）

　　湖·南ⅠT402⑫：20，残片。生烧，土黄色胎，胎质较细。（图5-4-14，2）

　　器盖　仅见Aa型。

　　Aa型　湖·南ⅠT402⑫：21，土黄色胎，夹杂有少量的黑色细砂粒。盖内面有少量极薄而淡的土灰色点状釉。（图5-4-14，3；彩版一〇三，2）

　　湖·南ⅠT402⑫：22，土黄色胎，胎质较细腻坚致。盖内面有少量极薄而淡的土灰色点状釉。（图5-4-14，4）

　　湖·南ⅠT402⑫：23，灰色胎，胎质较细腻坚致。盖面有极薄而淡的土灰色点状釉。（图5-4-14，5；彩版一〇三，3）

　　刻划纹饰与符号　湖·南ⅠT402⑫：18，钵类器物底部残片。刻划有一大型的"＋"。（图5-4-14，6；彩版一〇三，4）

　　湖·南ⅠT404⑧：3，带三个缺口的豆柄。器形较高，喇叭形圈足外撇较甚。足下部有人字形刻划。轮制，外腹有明显的修刮痕迹，内壁有轮旋痕。浅灰色胎，胎质细腻坚致。朝向火膛一侧有极薄的釉，有一定的玻璃质感，上部局部剥落严重。（图5-4-14，7；彩版一〇三，5）

　　2. 印纹硬陶

　　短颈直口鼓腹罐　湖·南ⅠT204②：2，罐口及肩部残片。尖唇，直口，短颈，溜肩较宽，残存两个半环形泥条耳，一大一小，呈90°放置。通体拍印云雷纹，较粗大。内腹有拍印时

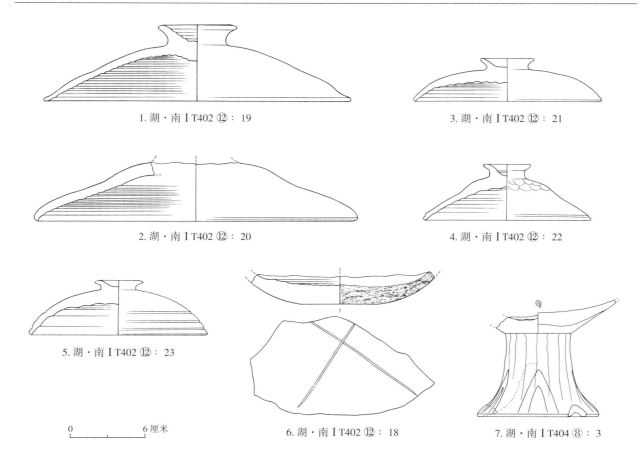

1. 湖·南ⅠT402⑫：19

3. 湖·南ⅠT402⑫：21

2. 湖·南ⅠT402⑫：20

4. 湖·南ⅠT402⑫：22

5. 湖·南ⅠT402⑫：23

6. 湖·南ⅠT402⑫：18

7. 湖·南ⅠT404⑧：3

0   6厘米

图 5-4-14　湖州南山窑址Ⅰ区第二期原始瓷器物图（五）

1、2. 大器盖　3~5. Aa 型器盖　6、7. 刻划纹饰与符号

托垫留下的凹窝。灰白色胎，胎质细腻坚致，夹杂有少量的黑色斑点。肩部有釉，釉层厚，有一定的玻璃质感。（图 5-4-15，1；彩版一〇三，6）

大圈足　湖·南ⅠT402⑫：10，残片。较矮而粗大，外撇较甚，足沿呈方形，上有细凹弦纹两道。轮制，外壁光洁，内壁有粗疏的旋纹。浅灰色胎，胎质细腻坚致。外壁有极薄而淡的点状釉，有玻璃质感；内壁呈火石红色。（图 5-4-15，2）

湖·南ⅠT402⑫：11，残片。较高而粗大，外撇较甚，足沿呈圆形。轮制，外壁光洁，内壁有粗疏的旋纹。生烧呈土黄色。（图 5-4-15，3）

3. 装烧遗物

烧结块　湖·南ⅠT402⑫：24，草拌泥红烧土。侧面有黑色烧结，玻璃质感极强，烧结面很厚，达红烧土总厚度的一半左右。席纹不清晰。长14、最宽处12、厚6厘米。（彩版一〇四，1）

湖·南ⅠT404⑧：15，烧结残块。从残存的情况来看，截面近半圆形，通体均烧结，与窑壁仅朝向火膛面烧结有所区别。半圆形较平的一面有粗席纹印痕。（图 5-4-15，4；彩版一〇四，2）

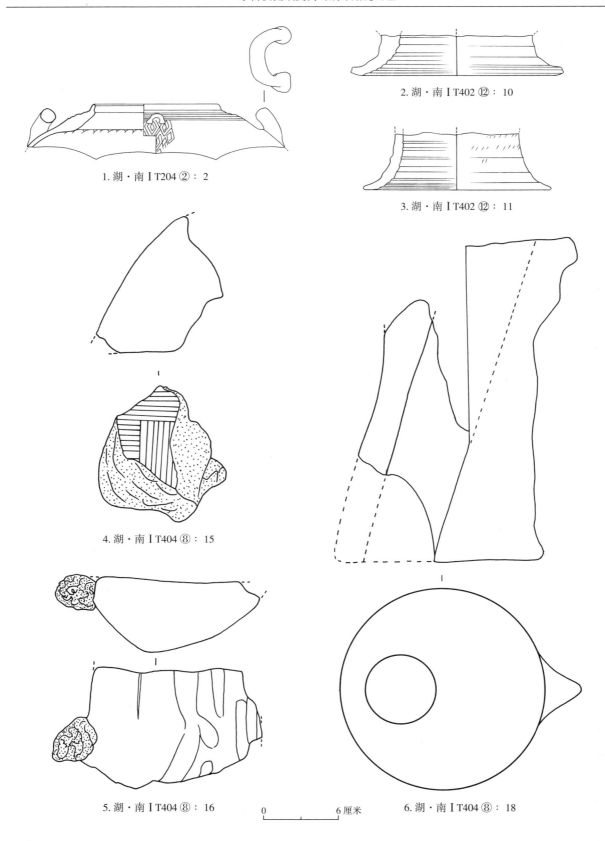

2. 湖·南ⅠT402 ⑫：10

3. 湖·南ⅠT402 ⑫：11

1. 湖·南ⅠT204 ②：2

4. 湖·南ⅠT404 ⑧：15

5. 湖·南ⅠT404 ⑧：16

0　　　　　　6厘米

6. 湖·南ⅠT404 ⑧：18

图 5-4-15　湖州南山窑址Ⅰ区第二期印纹硬陶及装烧遗物图

1.短颈直口鼓腹罐　2、3.大圈足　4~6.烧结块湖·南Ⅰ T404 ⑧：16，烧结残块。从残存的情况来看，截面近半圆形，通体均烧结，与窑壁仅朝向火膛面烧结有所区别。（图5-4-15，5；彩版一〇四，3）

湖·南Ⅰ T404 ⑧：18，柱状烧结块。中空，一端粗、一端细，粗端底平，并见生烧；细端不甚规则，但表面较光整，不似残断，也见生烧。胎质较粗，通体烧结。（图5-4-15，6；彩版一〇五）

三　第三期

包括湖·南Ⅰ T301 ③、湖·南Ⅰ T302 ⑤、湖·南Ⅰ T401 ③、湖·南Ⅰ T402 ⑩、湖·南Ⅰ T404 ⑦与湖·南Ⅰ Y2诸文化层及遗迹单位。

第三期是承上启下的重要一期，许多器形、纹饰、胎、釉、成型方式等在此时期过渡。此一时期器物种类、各类器物的器形以及原始瓷装饰、印纹陶纹饰最为丰富。原始瓷除豆以外，罐与小罐亦成为主流产品。豆除沿袭宽沿浅腹型外，新出现敛口豆。罐与小罐器形基本相似，折肩或圆肩，部分器物肩部有扁泥条小耳，与第二期相比最大的变化在于口沿升高。与罐伴出的器盖种类丰富，各种类型均有。钵数量不多，但器形丰富，各种型式均有。少量豆柄上有装饰，使用细阴线刻划与镂空技法，有刻划饕餮纹、细凹旋纹以及三角形镂孔、圆形戳印等。印纹硬陶的器类亦最为丰富，除前两期的长颈侈口罐、短颈直口罐外，还新出现短颈侈口罐、长颈敞口罐、敛口罐、研钵等。长颈侈口罐与敛口罐仍沿用早期在肩部装饰宽扁耳与鸡冠状堆塑的做法，短颈直口罐肩部常等距分布三个扁泥耳。第一期印纹陶纹饰仅见粗大云雷纹，本期除少量保留其粗大作风，普遍较细小，排列较第一期略整齐；席纹上升为主体纹饰，以粗大为主，也有少量较细但仍呈尖菱形，排列不规则，偶见呈直角相交、排列较为规则的席纹，后者是第四、五期的流行纹饰。原始瓷胎色逐渐加深，除浅灰色胎外，新出现青灰色胎，胎体起大泡的现象少见。釉变化不大。成型上，除早期轮制与片状工具修整相结合、手制等做法外，豆盘、豆柄出现完全用轮制成型，豆盘内腹旋纹粗疏，豆盘外腹及豆柄内外壁光洁。不见窑具，装烧方法与第二期基本相同。

1. 原始瓷

豆　本期有AⅢ式、BⅠ式、BⅡ式、CⅡ式、D型豆和方唇豆、盆形豆。

AⅢ式　湖·南Ⅰ T302 ⑤：9，可复原。宽沿下坦，沿面有数道细凹弦纹，喇叭形圈足较高，足端外撇，足端缺口呈三角圆形，等距分布。豆盘轮制，中心略呈乳凸状凸起，旋纹呈顺时针方向，圈足手制，外圈有明显的纵向刀削痕迹。青灰色胎，胎质较细，夹杂有少量的黑色细砂粒。豆盘内腹有极薄而淡的土灰色细点状釉，残存的豆柄仅在朝向火膛的一侧有土灰色点状薄釉。内底中心不见叠烧痕迹，圈足洁净，当为多件叠烧之最上面一件。（图5-4-16，1；彩版一〇六，1）

湖·南Ⅰ T302 ⑤：10，可复原。沿面有数道细凹弦纹，喇叭形圈足较高，足端缺口呈三角形。青灰色胎，胎质较细，夹杂有少量的黑色细砂粒。豆盘内腹叠烧圈外有极薄而淡的土灰色细点状釉，残存的豆柄仅在朝向火膛的一侧有土灰色点状薄釉。内底中心有叠烧痕迹，圈足洁净，当为多件叠烧之中间一件。（图5-4-16，2；彩版一〇六，2）

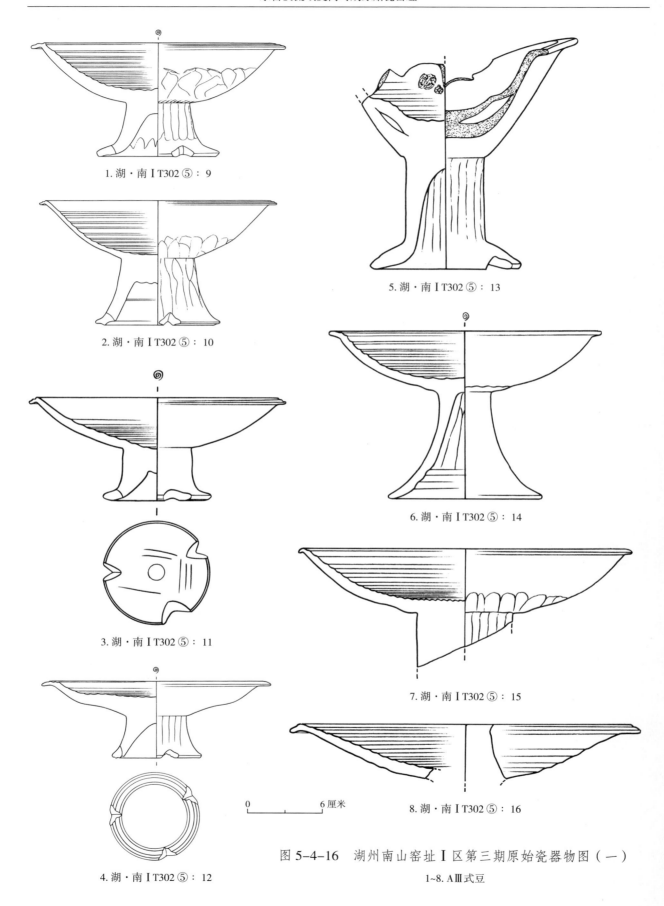

1. 湖·南 I T302 ⑤：9

2. 湖·南 I T302 ⑤：10

3. 湖·南 I T302 ⑤：11

4. 湖·南 I T302 ⑤：12

5. 湖·南 I T302 ⑤：13

6. 湖·南 I T302 ⑤：14

7. 湖·南 I T302 ⑤：15

8. 湖·南 I T302 ⑤：16

0　　　　　　6厘米

图 5-4-16　湖州南山窑址 I 区第三期原始瓷器物图（一）

1~8. A Ⅲ式豆

湖·南Ⅰ T302⑤：11，可复原。沿面有两道粗凹弦纹，喇叭形圈足较高，足端缺口呈三角形。青灰色胎，胎质较细。豆盘内腹有极薄而淡的土灰色细点状釉，残存的豆柄仅在朝向火膛的一侧有土灰色点状薄釉。内底中心不见叠烧痕迹，口沿上黏结有小块黑色烧结粒，圈足洁净，当为多件叠烧之最上面一件。（图5-4-16，3）

湖·南Ⅰ T302⑤：12，可复原。斜直腹极浅，沿面有数道细凹弦纹，喇叭形圈足较矮，足端外撇，缺口呈圆形。青灰色胎，胎质较细。欠烧，釉完全不见。（图5-4-16，4）

湖·南Ⅰ T302⑤：13，可复原。宽沿较平，有数道细凹弦纹，喇叭形圈足极高，足端外撇，三个小缺口近半圆形。青灰色胎，胎质较细，夹杂有少量的黑色细砂粒。豆盘内腹叠烧圈外有极薄而淡的土灰色细点状釉，残存的豆柄仅在朝向火膛的一侧及外撇圈足上有土灰色点状薄釉。内底中心有叠烧痕迹，圈足黏结少量粗砂粒，当为多件叠烧之最下面一件。（图5-4-16，5；彩版一〇六，3）

湖·南Ⅰ T302⑤：14，可复原。宽沿较平，沿面有数道细凹弦纹，喇叭形圈足极高，足端外撇，残存的足缘未见小缺口。青灰色胎，胎质较细。豆盘内腹叠烧圈外有极薄而淡的土灰色细点状釉。内底中心有叠烧痕迹，圈足一侧生烧，当为多件叠烧之最下面一件。（图5-4-16，6；彩版一〇六，4）

湖·南Ⅰ T302⑤：15，豆盘残片，器形极大。宽沿较平，沿面有凹弧一道。青灰色胎，胎质较细。欠烧，釉完全剥落。（图5-4-16，7）

湖·南Ⅰ T302⑤：16，豆盘残片，器形极大。宽沿较平，沿面有凹弧一道。青灰色胎，胎质较细。欠烧，釉完全剥落。（图5-4-16，8）

湖·南Ⅰ T402⑩：13，可复原。宽沿下坦，沿面有数道细凹弦纹，喇叭形圈足较矮，足端外撇，小缺口呈三角形。浅灰色胎，胎质细腻坚致。豆盘内壁有釉，釉层较薄，釉色青绿，有一定的玻璃质感。内底中心不见叠烧痕迹，并黏结有细小的窑渣粒，底足洁净，当为多件叠烧之最上面一件。（彩版一〇六，5）

湖·南Ⅰ T402⑩：14，叠烧件。上面一件仅存喇叭形圈足，较高大，足端三个小缺口较大且呈较规则的三角形。下面一件仅存豆盘，宽沿下坦，沿面有数道细凹弦纹。两件均为浅灰色胎，胎质较细，通体有较多大气泡。豆盘、圈足均有釉，釉较厚，积釉明显，积釉处釉色青绿。上面一件豆柄上仍见有叠烧痕迹，因此至少有三件器物叠烧。（图5-4-17，1；彩版一〇七，1）

湖·南Ⅰ T402⑩：15，豆柄残件。喇叭形圈足较矮，足端外撇，小缺口呈三角形。浅灰色胎，胎质细腻坚致。多件叠烧，下面一件足端黏结有大块的窑渣块，窑渣块颗粒极粗，其中一小块上有窑壁残块上常见的席纹印痕，当为利用坍塌的窑壁残块垫置在窑炉底部。（图5-4-17，2；彩版一〇七，2）

B型　本期新出现类型，有Ⅰ式和Ⅱ式。

BⅠ式　湖·南Ⅰ T302⑤：17，可复原。喇叭形圈足较高，足端外撇，残存的足端不见缺口。圈足手制，外壁有手捏制的痕迹，表面凹凸不平，圈足内壁用片状工具旋挖而成，表面光洁，外撇的大圈足处有轮旋痕。浅灰泛土黄色胎，胎质疏松，通体有大量大小不一的

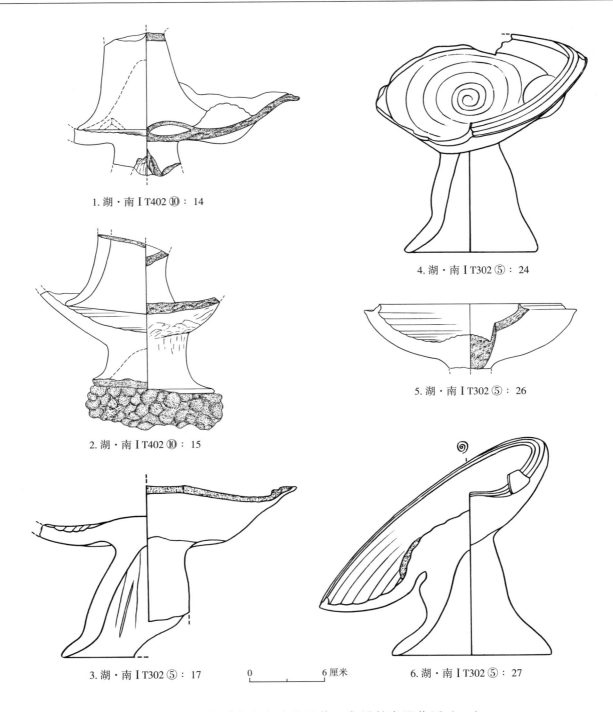

1. 湖·南ⅠT402⑩：14

2. 湖·南ⅠT402⑩：15

3. 湖·南ⅠT302⑤：17

4. 湖·南ⅠT302⑤：24

5. 湖·南ⅠT302⑤：26

0 　　　　　6厘米

6. 湖·南ⅠT302⑤：27

图5-4-17　湖州南山窑址Ⅰ区第三期原始瓷器物图（二）

1、2. AⅢ式豆叠烧件　3~6. BⅠ式豆

气泡。豆盘内腹、宽沿及圈足一侧有釉，釉层较薄，呈土灰色，圈足上的釉主要见于外撇的大喇叭及朝向火膛一侧。内底中心有叠烧痕迹，圈足一侧粘砂，当为多件叠烧之最下面一件。（图5-4-17，3；彩版一〇七，3）

湖·南ⅠT302⑤：24，可复原。喇叭形圈足较高，残存的足端不见缺口。圈足手制，

外壁有手捏制的痕迹，表面凹凸不平，圈足内壁用片状工具旋挖而成，内壁光洁，大圈足下端有轮旋痕。青灰色胎，胎质疏松，通体有大量大小不一的气泡。豆盘内腹叠烧圈外、宽沿有釉，釉层极薄，呈点状土灰色。内底中心有叠烧痕迹，圈足一侧粘砂并生烧，当为多件叠烧之最下面一件。（图5-4-17，4；彩版一〇七，4）

湖·南Ⅰ T302⑤：26，豆盘残片。青灰色胎，胎质细腻坚致。豆盘内腹叠烧圈外、宽沿有釉，釉层极薄，呈点状土灰色。内底中心有叠烧痕迹。（图5-4-17，5；彩版一〇七，5）

湖·南Ⅰ T302⑤：27，可复原。喇叭形圈足较高，足端不见缺口。圈足手制，外壁有手捏制的痕迹，表面凹凸不平，内壁用片状工具旋挖而成，大圈足下端有轮旋痕。青灰色胎，胎质较细。豆盘内腹叠烧圈外、宽沿、大喇叭圈足外撇处有釉，釉层极薄，呈土灰色点状。内底中心有叠烧痕迹，圈足一侧粘砂并生烧，当为多件叠烧之最下面一件。（图5-4-17，6；彩版一〇八，2）

湖·南Ⅰ T302⑤：28，可复原。喇叭形圈足较高，足端不见缺口。圈足手制，外壁有手捏制的痕迹，表面凹凸不平，内壁用片状工具旋挖而成，大圈足下端有轮旋痕。青灰色胎，胎质较细。豆盘内腹、宽沿、大喇叭圈足外撇处及朝向火膛一侧有釉，豆盘釉较厚，有一定的玻璃质感；其余部分釉极薄，呈土灰色点状。内底中心不见叠烧痕迹，圈足洁净，当为多件叠烧之最上面一件。（图5-4-18，1；彩版一〇八，1）

湖·南Ⅰ T302⑤：30，可复原。喇叭形圈足较高，残存的足端不见缺口。圈足手制，外壁有手捏制的痕迹，表面凹凸不平，内壁用片状工具旋挖而成，大圈足下端有轮旋痕。青灰色胎，胎质较疏松，有较多的细小气孔。豆盘内腹叠烧圈外、宽沿、大喇叭圈足外撇处及朝向火膛一侧有釉，豆盘釉较厚，有一定的玻璃质感；其余部分釉极薄，呈土灰色点状。内底中心有叠烧痕迹，圈足洁净，当为多件叠烧之中间一件。（图5-4-18，2；彩版一〇八，3）

湖·南Ⅰ T302⑤：42，豆盘残片。浅灰色胎，胎质细腻坚致。欠烧，釉基本剥落。（图5-4-18，3）

湖·南Ⅰ T402⑩：2，可复原。喇叭形圈足较高，足端外撇。豆盘轮制，中心略呈乳凸状凸起，旋纹呈顺时针方向；圈足手制，外壁有手捏制的痕迹，表面凹凸不平，圈足内壁用片状工具旋挖而成，内壁光洁。浅灰色胎，胎质较细，夹杂有少量黑色细砂粒。豆盘内腹有釉，釉层较薄，呈土灰色，积釉厚处釉色青绿；豆柄足端外撇处有极薄的土灰色点状釉。内底中心不见叠烧痕迹，圈足底黏结有少量的粗砂粒，当为单件装烧。（图5-4-18，4；彩版一〇九，1）

湖·南Ⅰ T402⑩：5，可复原。圈足手制，外壁有手捏制的痕迹，表面凹凸不平，圈足内壁用片状工具旋挖而成，内壁光洁。浅灰色胎，胎质较细，夹杂有少量黑色细砂粒。豆盘内腹叠烧圈外有釉，釉层较薄，呈土灰色，积釉厚处釉色青绿；叠烧圈内未被叠置破坏处亦有釉；豆柄足端外撇处有极薄的土灰色点状釉。内底中心有叠烧痕迹，圈足底黏结有少量的粗砂粒，当为多件叠烧之最下面一件。（图5-4-18，5；彩版一〇八，4）

湖·南Ⅰ T402⑩：16，可复原。喇叭形圈足较高，足端外撇，足缘有三个小缺口，呈较规则的三角形。豆盘为轮制成型，内腹、底有粗疏的旋纹，旋纹呈顺时针方向，内底中心

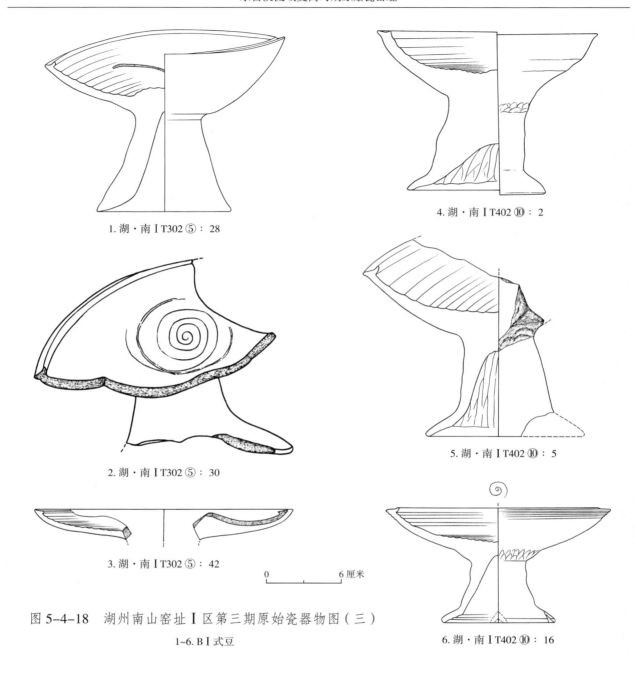

1. 湖·南ⅠT302⑤：28

2. 湖·南ⅠT302⑤：30

3. 湖·南ⅠT302⑤：42

4. 湖·南ⅠT402⑩：2

5. 湖·南ⅠT402⑩：5

6. 湖·南ⅠT402⑩：16

0　　　　　　6厘米

图 5-4-18　湖州南山窑址Ⅰ区第三期原始瓷器物图（三）

1~6. BⅠ式豆

略呈乳凸状；圈足手制，外壁有手捏制的痕迹，表面凹凸不平，圈足内壁用片状工具旋挖而成，内壁光洁，外撇的大圈足处有轮旋痕。青灰色胎，胎质较细。豆盘内腹、宽沿及圈足有釉，釉层较薄，呈土灰色，圈足上的釉主要见于外撇的大喇叭及朝向火膛一侧。内底中心不见叠烧痕迹，圈足洁净，当为多件叠烧之最上面一件。（图 5-4-18，6；彩版一〇九，2）

　　BⅡ式　湖·南ⅠT302⑤：23，喇叭形圈足较细高，足端外撇。豆盘轮制成型，内腹旋纹粗疏，顺时针旋痕；圈足手制，外腹光洁，不见刀刮痕迹，圈足拉坯成型后内侧上端用片状工具掏挖。青灰色胎，胎质较细。内外满釉，釉层较厚，施釉均匀，玻璃质感强，但剥落严重。内底中心不见叠烧痕迹。（图 5-4-19，1；彩版一〇九，3）

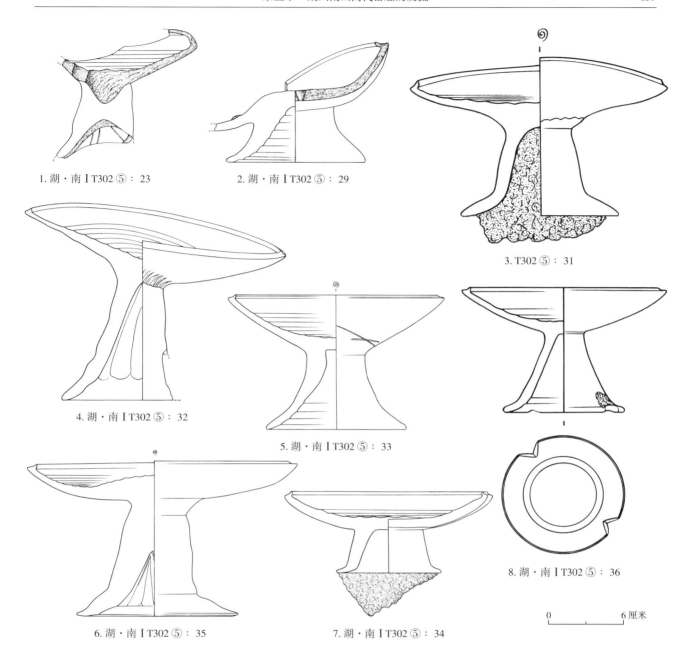

1. 湖·南Ⅰ T302⑤：23　　　　2. 湖·南Ⅰ T302⑤：29　　　　3. T302⑤：31

4. 湖·南Ⅰ T302⑤：32　　　　5. 湖·南Ⅰ T302⑤：33

6. 湖·南Ⅰ T302⑤：35　　　　7. 湖·南Ⅰ T302⑤：34　　　　8. 湖·南Ⅰ T302⑤：36

0　　　　　　6 厘米

图 5-4-19　湖州南山窑址Ⅰ区第三期原始瓷器物图（四）

1~8. BⅡ式豆

湖·南Ⅰ T302⑤：29，可复原。豆盘与豆柄均为轮制成型，豆盘内腹旋纹粗疏，顺时针旋痕；圈足较粗，外壁光洁，内壁有轮旋痕。青灰色胎，胎质较细，夹杂有少量的黑色细砂粒。口沿、内腹叠烧痕迹外圈、圈足大喇叭外撇处均有釉，豆盘内腹青釉较佳，釉层厚，玻璃质感强，圈足釉极薄，呈土灰色点状。内底中心有叠烧痕迹，外底黏结有少量粗砂粒，当为多件叠烧之最下面一件。（图 5-4-19，2；彩版一〇九，4）

湖·南Ⅰ T302⑤：31，可复原。豆盘轮制成型，豆盘内腹旋纹粗疏；豆柄高大，外腹光洁，不见刀刮痕迹。青灰色胎，胎质较细。口沿、内腹叠烧痕迹外圈、圈足大喇叭外撇处均有釉，釉极薄，呈土灰色点状。内底中心有叠烧痕迹，外底黏结有大量的粗砂粒，当为多件叠烧之最下面一件。（图5-4-19，3；彩版一一〇，2）

湖·南Ⅰ T302⑤：32，可复原。喇叭形圈足较细高，足端外撇。豆盘为轮制成型，底心略呈乳凸状，顺时针旋纹；圈足手制，外壁有手捏制的痕迹，表面凹凸不平，圈足内壁上部用片状工具旋挖而成，外撇的大圈足处有轮旋痕。青灰色胎，胎质较细。满釉，青釉较佳，釉层薄，施釉均匀，有一定的玻璃质感。单件装烧。（图5-4-19，4；彩版一一〇，1）

湖·南Ⅰ T302⑤：33，可复原。喇叭形圈足较细高，足端外撇。豆盘、豆柄均为轮制成型。青灰色胎，胎质较细。欠烧，釉基本剥落。（图5-4-19，5）

湖·南Ⅰ T302⑤：34，可复原。豆盘、豆柄均为轮制成型。青灰色胎，胎质较细。豆盘内腹叠烧痕迹外圈、圈足外撇大喇叭处均有釉，釉呈极薄的土灰色点状。豆盘内底有叠烧痕迹，圈足底黏结有大量的烧结块，当为多件叠烧之最下面一件。（图5-4-19，7）

湖·南Ⅰ T302⑤：35，修复。豆盘轮制成型，豆柄手制。青灰色胎，胎质较细。豆盘内腹叠烧痕迹外圈、圈足外撇大喇叭处均有釉，豆盘釉较佳，青灰色，釉层薄，釉较均匀，有一定的玻璃质感；圈足釉呈极薄的土灰色点状。豆盘内底有叠烧痕迹，圈足洁净，当为多件叠烧之中间一件。（图5-4-19，6；彩版一一一，1）

湖·南Ⅰ T302⑤：36，可复原。喇叭形圈足较细高，足端外撇，足缘有两个对称的小缺口，呈较规则的小三角形。豆盘为轮制成型，底心略呈乳凸状，顺时针旋纹；圈足手制，外壁有手捏制的痕迹，表面凹凸不平，圈足内壁用片状工具旋挖而成，外撇的大圈足处有轮旋痕。青灰色胎，胎质较细。豆盘内腹、圈足满釉，釉层较薄，但较均匀，有一定玻璃质感，色呈青灰，剥落较为严重。内底中心不见叠烧痕迹，圈足底洁净，当为多件叠烧之最上面一件。（图5-4-19，8）

湖·南Ⅰ T302⑤：37，可复原。喇叭形圈足较细高，足端外撇，足缘有三个等距分布的小缺口，呈较规则的小三角形。豆盘为轮制成型，底心略呈乳凸状，顺时针旋纹；圈足手制，外壁有手捏制的痕迹。青灰色胎，胎质较细。豆盘内腹、圈足满釉，釉层较薄，但较均匀，有一定玻璃质感，色呈青灰，剥落较为严重；外腹朝向火膛一侧有釉。内底中心不见叠烧痕迹，圈足底洁净，当为多件叠烧之最上面一件。（图5-4-20，1；彩版一一〇，3）

湖·南Ⅰ T402⑩：17，可复原。喇叭形圈足较高，足端外撇，足缘有三个小缺口，呈较规则的三角形。豆盘轮制成型，内底中心略呈乳凸状；圈足手制，外壁有手捏制的痕迹。青灰色胎，胎质较细，夹杂有少量的黑色细砂粒。豆盘内腹、宽沿及圈足有釉，釉层较薄，呈豆绿色；圈足上的釉主要见于外撇的大喇叭及朝向火膛一侧，圈足内侧下端有一层极薄釉层，均匀且有一定的玻璃质感。内底中心不见叠烧痕迹，圈足黏结有少量的黑色细砂粒，当为单件装烧。（图5-4-20，2；彩版一一一，2）

湖·南Ⅰ T402⑩：18，可复原。喇叭形圈足较高，足端外撇，足缘有对称的两个小缺口，呈较规则的小三角形。豆盘为轮制成型；圈足手制，外壁有手捏制的痕迹。青灰色胎，胎质较细，夹杂有少量的黑色细砂粒。豆盘外腹、圈足满釉，釉层较薄，但较均匀，有一定玻璃

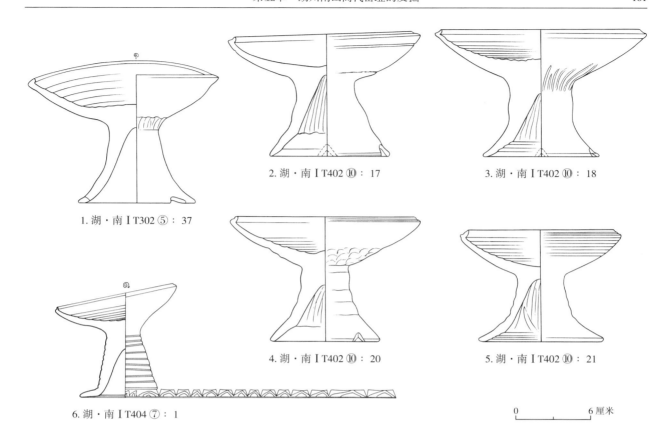

1. 湖·南Ⅰ T302 ⑤：37

2. 湖·南Ⅰ T402 ⑩：17

3. 湖·南Ⅰ T402 ⑩：18

4. 湖·南Ⅰ T402 ⑩：20

5. 湖·南Ⅰ T402 ⑩：21

6. 湖·南Ⅰ T404 ⑦：1

0　　　　　6厘米

图 5-4-20　湖州南山窑址Ⅰ区第三期原始瓷器物图（五）

1~6. BⅡ式豆

质感，色呈豆绿；圈足内壁下端有轮旋痕处亦有一层薄釉；豆盘内腹、口沿上完全不见釉。内底中心不见叠烧痕迹，但在口沿上黏结有小块瓷片，可能烧制时上面叠盖有其他器物；圈足底洁净。（图 5-4-20，3；彩版一一二，1）

湖·南Ⅰ T402 ⑩：19，可复原。喇叭形圈足较高，足端外撇，足缘有三个等距分布的小缺口，呈较规则的小三角形。豆盘为轮制成型；圈足手制，外壁有手捏制的痕迹。青灰色胎，胎质较细，夹杂有少量的黑色细砂粒。豆盘内腹、圈足满釉，釉层较薄，但较均匀，有一定玻璃质感，色呈豆绿，剥落较为严重。内底中心不见叠烧痕迹，圈足底洁净，当为多件叠烧之最上面一件。（彩版一一二，2）

湖·南Ⅰ T402 ⑩：20，可复原。高喇叭形圈足，足端有规则的小三角形缺口。豆盘为轮制成型，圈足手制。生烧。（图 5-4-20，4）

湖·南Ⅰ T402 ⑩：21，可复原。喇叭形圈足，足端残存有小缺口，呈较规则的小三角形。豆盘为轮制成型；圈足手制。浅灰色胎，胎质较细。豆盘内外腹、圈足均仅在朝向火膛一侧有釉，积釉处釉色青绿，釉层厚，有一定玻璃质感；豆盘内腹、口沿上完全不见釉。内底中心不见叠烧痕迹，圈足底洁净，当为多件叠烧之最上面一件。（图 5-4-20，5；彩版一一二，3）

湖·南Ⅰ T404 ⑦：1，修复。豆柄上刻划有细凹弦纹，足端刻划重"∧"形纹。豆盘为轮制成型，顺时针旋纹粗疏，内底中心略呈乳凸状；圈足手制，外壁有手捏制的痕迹，表面凹凸不平，圈足内壁用片状工具旋挖而成，内壁光洁，外撇的大圈足处有轮旋痕。灰白色胎，胎质较细，夹杂有少量的黑色斑点。豆盘内腹、宽沿及圈足有极薄的土灰色点状凝釉，圈足上的釉主要见于外撇的大喇叭及朝向火膛一侧。内外底均黏结有小块窑渣粒，当为单件装烧。（图5-4-20，6；彩版一一二，4）

C型　均为Ⅱ式。

CⅡ式　湖·南Ⅰ T302⑤：18，可复原。青灰色胎，胎质细腻坚致。口沿、肩、豆盘内腹叠烧圈外均有釉，釉极薄，呈土灰色点状；圈足及外腹仅在朝向火膛一侧有釉。内底有叠烧痕迹，圈足黏结大量粗砂粒，当为多件叠烧之最下面一件。（图5-4-21，1；彩版一一三，1）

湖·南Ⅰ T302⑤：19，可复原。青灰色胎，胎质细腻坚致。口沿、肩、豆盘内腹叠烧圈外均有釉，釉极薄，呈土灰色点状；圈足及外腹仅在朝向火膛一侧有釉。内底有叠烧痕迹，圈足黏结少量粗砂粒，当为多件叠烧之最下面一件。（图5-4-21，2）

湖·南Ⅰ T302⑤：20，豆盘残片。青灰色胎，胎质细腻坚致。口沿、肩、豆盘内腹均有釉，釉极薄，呈土灰色点状；外腹仅在朝向火膛一侧有釉。（图5-4-21，3；彩版一一三，2）

湖·南Ⅰ T302⑤：21，豆盘残片。青灰色胎，胎质细腻坚致。口沿、肩、豆盘内腹均有釉，釉极薄，呈土灰色点状；外腹仅在朝向火膛一侧有釉。（图5-4-21，4）

湖·南Ⅰ T302⑤：25，可复原。青灰色胎，胎质较细。口沿、内腹叠烧痕迹外圈、圈足大喇叭外撇处均有釉，釉极薄，呈土灰色点状。内底中心有叠烧痕迹，外底一侧生烧，当为多件叠烧之最下面一件。（图5-4-21，5；彩版一一三，3）

湖·南Ⅰ T302⑤：43，豆盘残片。生烧，呈土黄色。（图5-4-21，6）

湖·南Ⅰ T402⑩：8，可复原。青灰色胎，胎质细腻坚致。口沿、肩、豆盘内腹均有釉，青釉较佳，釉层较釉，施釉均匀，但点状凝釉明显，凝釉厚处呈青绿色；圈足及外腹仅在朝向火膛一侧有釉，釉层厚，玻璃质感强。内底不见叠烧痕迹，圈足端有叠烧的现象，当为多件叠烧之最上面一件。（图5-4-21，7；彩版一一四，1）

湖·南Ⅰ T402⑩：9，可复原。青灰色胎，胎质细腻坚致。生烧，釉不明显。内腹不见叠烧痕迹，外底黏结有少量粗细砂粒，当为单件装烧。（图5-4-21，8；彩版一一三，4）

湖·南Ⅰ T402⑩：10，可复原。青灰色胎，胎质细腻坚致。生烧，釉不明显。（图5-4-21，9；彩版一一三，5）

湖·南Ⅰ T402⑩：11，可复原。青灰色胎，胎质细腻坚致。豆盘内腹与豆柄朝向火膛一侧有釉，青釉极佳，釉层厚，玻璃质感强，点状凝釉明显。内底有叠烧痕迹，圈足底黏结有少量粗细砂粒以及一层土灰色粉末状物，并有细小植物状纹理，可能使用了谷壳类物品作为间隔以防黏结，当为多件叠烧之最下面一件。（图5-4-21，10；彩版一一四，2）

湖·南Ⅰ T402⑩：12，豆盘残片。青灰色胎，胎质细腻坚致。豆盘肩及外上腹朝向火膛一侧有釉，青釉较佳，釉层厚，玻璃质感强。内腹素净，当为多件叠烧之最上面一件。（彩版一一四，3）

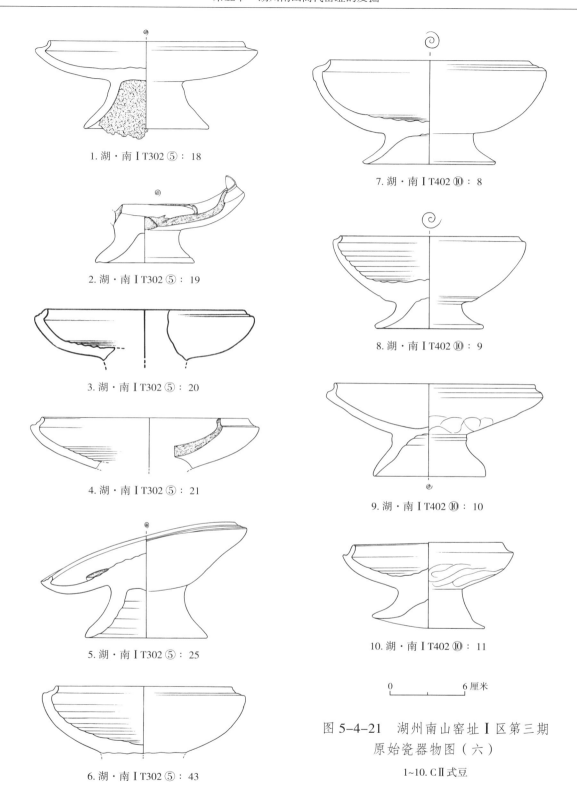

1. 湖·南Ⅰ T302⑤：18

2. 湖·南Ⅰ T302⑤：19

3. 湖·南Ⅰ T302⑤：20

4. 湖·南Ⅰ T302⑤：21

5. 湖·南Ⅰ T302⑤：25

6. 湖·南Ⅰ T302⑤：43

7. 湖·南Ⅰ T402⑩：8

8. 湖·南Ⅰ T402⑩：9

9. 湖·南Ⅰ T402⑩：10

10. 湖·南Ⅰ T402⑩：11

0 ———— 6厘米

图5-4-21　湖州南山窑址Ⅰ区第三期
原始瓷器物图（六）

1~10. CⅡ式豆

　　D型　湖·南Ⅰ T302⑤：38，修复，器形极大。浅灰色胎，胎质细腻坚致。内腹青釉较佳，
釉层薄，但施釉均匀，有一定的玻璃质感，外腹不见釉，豆柄釉极薄，呈土灰色点状。内腹
不见叠烧痕迹，底部黏结有少量烧结块，当为单件装烧。（图5-4-22，1；彩版一一五，1）

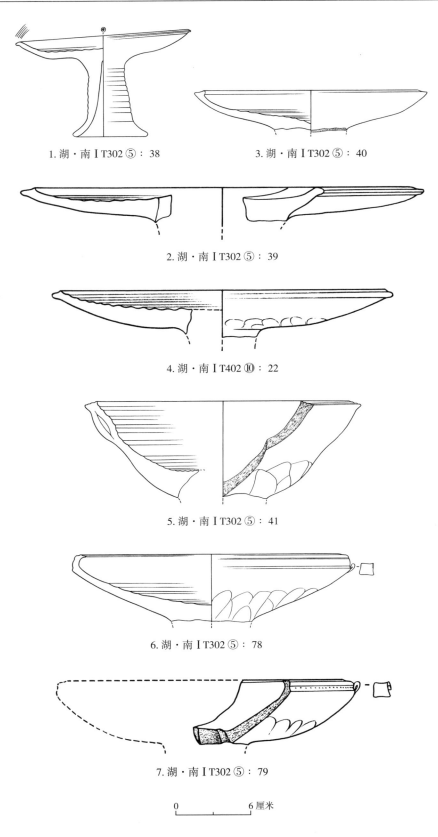

1. 湖·南ⅠT302⑤：38　　　　　3. 湖·南ⅠT302⑤：40

2. 湖·南ⅠT302⑤：39

4. 湖·南ⅠT402⑩：22

5. 湖·南ⅠT302⑤：41

6. 湖·南ⅠT302⑤：78

7. 湖·南ⅠT302⑤：79

0 ————— 6厘米

图 5-4-22　湖州南山窑址Ⅰ区第三期原始瓷器物图（七）

1~4. D型豆　5. 方唇豆　6、7. 钵形豆

湖·南Ⅰ T302⑤：39，仅剩小半个豆盘，豆柄残。浅灰色胎，胎质细腻坚致。釉剥落。内腹不见叠烧痕迹。（图5-4-22，2）

湖·南Ⅰ T302⑤：40，仅剩小半个豆盘，豆柄残。浅灰色胎，胎质细腻坚致。内腹青釉较佳，釉层较薄，有一定的玻璃质感。内腹有叠烧痕迹。（图5-4-22，3；彩版一一五，2）

湖·南Ⅰ T402⑩：22，仅剩小半个豆盘，豆柄残。浅灰色胎，胎质细腻坚致。内腹青釉较佳，釉层薄，但施釉均匀，有一定的玻璃质感；外腹不见釉。内腹不见叠烧痕迹。（图5-4-22，4；彩版一一五，3）

方唇豆　湖·南Ⅰ T302⑤：41，仅剩小半个豆盘，豆柄残。方唇较厚，斜直腹，唇面有多道细凹弦纹。豆盘轮制，内腹有较细密清晰的旋纹，外腹光洁。浅灰色胎，胎质较松，大小气孔较多。内腹有极薄的土灰色点状凝釉。内腹中心有叠烧痕迹。（图5-4-22，5）

钵形豆　湖·南Ⅰ T302⑤：78，豆盘残片。尖圆唇，窄沿，弧敛口，浅弧腹斜收，圈足残。沿面上有多道凹弦纹，上腹近沿处残存有一个宽扁耳。轮制，内腹、底有较粗疏的旋纹，外上腹光洁，下腹及底有明显的刀削修理痕迹。胎呈夹心状，胎心土灰色，内外壁青灰色。沿面及内底、腹有极薄而淡的点状釉。内腹有不明显的叠烧痕迹。（图5-4-22，6）

湖·南Ⅰ T302⑤：79，豆盘残片。尖圆唇，窄沿，弧敛口，浅弧腹斜收，圈足残。沿面修刮成平沿形，上有圆点纹两圈，上腹近沿处残存有一个宽扁耳。轮制，内腹、底有较粗疏的旋纹，外上腹光洁，下腹及底有明显的刀削修理痕迹。因欠烧而呈土灰色。（图5-4-22，7）

豆柄　湖·南Ⅰ T302⑤：44，高大喇叭形，足端外撇。圈足饰两组对称三角形镂孔：每组先刻划纵向两道细阴线，阴线内有上下两组三角形镂孔，每组尖头朝内，对称两个。其中一组仅镂了下面两个三角形。轮制成型，外壁有不明显的轮旋痕，内壁用片状工具掏挖而成，近足端有轮修痕。浅灰色胎，胎质较细。一侧从上至下均有釉，呈极薄的土灰色点状。（图5-4-23，1；彩版一一五，4）

湖·南Ⅰ T302⑤：45，高大喇叭形，足端外撇。圈足先刻划细旋纹，再饰两组对称三角形镂孔：每组先刻划纵向两道细阴线，阴线内有上下三组三角形镂孔，每组尖头朝内，对称两个。轮制成型，外壁有不明显的轮旋痕，内壁用片状工具掏挖而成，近足端有轮修痕。浅灰色胎，胎质较细。一侧从上至下及足端有釉，呈极薄的土灰色点状。底足黏结有两小块烧结块，其中朝向火膛一侧的烧结块略高，可能是有意垫置。（图5-4-23，2；彩版一一五，5）

湖·南Ⅰ T302⑤：46，高大喇叭形，足端残。圈足先刻划细旋纹，在一侧刻划饕餮纹，另一侧残存两个朝上的"∧"形纹。生烧，呈土黄色，局部外腹呈青灰色。（图5-4-23，3；彩版一一六，1）

湖·南Ⅰ T302⑤：47，高大喇叭形，足端外撇。圈足先刻划细旋纹，再刻划三组叶脉纹，其中两组单条、一组两条。轮制成型，外壁有不明显的轮旋痕，内壁用片状工具掏挖而成，近足端有轮修痕。浅灰色胎，胎质较细。一侧从上至下及足端有极薄的土灰色点状釉。底足黏结有两小块烧结块，可能是有意垫置。（图5-4-23，4；彩版一一六，2）

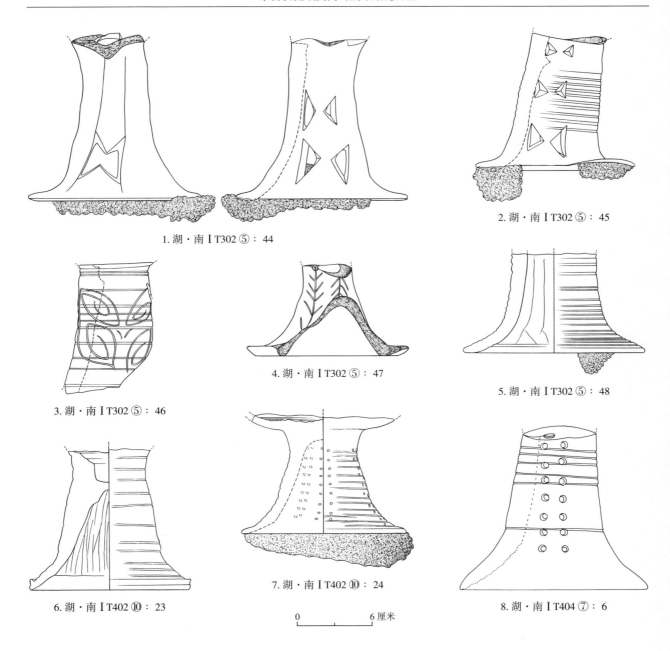

1. 湖·南ⅠT302⑤：44

2. 湖·南ⅠT302⑤：45

3. 湖·南ⅠT302⑤：46

4. 湖·南ⅠT302⑤：47

5. 湖·南ⅠT302⑤：48

6. 湖·南ⅠT402⑩：23

7. 湖·南ⅠT402⑩：24

0　　　　　6厘米

8. 湖·南ⅠT404⑦：6

图 5-4-23　湖州南山窑址Ⅰ区第三期原始瓷器物图（八）

1~8. 豆柄

　　湖·南Ⅰ T302⑤：48，高大喇叭形，足端外撇。圈足刻划细旋纹。轮制成型，外壁有不明显的轮旋痕，内壁用片状工具掏挖而成，近足端有轮修痕。浅灰色胎，胎质较细。一侧从上至下及足端有极薄的土灰色点状釉。底足黏结有一小块烧结块，可能是有意垫置。（图5-4-23，5；彩版一一六，3）

　　湖·南Ⅰ T402⑩：23，大喇叭形，与豆盘相接处内凹，呈榫铆状拼接，足端一圈上卷。通体刻划旋纹，不甚规则。上部胎呈青灰色，下部、内腹呈生烧的土黄色，从内壁看，胎近绞胎状。（图5-4-23，6；彩版一一六，4）

湖·南Ⅰ T402⑩：24，大喇叭形，足端不见缺口。通体刻划旋纹，不规则，有三组小圆孔，每组两列。胎呈浅灰色，有极薄的土灰色点状釉。底部粘有黑色粗砂粒，残存的豆盘内有叠烧痕迹。（图5-4-23，7；彩版一一六，5）

湖·南Ⅰ T404⑦：6，高喇叭形，足端不带缺口。刻划有细凹弦纹，并饰对称的圆形小镂孔两组，每组两列。轮制与手工修整相结合，外壁较光洁，内壁上侧多次掏挖而成，下侧有细密的旋纹。生烧呈土黄色。（图5-4-23，8；彩版一一六，6）

罐　本期有AⅠ式、AⅡ式和C型罐。

AⅠ式　湖·南Ⅰ T404⑦：3，圆唇，直口，短直颈，圆肩较隆起，下腹急收成扁腹状，小平底。肩部有粗凹弦纹数道。轮制成手工修整相结合，内腹旋纹粗疏，外下腹及底有多次修刮痕迹。生烧呈土黄色。（图5-4-24，1）

湖·南Ⅰ T404⑦：12，底残。圆唇，直口，短直颈，折肩，下腹急收成扁腹状，器形较扁矮。肩部有粗凹弦纹数道。轮制与手工修整相结合，内腹旋纹粗疏，外下腹有多次修刮痕迹。生烧呈土灰色。（图5-4-24，2）

AⅡ式　湖·南Ⅰ T302⑤：49，可复原。折肩折棱明显。肩部有不明显的细凹弦纹。下腹及底部有修刮痕迹。青灰色胎，胎质较细。肩部及内腹、底有釉，釉层薄，呈土灰色点状。内底不见叠烧痕迹，外底黏结有少量的粗砂粒，当为单件装烧。（图5-4-24，3；彩版一一七，1）

湖·南Ⅰ T302⑤：50，可复原。折肩折棱明显。肩部有较粗疏的凹弦纹。外下腹及底部有修刮痕迹。深灰色胎，胎质较细。肩部及内腹、底有釉，釉层薄，呈土灰色点状。内底不见叠烧痕迹，外底黏结有少量的粗砂粒，当为单件装烧。（图5-4-24，4）

湖·南Ⅰ T302⑤：51，可复原。折肩折棱明显。外下腹及底部有修刮痕迹。深灰色胎，胎质较细。肩部及内腹、底有釉，肩部釉较佳，釉层厚，釉色青绿，有一定的玻璃质感；内腹釉层薄，呈土灰色点状。内底有叠烧痕迹，外底黏结有少量的粗砂粒，当为多件叠烧之最下面一件。（图5-4-24，5；彩版一一七，2）

湖·南Ⅰ T302⑤：52，可复原。折肩折棱明显。肩部有粗疏的弦纹。外下腹及底部有修刮痕迹。深灰色胎，胎质较细。肩部及内腹、底有釉，肩部釉较佳，釉层厚，釉色青绿，有一定的玻璃质感；内腹、底釉层薄，呈土灰色点状。内底不见叠烧痕迹，外底黏结有少量的粗砂粒，当为单件装烧。（图5-4-24，6；彩版一一七，3）

湖·南Ⅰ T302⑤：53，可复原。折肩折棱不明显。肩部有不明显的细凹弦纹。外下腹及底部有修刮痕迹。深灰色胎，胎质较细。肩部及内腹、底有釉，釉层薄，呈土灰色点状。内底不见叠烧痕迹，外底黏结有少量的粗砂粒，当为单件装烧。（图5-4-24，7；彩版一一七，4）

湖·南Ⅰ T302⑤：54，可复原。折肩折棱不明显。肩部有不明显的细凹弦纹。外下腹及底部有修刮痕迹。欠烧呈土黄色。（图5-4-24，8）

湖·南Ⅰ T302⑤：55，可复原。折肩折棱明显。肩部有不明显的细凹弦纹。外下腹及底部有修刮痕迹。深灰色胎，胎质较细。肩部及内腹、底有釉，釉层薄，呈土灰色点

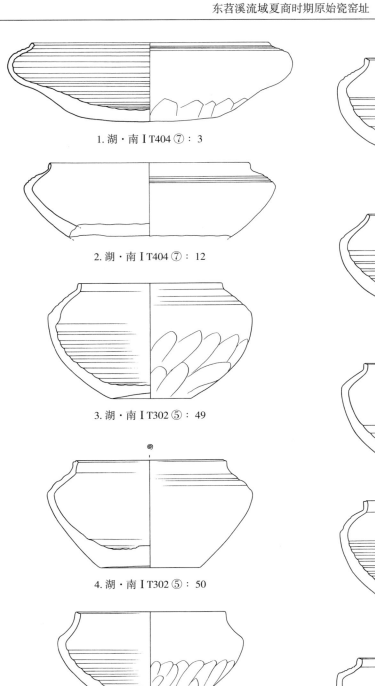

1. 湖·南ⅠT404⑦：3

2. 湖·南ⅠT404⑦：12

3. 湖·南ⅠT302⑤：49

4. 湖·南ⅠT302⑤：50

5. 湖·南ⅠT302⑤：51

6. 湖·南ⅠT302⑤：52

7. 湖·南ⅠT302⑤：53

8. 湖·南ⅠT302⑤：54

9. 湖·南ⅠT302⑤：55

10. 湖·南ⅠT302⑤：56

11. 湖·南ⅠT302⑤：57

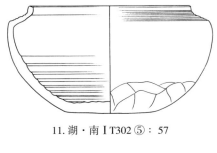

图5-4-24　湖州南山窑址Ⅰ区第三期原始瓷器物图（九）

1、2.AⅠ式罐　3~11.AⅡ式罐

状。内底不见叠烧痕迹，外底黏结有少量的粗砂粒，当为单件装烧。（图5-4-24，9；彩版一一七，5）

湖·南Ⅰ T302 ⑤：56，可复原。肩部有不明显的细凹弦纹。外下腹及底部有修刮痕迹。欠烧呈土黄色。（图5-4-24，10）

湖·南Ⅰ T302 ⑤：57，可复原。折肩折棱明显。肩部有明显的细深凹弦纹。外下腹有修刮痕迹，底部有一次切割的篦划状细密纹。欠烧呈土黄色。（图5-4-24，11；彩版一一八，1）

湖·南Ⅰ T302 ⑤：58，可复原。肩部有明显的细深凹弦纹。外下腹及底有修刮痕迹。欠烧呈土黄色。（图5-4-25，1）

湖·南Ⅰ T302 ⑤：59，可复原。外下腹及底部有修刮痕迹。青灰色胎，胎质较细。肩部及内腹、底有釉，肩部釉较佳，釉层厚，釉色青绿，有一定的玻璃质感，内腹釉层薄，呈土灰色点状。内底有叠烧痕迹，外底黏结有少量的粗砂粒，当为多件叠烧之最下面一件。（图5-4-25，2；彩版一一八，2）

湖·南Ⅰ T302 ⑤：60，可复原。外下腹及底部有修刮痕迹。青灰色胎，胎质较细。肩部及内腹、底有釉，肩部釉较佳，釉层厚，釉色青绿，有一定的玻璃质感；内腹釉层薄，呈土灰色点状。内底有叠烧痕迹，外底黏结有少量的粗砂粒，当为多件叠烧之最下面一件。（图5-4-25，3；彩版一一八，3）

湖·南Ⅰ T302 ⑤：61，可复原。折肩折棱不明显，平底较小。外下腹及底部有修刮痕迹。深灰色胎，胎质较细。肩部及内腹、底有釉，釉层薄，呈土灰色点状。内底有叠烧痕迹，外底黏结有少量的粗砂粒，当为多件叠烧之最下面一件。（图5-4-25，4）

湖·南Ⅰ T402 ⑩：25，底腹间折棱不明显。外下腹及底部有修刮痕迹。青灰色胎，胎质较细，夹杂有少量的黑色细砂粒。肩部有釉，釉层较厚，青绿色，有一定玻璃质感；内底叠烧痕迹圈有少量极薄的土灰色点状釉。内底有叠烧痕迹，外底黏结有少量的粗砂粒，当为多件叠烧之最下面一件。（图5-4-25，5；彩版一一八，4）

湖·南Ⅰ T402 ⑩：26，折肩折棱、底腹间折棱不明显。外下腹及底部有修刮痕迹。胎呈夹心状，胎心浅灰色，内外腹呈青灰色，胎质较细，夹杂有少量的黑色细砂粒。肩部及内腹、底有釉，釉层较厚，青绿色，有一定玻璃质感。内底不见叠烧痕迹，外底黏结有少量的粗砂粒，当为单件装烧。（图5-4-25，6；彩版一一八，5）

湖·南Ⅰ T402 ⑩：27，轮制成型，内底、腹有粗疏的旋纹，外下腹及底部有修刮痕迹。生烧。（图5-4-25，7）

湖·南Ⅰ T402 ⑩：28，折肩折棱不明显。外下腹及底部有修刮痕迹。青灰色胎，胎质较细，夹杂有少量的黑色细砂粒；器底胎呈夹心状，外底因生烧呈土黄色，胎心浅灰色，内底呈青灰色。肩部有釉，釉层较厚，青绿色，有一定玻璃质感；内底叠烧痕迹圈内有少量极薄的土灰色点状釉。内底有叠烧痕迹，外底生烧，当为多件叠烧之最下面一件。（图5-4-25，8；彩版一一八，6）

湖·南Ⅰ T402 ⑩：29，外下腹及底部有修刮痕迹。青灰色胎，胎质较细，夹杂有少量

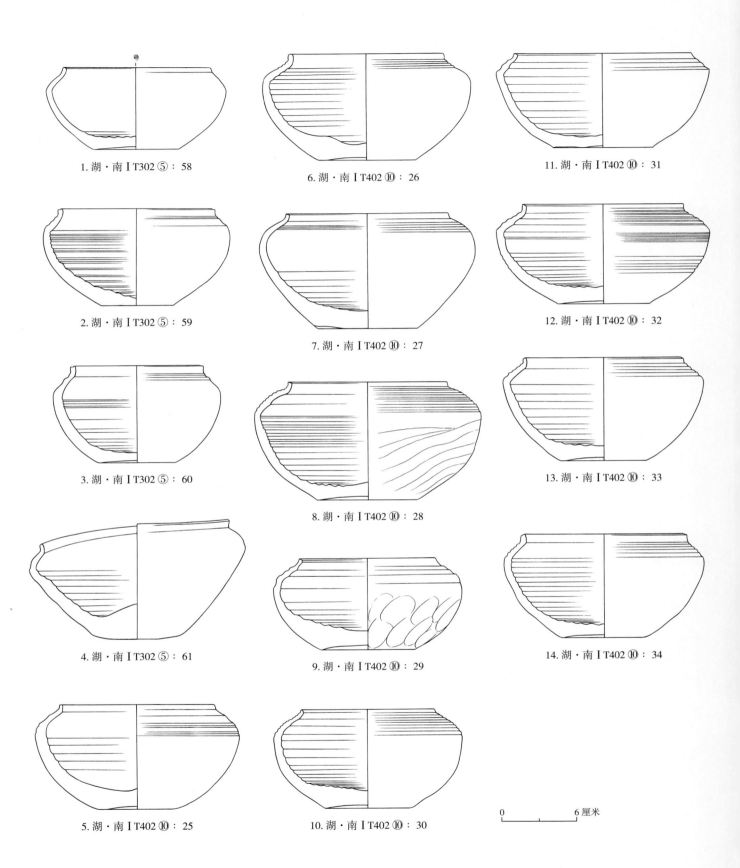

1. 湖·南ⅠT302 ⑤：58

2. 湖·南ⅠT302 ⑤：59

3. 湖·南ⅠT302 ⑤：60

4. 湖·南ⅠT302 ⑤：61

5. 湖·南ⅠT402 ⑩：25

6. 湖·南ⅠT402 ⑩：26

7. 湖·南ⅠT402 ⑩：27

8. 湖·南ⅠT402 ⑩：28

9. 湖·南ⅠT402 ⑩：29

10. 湖·南ⅠT402 ⑩：30

11. 湖·南ⅠT402 ⑩：31

12. 湖·南ⅠT402 ⑩：32

13. 湖·南ⅠT402 ⑩：33

14. 湖·南ⅠT402 ⑩：34

0   6厘米

图 5-4-25 　湖州南山窑址Ⅰ区第三期原始瓷器物图（十）

1~14. AⅡ式罐

的黑色细砂粒；器底胎呈夹心状，外底因生烧呈土黄色，胎心浅灰色，内底呈青灰色。肩部
有釉，剥落严重。（图5-4-25，9）

湖·南Ⅰ T402⑩：30，外下腹及底部有修刮痕迹。青灰色胎，胎质较细。肩部及内腹、
底有釉，釉层较厚，青绿色，有一定玻璃质感。内底不见叠烧痕迹，外底黏结有少量的粗砂
粒，当为单件装烧。（图5-4-25，10；彩版——八，7）

湖·南Ⅰ T402⑩：31，外下腹及底部有修刮痕迹。生烧。（图5-4-25，11）

湖·南Ⅰ T402⑩：32，肩及上腹部有细密的细弦纹。外下腹有修刮痕迹，底有细密的
篦状切割痕。生烧。（图5-4-25，12）

湖·南Ⅰ T402⑩：33，外下腹、底有修刮痕迹。生烧呈土黄色。（图5-4-25，13）

湖·南Ⅰ T402⑩：34，肩部有细密的细弦纹。外下腹及底部有修刮痕迹。青灰色胎，
胎质较细，夹杂有少量的黑色细砂粒。生烧，釉完全不见。（图5-4-25，14）

C型罐　湖·南Ⅰ T404⑦：11，尖圆唇，撇口，圆肩，下腹弧收，器形较矮，平底。
轮制与手工修整相结合，内腹有较粗疏的顺时针旋纹，外上腹光洁，下腹及底有明显的刀削
修理痕迹。青灰色胎，胎质细腻坚致。肩部有极薄的土灰色点状釉。内底有叠烧痕，外腹黏
结小块窑渣粒，当为多件叠烧之最下面一件。（图5-4-26，1；彩版——八，8）

小罐　本期均为AⅡ式。

AⅡ式　湖·南Ⅰ T302⑤：62，可复原。折肩折棱明显。因生烧而呈土黄色。（图
5-4-26，2）

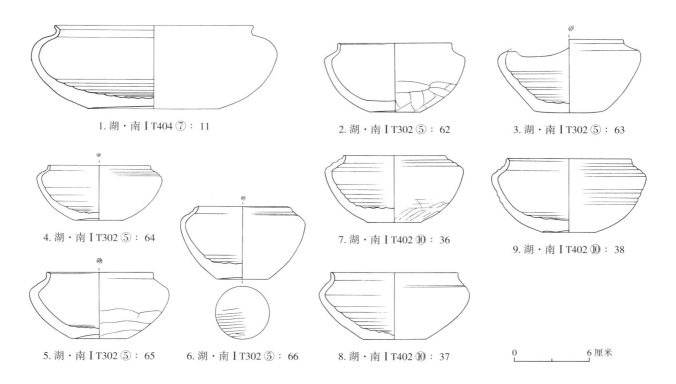

1. 湖·南Ⅰ T404⑦：11　　　2. 湖·南Ⅰ T302⑤：62　　　3. 湖·南Ⅰ T302⑤：63

4. 湖·南Ⅰ T302⑤：64　　　　　　　　　　　　　　7. 湖·南Ⅰ T402⑩：36　　　9. 湖·南Ⅰ T402⑩：38

5. 湖·南Ⅰ T302⑤：65　　6. 湖·南Ⅰ T302⑤：66　　8. 湖·南Ⅰ T402⑩：37　　0　　　　6厘米

图5-4-26　湖州南山窑址Ⅰ区第三期原始瓷器物图（十一）

1. C型罐　2~9. AⅡ式小罐

湖·南 I T302⑤：63，可复原。折肩折棱明显。因生烧而呈土黄色。（图5-4-26，3）

湖·南 I T302⑤：64，可复原。肩部有不明显的细凹弦纹。深灰色胎，胎质较细。肩部及内腹、底有釉，釉层薄，呈土灰色点状。内底不见叠烧痕迹，外底黏结有少量的粗砂粒，当为单件装烧。（图5-4-26，4；彩版一一九，1）

湖·南 I T302⑤：65，可复原。肩部有不明显的细凹弦纹。深灰色胎，夹杂有少量的黑色细砂粒。肩部及内腹、底有釉，釉层薄，呈土灰色点状。内底不见叠烧痕迹，外底黏结有少量的粗砂粒，当为单件装烧。（图5-4-26，5；彩版一一九，2）

湖·南 I T302⑤：66，可复原。圆肩。外下腹有修刮痕迹，底有单次切割的篦状细密纹。因生烧而呈土黄色。（图5-4-26，6）

湖·南 I T402⑩：36，可复原。青灰色胎较细，夹杂有少量的黑色细砂。肩及内底、下腹有极薄而淡的土灰色点状釉。内底不见叠烧痕迹，外底洁净，当为多件叠烧之最上面一件。（图5-4-26，7；彩版一一九，3）

湖·南 I T402⑩：37，可复原。青灰色胎较细，夹杂有少量的黑色细砂。生烧，釉不明显。（图5-4-26，8；彩版一一九，4）

湖·南 I T402⑩：38，可复原。青灰色胎较细。生烧，釉剥落严重，肩及内底、内下腹有釉。内底不见叠烧痕迹，外底黏结有少量的粗砂粒，当为单件装烧。（图5-4-26，9）

钵　本期有 A 型、B I 式、B II 式、C I 式、C II 式、D 型和 E 型钵。

A 型　湖·南 I T302⑤：75，可复原。底腹间折棱不明显。浅灰色胎，通体起泡。因欠烧而呈土灰色。（图5-4-27，1；彩版一一九，5）

湖·南 I T402⑩：74，可复原。底腹间折棱不明显。上腹近沿面处残存有小半个宽扁耳。浅灰色胎，胎质较细，但起泡严重。沿面、内腹与底有极薄而淡的点状釉。外腹黏结两颗粗砂粒，当为单件装烧。（图5-4-27，2）

B I 式　湖·南 I T302⑤：70，可复原。底腹间折棱明显。上腹近折肩处有扁泥条耳，三个等距设置，沿面上有多道较粗的凹弦纹。因欠烧呈土灰色。（图5-4-27，3）

湖·南 I T302⑤：71，可复原。底腹间折棱明显。沿面上有多道细凹弦纹。青灰色胎，胎质细腻坚致。宽沿、内底与腹有釉，釉极薄，呈土灰色点状。内底不见叠烧痕迹，外底下部生烧，当为单件装烧。（图5-4-27，4）

湖·南 I T402⑩：35，可复原。底腹间折棱明显。沿面上有多道较粗的凹弦纹。浅灰色胎，胎质较细，但起泡严重。沿面及内腹上有极薄而淡的点状釉。内腹不见叠烧痕迹，外底黏结有少量的粗砂粒，当为单件装烧。（图5-4-27，5；彩版一一九，6）

湖·南 I T402⑩：40，可复原。沿面上有多道较粗的凹弦纹；上腹有刻划，外圈为一不规则的圆形，圆内刻划"×"形纹。青灰色胎，胎质细腻坚致。沿面及内腹施釉，青釉较佳，釉层厚，玻璃质感强，但点状凝釉明显。内腹不见叠烧痕迹，外底洁净，当为多件叠烧之最上面一件。（图5-4-27，6）

湖·南 I T402⑩：41，可复原。沿面上有多道较粗的凹弦纹，残存的底部刻划有"×"形纹。青灰色胎，胎质细腻坚致。沿面及内腹施釉，釉极薄，呈土灰色点状。内腹不见叠烧

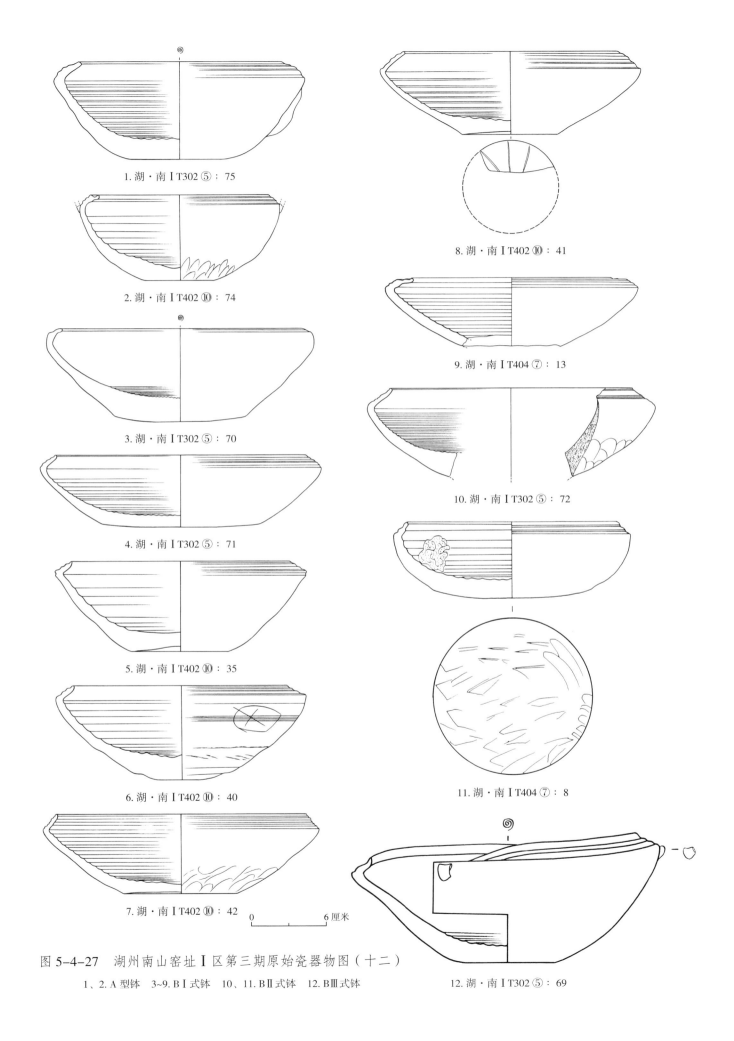

1. 湖·南Ⅰ T302 ⑤：75

2. 湖·南Ⅰ T402 ⑩：74

3. 湖·南Ⅰ T302 ⑤：70

4. 湖·南Ⅰ T302 ⑤：71

5. 湖·南Ⅰ T402 ⑩：35

6. 湖·南Ⅰ T402 ⑩：40

7. 湖·南Ⅰ T402 ⑩：42

8. 湖·南Ⅰ T402 ⑩：41

9. 湖·南Ⅰ T404 ⑦：13

10. 湖·南Ⅰ T302 ⑤：72

11. 湖·南Ⅰ T404 ⑦：8

12. 湖·南Ⅰ T302 ⑤：69

0   6厘米

图 5-4-27　湖州南山窑址Ⅰ区第三期原始瓷器物图（十二）

1、2. A 型钵　3~9. BⅠ式钵　10、11. BⅡ式钵　12. BⅢ式钵

痕迹，外底洁净，当为多件叠烧之最上面一件。（图5-4-27，8；彩版一一九，7）

湖·南Ⅰ T402⑩：42，可复原。沿面上有多道较粗的凹弦纹，残存的底部刻划有圆圈形。青灰色胎，胎质细腻坚致。沿面及内腹施釉，釉极薄，呈土灰色点状。内腹不见叠烧痕迹，外底洁净，当为多件叠烧之最上面一件。（图5-4-27，7）

湖·南Ⅰ T404⑦：13，口沿残片。沿面上有多道较粗的凹弦纹。青灰色胎，起泡严重。沿面上有极薄的土灰色点状凝釉。（图5-4-27，9）

BⅡ式　湖·南Ⅰ T302⑤：72，可复原。沿面上有多道较粗的凹弦纹。因欠烧呈土灰色。（图5-4-27，10）

湖·南Ⅰ T404⑦：8，可复原。底腹间折棱不明显。沿面上有两道较粗的凹弦纹。青灰色胎，胎质细腻坚致。沿面及内腹施釉，呈极薄的土灰色点状。内腹、外底有小块窑渣粒，当为单件装烧。（图5-4-27，11）

BⅢ式　湖·南Ⅰ T302⑤：69，基本完整。上腹近折肩处有三个扁泥条耳等距设置，沿面上有多道较粗的凹弦纹。青灰色胎，胎质细腻坚致。宽沿、内底与腹有釉，釉层极薄，呈土灰色点状。内底不见叠烧痕迹，外底黏结有少量粗砂粒，当为单件装烧。（图5-4-27，12；彩版一二〇，1）

CⅠ式　湖·南Ⅰ T402⑩：43，可复原。生烧，呈土黄色。（图5-4-28，1）

CⅡ式　湖·南Ⅰ T302⑤：74，可复原。浅灰色胎，胎质细腻坚致。宽沿、内底与腹有釉，青釉较佳，釉层厚，釉色青绿，玻璃质感强，但点状凝釉明显。内底不见叠烧痕迹，外底黏结有大块的粗砂粒，当为单件叠烧。（图5-4-28，2；彩版一二〇，2）

湖·南Ⅰ T402⑩：39，可复原。近生烧，浅灰近土黄色胎。宽沿及内上腹叠烧痕迹外圈有少量极薄的土灰色点状釉。内底有叠烧痕迹，外底黏结有少量的粗砂粒，当为多件叠烧之最下面一件。（图5-4-28，3；彩版一二〇，3）

D型　湖·南Ⅰ T302⑤：76，可复原。沿面上有多道凹弦纹，上腹近沿处残存有一个宽扁耳。浅灰色胎，胎质细腻坚致；底胎胎较厚处呈夹心状，胎心土灰色，内外壁青灰色。沿面及内底、腹有极薄而淡的点状釉。内腹不见叠烧痕迹，外腹洁净并呈火石红色，当为单件装烧。（图5-4-28，4）

湖·南Ⅰ T302⑤：77，可复原。浅灰色胎，胎质细腻坚致；底胎胎较厚处呈夹心状，胎心土灰色，内外壁青灰色。沿面及内底、腹有极薄而淡的点状釉。内腹不见叠烧痕迹，外腹洁净并呈火石红色，当为单件装烧。（图5-4-28，6）

E型　湖·南Ⅰ T402⑩：44，可复原。底腹间折棱明显。胎上半部呈青灰色，下半部生烧呈土黄色。釉完全剥落。（图5-4-28，6）

湖·南Ⅰ T404⑦：10，可复原。底腹间折棱明显。沿面上有细凹弦纹。青灰色胎，胎质细腻坚致。沿面及内腹施釉，呈极薄的土灰色点状。内腹、外底有小块窑渣粒，当为单件装烧。（图5-4-28，7）

盂　仅见A型。

A型　湖·南Ⅰ T302⑤：67，可复原。口沿有不规则的较粗凹弦纹。浅灰色胎，胎质

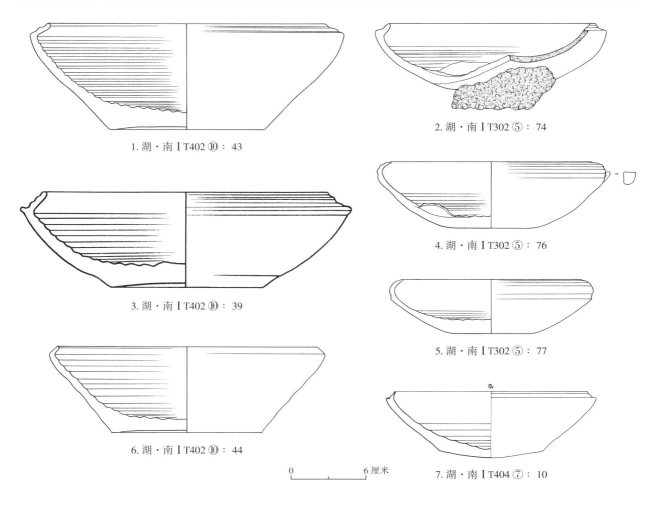

1.湖·南ⅠT402⑩：43

2.湖·南ⅠT302⑤：74

3.湖·南ⅠT402⑩：39

4.湖·南ⅠT302⑤：76

5.湖·南ⅠT302⑤：77

6.湖·南ⅠT402⑩：44

0　　　　　6厘米

7.湖·南ⅠT404⑦：10

图 5-4-28　湖州南山窑址Ⅰ区第三期原始瓷器物图（十三）

1.CⅠ式钵　2、3.CⅡ式钵　4、5.D 型钵　6、7.E 型钵

细腻坚致。口沿及内腹、底有极薄而淡的土灰色点状釉。内底不见叠烧痕迹，外底黏结有少量的粗砂粒，当为单件装烧。（图 5-4-29，1；彩版一二〇，4）

　　湖·南ⅠT302⑤：68，可复原。沿有不规则的较细凹弦纹。浅灰色胎，胎质细腻坚致。口沿及内腹、底有极薄而淡的土灰色点状釉。内、外底均不见叠烧痕迹，当为单件装烧。（图5-4-29，2）

　　盆　湖·南ⅠT302⑤：73，可复原。窄沿，敛口，浅弧腹，平底。沿面凹弧。轮制成型，内腹、底的旋纹粗疏清晰，外上腹清洁，下腹及底部有修刮痕迹。欠烧而呈土灰色。（图5-4-29，3）

　　大器盖　湖·南ⅠT302⑤：81，可复原。器形较大，浅弧形较矮，矮喇叭形捉手。轮制成型，盖面光洁，内面有细密的旋纹。浅灰色胎，胎质细腻坚致。盖内面有釉，较薄，呈土灰色点状。盖内面不见叠烧痕迹，捉手上黏结的少量土灰色烧结物有植物状纹理，当为间隔之用，应为多件仰置叠烧之最上面一件。（图5-4-29，5；彩版一二一，1）

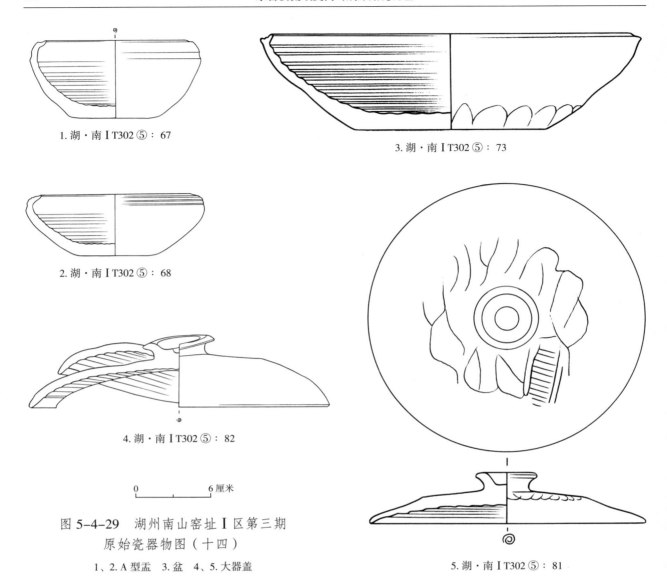

1. 湖·南 I T302 ⑤：67

3. 湖·南 I T302 ⑤：73

2. 湖·南 I T302 ⑤：68

4. 湖·南 I T302 ⑤：82

0 ———— 6 厘米

图 5-4-29　湖州南山窑址 I 区第三期
原始瓷器物图（十四）

1、2. A 型盉　3. 盆　4、5. 大器盖

5. 湖·南 I T302 ⑤：81

　　湖·南 I T302 ⑤：82，可复原。器形较大，浅弧形较矮，矮喇叭形捉手。轮制成型，盖面光洁，内面有细密的旋纹。浅灰色胎，胎质细腻坚致。盖内面有釉，呈点状，较薄而均匀，有一定的玻璃质感。盖内面不见叠烧痕迹，捉手上黏结的少量土灰色烧结物有植物状纹理，当为间隔之用，应为多件仰置叠烧之最上面一件。（图 5-4-29，4；彩版一二一，2）

　　器盖　除第二期的 Aa 型外，新出现 Ab 型、Ac 型、Ad 型等。

　　Aa 型　湖·南 I T302 ⑤：83，可复原。青灰色胎，夹杂有少量的黑色细砂粒。盖内面叠烧圈外有釉，较薄，呈土灰色点状。盖内面有叠烧痕迹，捉手上洁净，当为多件仰置叠烧中间一件。（图 5-4-30，1；彩版一二一，3）

　　湖·南 I T302 ⑤：84，可复原。青灰色胎，夹杂有少量的黑色细砂粒。盖内面叠烧圈外有釉，呈点状，较薄而均匀，有一定的玻璃质感。盖内面有叠烧痕迹，捉手有叠烧痕迹，当为多件仰置叠烧之中间一件。（图 5-4-30，2）

　　湖·南Ⅰ T302⑤：85，可复原。青灰色胎，夹杂有少量的黑色细砂粒。盖内面叠烧圈外有釉，呈点状，青釉较薄而均匀，有一定的玻璃质感。盖内面有叠烧痕迹，捉手有叠烧痕迹，当为多件仰置叠烧中间一件。（图5-4-30，3；彩版一二一，4）

　　湖·南Ⅰ T302⑤：86，可复原。浅灰色胎，胎质较细。盖内面有釉，青釉较薄而均匀，有一定的玻璃质感。盖内面不见叠烧痕迹，捉手有叠烧痕迹，当为多件仰置叠烧之最上面一件。（图5-4-30，4）

　　湖·南Ⅰ T302⑤：87，可复原。青灰色胎，夹杂有少量的黑色细砂粒。盖内面有釉，呈点状，青釉较薄而均匀，有一定的玻璃质感。盖内面不见叠烧痕迹，捉手有叠烧痕迹，当

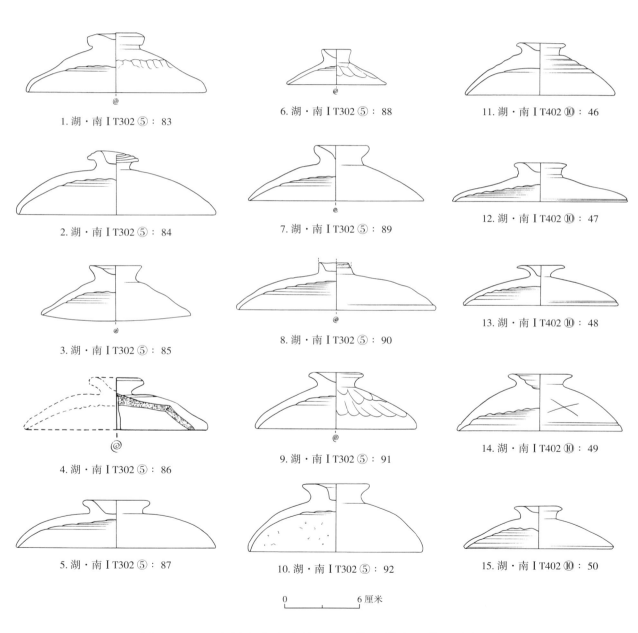

1. 湖·南Ⅰ T302⑤：83

2. 湖·南Ⅰ T302⑤：84

3. 湖·南Ⅰ T302⑤：85

4. 湖·南Ⅰ T302⑤：86

5. 湖·南Ⅰ T302⑤：87

6. 湖·南Ⅰ T302⑤：88

7. 湖·南Ⅰ T302⑤：89

8. 湖·南Ⅰ T302⑤：90

9. 湖·南Ⅰ T302⑤：91

10. 湖·南Ⅰ T302⑤：92

11. 湖·南Ⅰ T402⑩：46

12. 湖·南Ⅰ T402⑩：47

13. 湖·南Ⅰ T402⑩：48

14. 湖·南Ⅰ T402⑩：49

15. 湖·南Ⅰ T402⑩：50

0　　　　　6厘米

图5-4-30　湖州南山窑址Ⅰ区第三期原始瓷器物图（十五）

1~15. Aa型器盖

为多件仰置叠烧之最上面一件。（图5-4-30，5）

　　湖·南Ⅰ T302⑤：88，可复原。青灰色胎，胎质细腻坚致。盖内面有釉，呈极薄的土灰色点状凝釉。盖内面不见叠烧痕迹，捉手有叠烧痕迹，当为多件仰置叠烧之最上面一件。（图5-4-30，6）

　　湖·南Ⅰ T302⑤：89，可复原。生烧呈土黄色。（图5-4-30，7）

　　湖·南Ⅰ T302⑤：90，可复原。生烧呈土黄色。（图5-4-30，8）

　　湖·南Ⅰ T302⑤：91，可复原。欠烧呈灰黄色。（图5-4-30，9）

　　湖·南Ⅰ T302⑤：92，可复原。青灰色胎，夹杂有少量的黑色细砂粒。盖内面有釉，呈点状，青釉较薄而均匀，有一定的玻璃质感。盖内面不见叠烧痕迹，并黏结有大量的细窑渣粒，盖面中部有一圈叠烧痕迹，当为多件仰置叠烧之最上面一件。（图5-4-30，10）

　　湖·南Ⅰ T402⑩：46，可复原。浅灰色胎，胎质细腻坚致。盖内面有釉，青釉较佳，点状凝釉层较厚，玻璃质感强；盖面不见釉。盖面中部有叠烧痕迹，内面不见，当为多件同类型器物仰置装烧之最上面一件。（图5-4-30，11；彩版一二二，3）

　　湖·南Ⅰ T402⑩：47，可复原。浅灰色胎，胎质细腻坚致。盖面及喇叭形捉手上有釉，呈点状，较薄而均匀，有一定的玻璃质感。盖面、内面均不见叠烧痕迹，可能是扣置于罐类器物上合烧。（图5-4-30，12）

　　湖·南Ⅰ T402⑩：48，可复原。浅灰色胎，胎质细腻坚致。盖内面有釉，为极薄的土灰色点状釉；盖面不见釉。（图5-4-30，13；彩版一二二，1）

　　湖·南Ⅰ T402⑩：49，可复原。盖面有"＋"字形刻划。浅灰色胎，胎质细腻坚致。盖内面、喇叭形捉手的下凹处有釉，盖内面为极薄的土灰色点状釉；喇叭形捉手上釉较薄，但釉层均匀，有一定的玻璃质感。（图5-4-30，14；彩版一二二，4）

　　湖·南Ⅰ T402⑩：50，可复原。浅灰色胎，胎质细腻坚致。盖面、喇叭形捉手的下凹处有釉，青釉较薄，有一定的玻璃质感；盖内面无釉。盖面不见叠烧痕迹，内面黏结有少量的残粗砂粒，当为单件覆置装烧。（图5-4-30，15；彩版一二二，2）

　　Ab型　湖·南Ⅰ T302⑤：93，可复原。青灰色胎，胎质细腻。盖内面有釉，呈点状，土灰色釉较薄而均匀。盖内面不见叠烧痕迹，喇叭形纽上有叠烧痕，当为多件仰置叠烧之最上面一件。（图5-4-31，1；彩版一二三，2）

　　湖·南Ⅰ T302⑤：94，可复原。青灰色胎，胎质细腻。盖内面有釉，呈点状，土灰色釉较薄而均匀。盖内面不见叠烧痕迹，喇叭形纽上有叠烧痕，当为多件仰置叠烧之最上面一件。（图5-4-31，2）

　　湖·南Ⅰ T402⑩：51，可复原。青灰色胎，胎质较细，夹杂有少量的黑色细砂粒。除盖面一侧小范围内外，不见施釉。（图5-4-31，3；彩版一二三，1）

　　湖·南Ⅰ T402⑩：52，可复原。浅灰色胎，胎质细腻坚致。盖面与喇叭形捉手上有釉，青釉较佳，施釉均匀，有一定的玻璃质感。盖面不见叠烧痕迹，内面有一圈叠烧痕，当为扣置于罐类器物上合烧。（图5-4-31，4；彩版一二三，3）

　　Ac型　湖·南Ⅰ T402⑩：53，可复原。生烧呈土黄色。（图5-4-31，5；彩版一二四，1）

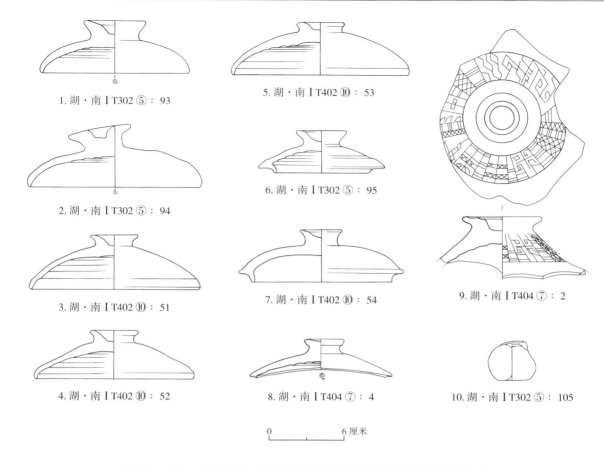

1. 湖·南ⅠT302⑤：93

2. 湖·南ⅠT302⑤：94

3. 湖·南ⅠT402⑩：51

4. 湖·南ⅠT402⑩：52

5. 湖·南ⅠT402⑩：53

6. 湖·南ⅠT302⑤：95

7. 湖·南ⅠT402⑩：54

8. 湖·南ⅠT404⑦：4

9. 湖·南ⅠT404⑦：2

10. 湖·南ⅠT302⑤：105

0　　　　　6厘米

图5-4-31　湖州南山窑址Ⅰ区第三期原始瓷器物图（十六）

1~4. Ab型器盖　5. Ac型器盖　6~8. Ad型器盖　9. 其他器盖　10. 纺轮

Ad型　湖·南ⅠT302⑤：95，可复原。青灰色胎，胎质细腻。盖面及捉手有釉，呈点状，青釉较薄而均匀，有一定的玻璃质感。盖内面有叠烧痕迹，当为多件覆置叠烧之上面一件。（图5-4-31，6；彩版一二四，2）

湖·南ⅠT402⑩：54，可复原。浅灰色胎，胎质细腻坚致。盖面及喇叭形捉手上有釉，釉极薄，呈土灰色点状凝釉。（图5-4-31，7）

湖·南ⅠT404⑦：4，修复。器身较平，纽较小，浅子母口。青灰色胎，胎质较细，夹杂有少量的黑色斑点。盖内面青釉较佳，釉层厚，施釉均匀，玻璃质感强。（图5-4-31，8；彩版一二四，3）

其他器盖　湖·南ⅠT404⑦：2，盖身残，仅存盖纽及邻近部分。盖纽较粗大，喇叭形外撇。盖面刻划复杂纹饰。轮制成型，盖内面顺时针轮旋痕清晰。生烧呈土黄色，胎质较细。无釉。（图5-4-31，9；彩版一二五，1）

纺轮　本期新见器类。

湖·南ⅠT302⑤：105，算珠形。青灰色胎。一侧有土灰色点状釉。（图5-4-31，10；彩版一二五，2）

2. 印纹硬陶

罐　有长颈侈口、长颈敞口、短颈侈口、短颈直口鼓腹罐及敛口罐、圈足罐等

长颈侈口罐　湖·南Ⅰ T302⑤：100，下部残。肩部有一宽扁桥形耳，通体饰云雷纹，较粗大，排列杂乱。浅灰色胎，通体起泡。颈朝上侧的外圈、肩、上腹有釉，釉层薄，呈土灰色点状。（图5-4-32，1）

湖·南Ⅰ T302⑤：101，颈及肩腹部残片。口沿残。肩部有一宽扁泥条堆叠起来的鸡冠状堆塑，通体饰云雷纹，较尖而细，排列杂乱。浅灰色胎，夹杂有少量的黑色细砂粒。肩、上腹有釉，釉层薄，呈土灰色点状。（图5-4-32，2）

湖·南Ⅰ T302⑤：102，肩部残片。肩部有一宽扁桥形耳，通体饰云雷纹，较粗大，排列杂乱。浅灰色胎，通体起泡。肩、上腹有釉，釉层薄，有一定的玻璃质感。（图5-4-32，3）

湖·南Ⅰ T402⑩：70，下部残。通体饰席纹，较粗大，排列杂乱。深灰色胎，夹杂有较多的黑色细砂粒。颈朝上侧、肩、上腹有釉，釉层薄，施釉均匀，有一定玻璃质感。（图5-4-32，4；彩版一二六，1）

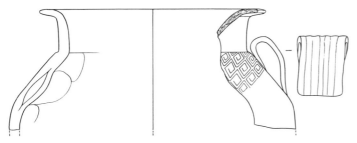

1. 湖·南Ⅰ T302⑤：100

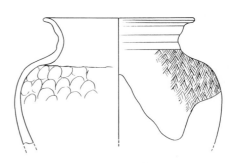

4. 湖·南Ⅰ T402⑩：70

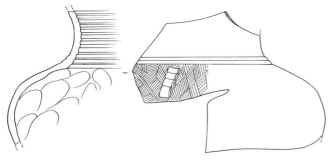

2. 湖·南Ⅰ T302⑤：101

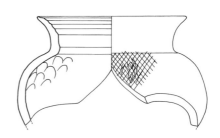

5. 湖·南Ⅰ T404⑦：7

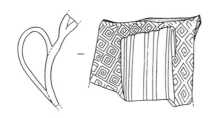

3. 湖·南Ⅰ T302⑤：102

0 ⊢——————⊣ 6厘米

图5-4-32　湖州南山窑址Ⅰ区第三期
印纹硬陶器物图（一）

1~5. 长颈侈口罐

　　湖·南Ⅰ T404 ⑦：7，下部残。通体饰方格纹，个体较大，排列较杂乱。青灰色胎，胎质细腻坚致。颈朝上侧、肩、上腹有极薄的土灰色点状凝釉。（图 5-4-32，5；彩版一二六，2）

　　长颈敞口罐　湖·南Ⅰ T302 ⑤：8，腹及底残。肩部残存一个宽扁耳，通体饰云雷纹，个体较大，排列较杂乱。浅灰色胎，胎质细腻坚致。口沿、肩、上腹有釉，呈极薄的土灰色点状。（图 5-4-33，1；彩版一二六，3）

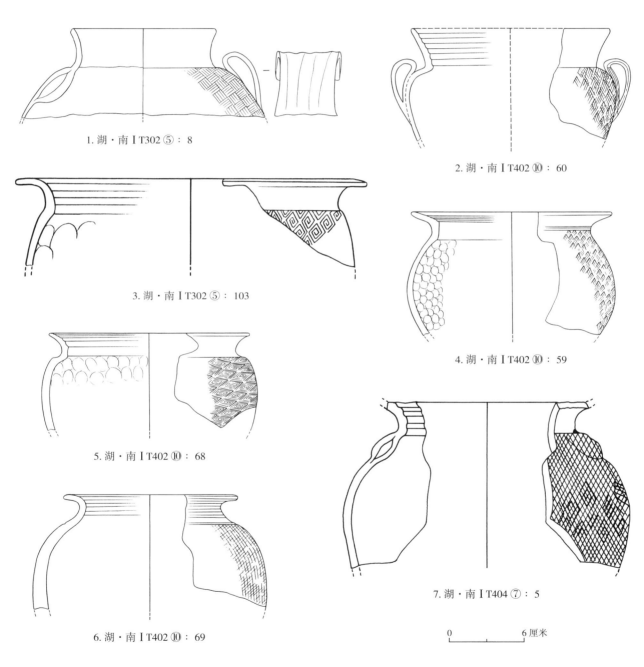

1. 湖·南Ⅰ T302 ⑤：8

2. 湖·南Ⅰ T402 ⑩：60

3. 湖·南Ⅰ T302 ⑤：103

4. 湖·南Ⅰ T402 ⑩：59

5. 湖·南Ⅰ T402 ⑩：68

6. 湖·南Ⅰ T402 ⑩：69

7. 湖·南Ⅰ T404 ⑦：5

0　　　　　6厘米

图 5-4-33　湖州南山窑址Ⅰ区第三期印纹硬陶器物图（二）

1、2.长颈敞口罐　3~7.短颈侈口罐

湖·南Ⅰ T402⑩：60，腹及底残。肩部残存一个宽扁耳，通体饰云雷纹，个体较大，排列较杂乱。浅灰色胎，胎质细腻坚致。肩、上腹有釉，呈极薄的土灰色点状。（图5-4-33，2；彩版一二六，4）

短颈侈口罐　湖·南Ⅰ T302⑤：103，口及肩部残片。通体饰云雷纹，粗大，排列较杂乱。胎呈夹心状，胎心土灰色，内外壁青灰色。颈中部有点状凝釉。（图5-4-33，3）

湖·南Ⅰ T402⑩：59，下腹及底残。通体饰席纹，席纹尖菱形，排列较杂乱。生烧呈土黄色。（图5-4-33，4）

湖·南Ⅰ T402⑩：68，下腹及底残。通体饰云雷纹，个体较大，排列较杂乱。青灰色胎，胎质细腻坚致。颈朝上侧、肩、上腹有釉，呈极薄的土灰色点状。（图5-4-33，5）

湖·南Ⅰ T402⑩：69，下腹及底残。通体饰方格纹。青灰色胎，胎质细腻坚致。颈朝上侧、肩、上腹有釉，釉层薄，施釉均匀，有一定玻璃质感。（图5-4-33，6；彩版一二六，5）

湖·南Ⅰ T402⑩：71，残片。通体饰方格纹。青灰色胎，胎质细腻坚致。颈朝上侧、肩、上腹有釉，釉层薄，呈土灰色点状凝釉。

湖·南Ⅰ T404⑦：5，下腹及底残。通体饰方格纹与云雷纹的复合纹，个体较大，排列较杂乱。青灰色胎，胎质细腻坚致。颈朝上侧、肩、上腹有釉，局部青釉较佳。（图5-4-33，7；彩版一二六，6）

短颈直口鼓腹罐　湖·南Ⅰ T302⑤：104，口、腹残片，底残。肩部有细凹弦纹三道，通体饰席纹，席纹较小，近直角相交。浅灰色胎，胎质细腻，夹杂有少量的黑色细砂粒。肩及内底有极薄而淡的土灰色点状釉；腹部一侧有釉，青釉较佳，釉层厚，玻璃质感强。（图5-4-34，1；彩版一二七，1）

湖·南Ⅰ T302⑤：106，肩近颈部素面，上腹近肩处有宽扁耳一对，与之90°位置有宽扁泥条叠筑的鸡冠状的堆塑。通体饰席纹，席纹细密，斜角相交。青灰色胎，胎质细腻，夹杂有少量的黑色细砂粒。肩及内底有极薄而淡的土灰色点状釉。口沿不见叠烧痕迹；底部黏结有两小块烧结块，较规则，与二者等距的位置有黏结痕，可能原为三块等距分布，当为有意垫置，或为最早的支垫方法，为单件装烧。（图5-4-34，2；彩版一二七，4）

湖·南Ⅰ T302⑤：107，底部残片。通体饰席纹，席纹细密，斜角相交。青灰色胎，夹杂有少量的黑色细砂粒。内底有极薄而淡的土灰色点状釉。底部有叠置于窑底的灰白色烧结物，为单件装烧。（图5-4-34，3）

湖·南Ⅰ T402⑩：56，可复原。通体饰席纹，席纹尖菱形，排列较杂乱。浅灰色胎，胎质细腻坚致。肩及内底有极薄而淡的土灰色点状釉。（图5-4-34，4；彩版一二七，2）

湖·南Ⅰ T402⑩：57，可复原。通体饰席纹，席纹尖菱形，排列较杂乱。青灰色胎，胎质细腻坚致。肩及内底有极薄而淡的土灰色点状釉。外底黏结有少量的粗砂粒，为单件装烧。（图5-4-34，5；彩版一二七，3）

湖·南Ⅰ T402⑩：58，底残。肩部残存一个小扁泥条形耳，通体饰席纹，席纹尖菱形，排列较杂乱。青灰色胎，胎质细腻坚致。肩、上腹、内底有釉，肩及上腹部釉层较厚，有玻璃质感，内下腹有极薄而淡的土灰色点状釉。（图5-4-34，6；彩版一二八，1）

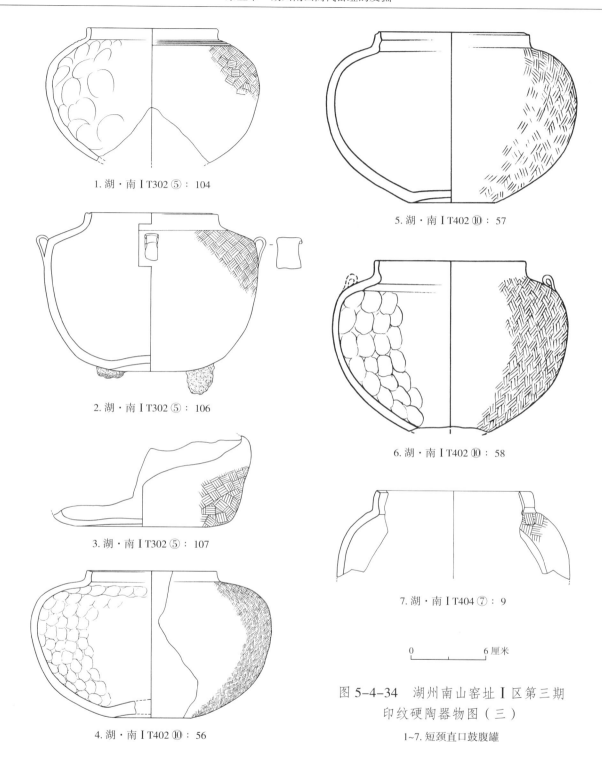

1. 湖·南Ⅰ T302 ⑤：104

2. 湖·南Ⅰ T302 ⑤：106

3. 湖·南Ⅰ T302 ⑤：107

4. 湖·南Ⅰ T402 ⑩：56

5. 湖·南Ⅰ T402 ⑩：57

6. 湖·南Ⅰ T402 ⑩：58

7. 湖·南Ⅰ T404 ⑦：9

0　　　　　6厘米

图 5-4-34　湖州南山窑址Ⅰ区第三期
印纹硬陶器物图（三）

1~7. 短颈直口鼓腹罐

湖·南Ⅰ T404 ⑦：9，腹及底残。通体饰席纹，个体较大，排列较杂乱。青灰色胎，胎质细腻坚致。无釉。（图 5-4-34，7）

敛口罐　湖·南Ⅰ T402 ⑩：61，腹及底残。肩部残存一个宽扁耳，与之90°方向有一扁泥条叠筑的鸡冠状的堆塑，推测耳及堆塑原各有两两对称的一对。通体饰席纹，个体较大，排列较杂乱。胎近口沿较薄处呈青灰色；腹中部较厚处呈夹心状，内外青灰色，胎心土灰色，胎质细腻坚致。口沿及上腹部有极薄的土灰色点状凝釉。（图5-4-35，1）

湖·南Ⅰ T404⑦：14，修复。肩部有对称的泥条耳，通体拍印云雷纹，较粗大而杂乱。内腹有拍印支垫留下的凹窝。青灰色胎，起泡严重。（图5-4-35，2；彩版一二八，2）

圈足罐　湖·南Ⅰ T402⑩：66，口沿及圈足残。圆鼓腹。通体饰席纹，个体较小而方正，几乎近直角相交。内腹有密集的凹窝，为拍印纹饰时托垫所留下。浅灰色胎，胎质细腻坚致。肩、上腹、内底有釉，呈极薄的土灰色点状。（图5-4-35，3；彩版一二八，3）

研钵　湖·南Ⅰ T302⑤：96，口、腹残片。内腹刻划直线，外腹拍印较粗席纹，席纹呈斜角相交。青灰色胎，夹杂有大量的黑色细砂粒。内颈及内下腹有釉，釉层薄，呈极薄的土灰色点状。（图5-4-36，1；彩版一二八，4）

湖·南Ⅰ T302⑤：97，口、腹残片。外腹拍印较细席纹，席纹近直角相交。青灰色胎，胎质较细。外颈及上腹朝向火膛一侧有釉，釉层薄，呈极薄的土灰色点状。（图5-4-36，2）

湖·南Ⅰ T302⑤：98，下腹及底残。外腹素面。欠烧，胎呈夹心状，胎心土灰色，内外壁土黄色。（图5-4-36，3）

湖·南Ⅰ T302⑤：99，口、腹残片。外腹拍印较粗席纹，席纹斜角相交。青灰色胎，胎质较细。内颈及内下腹有釉，釉层薄，呈极薄的土灰色点状。（图5-4-36，4）

湖·南Ⅰ T402⑩：62，口沿残片。外腹拍印较粗席纹。青灰色胎，胎质细腻坚致。外敞朝上颈部有釉，釉层薄，但施釉均匀，有一定玻璃质感。（图5-4-36，5）

湖·南Ⅰ T402⑩：63，口、腹残片。外腹拍印较粗席纹。青灰色胎，夹杂有较多的黑

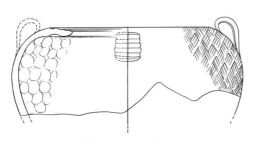

1. 湖·南Ⅰ T402⑩：61

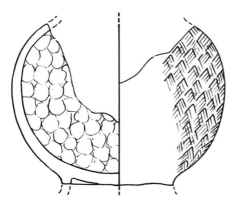

3. 湖·南Ⅰ T402⑩：66

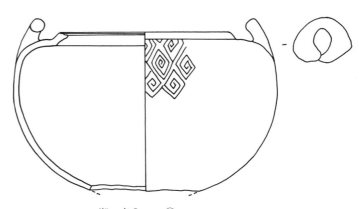

2. 湖·南Ⅰ T404⑦：14

0 ⌞_____⌟ 6厘米

图5-4-35　湖州南山窑址Ⅰ区第三期
印纹硬陶器物图（四）

1、2. 敛口罐　3. 圈足罐

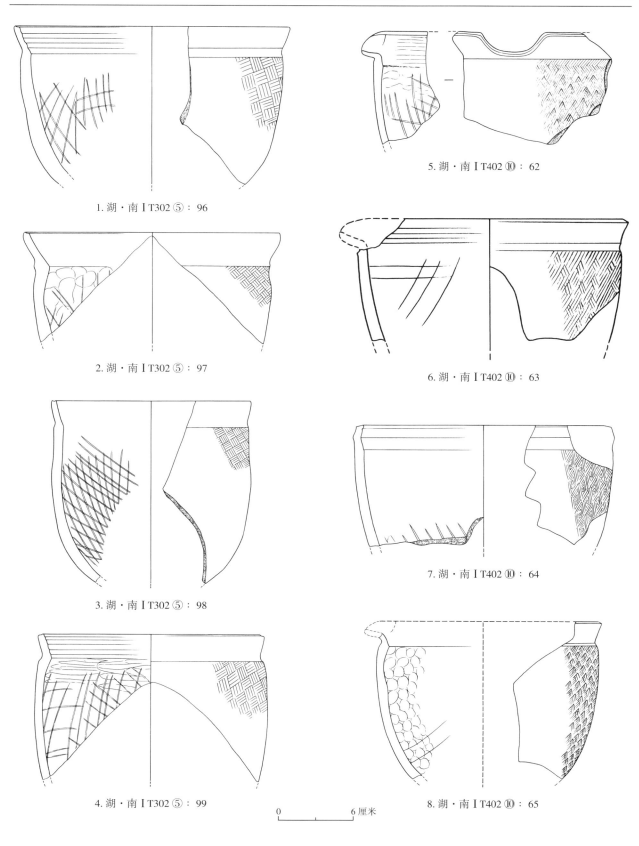

1. 湖·南 I T302 ⑤：96

2. 湖·南 I T302 ⑤：97

3. 湖·南 I T302 ⑤：98

4. 湖·南 I T302 ⑤：99

5. 湖·南 I T402 ⑩：62

6. 湖·南 I T402 ⑩：63

7. 湖·南 I T402 ⑩：64

8. 湖·南 I T402 ⑩：65

0 ————— 6 厘米

图 5-4-36　湖州南山窑址 I 区第三期印纹硬陶器物图（五）

1~8.研钵

色细砂粒。颈内部及内腹有釉，釉层薄，呈极薄的土灰色点状。（图5-4-36，6）

湖·南Ⅰ T402⑩：64，下腹及底残。外腹拍印较粗云雷纹。胎呈夹心状，内外表青灰色，胎心土灰色，并多处起泡。残存的颈口沿、颈及腹朝上一侧有极薄的土灰色点状釉。（图5-4-36，7）

湖·南Ⅰ T402⑩：65，下腹及底残。外腹拍印席纹，较细密，排列亦较规则，但单个席纹仍呈尖菱形状。浅灰色胎，胎质细腻坚致。残存的颈口沿、颈及腹朝上一侧有极薄的土灰色点状釉。（图5-4-36，8）

拍印纹饰　湖·南Ⅰ T402⑩：72，罐残片。内腹有密集的凹窝，为拍印纹饰时托垫所留下。外腹拍印云雷纹，纹饰较小，排列较为整齐。紫红色胎，胎质细腻坚致。残存的肩部有极薄土灰色点状凝釉。（图5-4-37，1）

湖·南Ⅰ T402⑩：73，罐残片。内腹有密集的凹窝，为拍印纹饰时托垫所留下。外腹拍印不太规则云雷纹，纹饰较小，排列较乱。浅灰色胎，胎质细腻坚致。（图5-4-37，2）

湖·南Ⅰ T402⑩：78，罐底残片。拍印粗大的云雷纹。底部黏结有大量的粗砂粒。

大圈足　湖·南Ⅰ T302⑤：80，大喇叭形圈足残片。足端外撇。轮制成型。生烧呈土黄色。（图5-4-37，3）

湖·南Ⅰ T402⑩：55，大圈足。圈足较矮而粗大，外撇较甚，足沿呈方形，上有细凹弦纹。轮制，外壁光洁，内壁有粗疏的旋纹。浅灰色胎，胎质细腻坚致。足端外撇处有极薄的土灰色点状凝釉。（图5-4-37，4）

3. 装烧遗物

叠烧标本　湖·南Ⅰ T402⑩：1，豆柄叠烧件。均为高大喇叭形圈足，下面一件足端不带缺口，上面一件足端有三个近三角形小缺口，外壁均不见修饰痕迹，内壁深处为片状工具旋挖而成，近大喇叭形外撇处有旋痕。浅灰色胎，胎质较细，但有较多的细小气孔。几乎整个豆柄均有釉，但釉层极薄，仅外撇的大喇叭形足端及豆柄上端朝向火膛的一侧釉略厚，整体上釉呈较薄的土灰色点状，但局部点状凝釉较厚处釉色较深。下面一件黏结有较粗的窑渣粒，上面一件中心有叠烧痕迹，应有三件以上器物叠烧。（图5-4-37，5；彩版一二九，1）

烧结块　湖·南Ⅰ T302⑤：1，烧结块。长条形石头，一侧黏结大量的烧结块，烧结块较乱，没有整齐的面。石块顶端烧成黑色。Y2的西壁有使用自然基岩作壁的，此石块性质可能与此相似。长28、石头未烧结一端宽8、烧结块一端最宽处20厘米。（彩版一二九，2）

湖·南Ⅰ T302⑤：2，烧结块。草拌泥红烧土，烧结面黑色，玻璃质感极强，席纹不太清晰。长18、最宽12、厚5厘米。（彩版一二九，3）

湖·南Ⅰ T302⑤：3，烧结块。草拌泥红烧土，烧结面青黑色，玻璃质感强，席纹清晰。烧结面长10、最宽8、厚6厘米。（彩版一三〇，1）

湖·南Ⅰ T302⑤：4，烧结块。草拌泥红烧土，烧结面青黑色，玻璃质感强，席纹不太清晰。烧结面长14、最宽10、厚6厘米。（彩版一三〇，2）

湖·南Ⅰ T302⑤：5，烧结块。草拌泥红烧土，烧结面黑色，玻璃质感极强，席纹清晰。烧结面长10、最宽8、厚6厘米。（彩版一三〇，3）

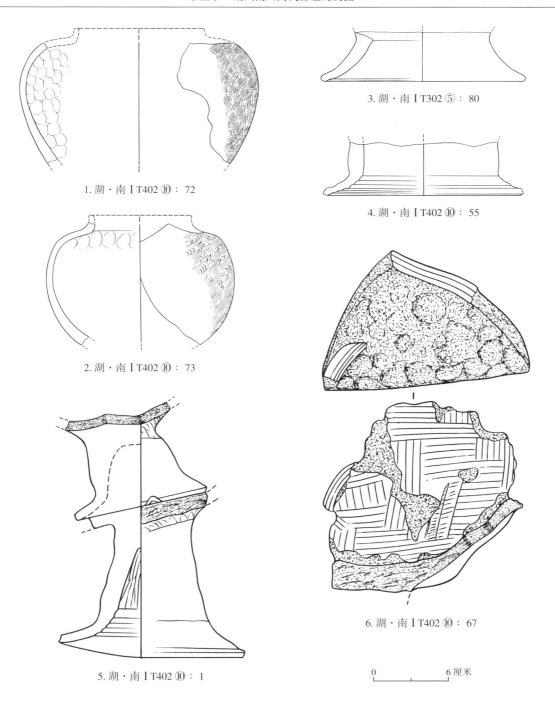

图 5-4-37 湖州南山窑址Ⅰ区第三期印纹硬陶拍印纹饰及装烧遗物图

1、2. 拍印纹饰 3、4. 大圈足 5. 叠烧标本 6. 烧结块

湖·南Ⅰ T302⑤：6，烧结块。草拌泥红烧土，烧结面黑色，玻璃质感极强，席纹清晰。烧结面长 9、最宽 9、厚 6 厘米。（彩版一三〇，4）

湖·南Ⅰ T302⑤：7，烧结块。草拌泥红烧土，呈长条形，烧结面黑色，有玻璃质感。一个侧面残破，一个侧面与一个平面平整光滑，两光滑面之间转角圆弧，一个平面有长条形

印痕，功能不明。残长 11、残宽 11、厚 6 厘米。（彩版一三一，1）

湖·南Ⅰ T402 ⑩：67，窑壁烧结块。壁面有清晰的席纹印痕，烧结块中掺杂有植物状纹理。并黏结有一片 AⅢ式豆口沿残片。（图 5-4-37，6；彩版一三一，2）

湖·南Ⅰ T402 ⑩：75，烧结块。草拌泥红烧土，烧结面黑色，玻璃质感不强，印纹呈直条状。长 15、最宽 17、厚 6 厘米，条纹宽 2 厘米左右。（彩版一三一，3）

湖·南Ⅰ T402 ⑩：76，烧结块。草拌泥红烧土，烧结面黑色，玻璃质感强，印纹席纹状。黏结有一豆口沿残片。长 29、最宽 16、厚 10 厘米。（彩版一三二，1）

湖·南Ⅰ T402 ⑩：77，烧结块。草拌泥红烧土，烧结面黑色，玻璃质感不强，印纹呈直条状。长 16、最宽 19、厚 6 厘米，条纹宽 2 厘米左右。（彩版一三二，2）

四　第四期

湖·南Ⅰ T302 ③、④、湖·南Ⅰ T303 ④～⑦、湖·南Ⅰ T403 ④～⑥、湖·南Ⅰ T402 ④～⑨、湖·南Ⅰ T404 ③～⑥与湖·南Ⅰ Y2、Y3、H7 等文化层。

无论是器形还是纹饰，均回归单一。原始瓷敛口豆、直口罐、小罐及器盖占绝大多数。偶见尊类器物豆柄足端带三个半圆形缺口的做法完全消失。盖大小不一、类型丰富。印纹陶以短颈直口罐与研钵为主，偶见短颈侈口罐。纹饰以细密规整的细席纹占绝大多数，少量为粗绳纹，偶见方格纹。原始瓷胎色呈青灰或灰白色，胎质明显较前期细腻，气孔减少，黑色斑点减少。釉变化不大。基本轮制成型，豆盘、豆柄内壁轮旋痕清晰，罐底部不再多次修刮，而是一次切割成型。出现少量的圆饼形器，制作规整，一面生烧，另一面有叠烧的痕迹，可能是作为支垫窑具使用。

1. 原始瓷

豆　本期有 BⅢ式、CⅡ式、GⅡ式豆及子母口浅坦腹豆、浅弧腹豆、钵形豆等。

BⅢ式　湖·南Ⅰ T402 ⑨：1，可复原。青灰色胎，胎质较细，可见细密砂粒。外壁和豆柄把上无釉；内壁和口沿上有明显釉层，但釉层甚薄，釉面不佳，釉多呈细点状，釉色偏黄，有剥釉现象，无整体明亮玻化的釉面。内底有同类器物叠烧后留下的痕迹，叠烧部位釉未烧出玻化。豆柄内壁略有生烧现象，胎表呈土黄色。（图 5-4-38，1）

湖·南Ⅰ T402 ⑨：2，可复原。青灰色胎，胎质较细，有细孔。豆盘内壁底、口沿上和豆柄一侧之外壁可见极薄的细点状釉层，釉色偏黄，不明亮；豆盘外壁和豆柄内壁未见釉层。内底未见其他器物叠烧的痕迹。足尖未见生烧，未见粘窑渣现象，可能是装在其他类型器物上叠烧的最上面一件产品。（图 5-4-38，2；彩版一三三，1）

湖·南Ⅰ T402 ⑨：3，可复原。近灰白色胎，胎质较细。豆盘内壁底、口沿上和豆柄外壁均可见到均匀而明亮的釉层，整体釉面极佳，釉色较深呈青褐色，胎釉结合紧密，无脱釉现象。内底未见有其他器物的叠烧痕迹，并有少量小粒窑渣黏结，残存的部分足尖也未见生烧现象，应是装在其他器物上的叠烧产品。（图 5-4-38，3；彩版一三三，3）

湖·南Ⅰ T402 ⑧：1，可复原。豆柄手工制作。灰色胎，胎质显得粗疏，断面上多见气孔和分布密集的黑色斑点。豆盘内壁和口沿上有分布密集的细点状稀薄釉层，釉色偏黄；

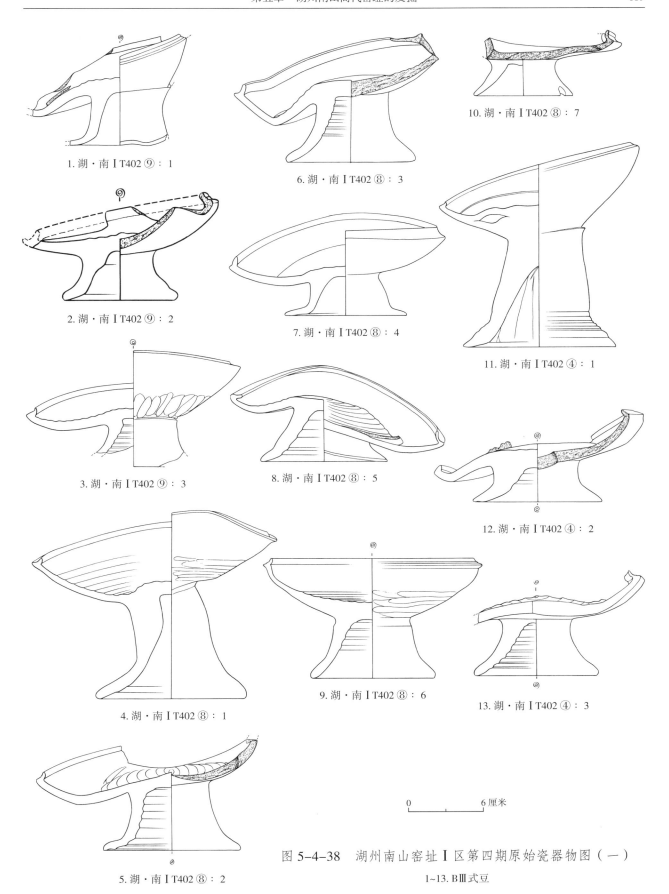

1. 湖·南ⅠT402 ⑨：1

2. 湖·南ⅠT402 ⑨：2

3. 湖·南ⅠT402 ⑨：3

4. 湖·南ⅠT402 ⑧：1

5. 湖·南ⅠT402 ⑧：2

6. 湖·南ⅠT402 ⑧：3

7. 湖·南ⅠT402 ⑧：4

8. 湖·南ⅠT402 ⑧：5

9. 湖·南ⅠT402 ⑧：6

10. 湖·南ⅠT402 ⑧：7

11. 湖·南ⅠT402 ④：1

12. 湖·南ⅠT402 ④：2

13. 湖·南ⅠT402 ④：3

0　　　　　　6厘米

图 5-4-38　湖州南山窑址Ⅰ区第四期原始瓷器物图（一）

1~13. BⅢ式豆

内底中心因其他器物的叠烧而釉未烧出玻化，豆盘外壁和豆柄上无釉。残存部分足尖未见生烧现象，豆盘内底有明显的叠烧痕迹，系叠烧产品。（图5-4-38，4；彩版一三三，2）

湖·南Ⅰ T402⑧：2，可复原。浅灰色胎，胎质较为细腻坚致。豆盘口沿上和内壁底以及豆柄一侧外壁，均有明亮的青色釉层，局部地方釉呈细点状；内底中心因其他器物的叠烧而釉未烧出玻化，豆盘外壁和豆柄另一侧无釉。残存的足尖未见生烧现象，豆盘内底有明显的叠烧痕迹，系叠烧产品。外壁有一个近米字形的刻划符号。（图5-4-38，5；彩版一三四，1）

湖·南Ⅰ T402⑧：3，可复原。灰色胎，胎质较细，断面上可见较多气孔。豆盘口沿上和内壁底以及豆柄一侧外壁，均有比较明亮的青黄色釉层，釉层薄而均匀，内底中心因其他器物的叠烧而釉未烧出玻化，豆盘外壁和豆柄另一侧无釉。豆柄无釉的一侧足尖略有生烧现象，胎呈土红色，应是朝上坡部位。豆盘内底有明显的叠烧痕迹，系叠烧产品。从现象上看，豆盘坍塌部位正好与豆柄有釉和足尖不生烧部位相对应，可见豆盘是向火膛方向坍塌。（图5-4-38，6）

湖·南Ⅰ T402⑧：4，可复原。浅灰色胎，胎质较为细腻坚致。豆盘口沿上和内壁底以及豆柄一侧外壁，均有明亮的釉层，釉层较厚，釉呈青色；内底中心因其他器物的叠烧而釉未烧出玻化，豆盘外壁和豆柄另一侧无釉。足尖未见生烧，豆盘内底有明显的叠烧痕迹，系叠烧产品。（图5-4-38，7；彩版一三四，2）

湖·南Ⅰ T402⑧：5，可复原。浅灰色胎，胎质较细。豆盘口沿上和内壁底以及豆柄一侧外壁，均有明亮的釉层，釉层较厚，釉呈青色；内底中心因其他器物的叠烧而釉未烧出玻化，豆盘外壁和豆柄另一侧无釉。足尖未见生烧，豆盘内底有明显的叠烧痕迹，系叠烧产品。（图5-4-38，8；彩版一三五，1）

湖·南Ⅰ T402⑧：6，可复原。青灰色胎，胎质较显细腻。豆盘口沿上和内壁底以及豆柄一侧外壁，均有稀薄的釉层，豆柄一侧的釉层比豆盘内釉层显得明亮，釉层较厚，釉呈青黄色；豆盘外壁和豆柄另一侧无釉，但在与豆柄有釉部位相对应的豆盘外壁口沿下，也可见到一小部分釉层。残存的足尖未见生烧，豆盘内底有明显的叠烧痕迹，内底中心因其他器物的叠烧而釉未烧出玻化，系叠烧产品。（图5-4-38，9；彩版一三五，2）

湖·南Ⅰ T402⑧：7，可复原。青灰色胎，胎质较显细腻。豆盘口沿上和内壁底以及豆柄一侧外壁，均有稀薄发亮的釉层，其中豆盘内壁的釉层呈星星点点状；豆盘外壁和豆柄另一侧无釉。残存的足尖未见生烧，豆盘内底有叠烧痕迹，内底中心因其他器物的叠烧而釉未烧出玻化，系叠烧产品。（图5-4-38，10）

湖·南Ⅰ T402④：1，可复原。浅灰色胎，胎质较细。口沿和内壁底有明亮釉层，釉层较厚较匀，釉色偏黄；豆盘外壁和豆柄上无釉，但外撇的足尖部位一侧有比较明亮的釉层。一侧足尖生烧，胎呈土红色，足尖粘有少量小粒窑渣，豆盘内有叠烧痕迹，可见此件装烧时直接着地，其上另有器物叠烧。（图5-4-38，11；彩版一三五，3）

湖·南Ⅰ T402④：2，可复原。青灰色胎，胎质较细，断面上可见较多微细的气孔和黑色斑点。口沿和内壁底有极稀薄釉层，色黄；豆盘外壁和豆柄相对应的同一侧也有偏黄色的稀薄釉层。内底中心无釉，并有窑渣黏结，足尖未见生烧和黏结窑渣，但有叠烧痕迹，是多件叠烧器物之最上面一件。（图5-4-38，12）

湖·南Ⅰ T402④：3，可复原。青灰色胎，胎质较细，断面上可见较多微细的气孔和黑色斑点。口沿和内壁有比较明亮的釉层，釉色青中泛黄，豆盘内底中心因叠烧而无明亮釉层，豆盘外壁无釉，豆柄一侧也有斑点状的稀薄釉层。未见釉层的豆柄另一侧足尖生烧呈土红色，未见黏结窑渣，可见此件应是着地装烧、而其上又有另件豆叠烧。（图5-4-38，13）

湖·南Ⅰ T402④：4，可复原。青灰色胎，胎质较细。口沿上和内壁可见稀薄的黄色釉层，豆盘内底中心因叠烧而无明亮釉层，豆盘外壁和豆柄上均无釉。盘内底有叠烧痕迹，整个豆柄生烧呈土红色，未见黏结窑渣，可见此件应是着地装烧、而其上又有另件豆叠烧。（图5-4-39，1）

湖·南Ⅰ T402④：5，可复原。青灰色胎，胎质较细。口沿上和内壁底可见稀薄的黄色釉层，豆盘外壁和豆柄上均无釉。盘内底无明显的叠烧痕迹，整个豆柄生烧呈土红色，并有开裂变形现象，未见黏结窑渣，可见此件应是着地装烧产品。（图5-4-39，2）

湖·南Ⅰ T402④：7，可复原。豆盘与豆柄均残缺二分之一以上。青灰色胎，胎质细腻坚致，断面上可见少量小气孔和黑点。口沿上、肩部和内壁底可见明显釉层，剥釉现象严重，釉色偏黄；豆盘外壁无釉，但残存豆柄上通体有偏黄色釉层，同时也存在剥釉现象。盘内底无叠烧痕迹，残存豆柄足尖不见生烧，但有叠烧痕迹，可见此件应是装在其他器物上的叠烧产品。（图5-4-39，3；彩版一三五，4）

湖·南Ⅰ H7：1，可复原。青灰色胎，胎质细腻坚致。豆盘内腹叠烧痕迹外朝向火膛一侧、豆柄朝向火膛一侧以及口沿上有釉，呈极薄的土灰色点状。豆盘内腹有较大的叠烧痕迹，足端洁净，当为多件同类器物叠烧之中间一件。（图5-4-39，4；彩版一三五，5）

湖·南Ⅰ Y3：1，口沿残片。生烧呈灰白色。（图5-4-39，5）

CⅡ式　湖·南Ⅰ T402⑨：8，可复原。深灰色胎，胎质细腻坚致，有少量的气孔。豆盘内腹、肩有釉，呈极薄的土灰色点状。内底叠烧痕迹极小，与盖纽近似，圈足底黏结有少量粗细砂粒，可能其上仰置叠烧一件盖。（图5-4-39，6）

湖·南Ⅰ T404③：8，可复原。青灰色胎，胎质细腻坚致。豆盘内腹、朝向火膛的肩、豆柄有釉，呈极薄的土灰色点状，局部青釉层厚，有一定的玻璃质感。内底不见叠烧痕迹，圈足底黏结有少量小块窑渣粒，当为多件叠烧之最上面一件器物。（图5-4-39，7；彩版一三六，1）

GⅡ式　T404③：3，可复原。肩部残存有两个小泥点。轮制成型，内腹旋纹不清晰，外腹、圈足内外壁光洁。青灰色胎，胎质细腻坚致。肩及内腹叠烧痕迹外有极薄的土灰色点状凝釉。内底有叠烧痕迹，外底黏结有极小块窑渣粒，为多件叠烧之最下面一件器物。这件器物的小泥点应该是从小扁泥条形耳演化来，后续发展成西周时期规则的小泥饼。（图5-4-39，8；彩版一三五，6）

子母口浅坦腹豆　湖·南Ⅰ T402④：6，可复原。浅灰色胎，胎质比较细。口沿上和内底有釉，釉层比较明亮，釉色偏黄；内底中心因叠烧而无明亮釉层，豆盘外壁无釉，但豆

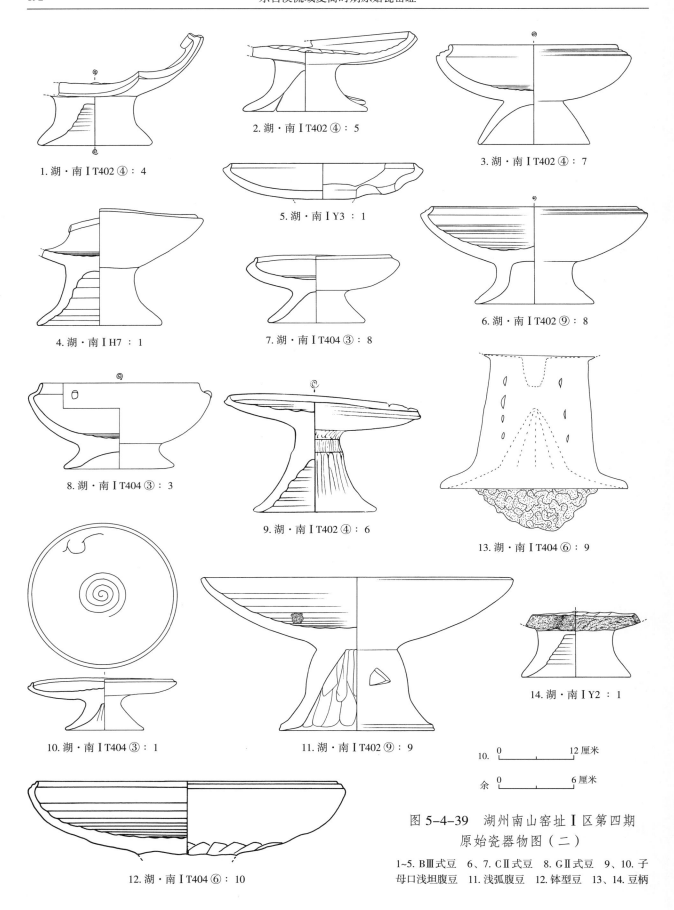

1. 湖·南ⅠT402④：4

2. 湖·南ⅠT402④：5

3. 湖·南ⅠT402④：7

4. 湖·南ⅠH7：1

5. 湖·南ⅠY3：1

6. 湖·南ⅠT402⑨：8

7. 湖·南ⅠT404③：8

8. 湖·南ⅠT404③：3

9. 湖·南ⅠT402④：6

13. 湖·南ⅠT404⑥：9

10. 湖·南ⅠT404③：1

11. 湖·南ⅠT402⑨：9

14. 湖·南ⅠY2：1

10. 0 ____ 12厘米

余 0 ____ 6厘米

图 5-4-39　湖州南山窑址Ⅰ区第四期
原始瓷器物图（二）

1~5. BⅢ式豆　6、7. CⅡ式豆　8. GⅡ式豆　9、10. 子
母口浅坦腹豆　11. 浅弧腹豆　12. 钵型豆　13、14. 豆柄

12. 湖·南ⅠT404⑥：10

柄一侧有比较明亮的稀薄釉层，可能属于自然釉。盘内底有叠烧痕迹，豆柄无釉一侧足尖生烧呈土红色，未见黏结窑渣。应是着地装烧、而其上又有另件器物叠烧。（图5-4-39，9；彩版一三六，2）

湖·南Ⅰ T404 ③：1，可复原。胎质较细。生烧而呈灰白色，无釉。（图5-4-39，10；彩版一三六，3）

浅弧腹豆　湖·南Ⅰ T402 ⑨：9，可复原。豆柄一侧有一不规则的孔。圈足内壁上端用片状工具旋挖而成。青灰色胎，胎质细腻坚致。豆盘内腹、豆柄有釉，呈极薄的土灰色点状。内底不见叠烧痕迹并黏结有小块窑渣块，圈足底一侧黏结有大块窑渣块，当为单件装烧。圈足黏结的烧结块类似于粗砂粒。（图5-4-39，11；彩版一三六，4）

钵型豆　湖·南Ⅰ T404 ⑥：10，豆盘残片。沿面上有细凹弦纹两道。青灰色胎，胎质细腻坚致。略生烧而无釉。（图5-4-39，12）

豆柄　湖·南Ⅰ T404 ⑥：9，高喇叭形豆柄。上有四道纵向长椭圆形的小镂孔，等距分布，除一道为四个镂孔外，其余三道均为三个。手制，内侧旋挖痕清晰。青灰色胎，胎质细腻坚致。圈足足端有极薄的土灰色点状凝釉。底黏结大块窑渣。（图5-4-39，13；彩版一三六，5）

湖·南Ⅰ Y2：1，喇叭形圈足较粗矮。轮制成型，内壁旋纹粗疏，外壁光洁。青灰色胎，胎质细腻坚致。有釉，呈极薄的土灰色点状。内底不见叠烧痕迹，圈足有叠烧痕，当为多件叠烧之最上面一件。（图5-4-39，14）

罐　本期见有 AⅡ 式及 C 型罐。

AⅡ 式　湖·南Ⅰ T402 ⑨：4，可复原。肩部有粗凹弦纹。采用轮制拉坯成型方法制成，器形规整，内壁底可见轮旋痕迹，但外壁普遍存在切削痕迹。浅灰色胎，胎质较细，断面上可见粗砂粒和微细的黑色斑点。外壁仅在口沿和肩部有稍显明亮的极薄釉层，而腹部无釉，一侧无釉的腹部有两块因窑汗跌落形成的黑色釉斑；内面的底部和下腹部也有明亮玻化的釉层，但釉线很不整齐；釉呈青褐色。残存的外底部基本不见生烧现象，有因窑汗形成的小点状黑色釉斑，并黏结有细粒窑渣。可能是着地装烧产品。（图5-4-40，1；彩版一三七，1）

湖·南Ⅰ T402 ⑨：7，可复原。青灰色胎。内腹有叠烧痕迹，外腹黏结有少量粗砂粒，当为多件叠烧之最下面一件。（图5-4-40，2；彩版一三七，2）

湖·南Ⅰ T402 ⑨：10，可复原。轮制成型，内底、腹有粗疏的旋纹，外下腹及底部有修刮痕迹。青灰色胎，胎质较细。肩部及内腹、内底有釉，呈极薄的土灰色点状。内底不见叠烧痕迹，外底黏结有少量的粗砂粒，当为单件装烧。（图5-4-40，3；彩版一三七，3）

湖·南Ⅰ T402 ⑧：8，可复原。体形比较扁矮。青灰色胎，胎质较细。口沿上、外壁肩部和内面的下腹与底部有釉，但釉层极薄，且呈微细形的星星点点状态，色黄，不甚明亮；肩和上腹部的内壁无釉；外壁和外底部一侧也有釉，且釉面显得均匀明亮，釉色有黄有黑，釉层有剥脱现象。底部不见生烧和粘窑渣现象，可能是置于其他器物之上叠烧。（图5-4-40，4）

湖·南Ⅰ T402 ⑧：9，可复原。青灰色胎，胎质较细。口沿上、外壁肩部和内壁的下腹与底部有釉，但釉层极薄，且呈微细形的星星点点状态，色黄，不明亮；肩和上腹部的内

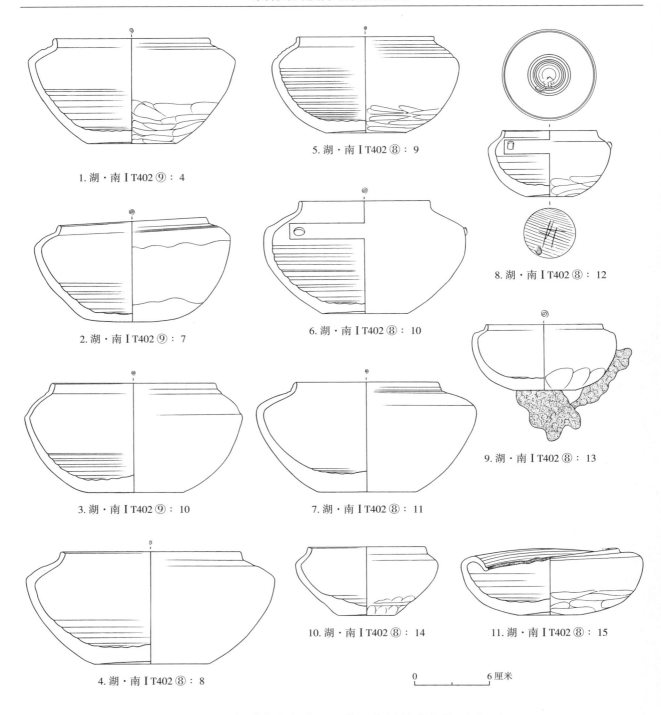

1. 湖·南Ⅰ T402⑨：4

2. 湖·南Ⅰ T402⑨：7

3. 湖·南Ⅰ T402⑨：10

4. 湖·南Ⅰ T402⑧：8

5. 湖·南Ⅰ T402⑧：9

6. 湖·南Ⅰ T402⑧：10

7. 湖·南Ⅰ T402⑧：11

8. 湖·南Ⅰ T402⑧：12

9. 湖·南Ⅰ T402⑧：13

10. 湖·南Ⅰ T402⑧：14

11. 湖·南Ⅰ T402⑧：15

0　　　　　6厘米

图 5-4-40　湖州南山窑址Ⅰ区第四期原始瓷器物图（三）

1~11. AⅡ式罐

壁无釉；外壁一侧胎表呈黑色，其上也有呈黄色的极薄釉层，釉层分布较肩部和内壁底密集，但下侧未见明显的施釉边界。底部不见生烧现象，有细粒窑渣黏结，可能是置于其他器物之上叠烧。（图 5-4-40，5；彩版一三七，4）

湖·南Ⅰ T402⑧：10，可复原。肩部有等距分布的三个不规则泥点装饰。青灰色胎，胎质较细，断面上可见微细状的黑点，切削过的腹部外壁面，也可见分布密集的黑色斑点。口沿上、外壁肩部和内壁的下腹与底部有釉，但釉层极薄，且呈微细形的星星点点状态，似隐似现，色黄，不明亮；外腹壁与肩和上腹部的内壁无釉。底部不见生烧现象，有细粒窑渣黏结，可能是置于其他器物之上叠烧。（图5-4-40，6；彩版一三七，5）

湖·南Ⅰ T402⑧：11，可复原。浅灰色胎，胎质较细。口沿上、外壁肩部和内壁的下腹部有釉，但釉层极薄，且呈密集微细点的分布状态，色黄，不明亮；外腹壁与肩和上腹部的内壁无釉；内底未见釉层，可能是另有器物叠烧所致，但叠烧痕迹很不明显。外底部生烧，胎呈土红色，无窑渣黏结。此件器物应是着地装烧，而其上有其他器物叠烧。（图5-4-40，7）

湖·南Ⅰ T402⑧：12，可复原。平底略内凹。肩部有等距分布的三个不规则泥点装饰。整体欠烧，上部灰白，下部基本呈土红色。胎壁较厚，结构较松，断面上可见较多气孔，胎表可见分布较密的白色和黑色细点。釉未烧出，在口沿上、外壁肩部和内壁的下腹部隐约可见有釉的存在，内底基本不见有釉迹象而呈生烧的土红色，可能当时内置叠烧器物。土红色的生烧外底，除有可能为割底形成的细直条痕迹外（也不排除拉坯时的垫痕），另有井字形的刻划符号。（图5-4-40，8）

湖·南Ⅰ T402⑧：13，可复原。肩上有细密凹弦纹。浅灰色胎，胎质比较细腻，断面上少见气孔。口沿上、外壁肩部和内壁底通体均有明亮玻化的釉层，釉层薄而均匀，胎釉结合紧密，釉色青中微泛黄，釉面总体极佳；外腹壁无釉。内底未见叠烧痕迹，外壁和外底部黏结有装烧时垫过的大块窑渣，底无生烧现象。此件器物体形虽小，但应是单件着地装烧产品。（图5-4-40，9；彩版一三七，6）

湖·南Ⅰ T402⑧：14，可复原。方唇上凹弧。浅灰色胎，胎质较细，断面上可见细砂粒和较多气孔，并有微细状黑点。口沿上、外壁肩部和内壁底通体均有釉层，但釉层稀薄，不甚明亮，釉色偏黄；外腹壁一侧也有比较明亮釉层。内底未见叠烧痕迹，外底也不见生烧和粘窑渣现象，可能是置于其他器物之上叠烧。（图5-4-40，10）

湖·南Ⅰ T402⑧：15，可复原。口部因上有器物叠烧而向内坍塌变形。小平底略内凹，体形比较扁矮。轮制拉坯成型，外壁下腹部留有明显的切削痕迹。浅灰色胎，胎质较显细腻。口沿上、外壁肩部一侧和内底均有釉层，但釉层稀薄，釉色偏黄；外腹壁均无釉。内底未见叠烧痕迹，外底一侧粘有小粒窑渣，可能是着地装烧产品。（图5-4-40，11；彩版一三七，7）

湖·南Ⅰ T402⑦：3，可复原。轮制拉坯成型，外壁下腹部留有明显的切削痕迹。青灰色胎，胎质较显细腻。仅在口沿上和外壁肩部有釉，但釉层稀薄，釉色偏黄，外腹壁和内壁底均无釉。内底无叠烧痕迹，外底不见生烧，粘有小粒已呈黑色的窑渣，可能是叠置在其他器物之上装烧的。从内壁底无釉现象分析，也不排除装烧时其上曾有较大器物叠烧，只是其残存口沿上无明显的叠烧痕迹。（图5-4-41，1）

湖·南Ⅰ T402⑦：4，可复原。轮制拉坯成型，外壁下腹部留有明显的切削痕迹。青灰色胎，胎质较细，断面上可见较多气孔。口沿上、外壁肩部以及内壁底均有釉，但釉层稀

1. 湖·南Ⅰ T402⑦：3

2. 湖·南Ⅰ T402⑦：4

3. 湖·南Ⅰ T402⑦：7

4. 湖·南Ⅰ T402④：8

5. 湖·南Ⅰ T402④：9

6. 湖·南Ⅰ T402④：10

7. 湖·南Ⅰ T404③：5

8. 湖·南Ⅰ T404①：1

9. 湖·南Ⅰ T404③：4

10. 湖·南Ⅰ H7：2

11. 湖·南Ⅰ T402⑨：5

12. 湖·南Ⅰ T404⑥：2

13. Y2：2

14. 湖·南Ⅰ T402⑧：24

0　　　　　　6厘米

图 5-4-41　湖州南山窑址Ⅰ区第四期原始瓷器物图（四）

1~8. AⅡ式罐　9. C型罐　10~13. AⅡ式小罐　14. C型小罐

薄，釉色偏黄，多已脱落；外壁上腹部之一侧有微微发亮的偏黄色釉层。内底无叠烧痕迹，外底略有生烧，胎壁外侧呈土红色，应是着地装烧产品。（图5-4-41，2）

湖·南ⅠT402⑦：7，底部残。轮制成型，外下腹有修刮痕迹。浅灰色胎，胎质较细。欠烧，釉完全未见。腹部刻划云雷纹。（图5-4-41，3）

湖·南ⅠT402④：8，可复原。小平底略内凹。胎质略粗，断面上可见较多微细状的气孔和黑点，胎呈青灰色。口沿上、外壁肩部以及内底均有釉，但釉层稀薄不明亮，釉色偏黄；内腹壁、外腹壁和底部无釉。内底无叠烧痕迹，外底无生烧，略有窑渣黏结，可能是置于在其他器物之上叠烧。（图5-4-41，4；彩版一三七，8）

湖·南ⅠT402④：9，可复原。浅灰色胎，胎质较细。口沿上、外壁肩部以及内面的下腹和底部均有比较明亮的釉层，釉色偏黄；内面的上腹壁、外腹壁和底部无釉。内底无叠烧痕迹，外底无生烧，略有窑渣黏结，可能是置于其他器物之上叠烧。（图5-4-41，5；彩版一三八，1）

湖·南ⅠT402④：10，可复原。轮制拉坯成型，外腹壁留有明显的刮削痕迹。青灰色胎，胎质较细。外壁肩部有比较明亮的釉层，釉色偏黄；内底因其他器物叠烧而无明显釉层，但内腹壁上也可隐约见到极其稀疏的微细釉点，残存的外腹壁和底部无釉。底部不见生烧，内外底均有其他器物的叠烧痕迹，表明此件是多件叠烧器物之中间一件。（图5-4-41，6；彩版一三八，2）

湖·南ⅠT404③：5，可复原。肩较圆，腹较深。（图5-4-41，7；彩版一三八，3）

湖·南ⅠT404①：1，可复原，ⅠT404表土采集。器形较高。采用轮制拉坯成型与手工刮修相结合方法制成，器形规整，内壁、底和外肩部均可见清晰的轮旋痕迹，其中外壁轮旋纹浅细密集，内腹粗疏，外下腹有多次修刮痕迹，底部有整齐的切割痕。青灰略泛白色胎，胎质细腻坚致，基本不见黑色斑点。口沿、外壁肩部有釉，但釉层较薄，点状黄色，局部呈青色，有一定玻璃质感。内底洁净，可能是另有器物叠烧所致。外底部略生烧，有小粒窑渣黏结。此件器物应是着地装烧，而其上有其他器物叠烧。（图5-4-41，8；彩版一三九，1）

C型罐　湖·南ⅠT404③：4，可复原。肩部残存有一个小扁泥条形耳。内腹、底有顺时针粗疏旋纹，外腹、底光洁。青灰色胎，夹杂有较多的黑色细砂粒。肩部、内腹朝向火膛一侧有极薄的土灰色点状凝釉。内腹不见叠烧痕迹，外底、腹黏结有小块窑渣粒，应为单件装烧。（图5-4-41，9；彩版一三九，2）

小罐　本期有AⅡ式、C型。

AⅡ式　湖·南ⅠH7：2，可复原。肩部有粗疏弦纹。外腹、底光洁。生烧呈土灰色。（图5-4-41，10）

湖·南ⅠT402⑨：5，可复原。肩部有数道粗凹弦纹。胎色断面上呈夹心饼干状，两侧表面呈灰色，中心呈灰白色，胎质较细。釉层极不明显，仅在口沿、外肩部和内底部见有星点点的微细状极薄釉点。外腹有叠烧痕迹，底部不见生烧和粘窑渣现象，当为多件器物叠烧之最上面一件。（图5-4-41，11；彩版一三九，4）

湖·南ⅠT404⑥：2，可复原。肩部有数道细凹弦纹，腹部有刻划，刻划纹较乱。轮

制与手工修整相结合，外下腹及底有多次修刮痕迹。胎质较细，生烧呈土黄色。（图5-4-41，12；彩版一三九，3）

湖·南ⅠY2∶2，可复原。轮制与手工修坯相结合，下腹及底有明显的刀削修理痕迹。青灰色胎，胎质较细。肩及内腹部有釉，釉呈极薄的土灰色点状。内底不见叠烧痕迹，外底有叠烧痕迹，可能置于大型罐内叠烧。（图5-4-41，13；彩版一三九，5）

C型　湖·南ⅠT402⑧∶24，可复原。青灰色胎，胎质较细。肩及内底、下腹有极薄而淡的土灰色点状釉。内底不见叠烧痕迹，外腹有叠烧痕迹，当为多件叠烧之最上面一件。（图5-4-41，14；彩版一四〇，1）

钵　本期有BⅡ式、CⅡ式、D型和E型。

BⅡ式　湖·南ⅠT404③∶6，可复原。生烧而呈灰白色。（图5-4-42，1；彩版一四〇，2）

湖·南ⅠT404⑥∶7，可复原。底腹间折棱明显。折肩上有多道较粗的凹弦纹，底部有刻划。青灰色胎，胎质细腻坚致，外底、腹、口沿上有极薄的土灰色点状凝釉。内外底均黏结有小块窑渣粒，为单件装烧。（图5-4-42，2）

CⅡ式　湖·南ⅠT402⑧∶23，可复原。沿腹间折棱外凸，底腹间折棱明显。生烧呈土黄色。（图5-4-42，3；彩版一四〇，3）

D型　湖·南ⅠT404⑥∶11，可复原。浅灰色胎，有多处起泡现象。内腹、口沿有极薄的土灰色点状凝釉。内腹、外底黏结小块窑渣粒，为单件装烧。（图5-4-42，4；彩版一四〇，5）

E型　湖·南ⅠT404⑥∶8，可复原。青灰色胎，胎质细腻坚致，夹杂有少量的黑色斑点。内腹、口沿有极薄的土灰色点状凝釉。内腹黏结大块窑渣，外底有小块窑渣粒，为单件装烧。（图5-4-42，5；彩版一四〇，4）

盂　本期见B型。

B型　湖·南ⅠT404⑥∶3，可复原。内底刻划"∧"形纹一个。轮制与手工修坯结合成型，内腹、底有顺时针旋转的粗旋纹，外下腹、底有多次修刮的痕迹。生烧呈青灰色。无釉。（图5-4-42，6）

湖·南ⅠT404⑥∶5，可复原。生烧呈土灰色，无釉。（图5-4-42，7；彩版一四〇，6）

器盖　本期有Aa、Ab、Ac和Ad型。

Aa型　湖·南ⅠT402⑧∶17，可复原。纽和盖身均扭曲变形。青灰色胎，胎壁较薄，胎质较细腻。口沿上和盖身内面通体有稀薄的黄色釉点，但基本不明亮，多呈细点状，相同一侧的口沿及盖纽外壁也有微亮黄色釉点。口沿未见叠烧痕迹，内面有一大块其他器物的残片黏结其上，盖纽的外敞翻沿上有叠烧痕迹，但不见粘窑渣现象，可见装烧时系盖纽叠置在其他器物上，盖内面朝上叠烧。（图5-4-43，1；彩版一四一，1）

湖·南ⅠT402⑦∶5，可复原。体形稍大。青灰色胎，胎壁极薄，但质地较细，断面上可见许多杂质点。内壁有微细型的稀薄釉层，釉色偏黄，中心因叠烧而釉层未烧出玻化；外壁顶面和纽上无釉。内壁中心有无釉叠烧痕迹，纽面上不见生烧现象，但也有叠烧痕迹。可见此件是纽向下、盖口朝上，叠置在其他产品之上、而其上又再有其他器物叠烧的产品。

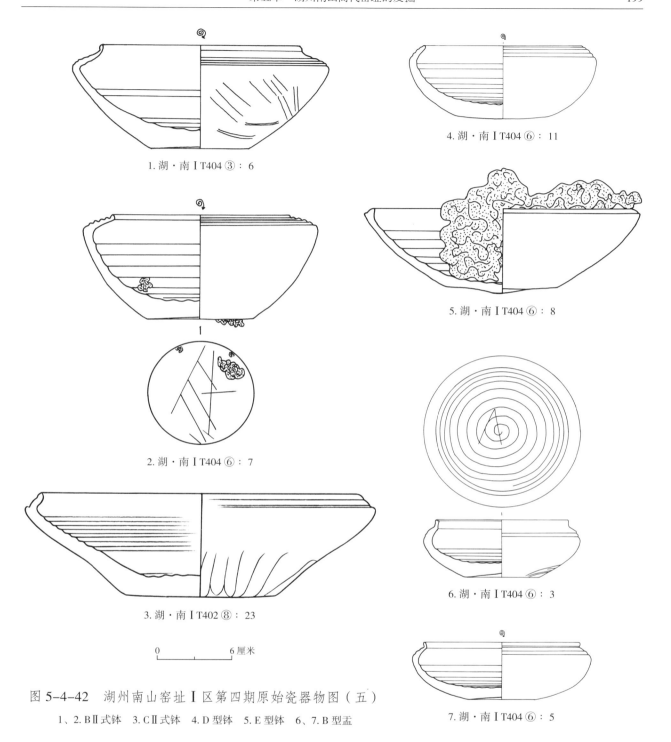

1. 湖・南ⅠT404③：6

4. 湖・南ⅠT404⑥：11

5. 湖・南ⅠT404⑥：8

2. 湖・南ⅠT404⑥：7

6. 湖・南ⅠT404⑥：3

3. 湖・南ⅠT402⑧：23

0   6厘米

图 5-4-42 湖州南山窑址Ⅰ区第四期原始瓷器物图（五）
1、2.BⅡ式钵 3.CⅡ式钵 4.D型钵 5.E型钵 6、7.B型盂

7. 湖・南ⅠT404⑥：5

（彩版一四一，2）

Ab 型 湖・南ⅠT402⑨：6，可复原。盖沿和纽略残缺，整体过烧变形。盖面和盖纽之一侧都有明亮釉层，釉色有黄有黑，部分脱落；内壁则全部可见稀薄的黄色釉点。向外翻平的盖纽上粘有小粒窑渣，一侧可见稀薄釉点，应是叠在其他器物上盖口朝上装烧。（图5-4-43，2；彩版一四一，3）

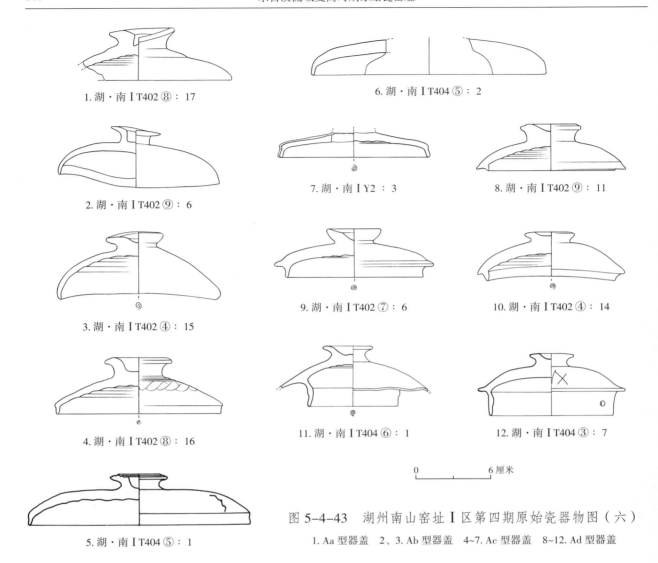

1. 湖·南Ⅰ T402⑧：17

2. 湖·南Ⅰ T402⑨：6

3. 湖·南Ⅰ T402④：15

4. 湖·南Ⅰ T402⑧：16

5. 湖·南Ⅰ T404⑤：1

6. 湖·南Ⅰ T404⑤：2

7. 湖·南Ⅰ Y2：3

8. 湖·南Ⅰ T402⑨：11

9. 湖·南Ⅰ T402⑦：6

10. 湖·南Ⅰ T402④：14

11. 湖·南Ⅰ T404⑥：1

12. 湖·南Ⅰ T404③：7

0　　　　　　6 厘米

图 5-4-43　湖州南山窑址Ⅰ区第四期原始瓷器物图（六）

1. Aa 型器盖　2、3. Ab 型器盖　4~7. Ac 型器盖　8~12. Ad 型器盖

　　湖·南Ⅰ T402④：15，可复原。青灰色胎，胎壁较薄，胎质较细腻坚致。盖口沿和内壁面均有稀薄的釉层，釉呈微细的点状，不甚明亮，釉色偏黄，外壁面和纽上大部分无釉，只是在相同一侧的盖纽与盖口外壁有一些发亮釉层的存在。纽口沿上有叠烧痕迹，但不见生烧现象，盖内面未见叠烧痕迹而有细小粒窑渣黏结，可见此件器盖的装烧方法是盖口朝上，纽朝下装置在其他器物上叠烧。（图 5-4-43，3；彩版一四一，4）

　　Ac 型　湖·南Ⅰ T402⑧：16，可复原。纽周围有轮修形成的凹弦纹。浅灰色胎，胎壁较薄，胎质较显细腻。口沿上和盖身内面通体有稀薄的黄色釉层，但不甚明亮，多呈细点状；同一侧的口沿及盖纽外壁也有釉，釉面的明亮度优于内面。口沿未见叠烧痕迹，盖纽的外敞翻沿上有叠烧痕迹，但不见粘窑渣现象，可见装烧时系盖纽叠置在其他器物上，盖内面朝上叠烧。（图 5-4-43，4；彩版一四一，5）

　　湖·南Ⅰ T404⑤：1，可复原。纽周围有轮修形成的凹弦纹。土灰色胎，胎壁较薄，胎质较显细腻。盖内面有极薄的土灰色点状凝釉。盖内面中心与盖纽均有叠烧痕迹，当为多

件叠烧的中间一件。（图 5-4-43，5；彩版一四一，6）

湖·南Ⅰ T404 ⑤：2，可复原。土灰色胎，胎质较细。盖内面无釉，盖面青釉极佳，青釉层厚，施釉均匀，玻璃质感强。（图 5-4-43，6；彩版一四一，7）

湖·南Ⅰ Y2：3，纽残。浅弧形略高，盖缘下折。盖面、内面光洁。生烧呈土灰色。（图 5-4-43，7）

Ad 型　湖·南Ⅰ T402 ⑨：11，可复原。青灰色胎，胎质细腻坚致。盖面及喇叭形捉手上有釉，釉极薄，呈土灰色点状凝釉。（图 5-4-43，8）

湖·南Ⅰ T402 ⑦：6，可复原。青灰色胎，胎质略显细腻。盖顶和盖纽上均有明亮釉层，釉色偏黄；内壁无釉，但一侧口沿有明亮釉层。口沿上有叠烧痕迹，但不见生烧现象。纽上完全着釉，无叠烧痕迹。可见此件器盖的装烧与其他器盖不同，是盖口朝下叠在其他器物上装烧。（图 5-4-43，9；彩版一四二，1）

湖·南Ⅰ T402 ④：14，可复原。浅灰色胎，胎质略显粗疏。盖口沿和内壁面均有比较明亮的釉层，釉色偏黄，部分已脱落；外壁面和纽上无釉。内面未见叠烧痕迹，纽口沿上有叠烧痕迹，但不见生烧现象，可见此件器盖的装烧方法是盖口朝上，纽朝下装置在其他器物上叠烧。（图 5-4-43，10；彩版一四二，2）

湖·南Ⅰ T404 ⑥：1，可复原。青灰色胎，胎质较细，夹杂有少量的黑色斑点。盖面有极薄的土灰色点状凝釉。（图 5-4-43，11；彩版一四二，3）

湖·南Ⅰ T404 ③：7，可复原。青灰色胎，夹杂有较多的黑色细砂粒。盖背有极薄的土灰色点状凝釉。（图 5-4-43，12；彩版一四二，4）

2. 印纹硬陶

罐　本期有短颈直口鼓腹罐、短颈直口圆腹罐和束颈翻折沿罐。

短颈直口鼓腹罐　湖·南Ⅰ T402 ⑧：18，可复原。凹圜底。肩部对称设置两对用扁泥条贴成的扁环形耳，耳内空；器表自肩至底通体拍印有斜角相交的席纹，席纹个体单元较大但印痕甚浅，分布杂乱，总体显得比较模糊不清。青灰色胎，胎质粗糙，胎内含大量粗砂粒。外底一侧略有生烧，胎近土红色。系着地装烧产品。（图 5-4-44，1；彩版一四三，1）

湖·南Ⅰ T402 ⑧：22，可复原。通体饰席纹，席纹尖菱形，排列较清晰整齐。青灰色胎，胎质细腻坚致。欠烧呈灰白色。（图 5-4-44，2；彩版一四三，2）

湖·南Ⅰ T402 ④：12，口肩部残片。自肩开始通体拍菱形状云雷纹，纹饰个体单元较小，印纹显得比较浅细清晰。瓷胎，胎壁轻薄，灰白色胎，胎质细腻，烧成温度高，质地坚致，发音清脆。外壁普遍有发亮釉层，釉层薄而均匀，釉呈黄褐色。（图 5-4-44，3；彩版一四三，3）

湖·南Ⅰ T404 ⑥：6，口沿残片。肩部残存有小的宽扁泥耳一个，通体饰极浅的席纹。外腹有明显的修刮痕迹。土灰色胎，胎质细腻坚致，肩部有极薄的土灰色点状凝釉。（图 5-4-44，4）

短颈直口圆腹罐　湖·南Ⅰ T402 ④：11，口肩部残片。肩部粘贴横向的圆泥条半环形耳，自肩至腹通体拍印席纹，席纹呈直角相交状，印纹较粗深，布局较杂乱。胎壁轻薄，火候不高，

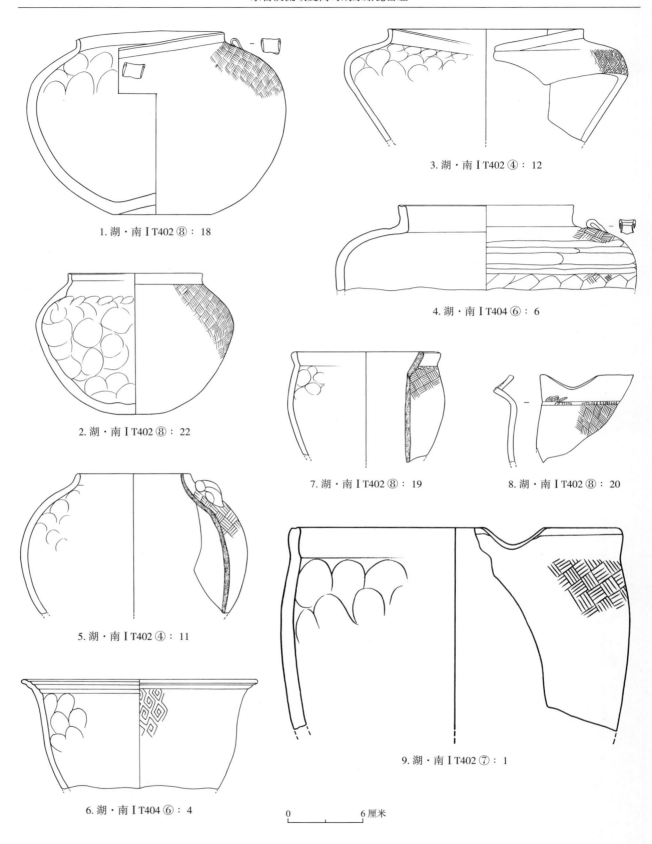

1. 湖·南ⅠT402⑧：18

2. 湖·南ⅠT402⑧：22

3. 湖·南ⅠT402④：12

4. 湖·南ⅠT404⑥：6

5. 湖·南ⅠT402④：11

6. 湖·南ⅠT404⑥：4

7. 湖·南ⅠT402⑧：19

8. 湖·南ⅠT402⑧：20

9. 湖·南ⅠT402⑦：1

0　　　　　　6厘米

图 5-4-44　湖州南山窑址Ⅰ区第四期印纹硬陶器物图

1~4. 短颈直口鼓腹罐　5. 短颈直口圆腹罐　6. 束颈翻折沿罐　7~9. 研钵

断面呈夹心饼干状，两侧土黄，中间浅灰色。内壁可见凹凸不平的垫窝。（图5-4-44，5）

束颈翻折沿罐　湖·南Ⅰ T404⑥：4，口沿残片。口沿上、下均有粗凹弦纹数道，外腹拍印云雷纹，云雷纹略小而较杂乱。青灰色胎，胎质细腻坚致。无釉。（图5-4-44，6）

研钵　湖·南Ⅰ T402⑧：19，口腹部残片。器形似内壁有刻槽的研钵，但残片内面无刻槽。器表自肩至底通体拍印有直角相交的席纹，纹饰个体单元较小，印痕较浅，总体分布比较整齐，结构比较清晰。胎壁较厚，胎质显得比较粗疏，略有生烧，断面上胎呈夹心饼干状态，两侧表层土红色，中间灰白色。（图5-4-44，7）

湖·南Ⅰ T402⑧：20，口沿残片。沿面凹弧，有流，流呈圆弧形，肩腹部外表拍印斜角相交席纹，印痕较深，纹饰清晰整齐。浅灰色胎，胎壁极薄。（图5-4-44，8）

湖·南Ⅰ T402⑦：1，口腹部残片。器形似内壁有刻槽的研钵，但残片内面无刻槽。残片口沿有流，流呈圆弧形。内壁有垫窝。器表自肩至底通体拍印直角相交的席纹，纹饰个体单元较小，印痕较浅，总体来看，上部纹饰分布比较整齐、结构比较清晰，但下腹纹饰显得杂乱不清晰。胎壁较厚，胎质显得比较粗疏，略有生烧，断面上胎呈夹心饼干状态，两侧表土红色，中间灰白色。（图5-4-44，9）

拍印纹饰　湖·南Ⅰ T402⑧：21，肩腹部残片。宽圆肩，缓收腹，最大径在肩部。外壁自肩至下腹通体拍印梯格纹，纹饰单元大，印痕粗，但排列整齐。内壁有大小不一的垫窝。胎壁较厚。整体生烧，胎呈土黄色。

3. 装烧遗物

硬陶圆饼形器　本次发掘，此类器物残片出土数量不多，大小二十余片，但均出土在湖·南Ⅰ T402④层，其他地层不见，而且器形大小一致，从器形看，此种圆饼状器物似可作为装烧时的垫具使用，但因未见明显的使用痕迹而难以确定，故此器用途不明。

湖·南Ⅰ T402④：16，残片，约完整器的四分之一。扁薄圆饼形，圆形规整，厚薄大体一致，边缘平整光滑，体形硕大。未见轮制痕迹，应系手工制作。陶胎，胎体厚重，胎壁中心稍薄，边缘稍厚，边缘厚达2厘米。火候较高，质地比较坚硬，稍有扭曲变形现象。胎泥粗疏，色呈浅灰，断面上可见许多气孔。向下的一面略微生烧，器表呈土红色，并分布杂乱的大型直角相交编织物印痕，可见制作时底下垫有席状编织物。向上的一面显得比较平滑，未见生烧，表面呈红褐色或黑色，从中心到外围均散布有一些较细的黑色自然落灰釉釉点，未见有器物装烧或黏结迹象。（图5-4-45，1；彩版一四四，1）

湖·南Ⅰ T402④：17，残片，约完整器的五分之一。扁薄圆饼形，圆形规整，厚薄大体一致，边缘平整光滑，体形硕大。未见轮制痕迹，应系手工制作。陶胎，胎体厚重，胎壁中心稍薄，边缘稍厚，边缘厚达2厘米。火候较高，质地比较坚硬，有过烧现象，器体扭曲变形。胎质粗疏，色呈青灰，断面上可见许多气孔。上下两面均未生烧。向下的一面有分布整齐的大型直角相交编织物印痕，可见制作时底下垫有席状编织物。向上的一面有高低不平的浅窝，表面呈紫褐色，并且从中心到外围均明显的散布有较多黄色自然落灰釉，釉层分布无规律，未见有器物装烧或黏结迹象。在残片一侧凹凸不平的斜坡状断面上，也有大量黄色点状釉分布。（图5-4-45，2；彩版一四四，2）

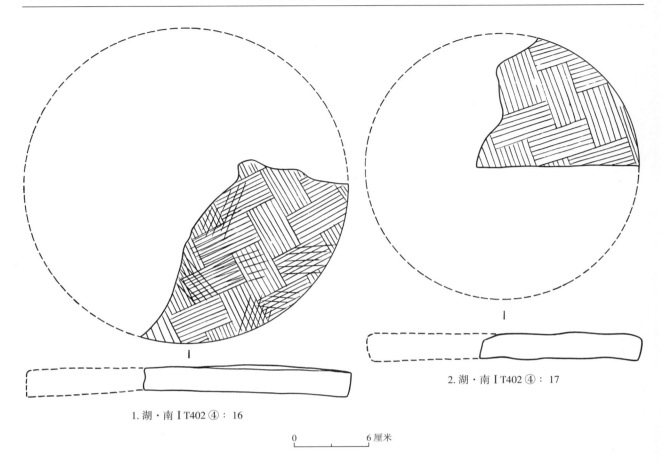

1. 湖·南 I T402 ④：16

2. 湖·南 I T402 ④：17

0 —————— 6 厘米

图 5-4-45　湖州南山窑址 I 区第四期装烧遗物图（一）

1、2. 硬陶圆饼形器

　　湖·南 I T402 ④：18，拼复大半件。扁薄圆饼形，圆形规整，厚薄大体一致，边缘平整光滑，体形硕大。未见轮制痕迹，应系手工制作。陶胎，胎体厚重，胎壁中心厚于四周边缘，中心厚达 3 厘米，边缘厚达 2 厘米。火候较高，有烧裂现象。质地比较坚硬，胎质粗疏，色呈青灰，断面上可见密集的气孔和杂点。向下的一面中心略凸，稍有生烧，器表局部呈土红色，面上满布分布密集的圆形小凸点，可见制作时底下所垫之物可能是一种有小圆孔的编织物。向上的一面中心略有凹陷，不见生烧现象，中心大部分表面胎色较淡，呈浅褐色，四周近边缘处表面胎色较甚，呈深褐色，并局部可见稀薄的黄色自然落灰釉。从迹象看，此器似有用作装烧垫具的可能。（图 5-4-46，1；彩版一四四，3）

　　湖·南 I T402 ④：19，残片，不及中心，约存外围的四分之一。扁薄圆饼形，圆形规整，厚薄大体一致，边缘平整光滑，体形硕大。未见轮制痕迹，应系手工制作。陶胎，胎体厚重，胎壁边缘厚近 2 厘米。火候较高，有起泡现象，质地比较坚硬。胎质粗疏，色呈青灰，断面上可见密集的气孔和杂点。向下的一面因表层脱落而垫物印痕不清楚。向上的一面表面光滑，中心似有凹陷。所见外围胎表呈深褐色，并有稀薄的黄色自然落灰釉。四周近边缘处表面胎色较甚，呈深褐色，并局部可见稀薄的黄色自然落灰釉。从残片看，中心部位胎表色淡。而

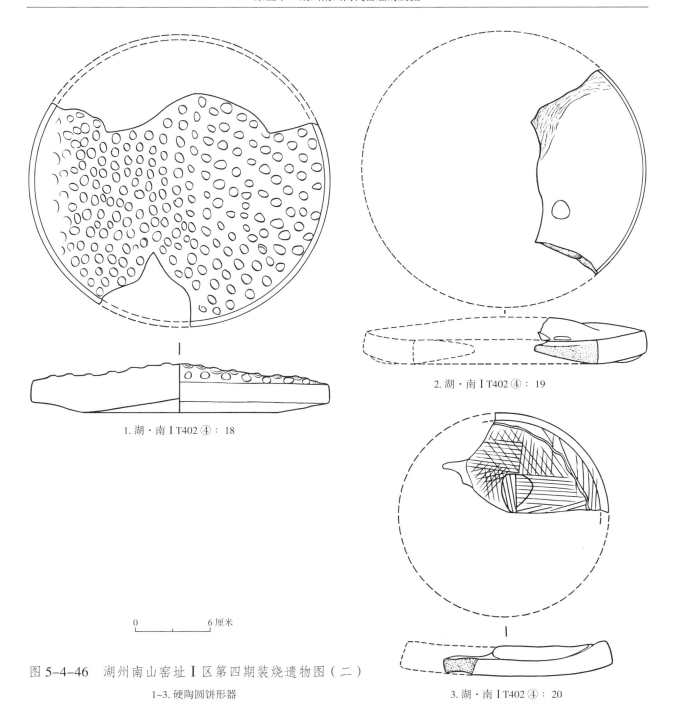

1. 湖·南Ⅰ T402④：18

0 ————————— 6厘米

2. 湖·南Ⅰ T402④：19

3. 湖·南Ⅰ T402④：20

图 5-4-46 湖州南山窑址Ⅰ区第四期装烧遗物图（二）

1~3. 硬陶圆饼形器

在一端斜坡状的断裂面上，也有明亮的釉层，应该是自然釉。从迹象看，此器也有作装烧垫具的可能。（图 5-4-46，2；彩版一四五，1）

湖·南Ⅰ T402④：20，残片，约存五分之一。扁薄圆饼形，圆形规整，厚薄大体一致，边缘平整光滑，体形硕大。未见轮制痕迹，应系手工制作。从残片断面观察，系分层贴塑制作。陶胎，质粗疏，胎体厚达 2 厘米。生烧，上下两面中心大部均呈土红色，边缘呈灰黑色。向下的一面有分布杂乱的类似编织物的印痕，可见制作时底下垫有编织物。向上的一面表面

光滑，不见明显的落灰釉，也无器物垫烧器物等迹象。（图 5-4-46，3；彩版一四五，2）

　　湖·南Ⅰ T402④：21，残片，约存六分之一。扁薄圆饼形，圆形规整，厚薄大体一致，边缘平整光滑，体形硕大。未见轮制痕迹，应系手工制作。陶胎，质粗疏，胎内有许多黑色粗粒。此件胎壁显得最为轻薄，边缘稍厚于中心。略有生烧，上下两面中心部位均呈土红色，边缘呈褐色。向下的一面有分布杂乱的编织物印痕，可见制作时底下垫有编织物，在印痕之上还零星地黏结有小粒黑色窑渣。向上的一面表面比较平整，中心略有凹陷。中心生烧呈土红色，但与外围的褐色之间无明显的分界线，外围也不见明显的落灰釉，里外表面都有零星的细小黑色窑渣黏结。（图 5-4-47，1；彩版一四五，3）

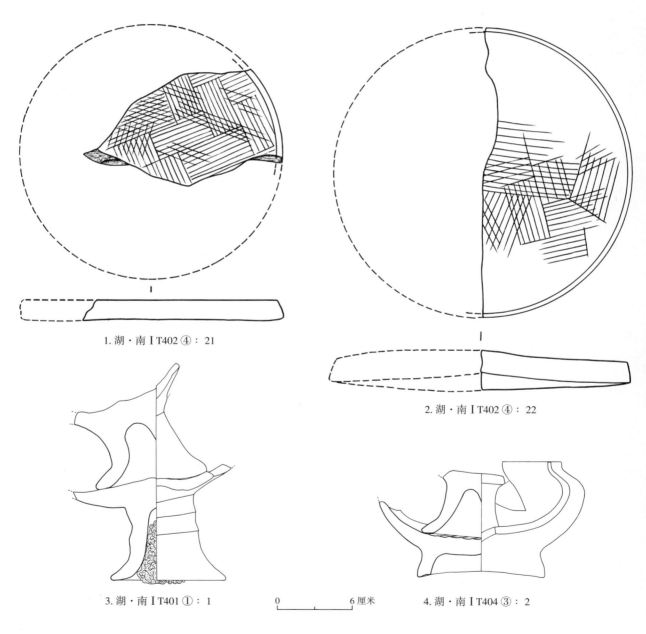

1. 湖·南Ⅰ T402④：21

2. 湖·南Ⅰ T402④：22

3. 湖·南Ⅰ T401①：1   0   6 厘米   4. 湖·南Ⅰ T404③：2

图 5-4-47 湖州南山窑址Ⅰ区第四期装烧遗物图（三）

1、2. 硬陶圆饼形器 3、4. 叠烧标本湖·南Ⅰ T402④：22，残片，约存二分之一。扁薄圆饼形，圆形规整，厚薄大体一致，边缘平整光滑，体形硕大。未见轮制痕迹，应系手工制作。陶胎，质粗疏，色青灰，里外厚度均在 2 厘米左右。烧成温度较高，质地坚硬，稍有变形和开裂。中心部位未见不同程度的生烧现象，器表均呈褐色。向下的一面大部分分布杂乱的编织物印痕，可见制作时底下垫有编织物。向上的一面表面颜色里外一致，边缘很小的一个局部有发亮的黄色自然落灰釉，无其他明显的垫烧使用迹象。（图 5-4-47，2；彩版一四五，4）

叠烧标本　湖·南Ⅰ T401①：1，两件豆叠烧标本，Ⅰ T401 表土采集。豆盘均残，仅剩豆柄。喇叭形，豆端不见缺口。轮制，外壁光洁。青灰色胎，胎质较粗松，夹杂有少量的黑色斑点。釉不明显。下件底部黏结有大块窑渣，上件中心有叠烧痕，当为三件以上叠烧。（图 5-4-47，3；彩版一四六，1）

湖·南Ⅰ T404③：2，A 型尊与豆的叠烧。下面一件为 A 型尊，方唇，直口，短颈，折肩深弧腹，矮圈足。青灰色胎，胎质疏松，有较多的小气孔。肩部有极薄的土灰色点状凝釉。内置矮喇叭形豆柄一件。（图 5-4-47，4；彩版一四六，2）

烧结块　湖·南Ⅰ T402④：23，草拌泥红烧土。一侧有烧结面，印纹细而杂乱，并黏结有小块豆口沿残片。烧结面呈黑色，有玻璃质感。长 18、宽 10、厚 6 厘米。（彩版一四七，1）

湖·南Ⅰ T402④：24，草拌泥红烧土。一侧有烧结面，印纹细而杂乱，并黏结有小块罐口沿残片。烧结面黑色，有玻璃质感。长 20、宽 7、厚 12 厘米。（彩版一四七，2）

湖·南Ⅰ T402④：25，草拌泥红烧土。残存近半个圆柱形，顶端与一侧面较平，整体均烧结。烧结面呈灰黑色，表面有玻璃质感。长 20、宽 7、厚 12 厘米；顶面残长 18、宽 9、高 9 厘米。（彩版一四七，3）

五　第五期

湖·南Ⅰ T202②、湖·南Ⅰ T301②、湖·南Ⅰ T302②、湖·南Ⅰ T303②～③、湖·南Ⅰ T401②、湖·南Ⅰ T402②～③、湖·南Ⅰ T403②～③、湖·南Ⅰ T404②与湖·南Ⅰ H3~H5、湖·南Ⅰ Y1 诸文化层与遗迹单位。

此一时期器形变化较大，器类较为丰富。罐、小罐、器盖及新出现的直口豆成为产品主流，其次为敛口豆和新出现的豆柄带凸棱的 F 型豆，尊的数量略有上升，此外还新出现少量簋。印纹陶包括短颈直口罐与研钵两类。除席纹外，新出现大量的重菱形纹，菱形中间带一小凸点。直口罐肩部常有三个扁泥耳等距分布，偶见圆形小泥饼装饰。胎、釉、制作、装烧工艺与第四期变化不大。

1. 原始瓷

豆　本期有 B Ⅲ式、C Ⅲ式、Ea 型、Eb 型、F 型、G Ⅱ式豆和浅弧腹豆。

B Ⅲ式　湖·南Ⅰ T202②：1，可复原。青灰色胎，胎质细腻坚致。豆盘内腹叠烧痕迹外及口沿上有釉，釉面斑驳，剥落严重。豆盘内腹有较大的叠烧痕迹，底足洁净并有叠烧痕迹，当为多件同类器物叠烧之中间一件。（图 5-4-48，1；彩版一四八，1）

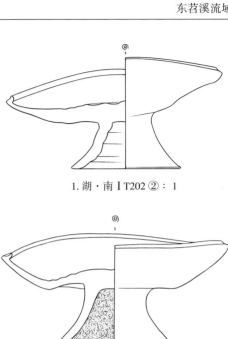

1. 湖·南 I T202②：1

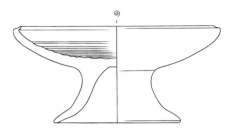

6. 湖·南 I T202②：6

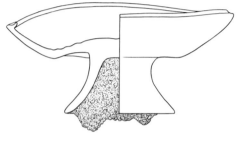

2. 湖·南 I T202②：2

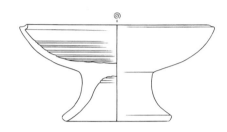

7. 湖·南 I T202②：7

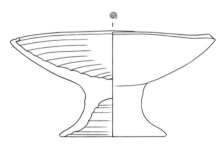

3. 湖·南 I T202②：3

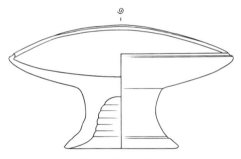

8. 湖·南 I T202②：8

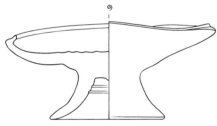

4. 湖·南 I T202②：4

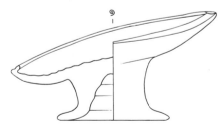

9. 湖·南 I T202②：9

0 ——————— 6厘米

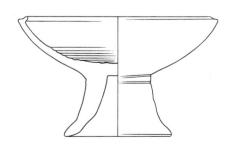

5. 湖·南 I T202②：5

图 5-4-48　湖州南山窑址 I 区第五期
原始瓷器物图（一）

1~9. B Ⅲ式豆

湖·南Ⅰ T202②：2，可复原。青灰色胎，胎质细腻坚致。豆盘内腹叠烧痕迹外朝向火膛一侧、豆柄朝向火膛一侧及口沿上有釉，呈极薄的土灰色点状。豆盘内腹有较大的叠烧痕迹，黏结有大量的窑渣粒，足端一侧生烧，当为多件同类器物叠烧之最下一件。（图5-4-48，2；彩版一四八，2）

湖·南Ⅰ T202②：3，可复原。青灰色胎，胎质细腻坚致，夹杂有少量的黑色细砂。豆盘内腹叠烧痕迹外及口沿上、豆柄一朝向火膛一侧有釉，釉面斑驳，剥落严重。豆盘内腹叠烧痕迹较小，其上叠烧的器物可能是器盖，底足洁净并有叠烧痕迹，底下可能叠置同类型的豆类器物。（图5-4-48，3；彩版一四九，1）

湖·南Ⅰ T202②：4，可复原。青灰色胎，胎质细腻坚致。豆盘内腹叠烧痕迹外及口沿上、豆柄朝向火膛一侧有釉，釉面斑驳，剥落严重。豆盘内腹叠烧痕迹较小，其上叠烧的器物可能是器盖，底足洁净并有叠烧痕迹。（图5-4-48，4；彩版一四九，2）

湖·南Ⅰ T202②：5，可复原。青灰色胎，胎质细腻坚致。因欠烧釉基本不见。豆盘内腹有叠烧痕迹，底足生烧，并黏结有小块的窑渣块，当为多件叠烧之最下面一件。（图5-4-48，5）

湖·南Ⅰ T202②：6，可复原。青灰色胎，胎质细腻坚致。豆盘内腹叠烧痕迹外及口沿上、豆柄朝向火膛一侧有釉，釉面斑驳，剥落严重。豆盘内腹叠烧痕迹较小，其上叠烧的器物可能是器盖，底足洁净并有叠烧痕迹，底下可能叠置同类型的豆类器物。（图5-4-48，6）

湖·南Ⅰ T202②：7，可复原。圈足粗矮，豆盘内腹中心略呈乳凸状凸起，圈足内壁旋纹粗疏。青灰色胎，胎质细腻坚致。因欠烧釉基本不见。豆盘内腹有叠烧痕迹，底足生烧，并黏结有小块的窑渣块，当为多件叠烧之最下面一件。（图5-4-48，7）

湖·南Ⅰ T202②：8，可复原。青灰色胎，胎质细腻坚致。豆盘内腹、豆柄上有釉，釉层薄，但施釉均匀，有一定玻璃质感，釉色呈土灰色。豆盘内腹不见叠烧痕迹，底足洁净并有叠烧痕迹，当为多件叠烧之最上面一件。（图5-4-48，8）

湖·南Ⅰ T202②：9，可复原。圈足粗矮，豆盘内腹中心略呈乳凸状凸起。浅灰色胎，胎质细腻坚致。豆盘内腹叠烧痕迹外及口沿上、豆柄朝向火膛一侧有釉，呈极薄的土灰色点状。豆盘内腹有叠烧痕迹，底足生烧，并黏结有小块的窑渣块，当为多件叠烧之最下面一件。（图5-4-48，9）

湖·南Ⅰ T202②：10，可复原。青灰色胎，胎质细腻坚致。豆盘内腹叠烧痕迹外及口沿上、豆柄朝向火膛一侧有釉，呈极薄的土灰色点状。豆盘内腹有叠烧痕迹，底足洁净并有叠烧痕迹，当为多件叠烧之中间一件。（图5-4-49，1；彩版一四九，3）

湖·南Ⅰ T404②：8，基本完整。青灰色胎，胎质细腻坚致。豆盘内腹叠烧痕迹外及口沿上有釉，釉面斑驳，剥落严重。豆盘内腹有较大的叠烧痕迹，底足黏结少量窑渣粒，当为多件器物叠烧之最下面一件。（图5-4-49，2；彩版一四九，4）

湖·南 H4：1，可复原。青灰色胎，胎质细腻坚致。豆盘内腹叠烧痕迹外朝向火膛一侧及豆柄朝向火膛一侧、口沿上有釉，呈极薄的土灰色点状。豆盘内腹有较大的叠烧痕迹，足端洁净，当为多件器物叠烧之中间一件。（图5-4-49，3）

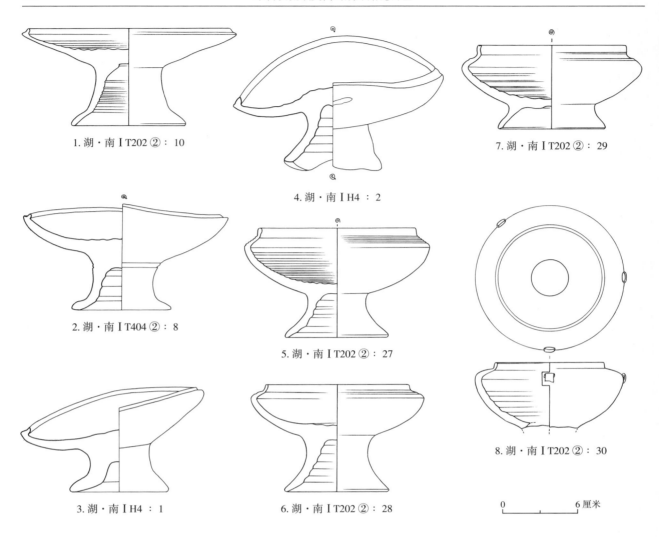

图 5-4-49　湖州南山窑址Ⅰ区第五期原始瓷器物图（二）

1~4. BⅢ式豆　5~8. CⅢ式豆

　　湖·南 H4：2，可复原。青灰色胎，胎质细腻坚致。豆盘内腹叠烧痕迹外及豆柄朝向火膛一侧、口沿上有釉，呈极薄的土灰色点状；局部青釉较厚，有一定的玻璃质感。豆盘内腹有较大的叠烧痕迹，底黏结有大量的窑渣粒，当为多件器物叠烧之最下面一件。（图 5-4-49，4；彩版一五〇，1）

　　CⅢ式　湖·南Ⅰ T202②：27，可复原。青灰色胎，胎质细腻坚致。豆盘内腹、外上腹部和豆柄朝向火膛一侧有釉，呈极薄的土灰色点状。豆盘内腹不见叠烧痕迹，底足生烧，当为单件装烧。（图 5-4-49，5；彩版一五〇，2）

　　湖·南Ⅰ T202②：28，可复原。青灰色胎，胎质细腻坚致。豆盘内腹有釉，釉面斑驳。豆盘内腹不见叠烧痕迹，底足生烧，当为单件装烧。（图 5-4-49，6；彩版一五〇，3）

　　湖·南Ⅰ T202②：29，可复原。青灰色胎，胎质细腻坚致。豆盘内腹、肩部有釉，呈极薄的土灰色点状。豆盘内腹不见叠烧痕迹，下腹外圈有叠烧痕迹，为多件叠烧之最上面一

件。（图5-4-49，7）

湖·南Ⅰ T202②：30，豆盘，喇叭形圈足残。上腹近肩部有三个扁泥耳等距分布。轮制成型，内腹有明显的顺时针轮旋痕，外壁表面光洁。青灰色胎，胎质细腻坚致。肩部外圈有釉，口沿下一圈无釉，釉呈极薄的土灰色点状。可能其上叠烧有盖类器物。（图5-4-49，8）

Ea型　湖·南Ⅰ T202②：11，可复原。青灰色胎，胎质细腻坚致。豆盘内腹叠烧痕迹外、外上腹部和豆柄朝向火膛一侧有釉，呈极薄的土灰色点状。豆盘内腹有叠烧痕迹，底足洁净，当为多件叠烧之中间一件。（图5-4-50，1；彩版一五一，1）

湖·南Ⅰ T202②：12，可复原。青灰色胎，胎质细腻坚致。豆盘内腹叠烧痕迹外、外上腹部和豆柄朝向火膛一侧有釉，呈极薄的土灰色点状。豆盘内腹有叠烧痕迹，底足生烧，并黏结有大块的窑渣块，当为多件叠烧之最下面一件。（图5-4-50，2）

湖·南Ⅰ T202②：13，可复原。生烧呈土黄色。（图5-4-50，3）

湖·南Ⅰ T202②：14，可复原。青灰色胎，胎质细腻坚致。豆盘内腹叠烧痕迹外、外上腹部和豆柄朝向火膛一侧有釉，呈极薄的土灰色点状。豆盘内腹有叠烧痕迹，底足生烧，并黏结有大块的窑渣块，当为多件叠烧之最下面一件。（图5-4-50，4）

湖·南Ⅰ T202②：15，可复原。欠烧呈土灰色。（图5-4-50，5）

湖·南Ⅰ T202②：16，可复原。青灰色胎，胎质细腻坚致。豆盘内腹叠烧痕迹外、外上腹部和豆柄朝向火膛一侧有釉，呈极薄的土灰色点状。豆盘内腹有叠烧痕迹，极小，与小盖纽大小相近，底足洁净并有叠烧痕迹，当为多件叠烧中间一件，上面可能叠烧盖类器物。（图5-4-50，6；彩版一五一，2）

湖·南Ⅰ T202②：17，可复原。青灰色胎，胎质细腻坚致。豆盘内腹叠烧痕迹外、外上腹部和豆柄朝向火膛一侧有釉，呈极薄的土灰色点状。豆盘内腹有叠烧痕迹，底足一侧略呈生烧状，当为多件叠烧之最下面一件。（图5-4-50，7；彩版一五一，3）

湖·南Ⅰ T202②：18，可复原。青灰色胎，胎质细腻坚致。豆盘内腹叠烧痕迹外、外上腹部和豆柄朝向火膛一侧有釉，呈极薄的土灰色点状。豆盘内腹有叠烧痕迹，底足一侧略呈生烧状，当为多件叠烧之最下面一件。（图5-4-50，8；彩版一五一，4）

湖·南Ⅰ T202②：20，可复原。青灰色胎，胎质细腻坚致。豆盘内腹叠烧痕迹外、外上腹部和豆柄朝向火膛一侧有釉，呈极薄的土灰色点状。豆盘内腹有叠烧痕迹，底足有叠烧痕迹，当为多件叠烧之中间一件。（图5-4-50，9；彩版一五一，5）

湖·南Ⅰ T202②：21，可复原。青灰色胎，胎质细腻坚致。豆盘内腹叠烧痕迹外、外上腹部和豆柄朝向火膛一侧有釉，呈极薄的土灰色点状。豆盘内腹有叠烧痕迹，底足有叠烧痕迹，当为多件叠烧之中间一件。（图5-4-50，10；彩版一五一，6）

湖·南Ⅰ T202②：108，可复原。青灰色胎，胎质细腻坚致。豆盘内腹叠烧痕迹外、外上腹部和豆柄朝向火膛一侧有釉，呈极薄的土灰色点状。豆盘内腹有叠烧痕迹，叠烧圈极小，底足光洁，当为多件叠烧之中间一件，上面可能叠烧盖类器物。（图5-4-50，11；彩版一五二，1）

湖·南Ⅰ T202②：109，可复原。欠烧而呈土灰色。（图5-4-51，1；彩版一五二，2）

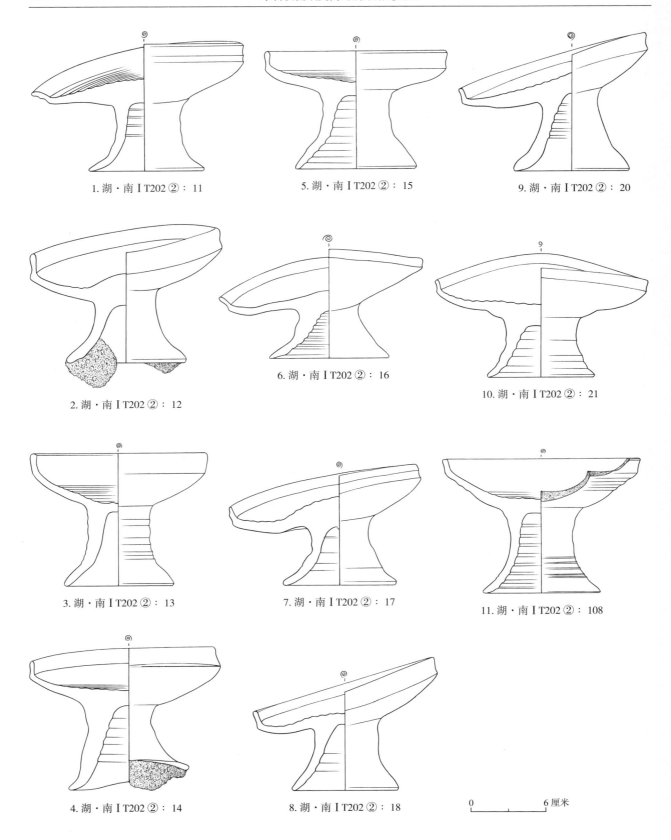

1. 湖·南ⅠT202②：11

5. 湖·南ⅠT202②：15

9. 湖·南ⅠT202②：20

2. 湖·南ⅠT202②：12

6. 湖·南ⅠT202②：16

10. 湖·南ⅠT202②：21

3. 湖·南ⅠT202②：13

7. 湖·南ⅠT202②：17

11. 湖·南ⅠT202②：108

4. 湖·南ⅠT202②：14

8. 湖·南ⅠT202②：18

0　　　　　　6厘米

图 5-4-50　湖州南山窑址Ⅰ区第五期原始瓷器物图（三）

1~11. Ea 型豆

湖·南Ⅰ T402②：1，可复原，豆盘向西侧坍塌变形。青灰色胎，胎质较细。豆盘内隐约可见稀薄的釉层，釉色偏黄，大多不够明亮，中心较大范围因叠烧而不见釉层；外壁和豆柄大部分地方无釉，但相对应的同一侧有发亮的黄色稀薄釉层。豆盘内有明显的叠烧痕迹，豆柄足尖一侧略有生烧，但无粘窑渣现象，此件应是多件器物叠烧之中间一件。（图5-4-51，2；彩版一五三，1）

湖·南Ⅰ T402②：2，可复原。胎壁粗厚，断面上多见气孔，色呈青灰。盘底断面呈夹心饼干状，内外两侧烧结度较好，较硬，色呈青灰，中心烧结度较差，较软，色呈浅灰。豆盘内面除中心较大范围因叠烧而不见釉层外，其余部位隐约可见稀薄的釉层，釉色偏黄，大多不够明亮，残存的豆柄一侧也有比较明亮的稀薄釉层。豆盘内底有明显的叠烧痕迹，豆柄足尖一侧生烧，胎呈土红色，未生烧的另一侧圈足内黏结有大块粗窑渣，此件应是多件器物叠烧之最下面一件。（图5-4-51，3）

湖·南Ⅰ T402③：1，可复原。因生烧而呈土黄色。内底中心有叠烧痕迹。（图5-4-51，4）

湖·南Ⅰ T402③：2，可复原。胎质较细，略有生烧，豆盘断面呈夹心饼干状，两侧外表土黄色，中间浅灰色；豆柄胎呈青灰色。豆盘内隐约可见稀薄的釉层，釉色偏黄，大多不明亮，并有脱釉现象；外壁和豆柄上无釉。豆盘内无叠烧痕迹，豆柄足尖不见生烧，也无粘窑渣现象，此件可能是置于其他器物上叠烧。（图5-4-51，5）

湖·南Ⅰ T404①：2，可复原。豆柄近盘处有凸棱一圈。青灰色胎，胎质细腻坚致。豆盘内腹叠烧痕迹外、外上腹部和豆柄朝向火膛一侧有釉，呈极薄的土灰色点状。豆盘内腹有叠烧痕迹，底足洁净并有叠烧痕迹，当为多件叠烧之中间一件。（图5-4-51，6；彩版一五二，3）

湖·南Ⅰ T404②：25，修复。青灰色胎，胎质细腻坚致，夹杂有少量的黑色斑点。豆盘内腹叠烧痕迹外、外上腹部和豆柄朝向火膛一侧有釉，呈极薄的土灰色点状。豆盘内腹有叠烧痕迹，底足洁净并有叠烧痕迹，当为多件叠烧之中间一件。（图5-4-51，7；彩版一五二，4）

湖·南Ⅰ H4：3，可复原。青灰色胎，胎质较细，夹杂有较多的黑色细砂粒。豆盘内腹叠烧痕迹外、外上腹部和豆柄朝向火膛一侧有釉，呈极薄的土灰色点状。豆盘内腹有叠烧痕迹，底足洁净，当为多件叠烧之中间一件。（图5-4-51，8）

Eb型　湖·南Ⅰ T202②：19，可复原。青灰色胎，胎质细腻坚致。豆盘内腹叠烧痕迹外、外上腹部和豆柄朝向火膛一侧有釉，豆盘面釉面斑驳，豆柄及外上腹呈极薄的土灰色点状。豆盘内腹有叠烧痕迹，底足有叠烧痕迹，当为多件叠烧之中间一件。（图5-4-51，9；彩版一五三，3）

湖·南Ⅰ T202②：102，可复原。青灰色胎，胎质细腻坚致。豆盘内腹叠烧痕迹外、外上腹部和豆柄朝向火膛一侧有釉，豆盘面釉面斑驳，豆柄及外上腹呈极薄的土灰色点状。豆盘内腹叠烧一件仰置的器盖，底足有叠烧痕迹，当为多件叠烧之最上面两件。（图5-4-51，10；彩版一五三，2）

F型　湖·南Ⅰ T303②a：1，可复原。豆盘和豆柄都有扭曲变形。敞口浅弧腹，豆盘

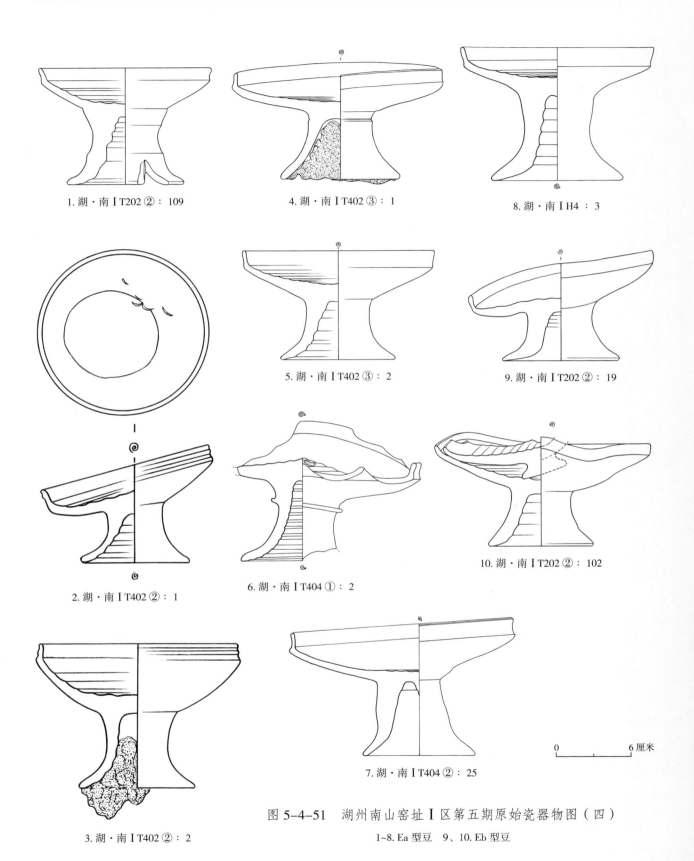

1. 湖·南ⅠT202②：109

4. 湖·南ⅠT402③：1

8. 湖·南ⅠH4：3

5. 湖·南ⅠT402③：2

9. 湖·南ⅠT202②：19

2. 湖·南ⅠT402②：1

6. 湖·南ⅠT404①：2

10. 湖·南ⅠT202②：102

3. 湖·南ⅠT402②：2

7. 湖·南ⅠT404②：25

0 ⎯⎯⎯ 6厘米

图 5-4-51　湖州南山窑址Ⅰ区第五期原始瓷器物图（四）

1~8. Ea 型豆　9、10. Eb 型豆

较浅较小，竹节状细高把，上段有一箍状粗凸脊，下段外撇呈喇叭形，足尖内敛。青灰色胎，胎泥较精细，胎壁较薄，外表光滑。朝上的豆盘内壁底、口沿上以及豆柄之一侧可见有釉层的存在，釉层稀薄呈星星点点状，其色偏黄，无明显光亮度；豆盘外壁和把之另一侧无釉。豆盘内底中心有叠烧痕迹，豆柄足尖未生烧和粘窑渣，但有卷曲变形和叠烧痕迹，表明此件系多件叠烧之中间一件。（图5-4-52，1；彩版一五三，4）

湖·南Ⅰ T303②a：2，可复原。弧敛口浅弧腹，豆盘和豆柄都有扭曲变形。豆盘较浅较小，口沿外壁有二道粗凹弦纹，竹节状细高把，上段有一箍状粗凸脊，下段外撇呈喇叭形，足尖内敛。浅灰色胎，胎泥较精细，胎壁较薄，外表光滑。朝上的豆盘内底、口沿上以及豆柄之一侧可见有釉层的存在，釉层稀薄，其色偏黄，不甚明亮。豆盘外壁和柄之另一侧无釉。豆盘内有釉无叠烧痕迹，豆柄足尖未见生烧和粘窑渣，但有卷曲变形和叠烧痕迹，表明此件系装在其他器物上叠烧。（图5-4-52，2；彩版一五四，1）

湖·南Ⅰ T202②：23，豆盘与豆柄残件。青灰色胎，胎质细腻坚致。朝向火膛一侧有釉，呈较薄的土灰色点状。（图5-4-52，3）

湖·南Ⅰ T202②：24，豆盘。敞口，浅弧腹。青灰色胎，胎质细腻坚致。欠烧釉基本不见。（图5-4-52，4）

湖·南Ⅰ T303②a：4，豆柄。胎壁较薄，胎泥较细，断面上呈夹心饼干状，两侧胎表呈深灰色，中间呈浅灰色，有微细的黑色斑点，有起泡现象。足尖一侧生烧，胎呈土红色，足尖不生烧的另一侧似有微细状不显明亮的黄色釉点。（图5-4-52，5）

湖·南Ⅰ T303③：3，豆柄。胎质比较细腻，断面上可观察到许多微细状的黑点。一侧隐约可见稀薄釉层，釉色偏黄。残存部分足尖未生烧。（图5-4-52，6）

湖·南Ⅰ T404②：23，豆柄。青灰色胎，胎质细腻坚致。无釉，外表有土黄色痕迹，旋状，不能确定是否为人工有意涂抹。（图5-4-52，7）

GⅡ式　湖·南Ⅰ T404②：19，修复。方唇、直口、短颈、折肩、深弧腹、圜底、喇叭形豆柄。轮制成型，内腹逆时针旋纹粗疏，外腹、圈足内外壁光洁。青灰色胎，胎质细腻坚致。肩及内底、下腹有极薄的土灰色点状凝釉。圈足黏结有小块窑渣粒并略生烧，为单件装烧。（图5-4-52，8；彩版一五四，2）

湖·南Ⅰ T404②：20，修复。方唇、直口、短颈、折肩、深弧腹、圜底、喇叭形圈足，肩部残存有两个宽扁耳。轮制成型，内腹逆时针旋纹粗疏，外腹、圈足内外壁光洁。青灰色胎，胎质细腻坚致。肩及内底、下腹有极薄的土灰色点状凝釉。外下腹有叠烧痕迹，为多件装烧的上面一件器物。（图5-4-52，9；彩版一五五，1）

浅弧腹豆　敞口浅弧腹，喇叭形圈足较高。豆盘与圈足均为轮制成型，豆盘内腹有明显的轮旋痕，圈足内壁旋纹粗疏；豆盘与圈足外壁光洁。豆盘与豆柄拼接而成。

湖·南Ⅰ T202②：22，可复原。青灰色胎，胎质细腻坚致。豆盘内腹叠烧痕迹外、外上腹部和豆柄朝向火膛一侧有釉，青釉较薄，有一定玻璃质感。豆盘内腹有叠烧痕迹，底足有叠烧痕迹，当为多件叠烧之中间一件。（图5-4-52，10；彩版一五五，2）

湖·南Ⅰ T303③：1，豆盘。豆盘口与腹整体斜敞，唇微内敛，盘腹较深，无明显底腹分界，

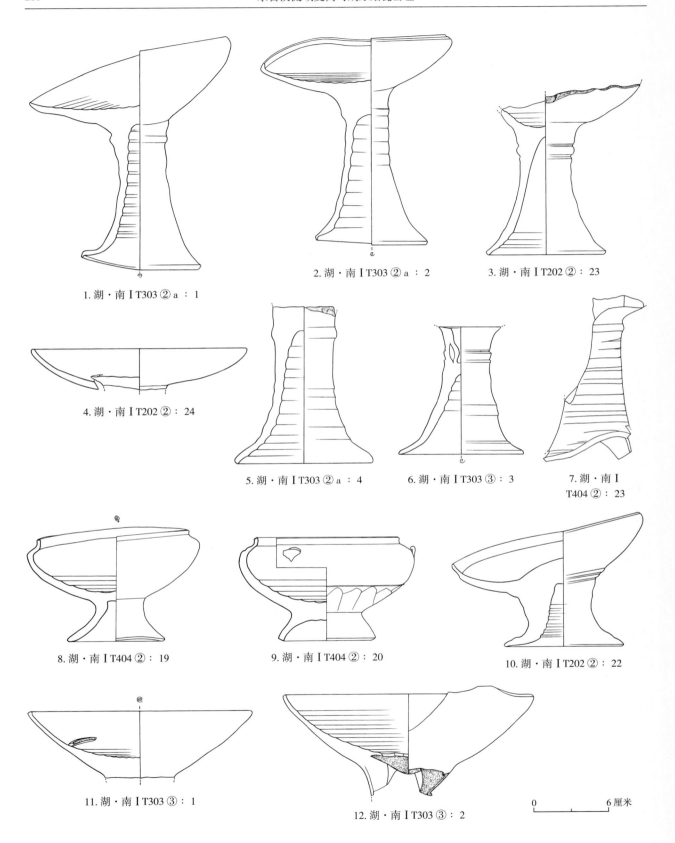

1. 湖·南Ⅰ T303②a：1

2. 湖·南Ⅰ T303②a：2

3. 湖·南Ⅰ T202②：23

4. 湖·南Ⅰ T202②：24

5. 湖·南Ⅰ T303②a：4

6. 湖·南Ⅰ T303③：3

7. 湖·南Ⅰ T404②：23

8. 湖·南Ⅰ T404②：19

9. 湖·南Ⅰ T404②：20

10. 湖·南Ⅰ T202②：22

11. 湖·南Ⅰ T303③：1

12. 湖·南Ⅰ T303③：2

0   6厘米

图 5-4-52   湖州南山窑址Ⅰ区第五期原始瓷器物图（五）

1~7. F型豆   8、9. GⅡ式豆   10~12. 浅弧腹豆

豆柄脱落。浅灰色胎，胎壁细腻坚致。内壁除底部因叠烧而无釉外，其余部位均有发亮釉层，釉层不匀，呈大小不一的点状，釉色偏黄，脱釉现象严重；外壁无釉。内底留有明显的叠烧黏结现象。（图5-4-52，11）

湖·南Ⅰ T303③：2，豆盘，扭曲变形。浅灰色胎，胎壁显得比较细腻而坚致，但断面上可见不少粗细不一的黑色斑点。内壁通体有釉，釉层稀薄，釉色偏黄，不甚明亮；外壁无釉。内底无叠烧痕迹。（图5-4-52，12）

罐　本期有AⅡ式及B型、C型罐，以AⅡ式罐为大系。

AⅡ式　湖·南Ⅰ T202②：31，可复原。底腹间折棱不明显。肩部有粗凹弦纹数道。外下腹及底部有修刮痕迹。青灰色胎，胎质较细。肩部、外上腹部及内腹、底有釉，釉面斑驳。内底不见叠烧痕迹，外底黏结有少量的粗砂粒，当为单件装烧。（图5-4-53，1）

湖·南Ⅰ T202②：32，可复原。底腹间折棱不明显。外下腹及底部有修刮痕迹。青灰色胎，胎质较细。肩部及内腹、底有釉，釉面斑驳，基本剥落。内底不见叠烧痕迹，外腹中部有一圈叠烧痕，当为多件置于口沿上叠烧之最上面一件。（图5-4-53，2）

湖·南Ⅰ T202②：33，可复原。底腹间折棱不明显。外下腹有多次修刮痕迹，底部有整齐的单向较粗疏篦状纹。青灰色胎，胎质较细。肩部及内腹、底有釉，呈极薄的土灰色点状。内底不见叠烧痕迹，外腹下部有一圈叠烧痕，当为多件置于口沿上叠烧之最上面一件。（图5-4-53，3）

湖·南Ⅰ T202②：38，可复原。外下腹及底部有修刮痕迹。青灰色胎，胎质较细。肩部及内腹、底有釉，釉呈极薄的土灰色点状。内底不见叠烧痕迹，外腹中部有一圈叠烧痕，当为多件叠置于口沿上叠烧之最上面一件。（图5-4-53，4；彩版一五六，1）

湖·南Ⅰ T303②a：5，可复原。下腹部有明显的刮削痕迹。浅灰色胎，质地比较细腻坚致。口沿上和肩部有比较明亮匀净的釉层，釉色青中泛黄，胎釉结合良好，无脱釉现象。内壁、底和外腹壁均无釉，但在外腹一侧有釉。器底一侧粘有大块窑渣，系装烧时为垫平所致，说明该器为直接着地装烧产品。器物口沿上和内底虽无其他器物的叠烧痕迹，但从内壁、底均显得十分洁净而无釉和积窑渣的现象看，此器上当有另件器物叠烧。（图5-4-53，5；彩版一五六，3）

湖·南Ⅰ T303②b：1，可复原。肩腹间等距贴饰宽扁泥耳。下腹部有刮削痕迹。浅灰色胎，质地比较细腻坚致，但内外胎表均可见大量分布密集的微细型黑色斑点。肩部有比较明亮匀净的釉层，釉色青中泛黄，胎釉结合良好，无脱釉现象；内壁、底和外腹壁均无釉。坍塌变形的一侧外底粘有大量细密的窑渣，说明该器为直接着地装烧产品。从内壁、底均显得十分洁净而无落灰釉和积窑渣的现象，以及口沿上也无釉并有其他器物的叠烧痕迹看，此件器物口沿上曾有其他器物叠烧。（图5-4-53，7；彩版一五六，2）

湖·南Ⅰ T303③：7，可复原。肩上有三个宽扁泥耳。胎色青灰，整体欠烧，器表呈白色。由于器物整体欠烧，釉未烧出玻化，内外均未见明显釉层，底部生烧严重，胎呈土红色。（图5-4-53，6）

湖·南Ⅰ H3：1，口沿残。底腹间折棱不明显。外下腹及底部有多次修刮痕迹，底部

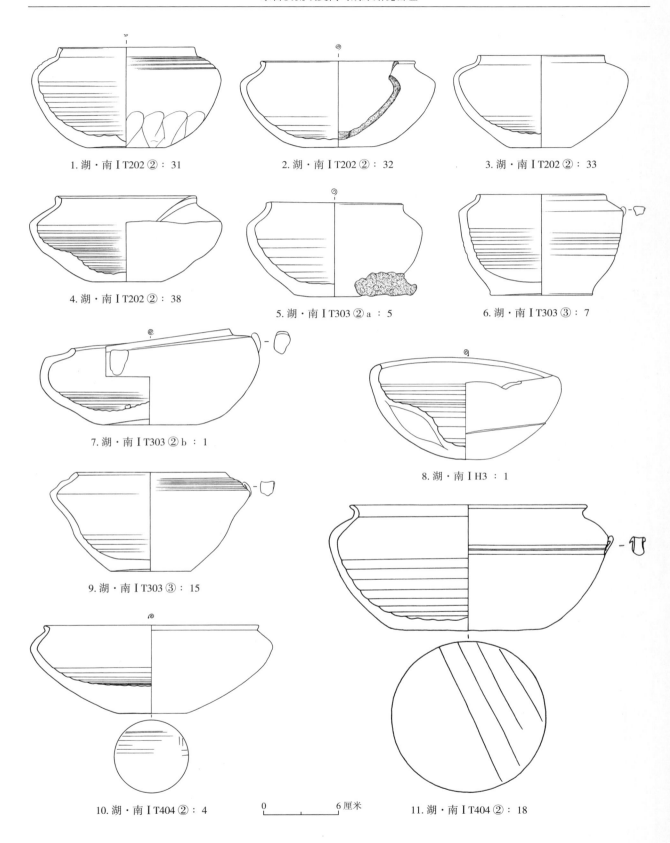

1. 湖·南ⅠT202②：31　　　　2. 湖·南ⅠT202②：32　　　　3. 湖·南ⅠT202②：33

4. 湖·南ⅠT202②：38

5. 湖·南ⅠT303②a：5

6. 湖·南ⅠT303③：7

7. 湖·南ⅠT303②b：1

8. 湖·南ⅠH3：1

9. 湖·南ⅠT303③：15

10. 湖·南ⅠT404②：4

0　　　　　　6厘米

11. 湖·南ⅠT404②：18

图 5-4-53　湖州南山窑址Ⅰ区第五期原始瓷器物图（六）

1~8. AⅡ式罐　9. B 型罐　10、11. C 型罐

有整齐的单向较粗疏篦状纹。灰白色胎，胎质较细。肩部釉，青釉较厚，玻璃质感强。内底不见窑渣，外腹下部有一圈叠烧痕，当为多件叠烧中间一件。（图5-4-53，8）

B型罐　湖·南Ⅰ T303③：15，可复原。体形稍大，胎壁较薄，呈灰色，质较粗疏，断面上和内外胎表可见大量分布密集的黑色斑点，并有起泡现象，整体显得粗糙。肩部和内底有明显釉层，釉层稀薄，不甚明亮，色偏黄。外底未生烧，有叠烧痕迹，内底部釉的存在说明烧造时其上未叠置其他器物，表明此件是装置在其他器物上的叠烧产品。（图5-4-53，9；彩版一五七，1）

C型罐　湖·南Ⅰ T404②：4，内腹、底旋纹呈逆时针，下腹、底有修刮痕。灰白色胎，胎质细腻坚致，釉不明显。内腹黏结有小块窑渣粒，外底生烧，当为单件装烧。（图5-4-53，10；彩版一五七，2）

湖·南Ⅰ T404②：18，肩部残存有一个小扁泥条形耳。内腹、底旋纹呈逆时针，外腹光洁，底有切割痕。生烧，深灰色胎。（图5-4-53，11；彩版一五七，3）

小罐　本期有AⅡ式、B型和C型。

AⅡ式　湖·南Ⅰ T202②：48，可复原。肩部有粗疏弦纹。轮制，内腹有较粗疏的旋纹，外腹光洁，底部有整齐的单向较粗疏篦状纹。青灰色胎较细。肩及内底、下腹有极薄的釉，有一定的玻璃质感。内底不见叠烧痕迹，外腹中部有叠烧痕迹，当为多件叠烧之最上面一件。（图5-4-54，1）

湖·南Ⅰ T202②：49，可复原。肩部有粗疏弦纹。外下腹有明显的刀削修理痕迹，底部有整齐的单向较粗疏篦状纹。青灰色胎，胎质较细。肩及内底、下腹有极薄而淡的土灰色点状釉。内底不见叠烧痕迹，外腹有叠烧痕迹，当为多件叠烧之最上面一件。（图5-4-54，2）

湖·南Ⅰ T202②：51，可复原。外上腹光洁，下腹及底因过烧而起泡。青灰色胎，胎质较细。肩及内底、下腹有极薄而淡的土灰色点状釉。内底不见叠烧痕迹，外腹有叠烧痕迹，当为多件叠烧之最上面一件。（图5-4-54，3；彩版一五八，1）

湖·南Ⅰ T202②：53，可复原。外上腹光洁，下腹有明显的刀削修理痕迹，底部有整齐的单向较粗疏篦状纹。青灰色胎，胎质较细。肩及内底、下腹有极薄而淡的土灰色点状釉。内底不见叠烧痕迹，外腹有叠烧痕迹，当为多件叠烧之最上面一件。（图5-4-54，4；彩版一五八，2）

湖·南Ⅰ T202②：54，可复原。肩部有较粗弦纹。外下腹及底有明显的刀削修理痕迹。青灰色胎，胎质较细。肩及内底、下腹有极薄而淡的土灰色点状釉。内底不见叠烧痕迹，外腹有叠烧痕迹，当为多件叠烧之最上面一件。（图5-4-54，5）

湖·南Ⅰ T401②：1，可复原。深弧腹急收，平底极小。内底中心略呈乳凸状凸起，外下腹及底有明显的刀削修理痕迹。青灰色胎较细。肩及内底、下腹有极薄而淡的土灰色点状釉。内底不见叠烧痕迹，外下腹有叠烧痕，当为多件叠烧之最上面一件。（图5-4-54，6；彩版一五八，4）

湖·南Ⅰ H4：4，可复原。外腹、底光洁。生烧呈土黄色。（图5-4-54，7）

湖·南Ⅰ H5：3，可复原。肩部有粗疏弦纹。内底、肩部有极薄的土灰色点状凝釉。

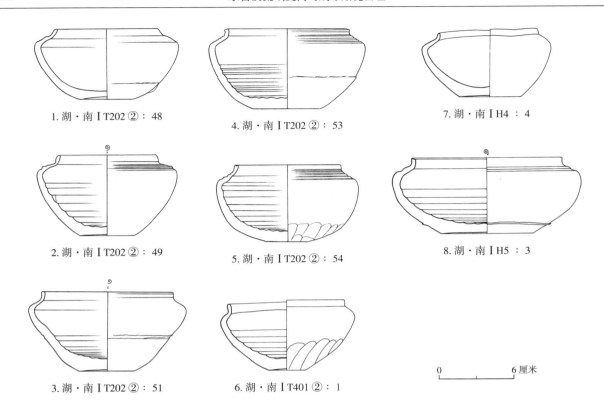

1. 湖·南Ⅰ T202②：48　　4. 湖·南Ⅰ T202②：53　　7. 湖·南Ⅰ H4：4

2. 湖·南Ⅰ T202②：49　　5. 湖·南Ⅰ T202②：54　　8. 湖·南Ⅰ H5：3

3. 湖·南Ⅰ T202②：51　　6. 湖·南Ⅰ T401②：1

0　　　　　　6厘米

图 5-4-54　湖州南山窑址Ⅰ区第五期原始瓷器物图（七）

1~8. AⅡ式小罐

内底不见叠烧痕迹，外下腹有叠烧痕，当为多件叠烧之最上面一件。（图5-4-54，8）

　　B型　湖·南Ⅰ T202②：104，可复原。青灰色胎，胎质细腻坚致。肩及内腹有极薄而淡的点状釉。内腹不见叠烧痕迹，外腹有叠烧痕迹，当为多件叠烧之最上面一件。（图5-4-55，1；彩版一五八，3）

　　湖·南Ⅰ T303②a：6，可复原。青灰色胎，胎质细腻坚致。肩及内腹有极薄而淡的点状釉。内腹不见叠烧痕迹，外腹有叠烧痕迹，当为多件叠烧之最上面一件。

　　C型　湖·南Ⅰ T202②：55，可复原。肩部残存一个小扁泥条形耳。下腹有明显的刀削修理痕迹，底部有整齐的单向较粗疏篦状纹。青灰色胎，胎质较细。肩及内底、下腹有极薄而淡的土灰色点状釉。内底不见叠烧痕迹，外腹有叠烧痕迹，当为多件叠烧之最上面一件。（图5-4-55，2）

　　湖·南Ⅰ T202②：56，可复原。内底、内腹有较粗疏的旋纹，外上腹光洁，下腹有明显的刀削修理痕迹，底部有整齐的单向较粗疏篦状纹。青灰色胎，胎质较细。肩有极薄而淡的土灰色点状釉，内底不见釉。口沿及外腹有叠烧痕迹，当为多件叠烧之中间一件。（图5-4-55，3；彩版一五九，1）

　　湖·南Ⅰ T202②：57，可复原。肩部残存一个小扁泥条形耳。内底、内腹有较粗疏的旋纹，外上腹光洁，下腹有明显的刀削修理痕迹，底部有整齐的单向较粗疏篦状纹。欠烧呈土黄色。

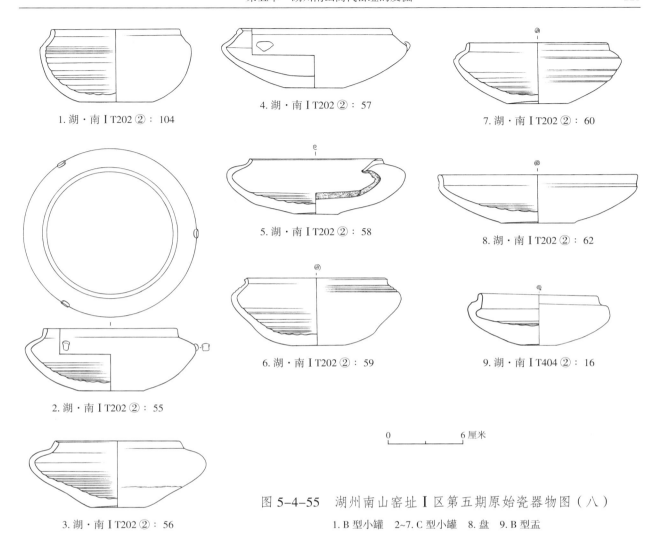

1. 湖·南Ⅰ T202②：104

4. 湖·南Ⅰ T202②：57

7. 湖·南Ⅰ T202②：60

5. 湖·南Ⅰ T202②：58

8. 湖·南Ⅰ T202②：62

2. 湖·南Ⅰ T202②：55

6. 湖·南Ⅰ T202②：59

9. 湖·南Ⅰ T404②：16

3. 湖·南Ⅰ T202②：56

0   6 厘米

图 5-4-55　湖州南山窑址Ⅰ区第五期原始瓷器物图（八）

1. B 型小罐　2~7. C 型小罐　8. 盘　9. B 型盂

（图 5-4-55，4；彩版一五九，2）

　　湖·南Ⅰ T202②：58，可复原。内底、内腹有较粗疏的旋纹，外上腹光洁，下腹有明显的刀削修理痕迹，底部有整齐的单向较粗疏篦状纹。浅灰色胎，胎质较细。肩及内底有极薄而淡的土灰色点状釉。外腹有叠烧痕迹，当为多件叠烧之最上面一件。（图 5-4-55，5）

　　湖·南Ⅰ T202②：59，可复原。内底、内腹有较粗疏的旋纹，外上腹光洁，下腹及底有明显的刀削修理痕迹。青灰色胎，胎质较细。肩及内底有极薄而淡的土灰色点状釉。外腹有叠烧痕迹，当为多件叠烧之最上面一件。（图 5-4-55，6）

　　湖·南Ⅰ T202②：60，可复原。肩部有细凹弦纹。内底、内腹有较粗疏的旋纹，外上腹光洁，下腹及底有明显的刀削修理痕迹。生烧呈土黄色。（图 5-4-55，7）

　　盘 本期新出现器形，数量极少。

　　湖·南Ⅰ T202②：62，可复原。生烧呈土黄色。（图 5-4-55，8）

　　盂 本期仅见 B 型。

　　B 型　T404②：16，生烧而呈灰胎。（图 5-4-55，9；彩版一五九，3）

尊 本期有 A 型和 B 型。

A 型 湖·南Ⅰ T202②：40，两件叠烧，上件残存底部。下件上腹近肩处等距设置有三个小扁泥条形耳。青灰色胎，胎质细腻坚致。上面一件器物的内底及下面一件器物的肩部有釉，青釉层较薄，有一定的玻璃质感。下一件器物黏结有小颗的窑渣。（图 5-4-56，1；彩版一六○，1）

湖·南Ⅰ T202②：44，可复原。上腹近肩处有残存一个小扁泥条形耳。轮制成型，内底、腹有粗疏的旋纹，外腹光洁。生烧呈土黄色。（图 5-4-56，2）

湖·南Ⅰ T202②：105，口沿残片。上腹近肩处残存一个小扁泥条形耳。欠烧呈土灰色。（图 5-4-56，3）

湖·南Ⅰ T202②：106，可复原。上腹近肩处残存两个小扁泥条形耳，原应为三个等距设置。青灰色胎，胎质细腻坚致。肩部有釉，青釉极佳，釉层厚，施釉均匀，玻璃质感强。口部有叠烧痕迹，器物底部黏结有小颗的窑渣，为多件叠烧之最下面一件。（图 5-4-56，4；彩版一六○，2）

湖·南Ⅰ T202②：107，两件叠烧。下件上腹近肩处残存两个小扁泥条形耳，原应为三个等距设置。青灰色胎，胎质细腻坚致。上面一件器物内底和下面一件器物的肩部有釉，青釉层较薄，但有一定的玻璃质感。下面一件器物黏结有小颗的窑渣。（图 5-4-56，5；彩版一六一，1）

湖·南Ⅰ T404②：1，可复原。上腹近肩处残存三个等距分布的小扁泥条形耳。青灰色胎，胎质细腻坚致。肩腹部一侧局部有极薄的土灰色点状凝釉。内腹、底洁净，圈足生烧，为多件叠烧之最下面一件。（图 5-4-56，6；彩版一六一，2）

湖·南Ⅰ T404②：5，可复原。上腹近肩处残存一个小扁泥条形耳。青灰色胎，胎质细腻坚致，夹杂有少量的黑色斑点。残存的肩部釉极佳，青釉层厚，玻璃质感强。内腹、底洁净，圈足、底黏结有小块窑渣粒，为多件叠烧之最下面一件。（图 5-4-56，7；彩版一六一，3）

湖·南Ⅰ T402②：3，可复原。肩部有大体等距分布的三个宽扁耳。胎色青灰，断面上可见大量微细状的黑色斑点。口沿上和外壁肩部有黄色釉层，但均未明亮玻化，内壁底、外腹壁和圈足部位均未见釉层。口沿上有叠烧痕迹，圈足生烧，呈土红色。此件装烧时应是直接置于窑底，而其上叠烧有其他器物。（图 5-4-56，8）

湖·南Ⅰ T303③：5，可复原。肩部有很浅的宽凹弦纹。浅灰色胎，胎质较粗，结构较松，断面上可见微细状的黑色斑点。器物整体欠烧，釉未烧出玻化，内外均未见明显釉层。下腹和圈足部位生烧严重，胎呈土红色。圈足内底部黏结有一小粒黑色窑渣，表明此件系着地装烧产品。（图 5-4-56，9）

B 型 湖·南Ⅰ T404②：6，可复原。青灰色胎，胎质细腻坚致，夹杂有少量的黑色斑点。略生烧而无釉。内腹、底洁净，圈足、底黏结有小块窑渣粒，为多件叠烧之最下面一件。（图 5-4-56，10；彩版一六一，4）

湖·南Ⅰ T404②：13，可复原。肩部残存有两个宽扁耳，原应为三个等距设置。灰白色胎，

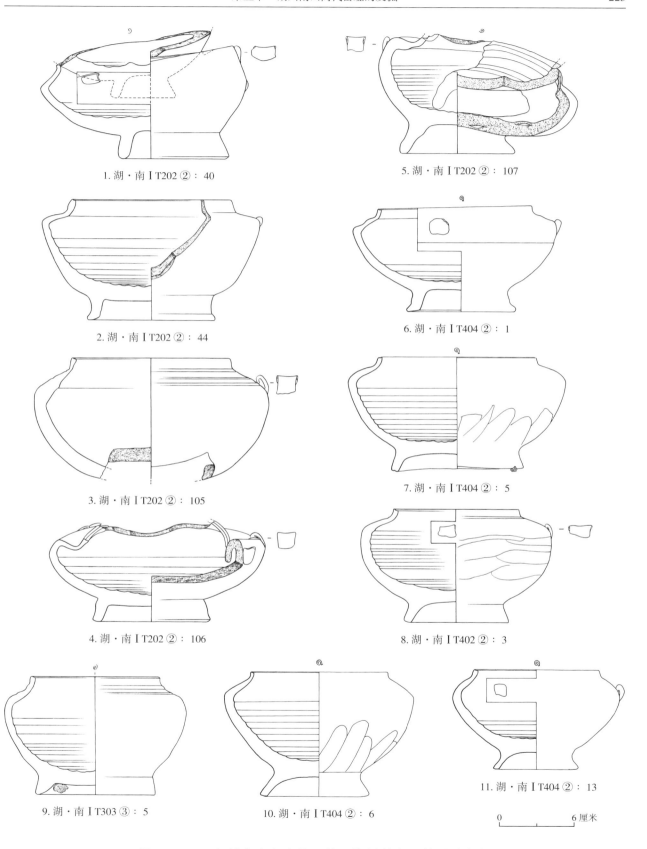

1. 湖·南ⅠT202②：40

5. 湖·南ⅠT202②：107

2. 湖·南ⅠT202②：44

6. 湖·南ⅠT404②：1

3. 湖·南ⅠT202②：105

7. 湖·南ⅠT404②：5

4. 湖·南ⅠT202②：106

8. 湖·南ⅠT402②：3

9. 湖·南ⅠT303③：5

10. 湖·南ⅠT404②：6

11. 湖·南ⅠT404②：13

0   6厘米

图 5-4-56 湖州南山窑址Ⅰ区第五期原始瓷器物图（九）

1~9. A 型尊 10、11. B 型尊

胎质细腻坚致。肩及内底有极薄的土灰色点状凝釉。外下腹有叠烧痕迹，为多件叠烧之最上面一件。（图5-4-56，11；彩版一六一，5）

簋　本期有A型、B型和C型。

A型　湖·南Ⅰ T202②：61，可复原。肩部残存有一个扁泥耳，从残片情况看，原应为三个等距设置。内底中心呈乳凸状凸起，逆时针旋纹，外腹光洁。青灰色胎，胎质细腻坚致。肩部及内底叠烧圈外有釉，呈极薄的土灰色点状。内底有叠烧痕迹，外底黏结有少量粗砂粒。其内应叠置装烧一件小型器物。（图5-4-57，1；彩版一六二，1）

B型　湖·南Ⅰ T402③：3，口较大。青灰色胎，胎质比较细腻，断面上略有微细气孔，胎壁厚实。外壁口沿上和肩部有发亮的稀薄釉层，呈细点状，色偏黄，内底也隐约可见微细状的黄色釉点，外腹壁无釉，圈足外壁之一侧也有发亮的稀薄黄色釉层。肩部有叠烧痕迹，残存圈足足尖未生烧，有叠烧现象，可见此件是多件器物叠烧之中间一件。（图5-4-57，2；彩版一六二，2）

湖·南Ⅰ T202②：103，口沿残片。青灰色胎，胎质细腻坚致。肩部有极薄的土灰色点状凝釉。（图5-4-57，3）

湖·南Ⅰ T404②：9，口沿残片。青灰色胎，胎质细腻坚致。肩部有极薄的土灰色点状凝釉，局部青釉层厚、玻璃质感强。（图5-4-57，4）

C型　湖·南Ⅰ T404②：22，肩部残存有两个小扁泥条形耳。土灰色胎，胎质细腻坚致。肩部有釉，青黄色釉厚较厚，有玻璃质感；内腹有极薄的土灰色点状凝釉。（图5-4-57，5；彩版一六二，3）

器盖　本期有Ab、Ac和B型。

Ab型　湖·南Ⅰ T202②：63，可复原。青灰色胎，胎质细腻坚致。盖内面有釉，呈极薄的土灰色点状。盖内面、捉手有叠烧痕迹，为多件仰置叠烧之中间一件。（图5-4-58，1）

湖·南Ⅰ T202②：64，可复原。青灰色胎，胎质细腻坚致。盖内面有釉，釉面斑驳。盖面叠烧痕迹，为多件仰置叠烧之最上面一件。（图5-4-58，2；彩版一六三，1）

湖·南Ⅰ T202②：65，可复原。青灰色胎，胎质细腻坚致。盖内面有釉，釉面斑驳。盖纽有叠烧痕迹，盖内面黏结一小片纽类残片，为多件仰置装烧之中间一件。（图5-4-58，3；彩版一六三，2）

湖·南Ⅰ T202②：66，可复原。青灰色胎，胎质细腻坚致。盖内面有釉，釉面斑驳。盖纽有叠烧痕迹，盖内面黏结一小片纽类残片，为多件仰置叠烧之中间一件。（图5-4-58，4；彩版一六四，1）

湖·南Ⅰ T202②：67，可复原。青灰色胎，胎质细腻坚致。盖内面有釉，釉面斑驳。盖纽有叠烧痕迹，盖内面不见，为多件仰置叠烧之最上面一件。（图5-4-58，5）

湖·南Ⅰ T202②：68，可复原。青灰色胎，胎质细腻坚致。盖内面有釉，呈极薄的土灰色点状。盖纽有叠烧痕迹，盖内面不见，为多件仰置叠烧之最上面一件。（图5-4-58，6）

湖·南Ⅰ T202②：69，可复原。青灰色胎，胎质细腻坚致。盖内面有釉，呈极薄的土灰色点状。盖纽有叠烧痕迹，盖内面不见，为多件仰置叠烧之最上面一件。（图5-4-58，7）

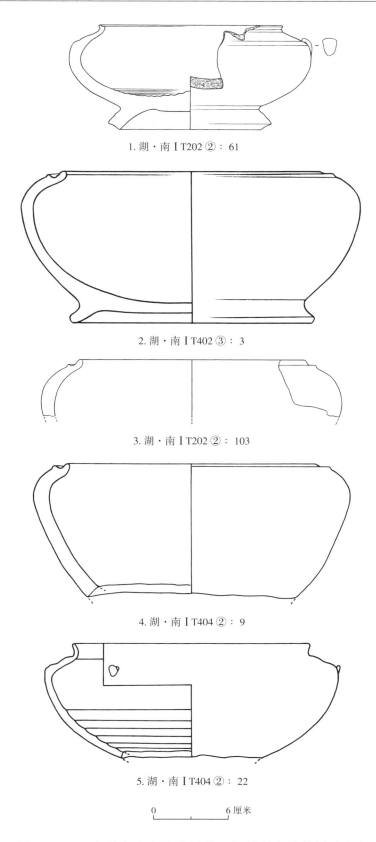

1. 湖·南Ⅰ T202②：61

2. 湖·南Ⅰ T402③：3

3. 湖·南Ⅰ T202②：103

4. 湖·南Ⅰ T404②：9

5. 湖·南Ⅰ T404②：22

0　　　　6厘米

图 5-4-57　湖州南山窑址Ⅰ区第五期原始瓷器物图（十）

1. A 型簋　2~4. B 型簋　5. C 型簋

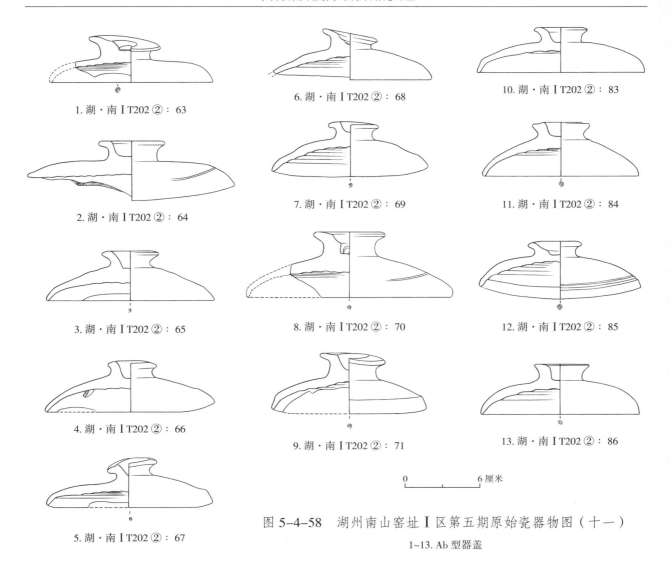

1. 湖·南ⅠT202②：63

2. 湖·南ⅠT202②：64

3. 湖·南ⅠT202②：65

4. 湖·南ⅠT202②：66

5. 湖·南ⅠT202②：67

6. 湖·南ⅠT202②：68

7. 湖·南ⅠT202②：69

8. 湖·南ⅠT202②：70

9. 湖·南ⅠT202②：71

10. 湖·南ⅠT202②：83

11. 湖·南ⅠT202②：84

12. 湖·南ⅠT202②：85

13. 湖·南ⅠT202②：86

0 ——————— 6 厘米

图 5-4-58　湖州南山窑址Ⅰ区第五期原始瓷器物图（十一）

1~13. Ab 型器盖

　　湖·南Ⅰ T202②：70，可复原。青灰色胎，胎质细腻坚致。盖内面有釉，呈极薄的土灰色点状。盖面有叠烧痕迹，盖内面不见，为多件仰置叠烧之最上面一件。（图 5-4-58，8）

　　湖·南Ⅰ T202②：71，可复原。青灰色胎，胎质细腻坚致。盖内面有釉，呈极薄的土灰色点状。盖纽有叠烧痕迹，盖内面不见，为多件仰置叠烧之最上面一件。（图 5-4-58，9）

　　湖·南Ⅰ T202②：83，可复原。青灰色胎，胎质细腻坚致。盖内面有釉，釉面斑驳。盖纽有叠烧痕迹，盖内面不见，为多件仰置叠烧之最上面一件。（图 5-4-58，10）

　　湖·南Ⅰ T202②：84，可复原。紫红色胎，胎质较细。盖内面有釉，呈极薄的土灰色点状。盖纽有叠烧痕迹，盖内面不见，为多件仰置叠烧之最上面一件。（图 5-4-58，11）

　　湖·南Ⅰ T202②：85，可复原。青灰色胎，胎质细腻坚致。盖内面有釉，呈极薄的土灰色点状。盖纽有叠烧痕迹，盖内面不见，为多件仰置叠烧之最上面一件。（图 5-4-58，12）

　　湖·南Ⅰ T202②：86，可复原。生烧呈土黄色。（图 5-4-58，13）

　　Ac 型　湖·南Ⅰ T202②：72，可复原。青灰色胎，胎质细腻坚致。盖内面有釉，呈

极薄的土灰色点状。盖纽有叠烧痕迹，盖内面不见，为多件仰置叠烧之最上面一件。（图5-4-59，1；彩版一六四，2）

湖·南ⅠT202②：73，可复原。浅灰色胎，胎质细腻坚致。盖内面有釉，釉面斑驳。盖纽有叠烧痕迹，盖内面不见，为多件仰置叠烧之最上面一件。（图5-4-59，2；彩版一六四，3）

湖·南ⅠT202②：74，可复原。青灰色胎，胎质细腻坚致。盖内面有釉，呈极薄的土灰色点状。盖纽有叠烧痕迹，盖内面不见，为多件仰置叠烧之最上面一件。（图5-4-59，3）

湖·南ⅠT202②：75，可复原。青灰色胎，胎质细腻坚致。盖内面有釉，一侧呈极薄的土灰色点状；另一侧釉层厚，青釉玻璃质感极佳。盖纽有叠烧痕迹，盖内面不见，为多件仰置叠烧之最上面一件。（图5-4-59，4；彩版一六五，1）

湖·南ⅠT202②：76，可复原。青灰色胎，胎质细腻坚致。盖内面叠烧圈外一侧有极薄的土灰色点状釉。盖纽、盖内面有叠烧痕迹，为多件仰置叠烧之中间一件。（图5-4-59，5）

湖·南ⅠT202②：77，可复原。青灰色胎，胎质细腻坚致。盖内面有釉，呈极薄的土灰色点状。盖纽有叠烧痕迹，盖内面不见，为多件仰置叠烧之最上面一件。（图5-4-59，6）

湖·南ⅠT202②：78，可复原。生烧呈土黄色。（图5-4-59，7）

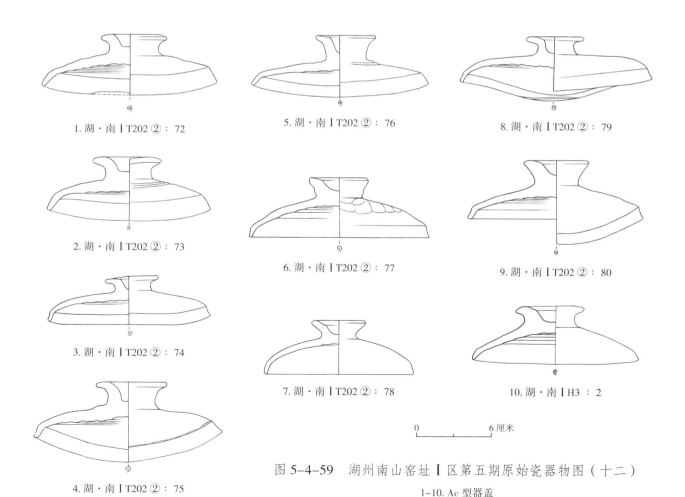

1. 湖·南ⅠT202②：72

5. 湖·南ⅠT202②：76

8. 湖·南ⅠT202②：79

2. 湖·南ⅠT202②：73

6. 湖·南ⅠT202②：77

9. 湖·南ⅠT202②：80

3. 湖·南ⅠT202②：74

7. 湖·南ⅠT202②：78

10. 湖·南ⅠH3：2

0　　　　　　6厘米

4. 湖·南ⅠT202②：75

图5-4-59　湖州南山窑址Ⅰ区第五期原始瓷器物图（十二）

1~10. Ac型器盖

湖·南Ⅰ T202②：79，可复原。青灰色胎，胎质细腻坚致。盖内面有釉，釉面斑驳。盖纽有叠烧痕迹，盖内面不见，为多件仰置叠烧之最上面一件。（图5-4-59，8）

湖·南Ⅰ T202②：80，可复原。青灰色胎，胎质细腻坚致。盖内面有釉，釉面斑驳。盖纽有叠烧痕迹，盖内面不见，为多件仰置叠烧之最上面一件。（图5-4-59，9；彩版一六五，2）

湖·南Ⅰ H3：2，可复原。青灰色胎，胎质较细，夹杂有少量的黑色斑点。釉不明显。盖纽有叠烧痕迹，盖内面不见，为多件仰置叠烧之最上面一件。（图5-4-59，10；彩版一六五，3）

B型　湖·南Ⅰ T202②：81，可复原。浅弧形略高，盖缘下折，喇叭形捉手较高。青灰色胎，胎质细腻坚致。盖内面有釉，釉面斑驳。盖纽有叠烧痕迹，盖内面不见，为多件仰置叠烧之最上面一件。（图5-4-60，1；彩版一六五，4）

湖·南Ⅰ T202②：82，可复原。浅弧形较矮，盖缘下折，喇叭形捉手较高。生烧呈土黄色。（图5-4-60，2）

湖·南Ⅰ T303③：16，可复原。拱形盖，盖纽较高呈喇叭形，纽口外敞。青灰色胎，胎质较显细腻，胎壁较薄。口沿上和盖身内面通体隐约可见有釉，釉层极其稀薄，基本不明亮，盖纽及盖外壁无釉。口沿有釉而未见叠烧痕迹，可见叠烧时系盖纽叠置在其他器物上、

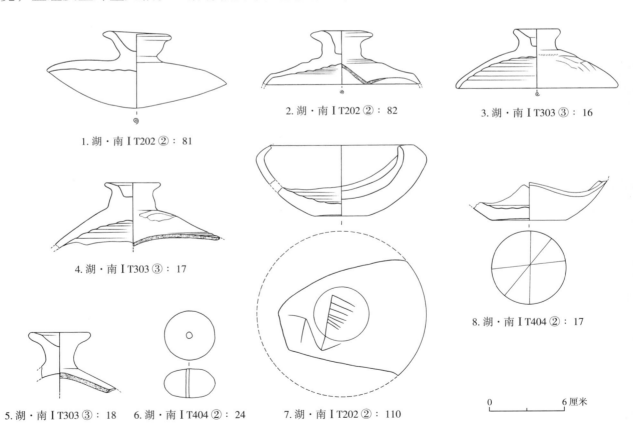

1. 湖·南Ⅰ T202②：81
2. 湖·南Ⅰ T202②：82
3. 湖·南Ⅰ T303③：16
4. 湖·南Ⅰ T303③：17
5. 湖·南Ⅰ T303③：18　6. 湖·南Ⅰ T404②：24　7. 湖·南Ⅰ T202②：110
8. 湖·南Ⅰ T404②：17

0　　　　　　6厘米

图5-4-60　湖州南山窑址Ⅰ区第五期原始瓷器物图（十三）

1~5. B型盖　6. 纺轮　7、8. 刻划纹饰与符号

盖内面朝上叠烧。（图5-4-60，3）

湖·南Ⅰ T303③：17，残片。拱形盖，盖面拱顶较高，喇叭形盖纽，纽柄高直，纽口向外翻平。青灰色胎，胎质较显细腻，胎壁较薄。盖顶和盖纽上均有稀薄的黄色釉层，一侧釉层稍显明亮，另一侧呈隐约的星星点点状；内面无釉。纽口上有釉而不见叠烧痕迹，内壁中心有大范围的叠烧黏结现象，可见叠烧时系盖口朝下、内壁放置在其他大口器物上叠烧。（图5-4-60，4；彩版一六五，5）

湖·南Ⅰ T303③：18，残片。拱形盖，喇叭形盖纽显得特别细高。生烧，胎显粗疏，釉未烧出玻化。（图5-4-60，5）

纺轮　湖·南Ⅰ T404②：24，扁鼓形，中间孔细小。无釉。（图5-4-60，6；彩版一六五，6）

刻划符号　湖·南Ⅰ T202②：110，罐残片。折肩，深弧腹，小平底，底腹间折棱不明显。轮制成型，内底、腹有粗疏的旋纹，底部有刻划符号。生烧呈土黄色。（图5-4-60，7；彩版一六五，7）

湖·南Ⅰ T404②：17，罐类器物的底部残片，正中有刻划符号。（图5-4-60，8；彩版一六五，8）

2. 印纹硬陶

罐　有长颈直口罐、短颈直口鼓腹罐、短颈侈口罐、束颈翻折沿罐及敛口罐。

长颈直口罐　湖·南Ⅰ T404②：12，口沿残片。外腹部通体拍印方格纹，内腹有密集的凹窝。青灰色胎，胎质细腻坚致，夹杂有少量的黑色斑点。（图5-4-61，1）

短颈直口鼓腹罐　湖·南Ⅰ T202②：87，基本完整。圜底近平。通体饰重菱形纹，排列较整齐。青灰色胎，胎质细腻坚致。肩及内腹、内底有釉，呈极薄的土灰色点状。口沿、内腹不见叠烧痕迹，外底黏结有少量粗砂粒，为单件装烧。（图5-4-61，2；彩版一六六，1）

湖·南Ⅰ T202②：88，可复原。凹圜底。通体饰席纹，席纹较大而粗疏，排列较整齐，近直角相交。青灰色胎，胎质细腻坚致。肩有釉，釉层较薄，但有一定的玻璃质感。口沿、内腹不见叠烧痕迹，但残存的内腹不见釉，可能口沿上叠烧器物所致；外底黏结有少量粗砂粒，推测其为多件叠烧之最下面一件。（图5-4-61，3；彩版一六六，2）

湖·南Ⅰ T202②：89，可复原。凹圜底，严重变形。通体饰席纹，席纹较细密，排列较整齐，近直角相交。青灰色胎，胎质细腻坚致，通体有大小不一的气泡。肩有釉，釉层较薄，但有一定的玻璃质感。口沿、内腹不见叠烧痕迹，但残存的内腹不见釉，可能口沿上叠烧器物所致；外底黏结有少量粗砂粒，推测其为多件叠烧之最下面一件。（图5-4-61，4；彩版一六六，3）

湖·南Ⅰ T202②：90，可复原。圜底近平。通体饰重菱形纹，中心有一凸起，排列较整齐。青灰色胎，胎质细腻坚致。肩及内腹有釉，呈极薄的土灰色点状。外下腹有叠烧痕迹，为多件叠烧之最上面一件。（图5-4-61，5；彩版一六六，4）

湖·南Ⅰ T202②：91，底残。通体饰席纹，席纹较细密，排列较整齐，近直角相交。青灰色胎，胎质细腻坚致。肩有釉，釉层较薄，但有一定的玻璃质感。内腹不见釉，推测其

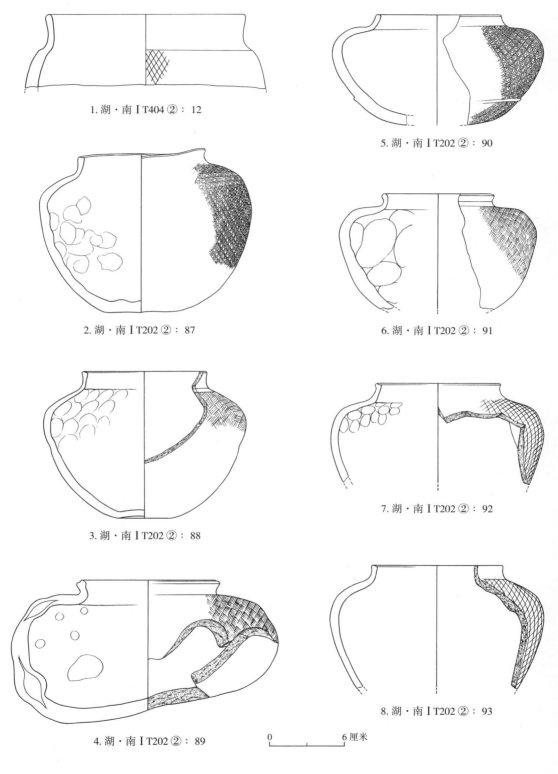

1. 湖·南ⅠT404②：12

5. 湖·南ⅠT202②：90

2. 湖·南ⅠT202②：87

6. 湖·南ⅠT202②：91

3. 湖·南ⅠT202②：88

7. 湖·南ⅠT202②：92

4. 湖·南ⅠT202②：89

8. 湖·南ⅠT202②：93

0　　　　　6厘米

图 5-4-61　湖州南山窑址Ⅰ区第五期印纹硬陶器物图（一）

1. 长颈直口罐　2~8. 短颈直口鼓腹罐

口沿上叠烧有器物。（图5-4-61，6；彩版一六七，1）

湖·南Ⅰ T202②：92，底残。通体饰方格纹。青灰色胎，胎质细腻坚致。肩有釉，呈极薄的土灰色点状。内腹不见釉，推测其口沿上叠烧有器物。（图5-4-61，7）

湖·南Ⅰ T202②：93，底残。通体饰方格纹。青灰色胎，通体有大小不一的气泡。肩有釉，呈极薄的土灰色点状。内腹不见釉，推测口沿上叠烧有器物。（图5-4-61，8）

湖·南Ⅰ T202②：94，底残。通体饰重菱形纹，菱形中心有一凸起，排列较整齐。青灰色胎，通体有大小不一的气泡。肩有釉，呈极薄的土灰色点状。（图5-4-62，1）

湖·南Ⅰ T202②：95，底残。通体饰方格纹。青灰色胎，通体有大小不一的气泡。肩有釉，呈极薄的土灰色点状。（图5-4-62，2）

湖·南Ⅰ T202②：96，底残。通体饰席纹，席纹较细密，排列较整齐，近直角相交。青灰色胎，胎质细腻坚致。肩有釉，呈极薄的土灰色点状。（图5-4-62，3）

湖·南Ⅰ T202②：97，底残。肩部有一小扁泥条形耳，通体饰席纹，纹饰呈细密的尖菱形。青灰色胎，通体有大小不一的气泡。肩有釉，呈极薄的土灰色点状。（图5-4-62，4）

湖·南Ⅰ T202②：98，底残。肩部有一横桥形耳，两侧各堆贴两个小泥饼，通体饰席纹，纹饰细密。生烧呈土黄色。（图5-4-62，5）

湖·南Ⅰ T202②：99，底残。通体饰席纹，纹饰细密。青灰色胎，胎质细腻坚致。肩部有釉，较薄，有一定的玻璃质感。（图5-4-62，6）

湖·南Ⅰ T202②：100，底残。肩部有一横桥形耳，两侧各堆贴两个小泥饼，通体饰席纹，纹饰细密。短颈内侧及上肩部有细密旋纹，生烧呈土黄色。（图5-4-62，7）

湖·南 T404②：3，基本完整，变形严重。肩部等距分布三个小扁泥条形耳，通体饰重菱形纹，菱形中间有一小点，排列较整齐。短颈内侧及上肩部有细密旋纹。略生烧，青灰色胎，无釉。（图5-4-62，8；彩版一六七，2）

湖·南Ⅰ T202②：111，口沿残片。肩部堆贴一小圆泥饼。通体饰席纹，纹饰细密。青灰色胎，有大量小气孔。肩部有釉，呈极薄的土灰色点状。（图5-4-62，9）

湖·南Ⅰ T402③：4，口肩部残片。胎质甚显粗疏，断面上多见气孔和微细状杂点，并有起泡现象，胎呈灰色，内壁垫窝较浅，表面粗糙，口沿上有轮修痕迹。外壁自肩部开始通体拍印席纹，席纹结构呈直角相交状，纹饰较粗，印痕较浅，整体显得不够整齐清晰。口沿上和一侧颈部可见稀薄的黄色釉层。（图5-4-62，10）

短颈侈口罐 湖·南Ⅰ T202②：101，口沿残片。方唇上有凹弦纹一道，通体饰席纹，纹饰细密。短颈内侧及上肩部有细密旋纹。青灰色胎，胎质细腻坚致。肩部有釉，呈极薄的土灰色点状。（图5-4-62，11）

束颈翻折沿罐 湖·南Ⅰ T404②：10，口沿残片。方唇，上有细凹弦纹一道，宽沿上有轮旋痕。通体拍印较细乱的席纹。青灰色胎。略生烧。无釉。（图5-4-62，12）

敛口罐 湖·南Ⅰ T404②：11，口沿残片。敛口，尖唇略凸起。肩部有细密的弦纹，腹部拍印细密方格纹，上腹近肩处残存有小宽扁耳的印痕。青灰色胎，胎质细腻坚致，夹杂有少量的黑色斑点。（图5-4-62，13）

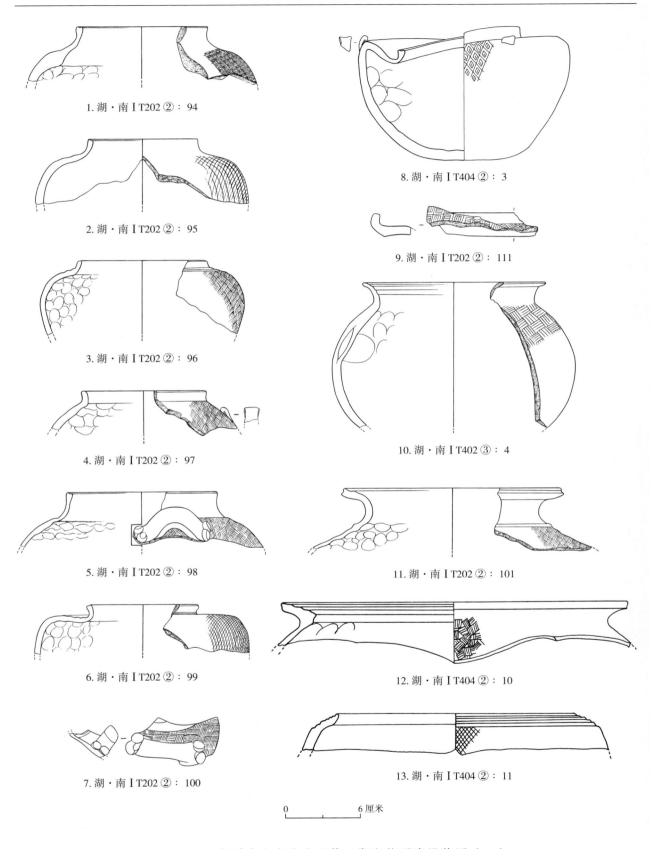

1. 湖·南Ⅰ T202②：94

2. 湖·南Ⅰ T202②：95

3. 湖·南Ⅰ T202②：96

4. 湖·南Ⅰ T202②：97

5. 湖·南Ⅰ T202②：98

6. 湖·南Ⅰ T202②：99

7. 湖·南Ⅰ T202②：100

8. 湖·南Ⅰ T404②：3

9. 湖·南Ⅰ T202②：111

10. 湖·南Ⅰ T402③：4

11. 湖·南Ⅰ T202②：101

12. 湖·南Ⅰ T404②：10

13. 湖·南Ⅰ T404②：11

0　　　　　　6厘米

图 5-4-62　湖州南山窑址Ⅰ区第五期印纹硬陶器物图（二）

1~10.短颈直口鼓腹罐　11.短颈侈口罐　12.束颈翻折沿罐　13.敛口罐

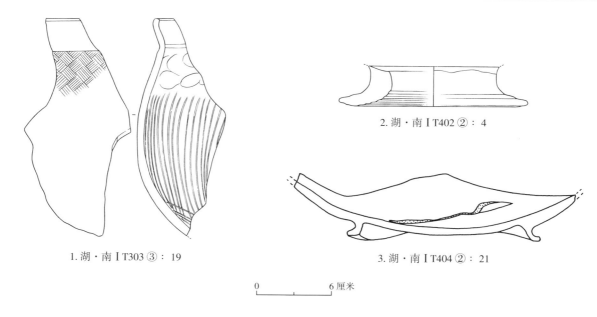

1. 湖·南Ⅰ T303③：19　　　　　　　　2. 湖·南Ⅰ T402②：4

3. 湖·南Ⅰ T404②：21

0　　　　　　6厘米

图 5-4-63　湖州南山窑址Ⅰ区第五期印纹硬陶器物图（三）

1. 研钵　2、3. 大圈足

研钵　湖·南Ⅰ T303③：19，残片很小，未能复原。外壁自肩至底通体拍印直角相交席纹，席纹比较浅细规整，结构清晰，但整体分布较乱。胎质比较细腻坚致，但断面上可见气孔，色近青灰，内壁有垫窝。口沿上、内壁自口至底通体可见星星点点的发亮釉斑，釉色偏黄，外壁无釉。（图 5-4-63，1）

大圈足　湖·南Ⅰ T402②：4，系从器物上脱落，体形大，胎壁厚重。圈足低矮，上段直壁，足尖向外宽阔撇平。轮制成型，内壁可见明显的轮旋痕。浅灰色胎，胎质较为细腻。外壁一侧有明亮的釉层，釉色有青有黄；与之对应的另一侧足尖生烧，不见釉层。此圈足应是着地装烧。（图 5-4-63，2）

湖·南Ⅰ T404②：21，圜底，矮圈足。青灰色胎，胎质细腻坚致，夹杂有少量的黑色斑点。内底有极薄的土灰色点状凝釉。外底有小块窑渣粒，单件装烧。（图 5-4-63，3）

拍印纹饰　湖·南Ⅰ H3：4，印纹罐残片。拍印细方格纹，内腹有拍印支垫留下的凹窝。浅灰色胎，夹杂有少量的黑色斑点。

3. 装烧遗物

叠烧标本　湖·南Ⅰ T404②：2，原始瓷罐与印纹硬陶罐叠烧。两件器物基本完整，变形严重。上面一件器物为原始瓷Ⅱ式罐，方唇，直口，短颈，折肩，深弧腹，轮制成型，内底、腹有粗疏的旋纹，外下腹及底部有修刮痕迹。下面一件为印纹硬陶短颈直口鼓腹罐，方唇，直口，短颈，圆肩，鼓腹，圜底近平；通体饰重菱形纹，排列较整齐。两件器物胎色、胎质接近，均为青灰胎，胎质细腻坚致。肩及腹均有釉，青釉，釉层厚，玻璃质感强，朝向火膛局部釉层更厚。上面的罐内有小粒落渣，下面的罐底部有窑渣粒，为两件器物叠烧。（图 5-4-64，1；彩版一六七，3）

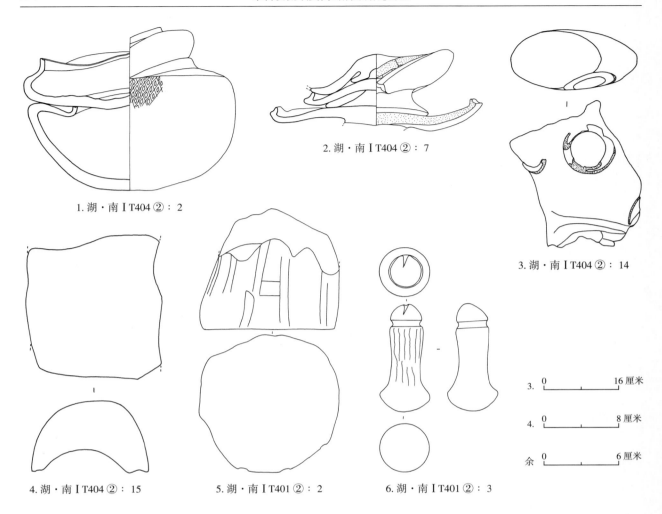

图 5-4-64　湖州南山窑址Ⅰ区第五期装烧遗物图

1、2.叠烧标本　3、4.烧结块　5.孔塞　6.陶垫

　　湖·南Ⅰ T404②：7，原始瓷器盖与豆叠烧。最上面一件为器盖，下面两件为 B Ⅲ式豆，其中最下面一件豆的豆柄缺。三件器物均为青灰色胎，夹杂有少量的黑色斑点。最下面一件豆的豆盘内釉较佳，青釉层厚，玻璃质感强。至少为三件器物以上叠烧。（图 5-4-64，2；彩版一六七，4）

　　烧结块　湖·南Ⅰ T404②：14，柱状烧结块。扁圆形柱状。烧结极严重，呈灰黑色。一侧黏结有原始瓷罐类口沿残片，两头残断。胎有稻草类印痕。（图 5-4-64，3；彩版一六七，5）

　　湖·南Ⅰ T404②：15，柱状烧结块。从残存的外形上看，应该为中空圆柱状，较细。烧结极严重，灰黑色。胎有稻草类印痕。（图 5-4-64，4）

　　窑具　湖·南Ⅰ T401②：2，孔塞。圆锥状，顶部残，底近平，外侧纵向深凹槽。残存的部分生烧而呈土黄色。推测其应该为窑炉的孔塞。（图 5-4-64，5；彩版一六八，1）

　　湖·南Ⅰ T401②：3，陶垫。作祖形。（图 5-4-64，6；彩版一六八，2）

第六章　结　语

第一节　窑址的年代

一　夏代窑址的年代

夏代窑址可对比的材料极少，在马桥遗址马桥文化层中出土的有少量的几件曲折纹器物，修复器形均为盆，器形、纹饰与瓢山窑址Ⅱ区下文化层出土的产品标本相似，时代为马桥遗址第一、二阶段，约相当于中原地区二里头文化的二至四期左右。

此种曲折纹在南方地区出现得较早，是最早的拍印纹饰之一。广东地区新石器时代晚期到先秦时期的文化可以分成三大类：曲折纹陶文化、夔纹陶文化以及米字纹陶文化。曲折纹陶是广东及周边的闽南、赣南、桂东等广大地区新石器时代晚期至相当于中原地区夏商之际的最主要纹饰。典型的遗址有佛山河宕[1]，东莞村头[2]、圆洲[3]，南海鱿鱼岗遗址二期[4]、灶岗[5]，三水银洲遗址二期[6]，香港涌浪[7]，增城金兰寺[8]，珠海棱角咀[9]、宝镜湾[10]、后沙湾[11]、棠下环[12]、草堂湾[13]、南沙湾[14]、东澳湾[15]，龙川荷树排[16]，潮阳左宣恭山[17]、葫芦山与走水岭山[18]，清远西山[19]，普宁虎头

[1] 广东省博物馆等：《佛山河宕遗址——1977年冬至1978年夏发掘报告》，广东人民出版社，2006年。
[2] 邱立诚等：《东莞村头遗址发掘的初步收获》，《广东省博物馆馆刊》1991年第2期；广东省文物考古研究所等：《东莞村头遗址第二次发掘简报》，《文物》2000年第9期。
[3] 广东省文物考古研究所等：《广东东莞市圆洲贝丘遗址的发掘》，《考古》2000年第6期。
[4] 广东省文物考古研究所等：《广东南海市鱿鱼岗贝丘遗址的发掘》，《考古》1997年第6期。
[5] 广东省博物馆：《广东南海县灶岗贝丘遗址发掘简报》，《考古》1984年第3期。
[6] 广东省文物考古研究所：《广东三水市银洲贝丘遗址发掘简报》，《考古》2000年第6期。
[7] 香港古物古迹办事处：《香港涌浪新石器时代遗址发掘简报》，《考古》1997年第6期。
[8] 莫稚：《广东考古调查发掘的新收获》，《考古》1961年12期。
[9] 广东省文物考古研究所：《香州区棱角咀遗址发掘》，《珠海考古发现与研究》，广东人民出版社，1991年。
[10] 广东省文物考古研究所等：《珠海宝镜湾》，科学出版社，2004年。
[11] 李子文：《淇澳岛后沙湾遗址发掘》，《珠海考古发现与研究》，广东人民出版社，1991年。
[12] 古运泉等：《珠海平沙棠下环遗址发掘简报》，《文物》1998年第7期。
[13] 梁振兴：《三灶岛草堂湾遗址发掘》，《珠海考古发现与研究》，广东人民出版社，1991年。
[14] 赵善德：《前山镇南沙湾遗址发掘》，《珠海考古发现与研究》，广东人民出版社，1991年。
[15] 广东省博物馆：《广东珠海市淇澳岛东澳湾遗址发掘简报》，《考古》1990年第9期。
[16] 广东省文物考古研究所：《广东龙川荷树排遗址发掘简报》，《华南考古（第二辑）》，文物出版社，2008年。
[17] 吴春明：《粤东闽南早期古文化的初步分析》，《东南考古研究（第一辑）》，厦门大学出版社，1996年。
[18] 广东省文物管理委员会：《广东潮阳新石器时代遗址调查简报》，《考古通讯》1956年第4期。
[19] 莫稚：《广东清远县漉江河支流新石器时代遗址调查发掘简报》，《文物参考资料》1956年第11期。

埔[1]，河源龙祖山，梅县罗屋岭[2]，曲江石峡[3]、鲶鱼转[4]等。

以佛山河宕遗址为例，从表 6-1-1、6-1-2 第③、②两层的泥质印纹陶纹饰统计中可以

表 6-1-1　佛山河宕遗址甲区 T1、T2、T10、T11 第③层印纹陶片纹饰统计表

陶系	纹饰	数量（片）	百分比（%）	合计（片）	百分比（%）
泥质印纹软陶	条纹	129	3.42	3772	35.59
	曲折纹	1321	35.02		
	云雷曲折纹	322	8.54		
	方格纹	184	4.88		
	纺织纹	57	1.51		
	梯子形格纹	41	1.09		
	叶脉纹	123	3.26		
	鱼鳞纹	12	0.32		
	凸弦纹	5	0.13		
	附加堆纹	18	0.48		
	镂孔	10	0.27		
	纹饰不明及素面的口沿肩部和圈足	1550	41.09		
泥质印纹硬陶	条纹	226	8.93	2530	23.87
	曲折纹	895	35.38		
	云雷曲折纹	140	5.53		
	小方格纹	141	5.57		
	梯子形格纹	152	6.01		
	对叶纹	24	0.95		
	编织纹	24	0.95		
	叶脉编织组合纹	147	5.81		
	圆圈组合纹	13	0.15		
	复线方格凸点纹	9	0.36		
	鱼鳞纹	11	0.43		
	凸弦纹	18	0.71		
	附加堆纹	52	2.06		
	划纹	23	0.91		
	镂孔	6	0.24		
	纹饰不明及素面的口沿肩部和圈足	649	25.65		

［1］广东省博物馆等《广东普宁虎头埔古窑发掘简报》，《文物》1984 年第 12 期；揭阳考古队《普宁市虎头埔新石器时代遗址发掘报告》，《揭阳考古》，科学出版社，2005 年。

［2］广东省博物馆：《广东东部地区新石器时代遗存》，《考古》1961 年第 12 期；黄玉质等：《广东梅县大埔县考古调查》，《考古》1965 年第 4 期。

［3］广东省文物考古研究所等：《石峡遗址——1973~1978 年考古发掘报告》，文物出版社，2011 年。

［4］广东省文物管理委员会等：《广东曲江鲶鱼转、马蹄坪、韶关走马岗遗址》，《考古》1964 年第 7 期。

表 6-1-2 佛山河宕遗址甲区 T1、T2、T10、T11 第②层印纹陶片纹饰统计表

陶系	纹饰	数量（片）	百分比（%）	合计（片）	百分比（%）
泥质印纹软陶	条纹	60	1.53	3917	57.15
	曲折纹	1491	38.06		
	云雷曲折纹	340	8.68		
	小方格纹	87	2.22		
	纺织纹	30	0.77		
	梯子形格纹	20	0.51		
	叶脉纹	35	0.89		
	鱼鳞纹	20	0.51		
	附加堆纹	13	0.33		
	纹饰不明及素面的口沿肩部和圈足	1821	46.49		
泥质印纹硬陶	条纹	65	6.67	974	14.21
	曲折纹	355	36.45		
	云雷曲折纹	88	9.03		
	小方格纹	38	3.90		
	梯子形格纹	26	2.67		
	对叶纹	2	0.21		
	编织纹	15	1.54		
	叶脉编织组合纹	26	2.67		
	复线方格凸点纹	5	0.51		
	鱼鳞纹	6	0.62		
	附加堆纹	13	1.33		
	划纹	2	0.21		
	纹饰不明及素面的口沿肩部和圈足	333	34.19		

看出曲折纹占各种纹饰的绝大多数。夹砂陶情况与此类似，只不过传统的绳纹比例也比较高，与曲折纹数量基本相当，各占 20% 以上。

有学者认为，陶器上的印纹中曲折纹、长方格纹母题基本上是仿照竹编器而来[1]，因此曲折纹是印纹陶里面较早的纹样。从目前的考古材料来看，曲折纹主要流行于新石器时代晚期至相当于中原的夏商之际。

而瓢山 II 区下文化层 3 个 ^{14}C 测年数据（表 6-1-3），普遍在公元前 1500 年左右。

综合以上分析，我们认为以瓢山 II 区为代表的窑址年代下限在距今 3500 年左右，上限应该更早，进入夏代的纪年范围之内。

---

[1] 李岩：《对石峡文化的若干再认识》，《文物》2011 年第 5 期。

表 6-1-3 湖州瓢山Ⅱ区 ^{14}C 年代测定数据

Lab 编号	样品	样品原编号	出土地点	^{14}C 年代（BP）	树轮校正后年代	
					1 σ (68.2%)	2 σ (95.4%)
BA111554	炭样	TG1⑦	浙江省湖州市瓢山Ⅱ号地点	3175 ± 25	1495BC (17.6%) 1475BC 1460BC (50.6%) 1420BC	1500BC (95.4%) 1410BC
BA111555	炭样	TG1⑦	浙江省湖州市瓢山Ⅱ号地点	3160 ± 25	1490BC（5.9%）1480BC 1455BC (62.3%) 1410BC	1495BC (95.4%) 1395BC
BA111558	炭样	TG4⑥	浙江省湖州市瓢山Ⅱ号地点	3145 ± 25	1450BC (68.2%) 1400BC	1500BC (94.2%) 1380BC 1340BC（1.2%）1320BC
BA111556	炭样	TG4④	浙江省湖州市瓢山Ⅱ号地点	2950 ± 25	1260BC（6.0%）1240BC 1220BC (62.2%) 1120BC	1270BC (95.4%) 1050BC

注：所用 ^{14}C 半衰期为 5568 年，BP 为距 1950 年的年代。

   树轮校正所用曲线为 IntCal04[1]，所用程序为 OxCal v3.10[2]。

二 南山窑址的年代

1. 与北方出土原始瓷的比较

北方地区出土的原始瓷，大致可分成早晚两个时期：早期以郑州商城为代表，器类较为单一，主要是大口尊类器物，此类器物在东苕溪流域至今没有发现，而东苕溪大量流行的豆在郑州商城亦不见。晚期以殷墟为代表，器物种类较为丰富，有豆、罐、尊、壶、器盖等（图6-1-1）。其中豆有三种形制：第一种是子母口、浅弧腹、高喇叭形圈足；第二种为直口或微敞口，中部折腹，下腹弧收，喇叭形圈足略高；第三种为微敞口，上折腹，下腹弧收较深，喇叭形圈足较矮（图6-1-2）。其中第一种类型的豆与南山窑址第四、五期流行的 BⅢ 式豆极其相似。第二种豆与南山窑址 Ea 型豆较为接近，但前者胎壁更厚，流行弦纹装饰；后者胎壁较厚，素面，在器形、釉等方面更加原始。殷墟此种类型的豆在南北方墓葬中较为多见，北方如前掌大墓地、北窑西周墓地等，南方如安吉上马山墓地等，时代一般为商末周初。第三种豆也是同时期南北方墓葬中常见的器物。殷墟后两种类型的豆在最晚一期的帝乙帝辛时出现，南山窑址 Ea 型豆应该较之略早。这样，与殷墟出土原始瓷相比较，可以确定南山窑址四、五期时代约相当于中原的商代晚期。

除原始瓷外，南山窑址出土的部分印纹硬陶与殷墟亦具有相当的相似性（图6-1-3）。南山窑址第四印纹硬陶纹饰主要流行席纹，较为细密规则；第五期除席纹外，主要流行重菱形纹，器形主要是短颈直口罐。

妇好墓中出土一件印纹硬陶罐，直口，短颈，通体拍印席纹[3]，与南山窑址第四期流

[1] P.J. Reimer, M.G.L. Baillie, E. Bard, *et al*., IntCal04 Terrestrial radiocarbon age calibration, 0–26 cal kyr BP, *Radiocarbon*, 2004, 46: 1029–1058.

[2] Christopher Bronk Ramsey 2005, www.rlaha.ox.ac.uk/orau/oxcal.html.

[3] 中国社会科学院考古研究所：《殷墟妇好墓》，文物出版社，1980 年。

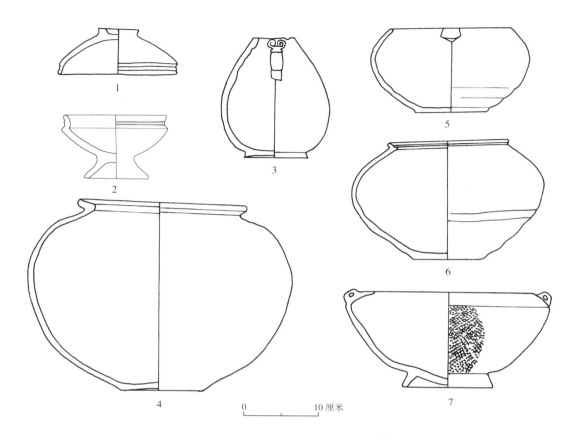

图 6-1-1 殷墟出土的商代原始瓷[1]

1. 器盖（F10：17） 2. 豆（84XTH94：3） 3. 壶（F11：50） 4. Ⅱ式罐（F11：61） 5. Ⅲ式罐（F11：62）
6. Ⅰ式罐（F11：46） 7. 瓿形器（F10）

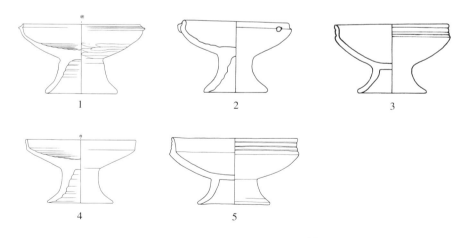

图 6-1-2 商代原始瓷豆[]

1. 南山 2. 殷墟 3. 苗圃三期 4. 南山 5. 前掌大

［1］本图引自中国社会科学院考古研究所：《殷墟的发现与研究》，科学出版社，1994 年。
［2］图 2 引自石璋如：《小屯最近之重要发现》，《中国考古学报告（第三册）》，1947 年；图 3 引自中国社会科学院考古研究所：《殷墟发掘报告（1958~1961）》，文物出版社，1987 年；图 5 引自中国社会科学院考古研究所：《滕州前掌大墓地》，文物出版社，2005 年。

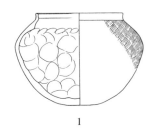 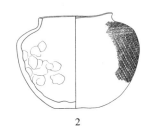 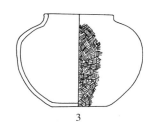 

　　　　1　　　　　　　　　2　　　　　　　　　3　　　　　　　　　4

图 6-1-3　商代印纹硬陶罐[1]

1. 南山四期　2. 南山五期　3. 妇好墓　4. 刘家庄

行的同类型罐接近。刘家庄出土一件印纹硬陶罐（原始简报称为瓷器），短颈，沿面有一周凹槽，肩部有三个小耳，鼓腹，凹底，颈饰阴弦纹四周，通体饰重菱形纹，时代为殷墟文化第四期[2]，无论是纹饰还是器形，均与南山窑址第五期同类型罐接近。

　　因此，根据与殷墟出土原始瓷与印纹硬陶的比较，南山窑址第四、五两期的时代约相当于商代晚期阶段，最晚阶段可能早于帝乙帝辛时期。

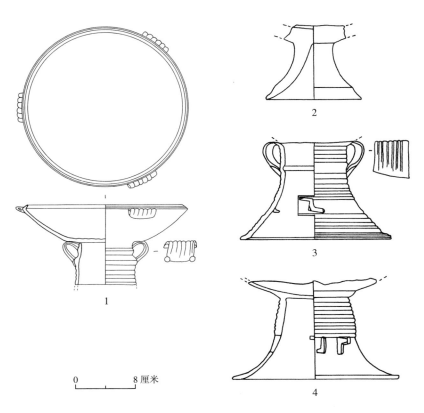

图 6-1-4　马桥文化原始瓷豆

1~4. 马桥三期

　　2. 与马桥文化遗址的比较

马桥遗址的原始瓷出土不多，报告[3]公布的四件原始瓷器均为第三阶段的豆，豆柄较高。其中三件豆柄有弦纹装饰，两件有之字形镂孔，两件豆有宽扁耳装饰，整体上装饰较为粗犷。（图 6-1-4）

　　南山窑址出土原始瓷以素面为主，少量有纹样装饰，其中第一、二期有少量的刻划纹，细阴线，纹饰细密，有叶脉纹、人字形纹、不规则形水波纹及几何形纹饰等，总体风格规则、严谨；第三期在豆柄上出现刻划弦纹与镂孔装饰，弦纹多不甚规则，镂孔多为圆形与三角

[1] 图 3 引自中国社会科学院考古研究所：《殷墟妇好墓》，文物出版社，1980 年；图 4 引自安阳市文物工作队：《1983~1986 年安阳刘家庄殷代墓葬发掘报告》，《华夏考古》1994 年第 2 期。

[2] 安阳市文物工作队：《1983~1986 年安阳刘家庄殷代墓葬发掘报告》，《华夏考古》1997 年第 2 期。

[3] 上海市文物管理委员会：《马桥》，上海古籍出版社，2002 年。

形，刻划纹饰有粗大的云雷纹等，总体装饰风格较为粗犷；第四、五两期装饰更加少且简单，偶见有＋字等刻划符号。

南山窑址少量器物上有宽扁的耳作为装饰，其中第一、二期较宽大，多置于器物的肩部，具有器耳实用功能；从第三期开始，耳变小变平，逐渐粘贴于器物的表面；到第四、五两期，耳几乎完全与器壁相黏结，丧失实用功能而仅具有装饰性。马桥遗址出土原始瓷的器耳，则兼具实用与装饰性。

因此，从风格上看，南山窑址第三期原始瓷与马桥第三阶段原始瓷较为接近，其时代当在商代前期。

3. ^{14}C 测年

此次发掘我们请北京大学加速器质谱实验室对 6 组样品进行了 ^{14}C 测年，其结果如表 6-1-4 所示，最早的第一期得到两个数据，分别为公元前 1560 年与公元前 1500 年；第二期一个数据，为公元前 1450 年；第四期两个数据，为公元前 1270 年与公元前 1300 年。

表 6-1-4 北京大学加速器质谱（AMS）^{14}C 测试报告

Lab 编号	样品	样品原编号	期别	出土地点	^{14}C 年代（BP）	树轮校正后年代（BC）	
						1σ（68.2%）	2σ（95.4%）
BA110581	炭	ⅠT402⑮	1	湖州市南山窑址	3230±30	1525BC（68.2%）1450BC	1610BC（7.2%）1570BC 1560BC（88.2%）1430BC
BA110580	炭	ⅠT402⑬	1	湖州市南山窑址	3135±35	1450BC（66.7%）1380BC 1330BC（1.5%）1320BC	1500BC（95.4%）1310BC
BA10885	炭屑	ⅠT402⑫	2	湖州市南山窑址	3115±30	1430BC（58.0%）1370BC 1340BC（10.2%）1320BC	1450BC（95.4%）1300BC
BA10886	炭屑	ⅠT402⑦	4	湖州市南山窑址	2940±35	1260BC（7.1%）1230BC 1220BC（53.6%）1110BC 1100BC（5.5%）1080BC 1070BC（2.1%）1050BC	1270BC（95.4%）1020BC
BA10887	炭屑	ⅠT402⑤	4	湖州市南山窑址	2940±45	1260BC（7.4%）1230BC 1220BC（60.8%）1050BC	1300BC（95.4%）1000BC
BA10890	炭屑	ⅠY2		湖州市南山窑址	3000±45	1370BC（3.3%）1350BC 1320BC（55.6%）1190BC 1180BC（5.1%）1160BC 1150BC（4.2%）1130BC	1400BC（95.4%）1110BC

根据南山窑址产品标本与殷墟及马桥遗址出土器物的比较及 ^{14}C 测年数据，判定南山窑址五期年代大致如下：

第一期约相当于夏商之际或商代初期；

第二期约相当于商代早期前段；

第三期约相当于中原商代早期后段；

第四期约相当于中原商代晚期前段；

第五期约相当于中原商代晚期后段。

三　商代窑址群年代

1. 南山类型商代窑址群年代

南山类型商代窑址整体产品面貌较为接近，产品类型与南山窑址基本相同。虽然目前于部分窑址仅采集到商代晚期的标本，但由于此次调查仅限于地面采集，而未做更多的试掘工作，因此不能排除下文化层存在着较早产品的可能性。如南山窑址在发掘前曾做过多次的调查，所采集的标本从目前的分期来看均为第四、五两期的器物，没有更早的产品。同样，在黄梅山、周家山等因农耕而使大量标本散落地面的窑址来看，采集到的也几乎全是晚期产品标本，只有在极仔细认真辨认后才可以确定极少量的早期产品。而其余大量的南山类型窑址采集到的标本相当有限，虽然采集到的多是晚期标本，但完全有可能与南山等窑址一样，有早期地层的存在。

2. 水洞坞类型商代窑址群的年代

水洞坞类型商代窑址产品中发现有 Ea 型的原始瓷豆豆盘，在水洞坞东Ⅰ区发现的生烧或泥质灰陶豆柄中有 F 型带凸棱的瘦高喇叭形圈足。其余豆的豆柄外腹不见刀修刮痕迹而较为光洁，从制作风格看年代较晚。因此从原始瓷等器物风格来看，水洞坞类型商代原始瓷窑址时代约相当于南山窑址的第四、五两期。

从印纹硬陶来看，水洞坞类型商代窑址印纹硬陶上的纹饰均为云雷纹，纹饰细密规则，而此种纹饰仅在南山窑址第四期发现一片。南山窑址第一、二期的印纹基本为云雷纹，个体粗大，排列不整齐；从第三期开始出现席纹，与前期的云雷纹相似，多数纹饰仍较为粗大杂乱；到了第四期，席纹细密规则；第五期则出现了重菱形纹。纹饰总体风格有从早期大而乱的粗放向晚期细密规则的细致发展的过程。从单个纹饰的构成来看，早期的云雷纹转折较为圆润，逐渐发展成晚期的直角相交，最后的结构演变成封闭的重菱形纹。水洞坞商代窑址产品上的云雷纹介于南山窑址第一至三期的粗大云雷纹与第五期的重菱形纹之间。

瓢山Ⅱ区上文化层面貌与水洞坞类型商代窑址群面貌相似，亦划入同一类型中，其第④层也即最下一层样品的 ^{14}C 测年数据显示年代为公元前 1270 年，与南山窑址第四期基本相当。

因此，从南山窑址原始瓷器形、印纹陶纹饰的风格及云雷纹的演变过程、^{14}C 测年数据等来看，水洞坞商代窑址的时代当处于南山窑址的第四、五期左右，相当于中原商代的晚期。

3. 尼姑山类型商代窑址的年代

由于可资对比的材料极少，仅从印纹硬陶的纹饰来看，介于商代早期粗大云雷纹与商代晚期细密云雷纹之间，时代可能在商代早中期左右，详细的对比将在日后该窑址的发掘报告中论述。

第二节　原始瓷起源问题的探讨

一　东苕溪流域原始瓷起源的探索

从目前的考古材料来看，东苕溪流域的瓢山、北家山、南山三个夏商时期的窑址，其胎、釉、器形、成型、装烧等工艺上可能构成了一个连续的发展脉络，其中瓢山最早，南山早期最晚，北家山介于两者之间，承上启下。

产品器类　瓢山窑址原始瓷与印纹硬陶基本相似，两者兼烧：原始瓷以长颈侈口罐、钵与豆等为主，豆基本为圈足柄，细柄豆之柄壁亦较细薄，偶见云雷纹装饰，云雷纹转角较为圆转。印纹硬陶则主要是长颈曲折纹罐。北家山窑址虽然印纹硬陶与原始瓷兼烧，但原始瓷占据了主导地位：原始瓷粗柄豆不见，细柄豆则胎壁较厚，足端偶见带有三个半圆形小缺口，钵仍有一定数量。印纹硬陶器形主要是长颈侈口罐。南山窑址早期原始瓷占绝对主流，仅有少量的印纹硬陶：原始瓷器形仍主要是豆与钵两种，其中又以豆占绝大多数，器形与北家山的细柄厚胎豆基本一致，但足端带缺口的装饰成为了最具特色和最普遍的装饰，几乎每器物必有；钵的器形种类较北家山有所增加，但仅存在细微处的变化，其器形不变，敛口、深弧腹斜收、平底。印纹硬陶器形仍主要是长颈侈口罐与翻折沿束颈罐。

产品器胎　瓢山窑址原始瓷与印纹硬陶基本一致，无论是胎质还是胎色均十分相似，似乎原始瓷与印纹硬陶在胎质上尚未分化。以灰黑色胎为主，胎色不纯，通常胎心呈灰黑色，内外表呈浅灰色或灰白色，少量为紫红色胎，胎质较细，但普遍疏松，常见大量的气孔。北家山窑址仍保留了少量瓢山窑址产品的胎质，但新出现浅灰或灰白色胎，胎质较细，气孔明显较灰黑色胎少，此类胎迅速取代瓢山类型的黑灰色胎成为主流，但胎中仍普遍见有黑色的斑点，说明此时原始瓷与印纹陶在胎质上开始分野，逐渐形成真正意义上的瓷胎。南山窑址早期，瓢山窑址作为主体、北家山窑址也有少量保留的灰黑色胎几乎完全不见，为浅色的灰白与浅灰色胎所取代，胎质更细腻坚致，胎色更纯白而稳定，虽仍有相当比例的器物夹杂有黑色斑点，但斑点的个体明显较北家山为小而少。这种胎色由深变浅，胎质由粗变细、由多气孔变致密的过程，一方面与胎土的选择密不可分，另一方面可能与火候的提高有关。瓢山时期虽然绝大多数器物胎色灰黑，但部分器物胎心灰黑而内外表皮呈较浅的灰白色，胎表的气温当较胎心为高，是否可证明此类器物在火候提高的情况下亦可呈现较浅的颜色呢？

原始瓷釉　瓢山窑址原始瓷釉分布范围极小，一般仅在罐类器物的肩部与口沿局部范围内，且施釉线不清晰；釉色多呈酱褐色或黑褐色，仅小范围内釉层厚、玻璃质感强，器表施深色陶衣者占多数。北家山窑址除一部分器物的釉仍与瓢山窑址产品接近外，大部分器物主要是豆在青釉上有明显进步，豆盘内腹满釉，釉层厚，玻璃质感强，釉色青绿，胎釉结合较好；与瓢山窑址接近的深色釉比例较小，且基本不见深色的陶衣；胎与釉之间存在着一定的对应关系，胎色越浅，胎质越致密，则釉层厚而满，釉色青翠。南山窑址早期完全不见北家山时期的深色釉，而青绿色釉的比例大大增加，豆盘内多施满釉而均匀，釉层厚，少见仅一侧局部有釉的现象；一部分釉色较差者，呈棕色的薄衣状，不见玻璃光泽，较瓢山、北家山的薄衣颜色明显为浅。

成型工艺　瓢山窑址主要是手制结合轮修、轮制结合手工修整等。大型的罐类器物可能以手制成型为主要工艺，结合口沿部位的轮修；小型的钵类器物则以轮制为主，外下腹部与底部结合手工修刮；豆由于柄较粗大，则基本以轮制为主，豆柄与豆盘分段拼接。这种成型技术为北家山窑址与南山窑址早期所沿用，大型罐类器物，无论是原始瓷还是印纹硬陶，均为手制结合轮修，而小型的钵类器则以轮制结合手工修整，唯一变化比较大的是豆的制作。由于从北家山窑址开始一直到南山窑址早期，豆柄变细、胎壁变厚，因此豆盘为轮制，而外下腹则用片状工具手工纵向修刮，豆柄则手制，外腹亦与豆盘外下腹相同，留有片状修刮痕迹，而内腹则多用片状工具旋挖而成。到南山窑址中晚期，则基本使用轮制成型，基本不再使用片状工具对外腹进行修刮。仅宽扁类的耳由手工捏制后再进行拼接。

装烧工艺　瓢山窑址原始瓷似乎均是单件器物直接置于窑床上烧造，而印纹硬陶可能对口扣置叠烧。这种情况可能延续至北家山窑址。到了南山窑址早期，豆亦开始叠烧。这是瓷器烧造史上的一个较大的改变，不仅提高了原始瓷产品的产量，更重要的是已经意识到叠烧时釉的黏结性并成功地解决了此一问题。这种不使用间隔具而直接叠烧的方式，延续的时间相当地久远，从这一时期出现后，几乎延续至明清时期，虽然间隔具及涩圈的选择使用可以使釉面更加完整，但在晚期的许多低档产品烧制时，直接叠烧仍不失是一个增加产量并降低成本的好方法。

纹样装饰　三个类型窑址的产品无论是原始瓷还是印纹硬陶面貌均接近并有一定的历时性，原始瓷与印纹硬陶在装饰上完全分野：原始瓷均以素面为主，偶见少量的刻划纹饰，几乎不使用拍印的印纹硬陶技法；纹饰内容亦与印纹硬陶完全不同，多是一些刻划的直条纹构成的简单图案，如水波纹、叶脉纹、网格纹、直条纹组等。印纹硬陶纹饰方面，瓢山窑址流行曲折纹，北家山窑址出现云雷纹，南山窑址早期曲折纹消失而以拍印的云雷纹占据主体，偶见方格纹；纹饰的总体风格粗放豪迈，与原始瓷上细密刻划的图案风格迥异。

归纳起来，瓢山、北家山、南山三个类型窑址的变化如下：产品类型由原始瓷与印纹硬陶合烧、比例以印纹硬陶为主逐渐过渡为以原始瓷为主、偶见印纹硬陶；胎初时以灰黑色较疏松为主，逐渐胎色变浅、胎质致密，最后以浅灰或青灰色细密胎为主；釉初以深色局部有釉为主，过渡为以青色满釉为主，最后则基本不见深色的釉；成型上轮制与手工修整相结合或以手制结合轮修为主，逐渐过渡为轮制为主；装烧上，早期在印纹硬陶上叠烧以增加产量，到南山早期则解决了釉的黏结问题，在原始瓷上亦使用多件叠烧工艺以提高产量；装饰上原始瓷与印纹硬陶无论是纹饰内容还是装饰技法均有本质的区别。

二　东苕溪流域原始瓷起源与发展的技术因素

东苕溪流域瓢山、北家山、南山早期原始瓷产品无论是胎、釉等都存在着明显的上升过程，这种进步主要表现在三个方面：胎土的选练、窑温的提高与窑炉气氛的控制。

瓢山产品的胎杂质明显较多，夹杂的黑色斑点多且颗粒大，气孔率很高，说明在胎土的选练上尚不够理想，完全达不到后来原始瓷胎的要求；到北家山与南山早期，不仅胎质越来越细、黑点斑点越来越小而少，且气孔也更少，南山窑址早期几乎不见瓢山窑址通体带密集大气孔的现象，说明胎土的选练有了明显的进步。而南山窑址大型淘洗池与澄泥沟的发现，确实说明这一时期可能已出现淘洗技术。

窑温的提高，可能是原始瓷的出现与早期发展的最重要推动因素之一。三个类型窑址产品从外观上看，存在着窑温逐步提高的证据。瓢山窑址虽然绝大多数产品胎色灰黑，但也有一部分胎呈浅灰与紫红色，且灰黑色胎多呈夹心状，即胎心较厚呈灰黑色，而胎内外表呈浅灰色。胎心的温度当较胎表为低。而这种情况在北家山窑址明显减少，南山窑址则几乎不见，后者胎呈较纯的浅色，且胎质更硬，击之声更清脆。从胎釉的对应关系上来看，这种黑色胎的器物釉一般较差，多仅限于一侧有釉，可能是朝向火膛温度较高的一侧；而浅色胎器物则多为整个豆盘或钵内腹均有釉。据此推测，仅局部的釉可能是由于火候不到使釉未能完全呈现出来，而满釉的现象反映烧造温度达到了烧结的要求。从窑址产品的出土情况来看，瓢山生烧产品的比例最高，南山窑址最低，有一个逐渐降低的趋势。另外，瓢山窑址器物因过烧变形的比例最低，而南山窑址大量的出土器物存在着变形与严重变形的现象。

气氛的控制，主要表现在釉的呈色上，青绿色的釉需要有很好的窑炉还原气氛。瓢山窑址不仅釉色，甚至薄衣也普遍呈灰黑、棕褐等较深的颜色，几乎不见青绿色的釉，即使在局部的厚釉处亦难得一见，说明这一时期窑炉在气氛的保持上尚不能达到还原的要求。而南山窑址大比例青绿色釉的出现，说明此时已经较好地解决了气氛问题。这应该主要源于窑炉技术的进步。

三 东苕溪流域原始瓷起源讨论——瓢山类型产品的性质问题

1. 原始瓷定义问题

前文已提及，原始瓷是在瓷土的胎上施以人工釉后高温烧成的器物。不管其如何原始，瓷胎、人工釉与高温烧成是其作为瓷器的必备条件。商及以后的青釉产品，作为早期青瓷也好，作为原始青瓷亦罢，其外观上与两周时期的原始瓷基本面貌已十分接近，因此作为较早的原始瓷而为大家所接受。问题是这之前的产品该如何定义或称呼呢？

从逻辑上说，商代公认的较为成熟的原始瓷亦有其起源的过程，即有比成熟的原始瓷更早、更原始的、真正意义上的"原始"瓷。这类器物起源于何时？该如何称呼？是否带釉的器物均可称为原始瓷？如二里头或龙山文化的带釉器物、浮滨文化商代晚期的带釉类器物，以及江南地区商代带釉的、器形釉色接近于印纹硬陶的器物？江西吴城遗址的考古资料整理者将出土的带釉器物按胎质划分成原始瓷与釉陶两大类[1]，则早期的带釉器物明确划分出了釉陶这个新门类。这科学抑或有必要吗？原始瓷的定义又该是如何呢？

这些问题已远远超出了我们学术能力，也绝非仅凭考古或文物界所能解决的，可能需要科学技术界进行古陶瓷测试，多学科共同来解决。而有关原始瓷定义的讨论，现在看来不是

［1］江西省文物考古研究所等：《吴城——1973~2002 年考古发掘报告》，科学出版社，2005 年。

一个空洞的定义与理论问题，它具有现实的意义，同时因新材料的不断出现，这个问题的解决显得更为迫切了。

浮滨文化的器物，胎多呈土黄色，胎质较松，釉层虽然较厚，但釉色均较深，玻璃质感差，且胎釉结合极差，常见通体剥落的现象。此类器物与晚期的釉陶成分接近，烧成温度较低而达不到原始瓷的要求，称之为釉陶还是比较合理的。

那吴城文化诸遗址出土的产品又该如何定义呢？二里头遗址出土的带釉器物真的是人工施釉的原始瓷吗[1]？

2. 瓢山窑址产品性质问题

在讨论瓢山窑址产品之前，先回顾一个南山窑址的情况。南山窑址早期产品主要是豆，施釉位置主要是在豆盘内，少量器物满釉，釉层厚，施釉均匀，玻化程度好，釉色青绿。仅从外观上观察，这批器物应该是人工施釉，因自然形成的釉达不到如此的均匀程度，且在产品中不会如此地普遍。而现代科学技术测试成果，亦基本确定了其为人工施釉。

如何确立人工釉，这在科技界仍是一个难题。何种成分的釉是人工釉，也并无定说。我们与两家单位合作，从不同角度得出了基本相同的结果。

首先是中国科学院高能物理研究所冯松林先生所领导的团队。他们从釉的均匀性角度出发，在同一件器物不同位置钻孔取釉，确定其厚度并进行比较。测量结果显示其釉层厚度基本相等，由此确定其非自然情况下形成而应该是人工涂刷的。

另外一个是英国伦敦大学殷敏团队所作的努力。其假设人工釉与两周时期印纹硬陶上自然形成的釉以及窑炉窑壁上的玻璃相窑汗之间的成分差别较大，而后两者成分应该比较接近。测试结果证实这种假设是成立的，南山窑址青釉与后两者差别比较大，而更接近于两周时期的原始瓷釉成分；窑壁上的窑汗与印纹硬陶上的成分接近，而与原始瓷成分差别比较大。通过成分的对比，确定南山窑址是当前通过测试已知最早的人工釉。

由此，我们认为南山窑址早期青釉产品是人工施釉的原始瓷产品的结论，是比较可信的。

南山窑址除了青釉较佳的一部分产品外，尚有相当数量的器物釉并不明显，其表面呈薄衣状的涂层，一般为棕褐色，或较均匀，或呈斑点状，基本不具有玻璃相。它们与青釉器物在器形、工艺、装烧等方面几乎完全一致。同一窑场生产的相同产品，一类施釉，一类不施釉，似乎很难解释。相对合理的解释是，南山窑址所有的产品都是施釉的，但由于技术原因，一部分产品釉色较佳，另外一部分产品则完全不能呈现釉色。这一技术原因可能主要与火候密切相关，只有火候较高才能烧结青釉。

火候的提高需要一个过程，瓢山、北家山、南山三个类型窑址明显存在一个火候逐步上升的过程，表现在青釉器物比例的不断提高。

回溯至北家山窑址时期，其青釉器物的比例明显不如南山窑址，且有相当比例的灰黑胎与黑褐色的釉与薄衣。比照南山窑址的情况，此类器物在入窑前与青釉器物是一样的——瓷胎人工施釉，但火候太低未能烧成青釉而形成现在看到的面貌。

---

[1] 鲁晓珂等：《二里头遗址出土白陶、印纹硬陶和原始瓷的研究》，《考古》2012 年第 10 期。

现在来看瓢山窑址的情况，其产品与北家山的非青釉器物似乎完全相同，是否也可以初步判定其为瓷胎人工釉的原始瓷产品？虽然火候不到而没能达到理想的效果，但在产品的工艺、装饰等方面与印纹硬陶开始分野。这是巨大的进步，中国多姿多彩的瓷器之路由此开启。当然，除火候外，胎土的洗练、成型工艺、装烧工艺等，与南山窑址相比仍有相当的差距。

瓢山的原始瓷产品应该是目前已知最早的瓷器，当然具有相当的原始性，如胎质较粗，不够致密而气孔较多；釉呈色不佳，似乎不见青釉色；器形上与印纹硬陶有相当的一致性；与印纹硬陶合烧且后者比例很高。关于最后这一点，从东苕溪流域整个先秦时期原始瓷窑址群的情况来看，从商代开始，原始瓷与印纹硬陶即分开烧造，北家山原始瓷比例远远大于印纹硬陶，南山窑址则几乎纯烧原始瓷。瓢山此种高比例印纹硬陶的存在，正反映了其具有相当的原始性。

虽然瓢山窑址产品为原始瓷的性质得以确定，但这是最早的原始瓷吗？如果有更早的，其面貌如何？起源与发展过程如何？这些都是今后工作所要关注的重点。

第三节　商代原始瓷技术成就

商代原始瓷的技术成就主要表现在胎土的选择、人工釉的出现、成型技术的进步、高温烧造技术的出现等几方面。由于仅在东苕溪流域有原始瓷窑址的存在并经过系统的调查和大规模的发掘，材料相当丰富，因此以下分析主要建立在这一地区南山类型窑址材料基础上。

1. 商代原始瓷胎土的选择

商代原始瓷的胎质已经较为细腻，以灰白色为主，少量青灰色，但胎质中普遍见有一层极细的黑色斑点，并有一定数量的细小气孔。胎土的来源可能主要是当地的一种黏土。湖州青山商代窑址群以南山为中心，沿南山四周分布，一般山势均不高，坡度较缓。窑址所在的山坡一般土层较厚，土质较细腻致密，接近于黏土，如南山窑址近坡脚探方的生土层，即为一层极细腻致密的近似于黏土的土层。这种土分布范围广，开采方便，可就近取用，由于其极为细腻，略经淘洗即可使用。

从南山窑址发现的相关遗迹来看，商代已经存在着整套的淘洗工艺流程。它由淘洗池、澄泥沟与贮料坑三个部分组成。淘洗池位于窑炉东侧的上坡处，开挖在基岩层上，是长约5、宽约2.5米的长方形规则大坑，坑口与坑底均南边上坡口高、北面下坡口低，呈倾斜状；澄泥沟位于淘洗池的下坡处，呈曲尺状，在较低的一端底部发现极细腻的灰白色土；贮料坑有两个，分别位于窑炉的南边与西南角，均在基岩上开凿而成，底部保存有少量的白色细黏土。从以上遗迹分析其淘洗的工艺流程如下：从窑址附近取细纯的泥土放置于淘洗池中，再从上坡处引水注入其中进行搅拌淘洗，粗粒沉于坑底，细腻瓷土随水漂浮并越过北面坑口往下坡流入澄泥沟内进行沉淀，沉淀后的细泥取出贮藏于贮料坑中。

整套成熟的淘洗工艺，使南山窑址产品无论胎色还是胎质均已相当地成熟和稳定，是商代原始瓷中一项很高的成就。

2. 商代人工釉的成熟

南山等窑址主要产品为豆、罐、尊、簋、盆等器物，施釉部位因器形不同而有所差异，豆类敞口的大口浅腹器主要施于豆盘的内腹部；罐、尊、簋等口略小而深腹的器物施于肩部，盆类宽沿大口深腹的器物则施于宽沿上。无论是釉层、釉色，还是胎釉结合情况，均差别极大，说明这一时期的釉尚不十分稳定。

部分釉佳者如豆盘内腹、罐的肩部、盆的宽沿上施满釉，釉层厚，施釉均匀，玻璃质感较强，胎釉结合好，釉色青翠。另有一定比例的产品，釉层极薄，呈灰色的星星点点状，基本没有玻璃质感，也有一些器物仅在朝向火膛的一侧有釉。以豆来说，豆柄的一侧自上而下狭长一道有釉，由此向上，豆盘外侧外凸部分亦有釉，豆盘内侧的釉位于朝向火膛、与外腹施釉部位相对的位置，除少量器物局部（主要是中心位置）施釉较厚、玻璃质感较强外，通常釉层薄、施釉不均匀、几乎没有玻璃质感，多数呈灰白的斑点状，施釉处向无釉处釉层逐渐变薄变淡，不见施釉线。罐类器物除肩部施釉外，部分器物在内底及内下腹部、或朝向火膛的一侧肩腹部局部有釉，而内腹与底则在面向火膛的一侧釉层范围较大，呈弧形上凸，施釉线不见，呈点状逐渐向无釉部分过渡。

还有一点值得说明，南山窑址普遍采用叠烧技术，在部分被叠压器物的叠压范围内亦有釉存在。再结合质量较佳产品的釉色、釉层、施釉部位等分析，南山窑址已经是人工施釉。理化测试数据也证明了这一点[1]。此次测试取样的标本见表 6-3-1，南山窑址原始瓷标本釉成分与其余 6 个地点原始瓷标本釉成分十分接近，而与窑壁上釉的成分相差较远；水洞坞窑址印纹硬陶标本釉成分与窑壁上的釉成分接近，而与其余 7 个标本釉的成分相差较远。由此说明南山窑址应该属于人工釉，而水洞坞印纹硬陶上的釉则是自然形成的。

但是，这一时期的施釉与烧成技术仍不太稳定。釉的烧成当与窑炉的火温、气氛等的控制密切相关，即与窑炉的烧造技术紧密相连，并不是所有的施釉器物均能烧成釉，只有娴熟

表 6-3-1　测试标本表

地点	时代	标本
湖州南山	商代	原始瓷片、窑壁
德清水洞坞	商代	印纹硬陶、窑壁
德清火烧山	西周—春秋	原始瓷片、窑壁
德清后山	西周—春秋	原始瓷片、窑壁
德清叉路岭	春秋	原始瓷片
德清亭子桥	战国	原始瓷片
德清下漾山	战国	原始瓷片、窑壁
德清湾头山	战国	原始瓷片

---

[1] Min Yin, Thilo Rehren, Jianming Zheng, The earliest high-fired glazed ceramics in China: the composition of the proto-porcelain from Zhejiang during the Shang and Zhou periods (c.1700–221 BC), *Journal of Archaeological Science*, 2011, 38 (9): 2352–2365.

地控制窑炉的烧成技术，才能烧造出理想的青绿釉效果。商代的窑炉处于龙窑的初期阶段，具有相当的原始性，因此火温、气氛的控制上应该还不十分成熟，由此造成许多器物的釉不理想。

另外，除人工釉外，部分器物局部的釉层不排除是自然釉的可能性，特别是许多器物朝向火膛一侧的釉（如豆柄、罐下腹部的釉），这些釉不仅仅是限于局部范围内，而且不见施釉的迹象。这种釉无论是釉色、部位、特征等均与水洞坞及后期印纹硬陶上的釉相似，理化测试也说明这种釉是自然形成的。

3. 商代原始瓷成型技术

商代原始瓷的成型普遍采用轮制技术，商代早期保留轮制与手制或手工修整相结合。

豆，商代早期（相当于湖州南山窑址的第一、二期）的豆均为豆柄较矮，轮制与手制并用。豆盘轮制，内腹轮旋痕清晰，外下腹使用片状工具纵向修刮，保留清晰的痕迹。豆柄为手制，外腹用片状工具纵向修刮，内腹则多次掏挖而成，足端用慢轮修整。豆盘与豆柄分别制作再拼接而成。商代中期（相当于湖州南山窑址第三期），手制轮制并用的早期技术明显减少而居于次要地位。部分豆柄手制成型后外壁不再用片状工具纵向修刮，而是涂抹光洁，内壁用片状工具一次旋挖而成，较为光洁；开始大量出现豆柄拉坯成型工艺，内外壁均光洁规整。豆盘与豆柄仍旧为分别制作再拼接而成，豆柄与豆盘相接处开始内凹，略似于榫铆状以增加拼接处的牢固度。商代晚期（相当于湖州南山窑址第四、五期），豆柄与豆盘均分别用轮制成型再拼接而成，豆柄与豆盘拼接的上端下凹较深，使整个豆柄上下两头中空。

罐、盆类大口平底器在商代早期为轮制加手工修刮，内底、腹轮旋痕粗疏，外底与下腹部用片状工具多次修刮，修刮痕清晰；商代中期开始，此类器物修刮痕逐渐不清晰而表面趋向光洁；商代晚期轮制成型，较少使用修刮技术，外底出现一次切割成型，其切割痕呈细密的直线形，与春秋时期的箕形线切割痕明显有别，表明这一时期是使用片状的硬质工具切割。

矮圈足类器物如尊、簋等主要见于商代晚期，器腹的制作与罐类器物相同，矮圈足拼接而成。罐类器物的耳等附件则为手制拼接而成。

4. 商代原始瓷装饰工艺

商代原始瓷装饰在南北存在着较大的差异。

北方地区商代早期的原始瓷普遍见有诸如弦纹、旋纹、篮纹、方格纹和席纹等纹饰，晚期则以素面为主，少见纹饰。

南方东苕溪流域的原始瓷则要简洁许多，基本为素面，少见纹样装饰，少量的装饰在早晚期区别较大。商代早期，主要在豆柄、盖面、罐盆类器物的腹部用细线刻划较复杂的几何形图案，包括网格纹、水波纹、叶脉纹、人字形纹、方格纹等，其中一件器盖盖面上的纹饰最为复杂，几乎布满器身，纹饰细密规矩，刻划一丝不苟，图案端庄。商代中期，细密纹饰基本不见，而转趋粗放随意，几何形图案几乎不见，镂孔流行，有圆形、三角形、之字形等镂孔，均见于豆柄之上。南山窑址出土的一件豆柄上刻划有饕餮纹，主体写意化，以较粗的连贯线条勾勒出突兀的巨眼，效果极佳，图案简洁但不失威严。商代晚期，仅见有零星的极简单如"×"形刻划，出现粗凸弦纹、细弦纹等，偶见仿生做法。

5. 商代原始瓷烧成工艺

商代烧造原始瓷的窑址目前仅发现于浙江东苕溪流域，在南山窑址不仅清理了龙窑炉遗迹，还揭露了可能是属于作坊的遗迹。

揭露的 3 条窑炉遗迹均修建在小山缓坡上，平面呈长条形，主体包括火门、火膛与窑床等几部分，属富有南方地区特色的龙窑窑炉。

与春秋战国时期的原始瓷龙窑相比，南山窑址的窑炉更具原始性：龙窑总体较短；火膛不甚规整，大体呈纵向长方形，与窑床之间无明确分界，所占范围大，几乎占据窑炉的三分之一；窑床底部不平整，局部为高低不平的自然山岩，亦不见窑底铺砂现象；窑床坡度较大，最陡处达到 21°。从发现的大量窑壁坍塌块来看，窑炉的修建方法为：在地面上挖出浅坑，用竹条类材料起拱，其上铺席类竹（或芦苇）编，再用草拌泥糊抹成型。从出土的圆柱形烧结块看，窑顶中间部位使用支撑柱支撑。

窑址中大量窑壁坍塌块烧结严重，窑汗较厚，呈黑色的玻璃相，当非短时期内形成，说明单条窑炉的使用时间比较长、窑温较高。

窑址中未见支烧具，产品应直接置于窑床底部烧造。由于窑床坡度较大、底部不甚平整且不见窑底铺细砂，器物在窑床上无法平置，必须在朝向下坡的一侧支垫才能使器物放平。从出土的直接置于窑床上的器物底部黏结来看，这一时期的衬垫物并不是十分严格，既有用大块的窑渣、也有用较粗的砂粒。许多豆柄圈足底端一侧呈月牙形生烧，可能是下坡处不衬垫而将上坡部分置于砂土中形成。在第四期中出土一种圆饼形器物，制作规整，直径约 20、厚不到 2 厘米，胎质较细，一侧面生烧严重，另一侧面有叠烧器物的痕迹并黏结有小块的原始瓷片，应该是用于装烧的支垫物。这一时期的一些器物如簋、尊等，不仅器物大，且带有圈足，在陡且不平的窑底很难平置，故而使用此类圆饼形器物来承托。这种圆饼形器类似于晚期窑址的支垫具，但与支垫具还是有很大的差异。支垫具的目的不光是形成一个平面以放置器物，更重要的是窑工们已认识到了窑室内不同高低位置窑温的差别，从而避开窑室底部的低温区，这是烧成高质量的大件器物的最重要前提条件之一，如战国时期伴随着大量高大支垫具出现的是一大批高质量大型礼乐器，从而将先秦的制瓷业推向了顶峰。而商代的圆饼形器厚度不足 2 厘米，完全达不到将器物托离窑室底部低温区的作用，因此与战国以来的支垫具在功能上有很大的区别。

普遍使用叠烧工艺，一般是 2~3 件器物叠烧，其叠烧方式有：同类器物叠烧，如多件豆叠烧、多件罐叠烧、多件尊叠烧；非同类器物叠烧，如大型印纹罐上叠烧一件原始瓷小罐；同类器物之上再叠烧其他之物，如多件豆之上再叠烧一件器盖。当然，也有单件装烧的，如大型的印纹硬陶长颈侈口罐以及大口扁腹簋、盆、钵等。

Report on the Survey and Excavation of the Proto-Porcelain Kiln Sites of Xia and Shang Periods in Dongtiaoxi Creek Basin

(Abstract)

Dongtiaoxi Creek, which originates from the southern foot of Tianmu Mountain in Lin'an City within the area of Hangzhou, is located in the northern part of Zhejiang Province and flows across Lin'an, Yuhang, Deqing before it converges with Xitiao Creek in Huzhou City and disembogues into Tai Lake. Dongtiaoxi Creek is the watershed between the Tianmu Mountain area in northern Zhejiang and Hangjiahu Plain. It flows first from west to east, then turns to north, winding its way through the western part of the vast Hangjiahu plain which has fertile land, rich products, and advantages of mountains and rivers, thus possessing reasonably superior conditions for porcelain making. It is the main origin of the proto-porcelain in pre-Qin period as well as the main origin of Chinese porcelain, which has an early beginning, a long duration, an integral sequence, a large scale, excellent quality, and a wide variety.

According to current archaeological materials, during Xia and Shang periods, proto-porcelain kilns in an original stage clustered in this area. In the aspect of archaeology, they can be divided into at least three types: Piaoshan Type, Beijiashan Type and Nanshan Type. These three types, whether from body, glaze, shape or process of molding and firing, all formed a continuous development, where the earliest was Piaoshan, the latest was Nanshan, and Beijiashan was between the above two connecting them like a bridge.

In terms of the type of objects, proto-porcelain of Piaoshan Kiln was similar to stamped hard pottery. Both of them were fired in the kiln with basically equal proportions, and while the proto-porcelain objects were mainly long-necked pots, bowls, stemmed plates and so on, stamped hard pottery ones were mainly long-necked and beam-like-necked pots with zigzag pattern and occasionally with thunder-and-cloud pattern, both of which were bulky. Although the Beijiashan Kiln fired both stamped hard pottery and proto-porcelain, it was the proto-porcelain that occupied the dominant position, of which the objects were mainly stemmed plates, and there were also a certain number of bowls. Apart from the objects having dark-colored bodies that resembled the ones of Piaoshan, objects with light-colored bodies similar to proto-porcelain appeared among the stamped hard pottery. The proportion of thunder-and-cloud pattern increased, which was bulky and a little disordered. The main objects were long-necked and mouth-flared pots. Proto-porcelain was the absolute mainstream of Nanshan Kiln in the early period and there was only a small amount of stamped hard pottery. stemmed plates and bowls were still the main objects of proto-porcelain, while the stemmed plates took the overwhelming majority, the shapes of which were basically identical to the narrow-handled and thick-bodied ones in Beijiashan. Among stamped hard pottery no dark-colored body was seen, and the main pattern was the thunder-and-cloud pattern, while the main objects were still the long-necked and mouth-flared pots as well as beam-like-necked and folded-rimmed pots.

In terms of the body of objects, the proto-porcelain and the stamped hard pottery in Piaoshan Kiln were basically the same, with the dark grey bodies being the majority. The color of the body was not pure. Usually the central part of the body was dark grey, while there were also a small amount of purple ones. The texture of the bodies was generally loose and a large amount of blowholes were often seen. A small amount of such bodies remained in Beijiashan Kiln, but the light grey or off-white ones appeared. The texture was relatively fine, and the blowholes were much fewer comparing with dark grey ones. During the early period of Nanshan Kiln, almost no dark grey body was seen, which was replaced by light colored as light grey or off-white ones. The texture was finer, with relatively pure white and stable color.

In terms of the glaze of proto-porcelain, the distribution range of glaze on proto-porcelain in Piaoshan Kiln was rather small, which was generally restricted only on the shoulders and the mouths of pots, and the glazing line was not clear, with the glaze color often sauce-like brown or dark brown. Only in a small scale can we see thick glaze layer with fine glass texture. In Beijiashan Kiln, in addition to the ones whose glaze was similar to Piaoshan, most of the objects obtained obvious progress: the interior of stemmed plates was fully glazed, and the glaze layer was thick and green colored, with fine glass texture and good cementation of the body and the glaze. During the early period of Nanshan Kiln, the deep-colored glaze of Beijiashan completely disappeared, and the proportion of green glaze largely increased. The interior of stemmed plates was mostly evenly glazed, the glaze layer was thick, the one-sided and partial glazing were rarely seen.

In terms of molding process, Piaoshan Kiln mainly adopted techniques such as hand-making combining with wheel-trimming and wheel-making combining with hand-trimming, etc. Large pots may be mostly made by hand, with the mouths and rims trimmed by wheel while the little bowls mostly made by wheel with the outer side of lower body and bottom trimmed by hand. Because of the relatively thick stems of plates, which were basically wheel-made, with the plate and the stem section separately made and then combined together. Such molding technique was inherited by Beijiashan Kiln and in the early period of Nanshan Kiln. Large pots, whether proto-porcelain or stamped hard pottery, were all hand-made and wheel-trimmed, while the small bowls were wheel-made and hand-trimmed. The only change lied in the production of relatively larger stemmed plates. Ever since Beijiashan Kiln, both the stems and the bodies had been thickening, so the plates were wheel-made, the exterior of lower body were vertically trimmed with flake tools, which was the same with the outer side of the stem, and the inner side of the body was often dug rotarily by flake tools.

In terms of firing process, in Piaoshan Kiln, single proto-porcelain object was directly put in the kiln floor to fire, while stamped hard pottery were piled up mouth to mouth. This may continue to Beijiashan Kiln, but when it came to the early period of Nanshan Kiln, proto-porcelain stemmed plates also began to be piled to fire.

In terms of decoration, the products of all the three kilns, no matter proto-porcelain or stamped hard pottery, shared similar appearance and showed a kind of diachronism. The decoration pattern of proto-porcelain and stamped hard pottery can be separated completely: the majority of proto-porcelain were plain, with carved ornaments occasionally seen, and there was hardly any stamping techniques like the stamped hard pottery; the patterns were also completely different, most of which were simple patterns composed by carved stripes, such as water ripple pattern, leaf vein pattern, grid pattern, straight line pattern, etc. For stamped hard pottery in Piaoshan Kiln, zigzag pattern was popular, and when it came to Beijiashan Kiln, thunder-and–cloud pattern appeared. In the early period of Nanshan Kiln, zigzag pattern was gone and stamped thunder-and–cloud pattern was dominant, with checkered pattern occasionally seen, which came already into use in Piaoshan period. The overall decorative style was bulky, quite different from the fine-carved style of the proto-porcelain.

To summarize, the changes among the three types of kilns as Piaoshan, Beijiashan, and Nanshan were: the type of the products changed from proto-porcelain and stamped hard pottery fired together, sharing an equal proportion to the dominance of proto-porcelain and stamped hard pottery occasionally seen; the body was initially mainly dark grey colored and loose, but with the color lightening and the texture densifying, finally became light grey or steel grey with fine texture; the glaze was at the beginning mainly dark colored in local area, then changed to green glaze all over the object, and finally no dark colored glaze was seen; the molding process was a combination of wheel-making and hand-trimming or hand-making and wheel-trimming. The firing process developed from piling the stamped hard pottery for production increase in the early time to piling technique used on proto-porcelain for production increase as well due to the solution to the problem of glaze cementation in the early period of Nanshan Kiln. As for decoration, no matter in the patterns or in the techniques, there were substantial distinctions between the proto-porcelain and the stamped hard pottery.

In addition to the above three consecutive types, in the Shang Dynasty, there were also two other types as Shuidongwu and Nigushan Type. Shuidongwu Type was mainly distributed in Longshan area, Deqing County, which produced mostly stamped hard pottery, with only a small amount of proto-porcelain. Nigushan Type is currently found only in one site in Deqing, with its two kind of products as stamped hard pottery and plain hard pottery, part of whose species were with spotted glaze.

Note: The original abstract is written in Chinese by Jianming Zheng 郑建明 from Zhejiang Provincial Institute of Cultural Relics and Archaeology 浙江省文物考古研究所, translated into English by Yin Wang 王音 from School of Archaeology and Museology, Peking University 北京大学考古文博学院, and revised by Nan Cao 曹楠 from the Institute of Archaeology, Chinese Academy of Social Sciences 中国社会科学院考古研究所.

彩 版

1. 东苕溪源头——太湖源（南—北）

2. 东苕溪瓶窑段（西南—东北）

彩版一　东苕溪源头及瓶窑段

1. 东苕溪德清城关段（西南—东北）

2. 东苕溪德清城关段（西—东）

彩版二 东苕溪德清城关段

1. 东苕溪埭溪以北段（南—北）

2. 东苕溪埭溪以北段（北—南）

彩版三　东苕溪埭溪以北段

1. 东茗溪红里村段（东南—西北）

2. 东茗溪下菰城段（东—西）

彩版四　东茗溪红里村段及下菰城段

彩版五 东苕溪地形图

彩版六　火烧山窑址发掘现场（东北—西南）

1. 簋

2. 卣

3. 卣

4. 卣

彩版七　火烧山窑址出土原始瓷礼器

1. 安吉出土烤炉

3. 余杭出土鉴

2. 余杭出土甬钟

4. 绍兴出土鼎

5. 绍兴出土兽面鼎

彩版八 安吉、余杭、绍兴出土原始瓷礼、乐器

1. 绍兴出土瓿

2. 长兴出土磬

3. 长兴出土錞于

4. 长兴出土镈

5. 长兴出土句鑃

彩版九　绍兴、长兴出土原始瓷礼、乐器

1.德清亭子桥窑址发掘现场（东—西）

2.鼓座

彩版一〇　德清亭子桥窑址发掘现场及出土原始瓷乐器

1. 甬钟

3. 鼎

4. 瓿

2. 尊

5. 鉴

彩版一一　德清亭子桥窑址出土原始瓷礼、乐器

1. 尼姑山商代窑址发掘现场（东—西）

2. 龙山片区窑址群（南—北）

彩版一二　德清尼姑山窑址及龙山片区窑址群

1. 北片窑址分布（东南—西北）

2. 南片窑址分布（东南—西北）

彩版一三　湖州青山片区窑址群

1. 亭子桥窑址南边古河道
   （西北—东南）

2. 亭子桥窑址南边古河道
   （东北—西南）

3. 亭子桥窑址南边古河道
   （东南—西北）

彩版一四　德清亭子桥窑址南边古河道

1.南山窑址周边古河道（西南—东北）

2.龙山片区窑址群中的古地名（前埠）

3.龙山片区窑址群中的古地名（上市）

彩版一五　德清南山窑址及龙山片区窑址群周边环境

1. 湖州南山商代窑址出土主要器物

2. 德清亭子桥窑址出土标本

3. 德清火烧山出土春秋早期原始瓷标本

4. 德清亭子桥窑址出土标本

彩版一六　东苕溪流域出土部分原始瓷标本

彩版一七　夏商窑址环境（西北—东南）

1. Ⅰ区（北—南）

2. Ⅱ区（东南—西北）

彩版一八　湖州瓢山窑址

1. 发掘现场（东南—西北）

2. 发掘现场（东南—西北）

3. 采集遗物

彩版一九　湖州瓢山窑址Ⅱ区发掘现场

1. TG1（西南—东北）

2. TG1（东南—西北）

彩版二〇　湖州瓢山窑址Ⅱ区探沟（一）

1. TG4（西南—东北）

2. TG5东壁

彩版二一　湖州瓢山窑址Ⅱ区探沟（二）

1. 龙窑窑炉遗迹（东南—西北）

2. 窑炉残存的窑壁（东南—西北）

彩版二二　湖州瓢山窑址Ⅱ区窑炉

1. 湖·瓢ⅡTG1⑥：1

2. 湖·瓢ⅡTG1⑦：11

3. 湖·瓢ⅡTG4⑤：9

4. 湖·瓢ⅡTG4⑦：4

彩版二三　　湖州瓢山窑址Ⅱ区下文化层原始瓷长颈侈口罐（一）

1. 湖・瓢 II TG4⑦：13

2. 湖・瓢 II TG4⑦：14

彩版二四　湖州瓢山窑址 II 区下文化层原始瓷长颈侈口罐（二）

2. 湖·瓢 ⅡTG5④：23

1. 湖·瓢 ⅡTG5④：11

彩版二五　湖州瓢山窑址Ⅱ区下文化层原始瓷长颈侈口罐（三）

2. 湖・瓢ⅡTG4⑥：12

1. 湖・瓢ⅡTG1⑦：1

彩版二六　湖州瓢山窑址Ⅱ区下文化层原始瓷小罐

1. 敞口斜直腹钵（湖·瓢ⅡTG1⑦：5）

2. 敞口斜直腹钵（湖·瓢Ⅱ采：2）　　　　3. 侈口弧腹钵（湖·瓢ⅡTG4⑤：13）

彩版二七　湖州瓢山窑址Ⅱ区下文化层原始瓷钵（一）

2. 侈口弧腹钵（湖·瓢ⅡTG4⑦：2）

1. 侈口弧腹钵（湖·瓢ⅡTG4⑥：1）

3. 侈口弧腹钵（湖·瓢ⅡTG5④：2）

彩版二八　湖州瓢山窑址Ⅱ区下文化层原始瓷钵（二）

1. 粗高喇叭形圈足豆（湖·瓢ⅡTG4⑦：19）

2. 细高喇叭形圈足豆（湖·瓢ⅡTG1⑦：8）

3. 细高喇叭形圈足豆（湖·瓢ⅡTG5③：16）

4. 细高喇叭形圈足豆（湖·瓢ⅡTG5④：4）

5. 戈（湖·瓢ⅡTG5③：40）

彩版二九　湖州瓢山窑址Ⅱ区下文化层原始瓷豆、戈

1. 湖·瓢ⅡTG1②：3

3. 湖·瓢ⅡTG5④：19

2. 湖·瓢ⅡTG1⑦：16

彩版三〇　湖州瓢山窑址Ⅱ区下文化层原始瓷三足盘

1. 球形器（湖·瓢ⅡTG1⑦：2）

3. 拍（湖·瓢ⅡTG1⑦：6）

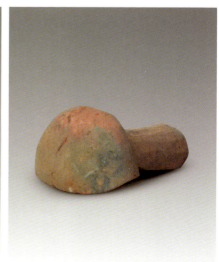

4. 拍（湖·瓢Ⅱ采：1）

2. 球形器（湖·瓢ⅡTG5④：3）　　5. 垫（湖·瓢ⅡTG1⑦：4）　　6. 垫（湖·瓢ⅡTG3②：4）

彩版三一　湖州瓢山窑址Ⅱ区下文化层原始瓷球形器、拍、垫

1. 长颈侈口罐（湖·瓢ⅡTG5③：29）

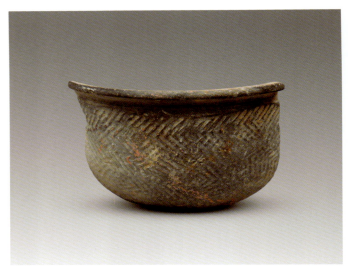

4. 束颈翻折沿罐（湖·瓢ⅡTG4⑤：5）

2. 短颈侈口罐（湖·瓢ⅡTG5③：28）

3. 束颈翻折沿罐（湖·瓢ⅡTG1⑥：4）

5. 束颈翻折沿罐（湖·瓢ⅡTG5②：1）

彩版三二　湖州瓢山窑址Ⅱ区下文化层印纹硬陶罐

1. 束颈翻折沿罐（湖·瓢Ⅱ TG5③：10）

2. 钵（湖·瓢Ⅱ采：5）

彩版三三　湖州瓢山窑址Ⅱ区下文化层印纹硬陶罐、钵

1. 湖・瓢ⅡTG4⑦：18

4. 湖・瓢ⅡTG5③：31

2. 湖・瓢ⅡTG5②：6

5. 湖・瓢ⅡTG5③：32

3. 湖・瓢ⅡTG5②：7

彩版三四　湖州瓢山窑址Ⅱ区下文化层器物纹饰（一）

1. 湖·瓤 II TG5④：13

2. 湖·瓤 II TG4⑦：17

3. 湖·瓤 II TG5②：4

4. 湖·瓤 II TG5②：5

1. 窑址（西北—东南）

2. 原始瓷罐（湖·金Ⅰ∶5）

3. 印纹硬陶罐（湖·金Ⅰ∶7）

彩版三六　　湖州金龙山窑址及采集标本

1. 窑址（东南—西北）

2. TG1（东—西）

彩版三七　湖州北家山窑址

2. 湖·北TG1③：3

1. 湖·北TG1③：2

彩版三八　湖州北家山窑址原始瓷豆（一）

1. 湖·北TG1③：22

3. 湖·北TG2③：16

2. 湖·北TG2③：6

4. 湖·北TG2③：8

彩版三九　湖州北家山窑址原始瓷豆（二）

3. 原始瓷三足盘（湖·北TG1③：11）

1. 原始瓷钵（湖·北TG1③：7）

4. 原始瓷长颈侈口罐（湖·北TG2③：9）

2. 原始瓷钵（湖·北TG1③：18）

5. 硬陶长颈侈口罐（湖·北TG1③：20）

彩版四〇　湖州北家山窑址原始瓷钵、三足盘、长颈侈口罐及硬陶长颈侈口罐

1. 窑址远景（西南—东北）

2. 窑址东远景（西南—东北）

彩版四一　德清水洞坞窑址远景

1. 东Ⅰ区TG1东壁剖面（西北—东南）

2. 东Ⅱ区地层（西北—东南）

彩版四二　德清水洞坞窑址东Ⅰ区、东Ⅱ区

1. 原始瓷豆（德・水东ⅠTG1④：1）　　　　3. 印纹硬陶长颈侈口罐类器物（德・水东ⅠTG1④：7）

2. 原始瓷豆（德・水东ⅠTG2③：1）

彩版四三　德清水洞坞窑址出土原始瓷豆、印纹硬陶长颈侈口罐类器物

1. 安全山窑址（东—西）

2. 安全山窑址Ⅰ区地层堆积

3. 南山窑址Ⅰ区远景（西—东）

彩版四四　德清安全山、南山窑址

1. 秧田冲窑址远景（东—西）

2. 秧田冲窑址Ⅰ区（东—西）

3. 蔡家山窑址Ⅱ区（西南—东北）

彩版四五　德清秧田冲、蔡家山窑址

1. 窑坞里窑址环境（西—东）

2. 湾头山窑址远景（西南—东北）

3. 下漾山窑址Ⅱ区（南—北）

彩版四六　德清窑坞里、湾头山、下漾山窑址

1. 窑址（南—北）

2. 窑址（东—西）

3. 窑址地面标本

4. 窑址地面标本

彩版四七　湖州黄梅山窑址

1. 窑址远景（西—东）

2. 窑址（西南—东北）

3. 窑址堆积层

彩版四八　湖州凤花庵窑址

1. 岳家坝窑址（东—西）

2. 常照寺窑址（北—南）

3. 常照寺窑址地面标本

彩版四九　湖州岳家坝、常照寺窑址

1. 牛头矶窑址（北—南）

2. 后头山窑址（西南—东北）

彩版五〇　湖州牛头矶、后头山窑址

1. 周家山窑址远景（北—南）

2. 周家山窑址Ⅰ区

3. 周家山窑址Ⅱ区地面标本

彩版五一　　湖州周家山窑址

1. 上干窑址（西南—东北）

2. 上干窑址钻探调查

3. 上干窑址钻探调查

彩版五二　湖州上干窑址（一）

1.上干窑址钻探调查

2.上干窑址Ⅰ区地层与陶片

3.上干窑址Ⅲ区采集到的标本

彩版五三　湖州上干窑址（二）

1. 前山窑址（西南—东北）

2. 前山窑址Ⅱ区（西南—东北）

3. 前山窑址Ⅱ区地面标本

彩版五四　湖州前山窑址

1. 牛头山窑址（东北—西南）

2. 牛头山窑址Ⅰ区（北—南）

3. 牛头山窑址Ⅰ区出土三足盘（湖·头Ⅰ：1）

4. 牛头山窑址Ⅱ区地面标本

彩版五五　　湖州牛头山窑址

1.下沈窑址（东南—西北）

2.下沈窑址地面标本

彩版五六　湖州下沈窑址

1. 虎墩山窑址（西—东）

2. 虎墩山窑址地面标本

彩版五七　湖州虎墩山窑址

1. 城山窑址（东北—西南）

2. 城山窑址地面散落瓷片

彩版五八　德清城山窑址

1. 东苕溪通往青山的河道

2. 窑址远景（东南—西北）

彩版五九　湖州南山窑址远景（一）

1. 窑址远景（西南—东北）

2. 窑址远景（北—南）

3. 窑址 I 区远景（北—南）

彩版六〇　湖州南山窑址远景（二）

1. 发掘后的场景（北—南）

2. T302发掘现场

彩版六一　湖州南山窑址发掘场景

1. T302东北壁

2. T303东壁

彩版六二　湖州南山窑址T302、T303

1. T303西北壁

2. T302—T303北壁

彩版六三　湖州南山窑址T302、T303

1. T301—T401西壁

2. T402东北壁

彩版六四　湖州南山窑址T301—T401、T402

1. T402南壁

2. T403西南壁

彩版六五　湖州南山窑址T402、T403

1. T303—403东壁

2. T402—T403东北壁

彩版六六　湖州南山窑址T303—T403、T402—T403

1. T404西北角地层

2. T404西壁

彩版六七　湖州南山窑址T404（一）

1. T404⑤层下地层（东北—西南）

2. T404清理现场

1. Y1、Y2（东北—西南）

2. Y1、Y2（东南—西北）

彩版六九　湖州南山窑址Y1、Y2

1. Y2露头

Y1

Y2

2. Y2清理前（东北—西南）

彩版七〇　湖州南山窑址Y2（一）

1. Y2解剖（东—西）

2. Y2解剖（东北—西南）

3. Y2解剖（东北—西南）

彩版七一　湖州南山窑址Y2（二）

1. Y2东侧窑壁

2. Y2窑壁坍塌块

3. Y2拱形坍塌块

彩版七二　　湖州南山窑址Y2（三）

1. Y2火门前红烧土面

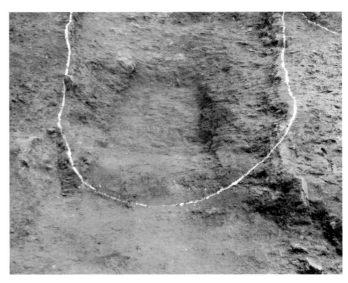

2. Y2火膛及火门前红烧土面

3. Y2火膛西侧壁

4. Y2火膛内的堆积

5. Y2火膛内堆积与窑室内坍塌块叠压关系

1. Y1～Y3清理前（东北—西南）

2. Y1～Y3清理后（东北—西南）

彩版七四　湖州南山窑址Y1～Y3

1. Y3露头（南—北）

2. Y3清理前（东北—西南）

彩版七五　湖州南山窑址Y3（一）

1. Y3清理前（西北—东南）

3. Y3内的地层堆积（东南—西北）

2. Y3清理前西壁（南—北）

彩版七六　湖州南山窑址Y3（二）

1. Y3窑壁红烧土中的草拌物

2. Y3火门前红烧土面

3. Y3底部不平的基岩块

4. Y3窑炉内堆积

彩版七七　湖州南山窑址Y3（三）

1. H7（北—南）

2. H7底部残留青灰泥

3. H8（北—南）

彩版七八　湖州南山窑址H7、H8

1. H1（西南—东北）

2. H2（南—北）

彩版七九　湖州南山窑址H1、H2

1. H3（东南—西北）

2. H4与H5（东南—西北）

彩版八〇　湖州南山窑址H3～H5

1. H9（东北—西南）

2. H10

3. H10（西北—东南）

彩版八一　湖州南山窑址H9、H10

1. G1露头（东南—西北）

2. G1（西南—东北）

3. G1与H10（东南—西北）

彩版八二　湖州南山窑址G1

1. A Ⅰ 式豆（湖·南Ⅰ T302⑥：2）

3. A Ⅰ 式豆（湖·南Ⅰ T302⑥：11）

彩版八三　湖州南山窑址Ⅰ区第一期原始瓷豆（一）

1. AⅠ式豆（湖・南ⅠT402⑮：1）

2. AⅠ式豆（湖・南ⅠT402⑬：1）

3. AⅠ式豆（湖・南ⅠT402⑬：2）

4. AⅠ式豆（湖・南ⅠT402⑮：3）

彩版八四　湖州南山窑址Ⅰ区第一期原始瓷豆（二）

1. AⅠ式豆（湖・南T404⑨：1）

2. AⅠ式豆（湖・南ⅠG1：1）

3. AⅠ式豆（湖・南ⅠG1：2）

4. AⅠ式豆（湖・南ⅠG1：3）

5. AⅠ式豆（湖・南ⅠH8：4）

彩版八五　湖州南山窑址Ⅰ区第一期原始瓷豆（三）

2．AⅡ式豆（湖・南ⅠT302⑥：3）

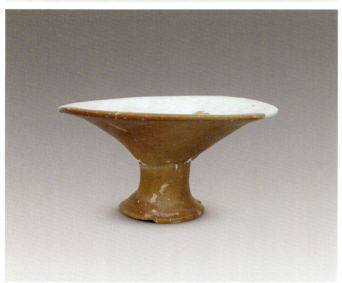

3．AⅡ式豆（湖・南ⅠT302⑥：4）

1．AⅡ式豆（湖・南ⅠT302⑥：1）

4．AⅡ式豆（湖・南ⅠT302⑥：6）

彩版八六　湖州南山窑址Ⅰ区第一期原始瓷豆（四）

1. AⅡ式豆（湖·南ⅠT302⑥：7）

2. AⅡ式豆（湖·南ⅠT302⑥：8）

3. AⅡ式豆（湖·南ⅠT402⑮：2）

4. AⅡ式豆（湖·南ⅠT402⑬：3）

5. AⅡ式豆（湖·南ⅠT402⑬：4）

彩版八七　湖州南山窑址Ⅰ区第一期原始瓷豆（五）

4. G I 式豆（湖·南 I T302⑥：12）

1. A II 式豆（湖·南 I T402⑬：5）

2. C I 式豆（湖·南 I T402⑭：5）

5. 钵形豆（湖·南G1：7）

3. D型豆（湖·南 I T402⑬：6）

6. 豆柄（湖·南 I T402⑭：1）

彩版八八　湖州南山窑址 I 区第一期原始瓷豆（六）

1. A型钵（湖·南ⅠT402⑮：10）

2. A型钵（湖·南ⅠT402⑬：8）

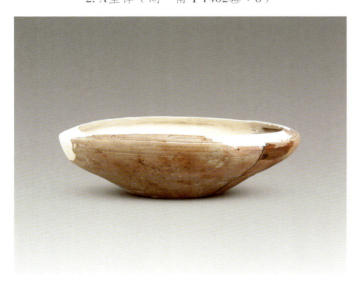

3. BⅠ式钵（湖·南G1：11）

4. BⅠ式钵（湖·南ⅠT402⑮：4）

彩版八九　湖州南山窑址Ⅰ区第一期原始瓷钵（一）

1. C I 式钵（湖·南 I T402⑬：9）

2. D 型钵（湖·南 I T402⑬：12）　　　　3. D 型钵（湖·南 I T402⑬：13）

彩版九〇　湖州南山窑址 I 区第一期原始瓷钵（二）

1. D型钵（湖·南ⅠG1：12）

4. A型盂（湖·南T402⑬：11）

2. D型钵（湖·南ⅠG1：14）

5. A型盂（湖·南T404⑨：2）

3. E型钵（湖·南ⅠT402⑮：7）

6. 盆（湖·南ⅠG1：15）

彩版九一　湖州南山窑址Ⅰ区第一期原始瓷钵、盂、盆

1. 大器盖（湖·南ⅠT402⑬：19）

2. 残器盖（湖·南ⅠⅠH8：1）

彩版九二　湖州南山窑址Ⅰ区第一期原始瓷器盖

1. 湖·南ⅠG1：4

2. 湖·南ⅠG1：5

3. 湖·南ⅠH8：3

4. 湖·南ⅠG1：6

彩版九三　湖州南山窑址Ⅰ区第一期原始瓷刻划纹饰和符号

1. 长颈侈口罐（湖·南Ⅰ T302⑥：9）

2. 长颈侈口罐（湖·南Ⅰ T402⑮：14）

3. 长颈侈口罐（湖·南Ⅰ T402⑬：16）

4. 长颈侈口罐（湖·南Ⅰ T402⑬：17）

彩版九四　湖州南山窑址Ⅰ区第一期印纹硬陶罐

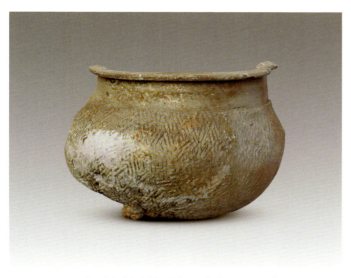

1. 中颈小折沿罐（湖·南Ⅰ G1：17）

2. 束颈翻折沿罐（湖·南Ⅰ T402⑮：12）

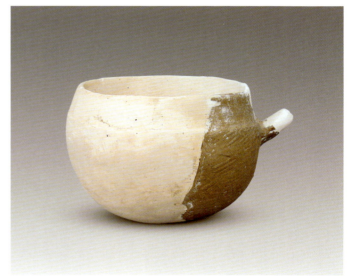

3. 短颈直口鼓腹罐（湖·南Ⅰ T402⑮：15）

彩版九五　湖州南山窑址Ⅰ区第一期印纹硬陶罐

1. 湖·南Ⅰ T402⑮：17

4. 湖·南Ⅰ T402⑬：21

2. 湖·南Ⅰ T402⑬：15

5. 湖·南Ⅰ T402⑬：22

6. 湖·南Ⅰ T402⑬：23

3. 湖·南Ⅰ T402⑬：20

7. 湖·南Ⅰ T402⑬：24

彩版九六　湖州南山窑址Ⅰ区第一期印纹硬陶拍印纹饰

湖·南Ⅰ T302⑥：10

彩版九七　湖州南山窑址Ⅰ区第一期烧结块

1. AⅡ式豆（湖·南T404⑧：2）

2. AⅢ式豆（湖·南ⅠT402⑫：4）

3. AⅢ式豆（湖·南ⅠT402⑫：7）

4. AⅢ式豆（湖·南ⅠT402⑫：6）

彩版九八　湖州南山窑址Ⅰ区第二期原始瓷豆（一）

1. AⅢ式豆（湖・南Ⅰ T402⑫：2）　　　　　　2. AⅢ式豆（湖・南Ⅰ T402⑫：3）

彩版九九　湖州南山窑址Ⅰ区第二期原始瓷豆（二）

2. D型豆（湖·南ⅠT402⑫：9）

1. AⅢ式豆（湖·南T404⑧：1）

3. 盆型豆（湖·南ⅠT402⑫：8）

4. 豆柄（湖·南T404⑧：5）

2. B I 式钵（湖·南 I T404⑧：9）

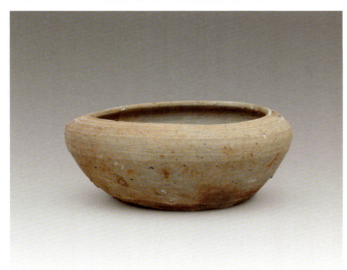

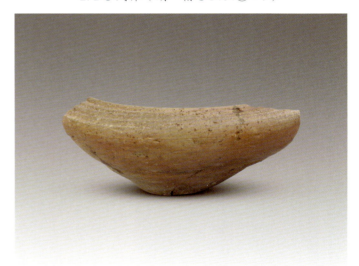

3. B II 式钵（湖·南 I T402⑫：17）

1. A型钵（湖·南 I T404⑧：7）

4. C II 式钵（湖·南 I T404⑧：10）

彩版一〇一　湖州南山窑址 I 区第二期原始瓷钵

2. E型钵（湖·南Ⅰ T404⑧：13）

1. D型钵（湖·南Ⅰ T404⑧：8）

3. AⅠ式罐（湖·南Ⅰ T402⑪：1）

彩版一〇二　湖州南山窑址Ⅰ区第二期原始瓷钵、罐

3. 原始瓷Aa型器盖（湖·南ⅠT402⑫：23）

4. 原始瓷刻划符号（湖·南ⅠT402⑫：18）

1. 原始瓷大器盖（湖·南ⅠT402⑫：19）

5. 原始瓷刻划纹饰（湖·南ⅠT404⑧：3）

2. 原始瓷Aa型器盖（湖·南ⅠT402⑫：21）

6. 印纹硬陶短颈直口鼓腹罐（湖·南ⅠT204②：2）

彩版一〇三　湖州南山窑址Ⅰ区第二期原始瓷器盖、刻划纹饰与符号及印纹硬陶罐

1. 湖·南ⅠT402⑫：24

2. 湖·南ⅠT404⑧：15

3. 湖·南ⅠT404⑧：16

湖·南ⅠT404⑧：18

1. AⅢ式豆（湖·南ⅠT302⑤：9）

4. AⅢ式豆（湖·南ⅠT302⑤：14）

2. AⅢ式豆（湖·南ⅠT302⑤：10）

3. AⅢ式豆（湖·南ⅠT302⑤：13）

5. AⅢ式豆（湖·南ⅠT402⑩：13）

彩版一〇六　湖州南山窑址Ⅰ区第三期原始瓷豆（一）

3. BI式豆（湖·南IT302⑤：17）

1. AⅢ式豆（湖·南IT402⑩：14）

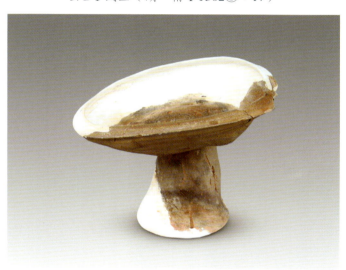

4. BI式豆（湖·南IT302⑤：24）

2. AⅢ式豆（湖·南IT402⑩：15）

5. BI式豆（湖·南IT302⑤：26）

2. BⅠ式豆（湖·南ⅠT302⑤：27）

3. BⅠ式豆（湖·南ⅠT302⑤：30）

1. BⅠ式豆（湖·南ⅠT302⑤：28）

4. BⅠ式豆（湖·南ⅠT402⑩：5）

彩版一〇八　湖州南山窑址Ⅰ区第三期原始瓷豆（三）

2. BⅠ式豆（湖·南ⅠT402⑩：16）

3. BⅡ式豆（湖·南ⅠT302⑤：23）

1. BⅠ式豆（湖·南ⅠT402⑩：2）

4. BⅡ式豆（湖·南ⅠT302⑤：29）

1. BⅡ式豆（湖·南ⅠT302⑤：32）

2. BⅡ式豆（湖·南ⅠT302⑤：31）

3. BⅡ式豆（湖·南ⅠT302⑤：37）

彩版一一〇　湖州南山窑址Ⅰ区第三期原始瓷豆（五）

1. BⅡ式豆（湖·南ⅠT302⑤：35）　　　　2. BⅡ式豆（湖·南ⅠT402⑩：17）

1. B Ⅱ 式豆（湖・南 Ⅰ T402⑩：18）

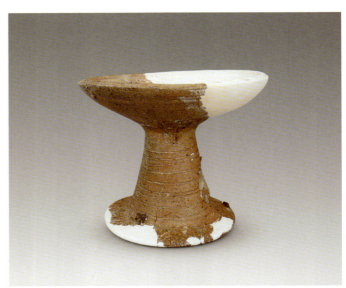

2. B Ⅱ 式豆（湖・南 Ⅰ T402⑩：19）

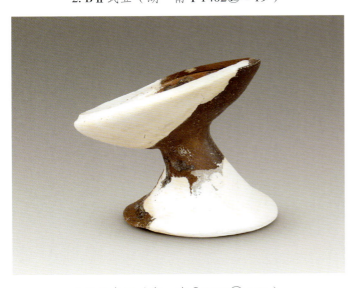

3. B Ⅱ 式豆（湖・南 Ⅰ T402⑩：21）

4. B Ⅱ 式豆（湖・南 Ⅰ T404⑦：1）

1. CⅡ式豆（湖・南ⅠT302⑤：18）

3. CⅡ式豆（湖・南ⅠT302⑤：25）

2. CⅡ式豆（湖・南ⅠT302⑤：20）

4. CⅡ式豆（湖・南ⅠT402⑩：9）

5. CⅡ式豆（湖・南ⅠT402⑩：10）

彩版一一三　湖州南山窑址Ⅰ区第三期原始瓷豆（八）

1. C Ⅱ 式豆（湖·南Ⅰ T402⑩：8）

2. C Ⅱ 式豆（湖·南Ⅰ T402⑩：11）

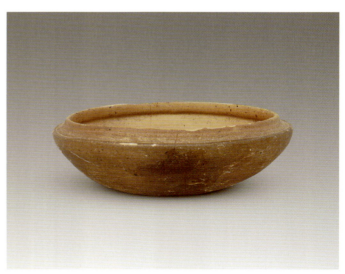

3. C Ⅱ 式豆（湖·南Ⅰ T402⑩：12）

彩版一一四　湖州南山窑址Ⅰ区第三期原始瓷豆（九）

1. D型豆（湖·南ⅠT302⑤：38）

3. D型豆（湖·南ⅠT402⑩：22）

2. D型豆（湖·南ⅠT302⑤：40）

4. 豆柄（湖·南ⅠT302⑤：44）

5. 豆柄（湖·南ⅠT302⑤：45）

1. 豆柄（湖·南Ⅰ T302⑤：46）

4. 豆柄（湖·南Ⅰ T402⑩：23）

2. 豆柄（湖·南Ⅰ T302⑤：47）

5. 豆柄（湖·南Ⅰ T402⑩：24）

3. 豆柄（湖·南Ⅰ T302⑤：48）

6. 豆柄（湖·南T404⑦：6）

2. AⅡ式罐（湖·南Ⅰ T302⑤：51）

3. AⅡ式罐（湖·南Ⅰ T302⑤：52）

4. AⅡ式罐（湖·南Ⅰ T302⑤：53）

1. AⅡ式罐（湖·南Ⅰ T302⑤：49）

5. AⅡ式罐（湖·南Ⅰ T302⑤：55）

1. AⅡ式罐（湖·南Ⅰ T302⑤：57）

2. AⅡ式罐（湖·南Ⅰ T302⑤：59）

3. AⅡ式罐（湖·南Ⅰ T302⑤：60）

4. AⅡ式罐（湖·南Ⅰ T402⑩：25）

5. AⅡ式罐（湖·南Ⅰ T402⑩：26）

6. AⅡ式罐（湖·南Ⅰ T402⑩：28）

7. AⅡ式罐（湖·南Ⅰ T402⑩：30）

8. C型罐（湖·南Ⅰ T404⑦：11）

彩版一一八　湖州南山窑址Ⅰ区第三期原始瓷罐（二）

1. AⅡ式小罐（湖·南ⅠT302⑤：64）

5. A型钵（湖·南ⅠT302⑤：75）

2. AⅡ式小罐（湖·南ⅠT302⑤：65）

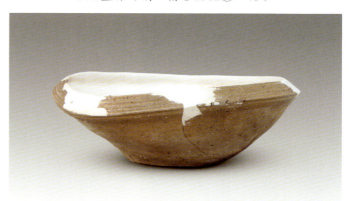

3. AⅡ式小罐（湖·南T402⑩：36）

6. BⅠ式钵（湖·南ⅠT402⑩：35）

4. AⅡ式小罐（湖·南T402⑩：37）

7. BⅠ式钵（湖·南ⅠT402⑩：41）

彩版一一九　湖州南山窑址Ⅰ区第三期原始瓷小罐、钵

2. CⅡ式钵（湖・南Ⅰ T302⑤：74）

3. CⅡ式钵（湖・南Ⅰ T402⑩：39）

1. BⅢ式钵（湖・南Ⅰ T302⑤：69）

4. A型盂（湖・南Ⅰ T302⑤：67）

彩版一二〇　湖州南山窑址Ⅰ区第三期原始瓷钵、盂

1. 大器盖（湖·南ⅠT302⑤：81）

3. Aa型器盖（湖·南ⅠT302⑤：83）

2. 大器盖（湖·南ⅠT302⑤：82）

4. Aa型器盖（湖·南ⅠT302⑤：85）

彩版一二一　湖州南山窑址Ⅰ区第三期原始瓷器盖（一）

1. Aa型器盖（湖·南Ⅰ T402⑩：48）

3. Aa型器盖（湖·南Ⅰ T402⑩：46）

2. Aa型器盖（湖·南Ⅰ T402⑩：50）

4. Aa型器盖（湖·南Ⅰ T402⑩：49）

1. Ab型器盖（湖·南Ⅰ T402⑩：51）

2. Ab型器盖（湖·南Ⅰ T302⑤：93 ）

3. Ab型器盖（湖·南Ⅰ T402⑩：52）

彩版一二三　湖州南山窑址Ⅰ区第三期原始瓷器盖（三）

1. Ac型器盖（湖・南ⅠT402⑩：53）

3. Ad型器盖（湖・南ⅠT404⑦：4）

2. Ad型器盖（湖・南ⅠT302⑤：95）

1. 其他器盖（湖·南Ⅰ T404⑦：2）　　　　2. 纺轮（湖·南Ⅰ T302⑤：105）

彩版一二五　湖州南山窑址Ⅰ区第三期原始瓷器盖、纺轮

1. 长颈侈口罐（湖·南 I T402⑩：70）

2. 长颈侈口罐（湖·南 I T404⑦：7）

3. 长颈敞口罐（湖·南 I T302⑤：8）

4. 长颈敞口罐（湖·南 I T402⑩：60）

5. 短颈侈口罐（湖·南 I T402⑩：69）

6. 短颈侈口罐（湖·南 I T404⑦：5）

彩版一二六　湖州南山窑址 I 区第三期印纹硬陶罐（一）

1. 短颈直口鼓腹罐（湖・南Ⅰ T302⑤：104）

2. 短颈直口鼓腹罐（湖・南Ⅰ T402⑩：56）

3. 短颈直口鼓腹罐（湖・南Ⅰ T402⑩：57）

4. 短颈直口鼓腹罐（湖・南Ⅰ T302⑤：106）

彩版一二七　湖州南山窑址Ⅰ区第三期印纹硬陶罐（二）

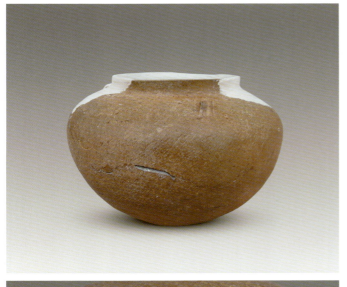

3. 圈足罐（湖·南 I T402⑩：66）

1. 短颈直口鼓腹罐（湖·南 I T402⑩：58）

2. 敛口罐（湖·南 I T404⑦：14）

4. 研钵（湖·南 I T302⑤：96）

彩版一二八　湖州南山窑址 I 区第三期印纹硬陶罐、研钵

1. 叠烧标本（湖·南ⅠT402⑩：1）

2. 烧结块（湖·南ⅠT302⑤：1）

3. 烧结块（湖·南ⅠT302⑤：2）

彩版一二九　湖州南山窑址Ⅰ区第三期装烧遗物（一）

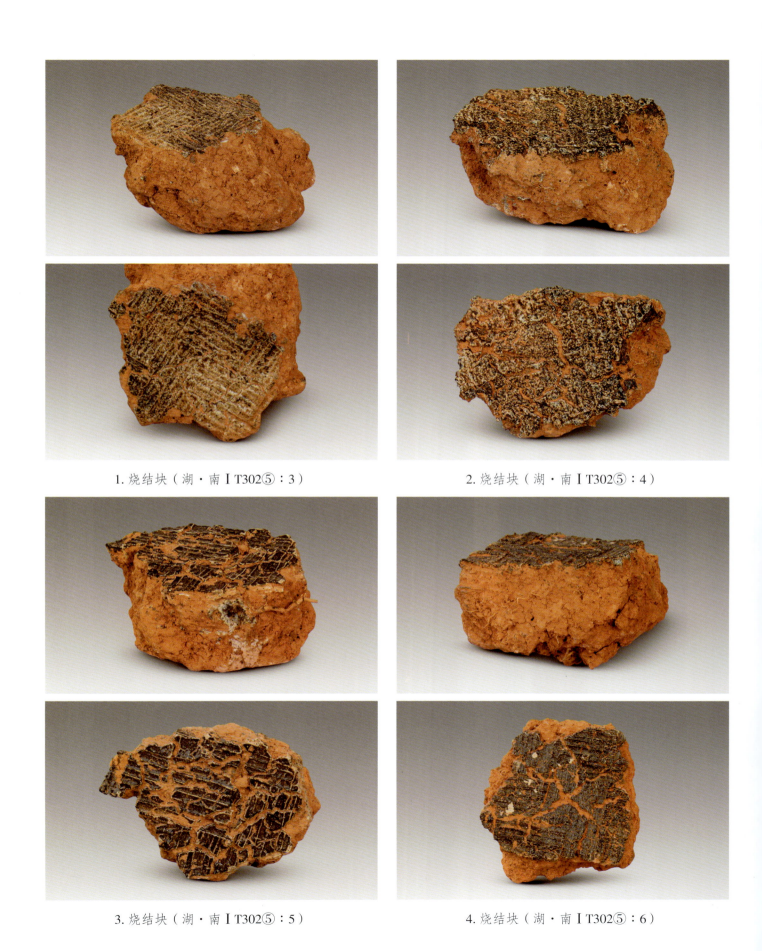

1. 烧结块（湖·南Ⅰ T302⑤：3）

2. 烧结块（湖·南Ⅰ T302⑤：4）

3. 烧结块（湖·南Ⅰ T302⑤：5）

4. 烧结块（湖·南Ⅰ T302⑤：6）

彩版一三〇　湖州南山窑址Ⅰ区第三期装烧遗物（二）

2. 烧结块（湖·南ⅠT402⑩：67）

1. 烧结块（湖·南ⅠT302⑤：7）　　　　　3. 烧结块（湖·南ⅠT402⑩：75）

彩版一三一　湖州南山窑址Ⅰ区第三期装烧遗物（三）

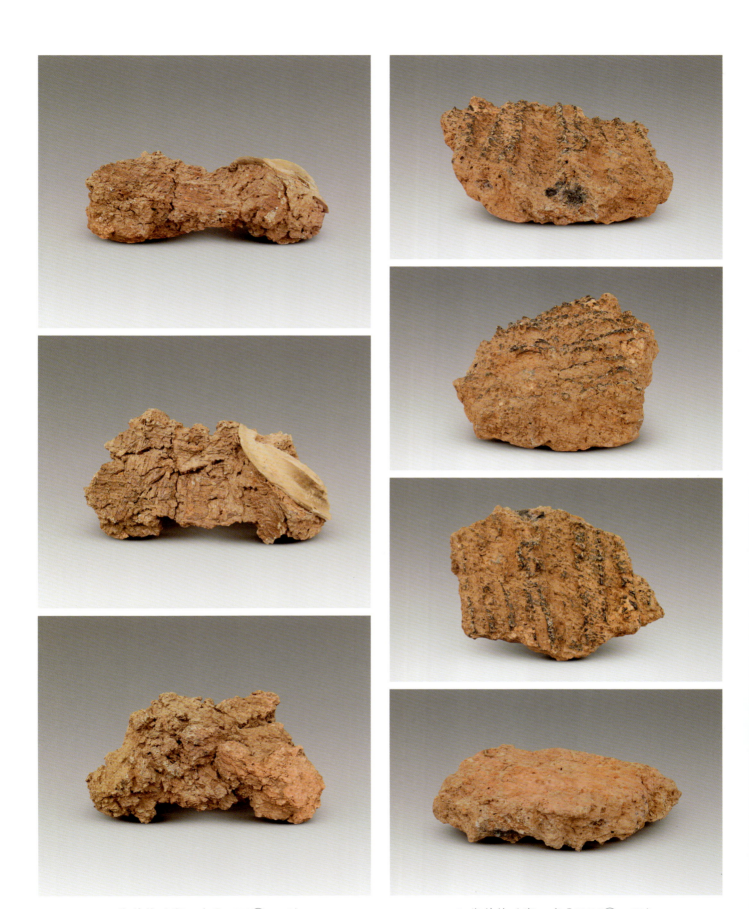

1. 烧结块（湖·南ⅠT402⑩：76）　　　　　　2. 烧结块（湖·南ⅠT402⑩：77）

彩版一三二　湖州南山窑址Ⅰ区第三期装烧遗物（四）

1. BⅢ式豆（湖・南ⅠT402⑨：2）

2. BⅢ式豆（湖・南ⅠT402⑧：1）

3. BⅢ式豆（湖・南ⅠT402⑨：3）

彩版一三三　湖州南山窑址Ⅰ区第四期原始瓷豆（一）

1. BⅢ式豆（湖·南ⅠT402⑧：2）　　　　2. BⅢ式豆（湖·南ⅠT402⑧：4）

彩版一三四　湖州南山窑址Ⅰ区第四期原始瓷豆（二）

1. BⅢ式豆（湖・南ⅠT402⑧：5）

2. BⅢ式豆（湖・南ⅠT402⑧：6）

3. BⅢ式豆（湖・南ⅠT402④：1）

4. BⅢ式豆（湖・南ⅠT402④：7）

5. BⅢ式豆（湖・南ⅠH7：1）

6. GⅡ式豆（湖・南ⅠT404③：3）

彩版一三五　湖州南山窑址Ⅰ区第四期原始瓷豆（三）

2. 子母口浅坦腹豆（湖·南Ⅰ T402④：6）

3. 子母口浅坦腹豆（湖·南Ⅰ T404③：1）

4. 浅弧腹豆（湖·南Ⅰ T402⑨：9）

1. CⅡ式豆（湖·南Ⅰ T404③：8）

5. 豆柄（湖·南Ⅰ T404⑥：9）

彩版一三六　湖州南山窑址Ⅰ区第四期原始瓷豆（四）

1. AⅡ式罐（湖・南ⅠT402⑨：4）

2. AⅡ式罐（湖・南ⅠT402⑨：7）

3. AⅡ式罐（湖・南ⅠT402⑨：10）

4. AⅡ式罐（湖・南ⅠT402⑧：9）

5. AⅡ式罐（湖・南ⅠT402⑧：10）

6. AⅡ式罐（湖・南ⅠT402⑧：13）

7. AⅡ式罐（湖・南ⅠT402⑧：15）

8. AⅡ式罐（湖・南ⅠT402④：8）

彩版一三七　湖州南山窑址Ⅰ区第四期原始瓷罐（一）

2. AⅡ式罐（湖·南ⅠT402④：10）

1. AⅡ式罐（湖·南ⅠT402④：9）

3. AⅡ式罐（湖·南ⅠT404③：5）

彩版一三八　湖州南山窑址Ⅰ区第四期原始瓷罐（二）

1. AⅡ式罐（湖·南ⅠT404①：1）

2. C型罐（湖·南ⅠT404③：4）

4. AⅡ式小罐（湖·南ⅠT402⑨：5）

3. AⅡ式小罐（湖·南ⅠT404⑥：2）

5. AⅡ式小罐（湖·南ⅠY2：2）

1. C型小罐（湖·南ⅠT402⑧：24）

4. E型钵（湖·南ⅠT404⑥：8）

2. BⅡ式钵（湖·南ⅠT404③：6）

5. D型钵（湖·南ⅠT404⑥：11）

3. CⅡ式钵（湖·南ⅠT402⑧：23）

6. B型盂（湖·南ⅠT404⑥：5）

1. Aa型器盖（湖·南ⅠT402⑧：17）

2. Aa型器盖（湖·南ⅠT402⑦：5）

3. Ab型器盖（湖·南ⅠT402⑨：6）

4. Ab型器盖（湖·南ⅠT402④：15）

5. Ac型器盖（湖·南ⅠT402⑧：16）

6. Ac型器盖（湖·南ⅠT404⑤：1）

7. Ac型器盖（湖·南ⅠT404⑤：2）

1. Ad型器盖（湖·南ⅠT402⑦：6）

2. Ad型器盖（湖·南ⅠT402④：14）

3. Ad型器盖（湖·南ⅠT404⑥：1）

4. Ad型器盖（湖·南ⅠT404③：7）

彩版一四二　湖州南山窑址Ⅰ区第四期原始瓷器盖（二）

1. 短颈直口鼓腹罐（湖·南ⅠT402⑧：18）

3. 短颈直口鼓腹罐（湖·南ⅠT402④：12）

2. 短颈直口鼓腹罐（湖·南ⅠT402⑧：22）

彩版一四三　湖州南山窑址Ⅰ区第四期印纹硬陶罐

1. 湖·南 I T402④：16

2. 湖·南 I T402④：17

3. 湖·南 I T402④：18

彩版一四四　湖州南山窑址 I 区第四期硬陶圆饼形器（一）

1. 湖·南ⅠT402④：19

3. 湖·南ⅠT402④：21

2. 湖·南ⅠT402④：20

4. 湖·南ⅠT402④：22

彩版一四五　湖州南山窑址Ⅰ区第四期硬陶圆饼形器（二）

2. 湖·南ⅠT404③：2

1. 湖·南ⅠT401①：1

彩版一四六　湖州南山窑址Ⅰ区第四期叠烧标本

1. 湖·南Ⅰ T402④：23

2. 湖·南Ⅰ T402④：24

3. 湖·南Ⅰ T402④：25

彩版一四七　湖州南山窑址Ⅰ区第四期烧结块

1. BⅢ式豆（湖·南ⅠT202②：1）

2. BⅢ式豆（湖·南ⅠT202②：2）

1. BⅢ式豆（湖·南ⅠT202②：3）

2. BⅢ式豆（湖·南ⅠT202②：4）

3. BⅢ式豆（湖·南ⅠT202②：10）

4. BⅢ式豆（湖·南ⅠT404②：8）

彩版一四九　湖州南山窑址Ⅰ区第五期原始瓷豆（二）

1. BⅢ式豆（湖·南ⅠH4：2）

2. CⅢ式豆（湖·南ⅠT202②：27）

3. CⅢ式豆（湖·南ⅠT202②：28）

1. Ea式豆（湖·南ⅠT202②：11）

2. Ea式豆（湖·南ⅠT202②：16）

3. Ea式豆（湖·南ⅠT202②：17）

4. Ea式豆（湖·南ⅠT202②：18）

5. Ea式豆（湖·南ⅠT202②：20）

6. Ea式豆（湖·南ⅠT202②：21）

彩版一五一　湖州南山窑址Ⅰ区第五期原始瓷豆（四）

1. Ea式豆（湖·南Ⅰ T202②：108）

2. Ea式豆（湖·南Ⅰ T202②：109）

3. Ea式豆（湖·南Ⅰ T404①：2）

4. Ea式豆（湖·南Ⅰ T404②：25）

彩版一五二　湖州南山窑址Ⅰ区第五期原始瓷豆（五）

1. Ea式豆（湖·南ⅠT402②：1）　　　　　　2. Eb式豆（湖·南ⅠT202②：102）

3. Eb式豆（湖·南ⅠT202②：19）　　　　　　4. F型豆（湖·南ⅠT303②a：1）

彩版一五三　　湖州南山窑址Ⅰ区第五期原始瓷豆（六）

1. F型豆（湖·南Ⅰ T303②a：2）　　　　　2. GⅡ式豆（湖·南Ⅰ T404②：19）

彩版一五四　湖州南山窑址Ⅰ区第五期原始瓷豆（七）

2. 浅弧腹豆（湖·南Ⅰ T202②：22）

1. GⅡ式豆（湖·南Ⅰ T404②：20）

1. AⅡ式罐（湖·南ⅠT202②：38）

2. AⅡ式罐（湖·南ⅠT303②b：1）　　　　3. AⅡ式罐（湖·南ⅠT303②a：5）

彩版一五六　　湖州南山窑址Ⅰ区第五期原始瓷罐（一）

2. C型罐（湖·南Ⅰ T404②：4）

1. B型罐（湖·南Ⅰ T303③：15）　　　　3. C型罐（湖·南Ⅰ T404②：18）

彩版一五七　湖州南山窑址Ⅰ区第五期原始瓷罐（二）

1. AⅡ式小罐（湖·南ⅠT202②：51）

3. B型小罐（湖·南ⅠT202②：104）

2. AⅡ式小罐（湖·南ⅠT202②：53）

4. AⅡ式小罐（湖·南ⅠT401②：1）

2. C型小罐（湖·南ⅠT202②：57）

3. B型盂（湖·南ⅠT404②：16）

1. C型小罐（湖·南ⅠT202②：56）

彩版一五九　湖州南山窑址Ⅰ区第五期原始瓷小罐、盂

1. A型尊（湖·南Ⅰ T202②：40）

2. A型尊（湖·南Ⅰ T202②：106）

彩版一六〇　湖州南山窑址Ⅰ区第五期原始瓷尊（一）

2. A型尊（湖·南Ⅰ T404②：1）

3. A型尊（湖·南Ⅰ T404②：5）

4. B型尊（湖·南Ⅰ T404②：6）

1. A型尊（湖·南Ⅰ T202②：107）

5. B型尊（湖·南Ⅰ T404②：13）

彩版一六一　湖州南山窑址Ⅰ区第五期原始瓷尊（二）

2. B型簋（湖·南ⅠT402③：3）

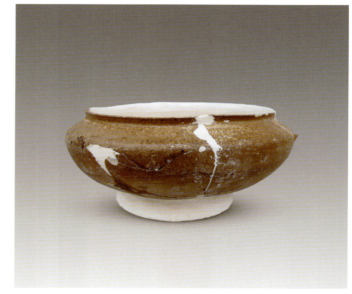

3. C型簋（湖·南ⅠT404②：22）

1. A型簋（湖·南ⅠT202②：61）

彩版一六二　湖州南山窑址Ⅰ区第五期原始瓷簋

1. Ab型器盖（湖・南Ⅰ T202②：64）　　　　　　2. Ab型器盖（湖・南Ⅰ T202②：65）

彩版一六三　湖州南山窑址Ⅰ区第五期原始瓷器盖（一）

1. Ab型器盖（湖·南 I T202②：66）

2. Ac型器盖（湖·南 I T202②：72）

3. Ac型器盖（湖·南 I T202②：73）

1. Ac型器盖（湖·南ⅠT202②：75）

2. Ac型器盖（湖·南ⅠT202②：80）

3. Ac型器盖（湖·南ⅠH3：2）

4. B型器盖（湖·南ⅠT202②：81）

5. B型器盖（湖·南ⅠT303③：17）

6. 纺轮（湖·南ⅠT404②：24）

7. 刻划符号（湖·南ⅠT202②：110）

8. 刻划符号（湖·南ⅠT404②：17）

彩版一六五　湖州南山窑址Ⅰ区第五期原始瓷器盖、纺轮、刻划符号

2. 短颈直口鼓腹罐（湖·南ⅠT202②：88）

3. 短颈直口鼓腹罐（湖·南ⅠT202②：89）

1. 短颈直口鼓腹罐（湖·南ⅠT202②：87）　　　4. 短颈直口鼓腹罐（湖·南ⅠT202②：90）

彩版一六六　湖州南山窑址Ⅰ区第五期印纹硬陶罐

1. 印纹硬陶短颈直口鼓腹罐（湖·南ⅠT202②：91）　　　2. 印纹硬陶短颈直口鼓腹罐（湖·南ⅠT404②：3）

3. 叠烧标本（湖·南ⅠT404②：2）　　　　　　　4. 叠烧标本（湖·南ⅠT404②：7）

5. 烧结块（湖·南ⅠT404②：14）

彩版一六七　湖州南山窑址Ⅰ区第五期印纹硬陶罐及叠烧标本、烧结块

1. 孔塞（湖·南Ⅰ T401②：2）

2. 陶垫（湖·南Ⅰ T401②：3）